主编 张继红 姚约茜

"一带一路"沿线国家
数据保护与网络安全
法律指南

上海政法学院上海全球安全治理研究院
北京德和衡(上海)律师事务所 编译

知识产权出版社
全国百佳图书出版单位
—北京—

图书在版编目（CIP）数据

"一带一路"沿线国家数据保护与网络安全法律指南／张继红，姚约茜主编.
—北京：知识产权出版社，2020.12

ISBN 978－7－5130－7271－7

Ⅰ.①一… Ⅱ.①张… ②姚… Ⅲ.①数据保护—科学技术管理法规—指南
②计算机网络—科学技术管理法规—指南 Ⅳ.①D912.17－62

中国版本图书馆 CIP 数据核字（2020）第 208983 号

责任编辑：唱学静　　　　　　　　　　责任校对：谷　洋
封面设计：乾达文化　　　　　　　　　责任印制：刘译文

"一带一路"沿线国家数据保护与网络安全法律指南

张继红　姚约茜　主编

出版发行：知识产权出版社有限责任公司　　网　　址：http：//www.ipph.cn
社　　址：北京市海淀区气象路 50 号院　　　邮　　编：100081
责编电话：010－82000860 转 8112　　　　　责编邮箱：ruixue604@163.com
发行电话：010－82000860 转 8101/8102　　　发行传真：010－82000893/82005070/82000270
印　　刷：天津嘉恒印务有限公司　　　　　经　　销：各大网上书店、新华书店及相关专业书店
开　　本：710mm×1000mm　1/16　　　　　印　　张：34.5
版　　次：2020 年 12 月第 1 版　　　　　　印　　次：2020 年 12 月第 1 次印刷
字　　数：550 千字　　　　　　　　　　　定　　价：168.00 元
ISBN 978－7－5130－7271－7

前　言

大数据时代，数据已经成为各国经济发展和产业促进的核心动力。其中，如何合法、合理地采集、存储、使用、分析以及传输数据是大数据产业链上每个经营者都需要面对的关键问题。当前，个人数据的保护以及网络安全成为全球共同关注的焦点。2018 年 5 月 25 日，被称为史上最严数据保护规则的欧盟《通用数据保护条例》（GDPR）正式实施，旨在保护欧盟公民的个人数据，对包括企业、政府在内的数据控制者及处理者提出了更严格的要求。全球多个国家及地区也以 GDPR 为参考，制定或更新了本国的数据保护法，如印度出台了《个人数据保护法案（草案）》、巴西通过了《通用数据保护法》、泰国公布了《个人数据保护法》、塞尔维亚制定了新的《个人数据保护法》、新加坡修订了《个人数据保护法》等。显然，GDPR 带来了全球数据保护和网络安全立法的热潮。截至 2020 年，140 多个国家及地区制定了数据保护及网络安全的法律法规及政策性文件，而且这一数字正在持续增长。专门的数据保护执法机构也在全球普遍设立，执法力度和权威不断强化。数据从采集到存储、加工，从交换到共享、公开披露，从境内到境外，每一环节都应在法律规则的约束之下。大数据推动了数据处理活动的快速增长，也促使新形势下数据保护规则及网络安全治理规则的不断完善。

2013 年，习近平主席提出"一带一路"倡议，旨在促进亚洲、欧洲和非洲各地基础设施的进一步完善，构建全方位、多层次、复合型的互联互通网络。截至 2019 年 10 月，中国已与 137 个国家和 30 个国际组织签署了 197 份"一带一路"合作文件。"一带一路"倡议提出以来，得到了越来越多国家及地区和国际组织的支持，已经成为当今世界规模最大的合作平台，也是最受欢迎的公共产品。在 2018 年首届"一带一路"国际合作高峰论坛上，30 个国家首脑签署的联合公报提出了"电子商务、数字经济、智慧城市、科技园区等领域的创新行动计划",共建"网络空间命运共同体"。目前,数字经济的主导国家,大都致力于设定数字贸易的全球标准,构建新的数据保护体系以及数据跨境框架。如欧盟通过 GDPR,试图在数据使用与流动、数据跨境传输等方面推广其所秉持的标准和理念。我国作为在数字经济发展领域的世界第二大经济体,在推动全球数字贸易规则制定、数据的商业利用以及网络安全治理等方面,需进一步争取更大的国际话语权。在此背景下,研究"一带一路"沿线国家的数据保护及网络安全法制就显得极为必要。为此,上海全球安全治理研究院联合北京德和衡(上海)律师事务所选取了"一带一路"沿线 13 个典型国家最新的数据保护及网络安全领域的法律文本,进行了翻译及审校工作。

应该说,翻译如此庞杂的法律文本并非轻松之事。鲁迅曾说,"凡是翻译,必须兼顾两面,一当然力求其易解,一则保存原作的丰姿","二者不可兼得时,应以'信'为主"。对于法律文本的翻译,此语也能用之。我们力求做到忠于原意,并兼顾合乎中文习惯的表达。虽然在翻译过程中,对每一字词都进行了反复推敲,但仍然无法确保完全符合其真意。然而,透过这些法律条款,我们能简洁、明了地梳理出 13 个国家关于数据保护和网络安全立法的大体轮廓。同时,为了便于读者快速了解上述国家的数据保护和网络安全法制的基本特点,我们又分别编写了各国的法制概览。

上海对外经贸大学 2018 级研究生顾郡雯负责俄罗斯、越南,刘梓立负责印度,张雨欣负责泰国,唐浩飞负责澳大利亚,孙清负责韩国的法律文本翻译;2016 级研究生翁俊枝负责德国,杨景惠负责菲律宾的法律文本翻译;2019 级研究生叶蓁宜负责塞尔维亚法律文本的翻译;北京德和衡(上海)律师事务所姚约茜律师、文露律师、吕松乘律师等承担了上述其他国家法律翻译本文的审校工作;上海市高级人民法院发展研究中心的吴涛及上海市高级人民法院研究室的蔡一博负责新加坡法律文本的翻译和审校工作;北京金诚同达(上海)律师事务所的王良律师和宋翌静律师负责南非法律文本的翻译和审校工作,许中华律师、彭凯律师及陈婷婷律师负责印度尼西亚法律本文的翻译和审校工作;上海七方律师事务所的管杰律师负责日本法律文本的翻译和审校工作；上海政法学院张继红教授负责塞尔维亚翻译文本的审校和全书的统稿工作。

域外撷英，管中窥豹。通过上述 13 个国家的个人数据保护法律文件的翻译与研究发现，包括新加坡、印度、印度尼西亚、菲律宾、泰国、越南、塞尔维亚等国家，近些年都十分重视本国个人数据保护及网络安全的立法工作，如塞尔维亚于 2018 年 11 月通过了《个人数据保护法》，泰国于 2019 年 5 月颁布了《个人数据保护法》，越南则在 2019 年 1 月正式施行《网络安全法》，甚至连一贯不重视个人数据保护的印度，都于 2019 年 12 月制定了《个人数据保护法案（草案）》。德国、意大利、韩国、日本、澳大利亚在内的发达国家，也针对数字经济发展的最新情况更新或修正了本国的个人数据保护法。应该说，总体趋势是各国对个人数据保护的范围和强度都不断扩大，不仅纷纷在法律上明确数据主体的权利内容及数据处理者或数据控制者的义务，还设立了专门的数据保护机构，如泰国的个人数据保护委员会、越南的网络安全专责小组等。

从代表性国家法律文本的选取，到条款的逐一翻译，再至多轮审校，前后历经一年多时光，此间也贯穿着我们翻译和审校团队对中英文和中日文对译的困惑和反思。本书即将付梓之际，正值我国《个人信息保护法（草案）》公开征求意见之时，衷心希望本书的出版能够对我国个人信息保护及网络安全法制的建立与完善提供些许帮助。

张继红

2020 年 10 月

目 录
CONTENTS

俄罗斯信息保护法制概览

由于俄罗斯的政治局势及经济形势的大环境，俄罗斯在信息化产业进程中起步较晚，发展水平明显落后于西方发达国家及中国等新兴发展中国家，但是对于网络信息领域的安全及保护立法工作，俄罗斯政府历来非常重视，甚至可以说立法进程走在了经济发展的前面。

从俄罗斯的信息安全保护立法体系来看，已经形成了以联邦宪法的规定为最高上位法依据，以《信息、信息技术和信息保护法》为立法基础，以《俄罗斯联邦国家安全构想》《国家信息安全学说》及《2020年前俄罗斯国家安全战略》等纲领性文件为政策指导及理论依托的相对完整的立法体系。可以说，俄罗斯在信息安全保护立法上属于较为成熟的国家之一。

1993年12月12日通过的《宪法》作为俄罗斯联邦的基本法，对于信息安全做了原则性规定。根据《宪法》第23条规定，宪法保障个人及家庭的隐私权，保护通信、电话交谈、邮递、电报等隐私；同时第29条规定，国家权力机关以及地方自治机关及其公职人员必须保证每个人有可能接触直接涉及其自身权利及自由的文件及资料，法律另有规定的除外。《宪法》其他条款，包括第41条（环境知情权）、第42条（数据隐私权保护）等也对于个人享有的信息保护权利诠释得非常明确。因此，可以说依靠作为根本大法的俄罗斯联邦宪法，信息安全保护相关立法工作持续开展并得以全面实现。

1995年1月25日，由俄罗斯国家杜马审议通过的《信息、信息技术和信息保护法》（*Federal Law on Information，Information Technologies and the Protection of Information*），于1995年2月20日正式施行。这部专门针对信息安全问题的基本法，是俄罗斯信息安全规范的基本法。从1995年原始版至今，该法案历经 10 多次修订或增补，最近一次修订是于 2019 年 11 月 1 日生效的《俄罗斯联邦关于〈信息、信息技术和信息保护法〉修正案》，其中有关国家域名系统的内容则延迟至 2021 年 1 月 1 日生效实施。该法案对于信息搜索、接收、转让、制作和传播信息的权利实现，信息技术应用，信息技术保护出现的各种法律关系进行了调整，同时对于信息持有人、信息技术、信息系统信息、电信网络信息的保密性、文件化信息、信息系统经营者、互联网站点等信息相关主体、客体及载体等均有非常明确的界定；保障信息持有人享有的允许（限制）访问权、自行使用权、他人传递权、合法救济权等；同时也肯定了公民可以获取多类型信息的权利；并特别针对互联网信息传播人（博主）的信息发布、传播及记录行为设置禁止性规范、授权性规范及命令性规范。

信息技术应用领域的国家管制及国家信息系统是该法案最有特色的部分，信息系统覆盖范围从地方市政机关到联邦层面。之所以俄罗斯特别强调信息系统建设，是因为俄罗斯很早就已经将信息安全提升到国家战略高度，它将为俄罗斯 "构建未来国家信息政策大厦" 奠定基础。2019 年 4 月 22 日，俄罗斯联邦委员会批准《俄罗斯联邦关于〈信息、信息技术和信息保护法〉修正案》，该修正案允许俄罗斯创建自主互联网，旨在确保建立一个如克里姆林宫所描述的 "可持续、安全且功能齐全的" 国家网络，即 "俄网"。

信息、信息技术和信息保护法

俄罗斯联邦法律

［2006 年 7 月 27 日第 149 – FZ 号］

（2006 年 7 月 8 日由国家杜马通过，2006 年 7 月 14 日由联邦委员会批准；2010 年 7 月 27 日，2011 年 4 月 6 日、7 月 21 日，2012 年 7 月 28 日，2013 年 4 月 5 日、6 月 7 日、7 月 2 日、12 月 28 日，2014 年 5 月 5 日、7 月 21 日进行了修订和增补）

第 1 条　联邦法律的范围

1. 本联邦法律对下列事项进行规定：

1）行使搜索、接收、传递、制作和传播信息的权利；

2）应用信息技术；

3）确保信息的保护。

2. 除本联邦法律所规定的事项外，本联邦法律的规定不适用于保护智力活动结果及同等性质的个人化手段所产生的关系。

第 2 条　本联邦法律中使用的基本概念

1）**信息**是指数据（消息、数据等），不论其呈现形式如何；

2）**信息技术**是指搜索、收集、存储、处理、提供、传播信息的方法与过程，以及实施这些过程和方法的手段；

3）**信息系统**是指数据库、信息技术和为其处理提供的技术设施中所包含的全部信息；

4）**信息电信网络**是指利用计算机技术设施，通过通信线路传送信息，实现接入的技术系统；

5）**信息持有人**是指依照法律及合同的规定，由自己创造或者取得信息，

有权允许或者限制对具有特定特征的信息的访问;

6)**获取信息**是指获取和使用信息的可能性;

7)**信息的保密性**是指对获取某些信息的人具有约束力的要求,即未经信息持有者同意,不得将该信息转让给任何第三方;

8)**提供信息**是指为获得某一群体的信息或将信息传递给某一群体而采取的行动;

9)**信息的传播**是指为获得无限群体的信息或将信息转让给无限群体而采取的行动;

10)**电子信息**是指信息电信网络用户发送或者接收的信息;

11)**文件化信息**是指通过文件化的方式记录在有形媒介上的信息,文件化的必要条件是能够识别该信息,或者在俄罗斯联邦法律规定的情况下,能够识别其有形媒介;

11.1)**电子文件**是指以电子形式呈现的文件化信息,即以适合人类使用的计算机感知的形式,以及通过信息电信网络传输或在信息系统中进行处理的形式;

12)**信息系统经营者**是指从事与信息系统运行有关的活动,包括对其数据库所载信息进行处理的活动的公民或者法人;

13)**互联网站点**是信息系统中包含的计算机程序和其他信息的总和,这些信息系统使用能够识别互联网上的网站的域名和/或网络地址;

14)**互联网网络中的站点页面(以下称为互联网页面)**是互联网的一部分,通过互联网站点所有者定义的域名和符号进行访问;

15)**域名**是指用符号对互联网上的站点进行寻址,以提供对互联网上信息的访问;

16)**网络地址**是指数据通信网络中能够找到用户终端等通信手段的标识符,在提供远程通信服务时,构成信息系统的一部分;

17)**互联网网站所有者**是指独立或自行决定使用互联网网站程序,特别是在该网站上嵌入信息的人;

18)**主机提供商**是指在长期连接的互联网信息系统中,提供插入信息所需的计算能力的服务提供方;

19) **全面识别和身份验证系统**是联邦国家信息系统，俄罗斯联邦政府应制定使用该系统的程序，并应在俄罗斯联邦政府规定的情况下，提供对信息系统所含信息的授权访问。

第 3 条　信息、信息技术和信息保护领域的法律规制原则

信息、信息技术和信息保护领域产生的关系，其法律规制基于以下原则：

1) 以任何合法手段进行信息搜索、接收、传递、制作和传播的自由；

2) 仅根据联邦法律对信息获取施加限制；

3) 除联邦法律另有规定外，国家机构和地方自治机构的活动信息公开，可自由获取该信息；

4) 俄罗斯联邦各国家在建立信息系统及其运作方面的语言平等；

5) 确保俄罗斯联邦在建立信息系统及其所含信息的运行和保护方面的安全；

6) 信息的准确性和提供信息的及时性；

7) 未经个人同意，不得侵犯其私人生活，不得收集、存储、使用和传播有关其私人生活的信息；

8) 除非联邦法律规定必须使用某些信息技术来建立和运行国家信息系统，否则禁止以法定的法律行为的形式设立任何特权，使某些信息技术的使用凌驾于其他技术之上。

第 4 条　俄罗斯联邦关于信息、信息技术和信息保护的立法

1. 俄罗斯联邦关于信息、信息技术和信息保护的立法以俄罗斯联邦宪法、俄罗斯联邦国际协议为基础，并由本联邦法律和其他规范信息使用关系的联邦法律组成。

2. 应根据俄罗斯联邦关于大众传媒的立法，对与大众传媒的组织和运作有关的关系进行法律监管。

3. 文件资料的存储和使用程序，作为档案资源的一部分，应根据俄罗斯联邦档案保存的立法加以规定。

第 5 条　作为法律关系客体的信息

1. 信息可能是公共、民事和其他法律关系的客体。除非联邦法律对获取信息施加限制，或对提供或传播信息的程序施加任何其他要求，信息可由任

何人自由使用，并可由一人向另一人转移。

2. 根据访问信息的类别，信息应分为一般可访问的信息和联邦法律限制访问的信息。

3. 根据提供或传播信息的程序，信息应分为：

1）自由传播的信息；

2）相关当事人协议提供的信息；

3）根据联邦法律应提供或传播的信息；

4）限制或禁止在俄罗斯联邦传播的信息。

4. 俄罗斯联邦立法可根据信息的内容或信息持有人，规定信息的类型。

第6条 信息持有人

1. 信息持有人可以是公民（个人）、法律实体、俄罗斯联邦、俄罗斯联邦或市政实体的主体。

2. 国家机关和地方自治机关应当代表俄罗斯联邦，即俄罗斯联邦或市政实体的主体在相关法案赋予的权力范围内，规定信息持有人的权利。

3. 除非联邦法律另有规定，信息持有人有权：

1）允许或限制对信息的访问，确定访问的程序和条件；

2）自行使用信息，包括传播信息；

3）以合同或者其他合法理由向他人传递信息；

4）在他人非法获取或者非法使用信息的情况下，以合法的手段保护自己的权利；

5）实施其他涉及信息的活动或者允许实施这些活动。

4. 信息持有人在履行其义务时应当：

1）维护他人的合法权益；

2）采取信息保护措施；

3）根据联邦法律规定的义务，限制对信息的访问。

第7条 一般可访问的信息

1. 一般可访问的信息应包括公共知识数据和不受访问限制的其他信息。

2. 任何人可自行决定使用一般可访问的信息，但须遵守联邦法律关于信息传播的限制。

3. 经信息持有人决定使信息成为一般可访问信息的，其有权要求传播该信息的人表明自己是该信息的来源。

4. 信息持有人以能够自动处理的格式在互联网上提供的信息，如不经某人为重复使用而对其进行初步修改，应被视为以公共数据形式提供的一般可访问的信息。

5. 以公共数据形式提供的信息如放至互联网须符合俄罗斯联邦关于国家机密的法律要求。以公共数据形式提供的信息可能导致构成国家秘密数据泄露的，应当根据处置该数据的有关主管机关的要求，终止以公共数据的形式提供被引用的信息。

6. 如果以公共数据形式存储信息可能侵犯信息持有者的权利，而根据联邦法律，这些信息的访问受到限制或侵犯个人数据主体的权利，则放置个人数据形式的引用信息必须由法院判决终止。如果公共数据形式的信息不符合2006 年 7 月 27 日第 152 – FZ 号联邦法律关于个人数据的要求，必须根据从事保护个人数据主体权利的授权机构的要求，暂停或终止以公共数据形式存储信息。

第 8 条　获取信息的权利

1. 公民（个人）和组织（法人实体）（以下称为组织）有权根据本联邦法律和其他联邦法律的要求，以任何形式和任何来源搜索与接收任何信息。

2. 公民（个人）有权按照俄罗斯联邦法律规定的程序，从国家权力机构、地方自治机构及其官员处获得直接影响其权利和自由的信息。

3. 组织应有权从国家权力机构、地方自治机构接收直接影响该组织权利和义务的信息，以及在该组织开展其获得授权活动时与这些机构合作所需的信息。

4. 访问以下内容不得施加任何限制：

1）影响个人和公民的权利、自由和义务的法案，以及确立组织的法律地位和国家权力机关、地方自治机关权力的法案；

2）有关环境状况的信息；

3）国家权力机关、地方自治机关活动情况和预算资金使用情况（构成国家或官方机密的数据除外）；

4）图书馆、博物馆和档案馆以及国家、市政和其他信息系统的开放资源中积累的信息，以及为向公民（个人）和组织提供此类信息而建立或打算建立的国家、市和其他信息系统中积累的信息；

5）联邦法律规定不得限制他人获取的其他信息。

5. 国家权力机关和地方自治机关有义务，特别是利用包括互联网在内的信息通信系统，按照联邦法律、俄罗斯联邦机构的法律和地方自治机关的法案的规定，以俄罗斯语和俄罗斯联邦的成员共和国的国家语言提供活动信息。希望获得该信息访问权的人没有义务证明获取该信息的必要性。

6. 国家权力机关、地方自治机关、社会团体和侵犯信息访问权的官员的决定和行动（可以是不作为）可向上级机关、上级官员或法院提出上诉。

7. 非法拒绝访问信息、不及时提供信息、故意提供不准确的信息或者与信息查询内容不符的信息，造成损失的，依照民事法律赔偿损失。

8. 提供下列资料，概不收费：

1）国家权力机关和所在地的地方自治机关在信息通信网络上的活动情况；

2）根据俄罗斯联邦法律所确立的有关人员，其受影响的权利和义务；

3）法律规定的其他情况。

9. 只有在联邦法律规定的情况和条件下，才能确定国家权力机关或地方自治机关提供其活动信息的费用。

第9条　获取信息的限制

1. 为了保护宪法制度、道德、健康、他人的权利和合法利益的基本基础，确保国家的防卫和国家的安全，联邦法律应规定对获取信息的限制。

2. 必须遵守联邦法律限制访问的信息的保密性。

3. 对构成国家秘密的信息的保护应符合俄罗斯联邦关于国家秘密的立法的规定。

4. 联邦法律应规定将信息归类的条件，包括商业秘密、官方机密和其他秘密的数据，必须遵守该信息的机密性，并对披露信息负责。

5. 公民（个人）在履行其职业职责时或组织在从事某种活动（职业秘密）时获取的信息，在联邦法律规定这些人有义务遵守此类信息的保密性时，这些信息应受到保护。

6. 构成职业秘密的信息可根据联邦法律和/或法院判决提供给第三人。

7. 履行在特定期限内对构成职业秘密的信息的保密义务，只有经提供其本人信息的公民（个人）同意，方可限制。

8. 禁止要求公民（个人）提供有关其私生活的信息，包括构成个人或家庭秘密的信息，并禁止违反公民（个人）的意愿获取此类信息，除非联邦法律另有规定。

9. 访问公民（个人）个人数据的程序应由联邦个人数据法制定。

第 10 条　传播信息或提供信息

1. 在俄罗斯联邦传播信息应根据俄罗斯联邦法律规定的要求自由进行。

2. 未经大众传播媒介传播的信息，应包括其持有人或传播信息的其他人的真实数据，这些数据的形式和数量应足以识别该人。

3. 传播信息的人使用能够确定信息接收人的手段传播信息，包括邮件和电子邮件，有义务向信息接收人提供拒绝该信息的可能性。

4. 信息的提供应在信息交流当事人协商确定的程序中进行。

5. 强制性传播信息或提供信息（包括提供强制性文件副本）的情况和条件应根据联邦法律确定。

6. 禁止传播旨在宣传战争、煽动民族、种族、宗教仇恨和敌对情绪的信息，以及传播应承担刑事或行政责任的其他信息。

第 10.1 条　在互联网上传播信息的组织者的职责

1. 在互联网上传播信息的组织者是从事确保信息系统和/或计算机软件运行的活动的人，这些系统和/或计算机软件旨在和/或用于接收、传输、传递和/或处理互联网用户的电子信息。

2. 在俄罗斯联邦政府制定的程序中，互联网上传播信息的组织者应通知在大众媒体、大众传播、信息技术和电信领域开展本条第 1 款规定的控制和监督活动的联邦政府执行机构。

3. 在互联网上传播信息的组织者应在俄罗斯联邦境内存储关于接收、传输、传递和/或处理互联网用户的语音信息、书面文本、图像、声音或其他关于这些互联网用户的电子信息，存储期限为在此类活动结束后的 6 个月，并在联邦法律规定的情况下开展调查活动或确保俄罗斯联邦安全的获得授权国家机构提供上述信息。

4. 在互联网上传播信息的组织者应确保执行联邦政府机关在电信领域制定的要求，与获得授权的开展有效的调查活动或确保俄罗斯联邦的安全国家机构达成协议，在其运营的信息系统中使用设备和软件/硬件，以便这些机构在联邦法律规定的情况下实施措施，以履行赋予它们的职责，并应采取措施，防止实施这些措施的组织和战略技术被披露。在互联网上传播信息的组织者与被授权进行调查活动或确保俄罗斯联邦安全的国家机构合作的程序应由俄罗斯联邦政府制定。

5. 本条规定的职责不得扩展到国家信息系统的运营商、市政信息系统运营商、根据相关许可证提供通信服务的电信运营商，不得扩展到为了个人、家庭和家庭需要而从事本条第 1 款所述活动的公民（个人）。为适用本条款的规定，俄罗斯联邦政府应确定一份个人、家庭和家庭需要清单，以满足本条第一款所列活动的需要。

6. 根据本条第 3 款须予保存的信息、存放该信息的位置和规则、向执行有效调查活动或确保俄罗斯联邦安全的获得授权国家机构提供该信息的程序，以及对在互联网上传播信息的组织者的活动实施控制的程序（这些信息往往与信息存储相关，联邦政府执行机构有权行使这种控制权），应由俄罗斯联邦政府确定。

第 10.2 条　博主发布的一般可访问信息的具体规定

1. 互联网或网页的所有人，该网页载有一般可访问的信息，而该网页每日的访问者超过 3000 人，该所有人被称为"博主"。当上述信息被存储和使用时，如当该信息被互联网的其他用户存储在特定的网站或网站页面时，应确保遵守俄罗斯联邦的法律，例如：

1）不得将互联网上的网站或者网页用于实施刑法应当处罚的行为，不得泄露国家或者其他特定法律保护的秘密信息，不得传播含有公开呼吁实施恐怖活动的信息，公开为恐怖主义辩护的信息，其他极端主义的信息，传播色情的信息，对暴力和残忍具有崇拜以及含有淫秽语言的信息；

2）应在登载前验证一般可访问信息的可靠性，并应立即删除已登载的不可靠信息；

3）不得违反民事立法，传播公民私人生活信息；

4）应遵守俄罗斯联邦立法所规定的禁令和限制，以及俄罗斯联邦关于选举的立法；

5）应遵守俄罗斯联邦法律中规定传播大众信息程序的规定；

6）应遵守公民和组织的权利与合法权益，如公民的荣誉、尊严、商业信誉以及组织的商业信誉。

2. 在互联网上的网站或网页上登载信息时，禁止以下行为：

1）在互联网上使用网站或网站页面，以隐藏或伪造具有公共意义的信息，在可靠信息的掩盖下传播明知不可靠的信息；

2）通过性别、年龄、种族、语言、宗教、行业、居住地、工作地点以及政治信仰有关的方式，以诋毁公民或者其他公民为目的传播信息。

3. 博主有权：

1）根据俄罗斯联邦法律，以任何方式自由搜索、接收、传递和传播信息；

2）在其网站或互联网网页上发表个人判断和评价，并注明姓名或者笔名；

3）在其网站或网站页面上登载或允许登载互联网其他用户的互联网文本和/或其他信息，除非登载此类文本和/或其他材料违反俄罗斯联邦法律；

4）根据 2006 年 3 月 13 日第 38 - FZ 号联邦法律的民事立法规定，在其网站或互联网网页上发布广告，进行过于频繁的宣传。

4. 对散播一般性可访问信息的权利实施滥用，其表现为违反了本条第 1 款、第 2 款和第 3 款的规定，应根据俄罗斯联邦的法律承担刑事、行政或其他责任。

5. 博主应当在其网站或者互联网网页上标明姓名、姓名首字母和电子邮箱地址用于发送具有法律意义的消息。

6. 在其网站或互联网网页上，博主应在收到法院的决定后立即发布信息，法院决定是最终决定，并且应包含在网站或网站页面上发布内容的要求。

7. 根据 1991 年 12 月 27 日俄罗斯联邦第 2124 - I 号法律，在大众媒体上注册为网络版的互联网网站所有者不是博主。

8. 在大众传媒、大众传播、信息技术和电信领域执行控制和监督职能的联邦执行政府机构应保留互联网网站和/或网站页面的登记册，这些网站和/或网站页面上登载着一般可访问的信息，并且每天访问的互联网用户超过3000名。为确保在互联网上形成网站和/或网站页面登记册，联邦执行政府机构在大众传媒、大众传播、信息技术和电信领域执行控制和监督职能：

1）组织对互联网上的网站和网站页面的监测；

2）应批准一种方法，用于评估每天互联网上网站或网站页面的用户数量；

3）有权要求在互联网上发布资讯的组织者、博主及其他人员提供保存该登记册所需的资料。在收到履行在大众媒体、大众传播、信息技术和电信领域的控制和监督职能的联邦执行政府机构的请求后10天内，上述人员应提供所要求的信息。

9. 如果在信息通信网络中检测到，如在互联网上、网站或网站页面中包含一般性可访问的信息，并且每天访问的互联网用户超过3000名，包括考虑相关的公民或组织，执行大众传媒、大众传播、信息技术和电信领域的控制和监督职能的联邦执行政府机构应：

1）若网站或网站页面上登载了一般性可访问的信息，并且每天访问互联网的用户超过3000名，应将上述互联网上的网站或网站页面纳入网站和/或网站页面登记册；

2）应确定托管服务提供商或确保在互联网上设立网站或网站页面的其他人；

3）应向托管服务提供商或本款第2）项所述人员发送一份俄语和英语版本的电子通知，说明需要提供的详细信息，以便识别博主；

4）应在相关信息系统中记录向托管服务提供商或本款第3）项所述人员发出通知的日期和时间。

10. 托管服务提供商或者本条第9款第2）项所列人员应当自收到本条第9款第3）项通知之日起3个工作日内，提供能够识别博主身份的信息。

11. 在收到本条第9款第3）项规定的信息后，在大众传媒、大众传播、信息技术和电信领域履行控制和监督职能的联邦执行政府机构应向博主发出通知，通知其网站或网站页面已被列入互联网上的网站和/或网站页面的注册表，其登载了一般性可访问的信息，并且每天访问的互联网用户超过3000名，参考适用互联网网站或网站页面的俄罗斯联邦立法规定。

12. 如果在 3 个月内，每天访问互联网网站或网站页面低于 3000 名互联网用户，则应在博主的申请下，将该网站或网站页面从一般可访问信息，日访问量超过 3000 名的互联网网站和/或网站页面的注册表中删除，并向博主发出通知。如果在 6 个月内互联网网站或网站页面的访问次数低于每天3000 名互联网用户，则当博主未提交申请时，互联网网站或网站页面也可能从该登记册中删除。

第 11 条　信息的记录

1. 俄罗斯联邦的法律或双方之间的协议可规定信息文件化的要求。

2. 联邦行政权力机构内的信息记录应按照俄罗斯联邦政府规定的程序进行。其他国家机构和地方自治机构在各自权限范围内制定的文件保管和文件移交规则，必须符合俄罗斯联邦政府制定的关于联邦行政当局文件保管和文件移交的部分的要求。

3. 已废除。

4. 为了使订立民法合同或涉及交换电子信息的人的其他法律关系合法化，按照联邦法律和其他法律规定的程序交换电子信息时，每项电子信息均须以电子签署或以该信息发送人的签名的其他类似物进行签署；当事人如有其他法律行为或者协议，视为文件完成交换。

5. 对含有书面信息的有形媒介的所有权和其他物上权利，应当根据民事立法确立。

第 12 条　信息技术应用领域的国家管制

1. 国家对信息技术应用领域应当规定：

1）根据本联邦法律确立的原则，通过使用信息技术（信息化）搜索、接收、传递、制作和传播信息，对此进行监管；

2）开发各种用途的信息系统，为公民（个人）、组织、国家机关和地方自治机关提供信息，并保证其协作关系；

3）为俄罗斯联邦信息通信网络的有效使用创造条件；

4）确保儿童信息安全。

2. 国家机关和地方自治机关依照各自的职权：

1）参与制定和实施信息技术的定向应用程序；

2）建立信息系统，并以俄语和相应的俄罗斯联邦共和国的国家语言，提供对其中包含的信息的访问。

第13条　信息系统

1. 信息系统应包括：

1）国家信息系统－联邦信息系统和区域信息系统，根据联邦法律和俄罗斯联邦主体法律，并通过国家机构的法律行为制定；

2）根据地方自治机关的决定建立的市政信息系统；

3）其他信息系统。

2. 除非联邦法律另有规定，否则信息系统的运营商应是技术设施的所有者，该技术设施用于处理合法使用的数据库中包含的信息，或者与该信息系统的所有人订立了操作合同的人。在联邦法律规定的情况和程序中，应规定以公共数据的形式将信息放到互联网上的可能性。

3. 信息系统数据库中包含的信息持有人的权利应受到保护，而不考虑这些数据库的版权和其他权利。

4. 除非俄罗斯联邦地方自治立法另有规定，否则本联邦法律规定的国家信息系统要求应适用于市政信息系统。

5. 国家信息系统和市政信息系统运行，具体可以根据技术法规、国家机关的法定法律行为和地方自治机关的法定法律行为来确定，以制定这些信息系统。

6. 非国家信息系统或市政信息系统的创建和运行程序，应由这些信息系统的操作员根据本联邦法律或其他联邦法律规定的要求制定。

第14条　国家信息系统

1. 应建立国家信息系统，以实现国家机构的权力，确保这些机构之间的信息交流，以及联邦法律规定的其他目的。

2. 国家信息系统的建立和运行应符合俄罗斯联邦法律关于满足国家和市政需求的购买货物、工程和服务方面的合同制度所规定的要求。

3. 国家信息系统的建立和运行，应当根据公民（个人）、组织、国家机关和地方自治机关提供的统计资料和其他有据可查的资料为基础。

4. 除非联邦法律另有规定，否则必须以强制性方式提供的信息的种类清单应根据联邦法律制定，而提供此类信息的条件应由俄罗斯联邦政府或适合的国家机构制定。在创建或运行国家信息系统时，应根据 2009 年 2 月 9 日第 8 – FZ 号联邦法律第 14 条（关于提供国家机构和地方当局活动的信息或相关信息）批准的清单提供一般可访问信息，国家信息系统在进行处理时，国家信息系统应以公共数据的形式在互联网上发布此类信息。

4.1 俄罗斯联邦政府应规定通过互联网访问国家信息系统所载信息的情况，这些信息仅向综合识别和身份验证系统中通过授权并通过综合识别和身份验证系统的程序的用户提供。

5. 除非对创建国家信息系统的决定另有规定，否则其运营人的职能应由签订国家合同的客户履行，以建立此类信息系统。值得注意的是，国家信息系统的调试应在客户建立的程序中进行。

6. 俄罗斯联邦政府有权对创建和调试个别国家信息系统的程序提出要求。

7. 国家信息系统中作为知识产权客体的权利，如果没有适当合法使用，则不得运行国家信息系统。

8. 用于处理国家信息系统中所含信息的技术设施，包括软件技术手段和信息保护手段，应符合俄罗斯联邦技术法规的要求。

9. 国家信息系统中所含的信息以及国家机构可利用的其他数据和文件应构成国家信息资源。国家信息系统中包含的信息应视为官方信息。规范国家信息系统运作的规范性法律行为规定的国家机构，有义务确保相关信息系统中信息的可靠性和相关性，访问案例中提到的信息以及所提供的程序。根据法律，保护所引用的信息，并防止非法访问、消除、修改、阻止、复制、提供、传播和其他不法行为。

规范性法律规定的国家机构，其规定了国家信息系统的功能，有义务确保所给信息系统中所含信息的可靠性和相关性，在法律规定的情形和程序下获取所引用的信息，保护信息防止非法访问、消除、修改、阻止、复制、提供、传播和其他不法行为。

第 15 条　信息通信网络的使用

1. 俄罗斯联邦信息通信网络的使用应遵守俄罗斯联邦通信法、联邦法和俄罗斯联邦其他法律法规的立法要求。

2. 使用信息通信网络的规定不限于特定人群，应在俄罗斯联邦实施，并适当考虑到该领域自我管理组织活动的普遍接受的国际惯例。使用其他信息通信网络的程序应由这些网络的所有者确定，并适当考虑本联邦法律规定的要求。

3. 在俄罗斯联邦境内使用信息通信网络进行经济和其他活动（不使用这些网络，也不遵守联邦法律规定的要求的情况下实施的行为），不得作为对上述活动的管制施加额外要求或限制的依据。

4. 联邦法律可以规定，在个人、组织开展创业活动时，使用信息通信网络对个人进行身份识别。值得注意的是，位于俄罗斯联邦境内的电子信息接收者有权进行检查，以便能够识别电子信息的发送者，在联邦法律或双方协议规定的情况下，接收者有义务进行此类检查。

5. 使用信息通信网络传输信息应不受任何限制，但应符合联邦法律规定的信息传播和保护知识产权客体的要求。只有在符合程序和联邦法律规定的情况下，才可以限制信息的传输。

6. 国家信息系统与信息通信网络连接，具体可根据俄罗斯联邦总统的法律法令或俄罗斯联邦政府的法律法令予以规定。

第15.1条　全面登记互联网上在俄罗斯联邦禁止传播的网站域名、网站页面标识和网络地址

1. 包含禁止在俄罗斯联邦进行传播的信息的互联网站点，为了限制其访问，应建立综合自动化信息系统，即"互联网域名综合登记、网站页面标识和网络地址综合登记系统，识别禁止在俄罗斯境内传播的互联网站点"（以下称为登记系统）。

2. 登记系统应包括以下内容：

1）互联网上含有禁止在俄罗斯联邦境内传播的信息的域名和/或网站页面的标识；

2）能够识别互联网中包含禁止在俄罗斯联邦传播信息站点的网络地址。

3. 登记系统应由俄罗斯联邦政府授权的联邦行政权力机构按照俄罗斯联邦政府制定的程序创建、组成和保存。

4. 在大众传媒、大众传播、信息技术和通信方面行使控制与监督职能的联邦执行权力机构可以参与程序，并遵守俄罗斯联邦政府规定的标准，即由登记经营者（一个在俄罗斯联邦境内注册的组织）制定并保存登记记录。

5. 作为列入登记册的理由，本条第 2 款所指的数据包括：

1）经俄罗斯联邦政府授权的联邦执行权力机构的决定，并根据俄罗斯联邦政府就下列事项制定的程序在其职权范围内通过，可通过互联网传播：

a）带有未成年人色情图片的材料和/或关于让未成年人作为表演者参与色情性娱乐活动的公告；

b）关于研发、制造和使用麻醉药品、精神药物及其前体的方法和途径，可获得麻醉药品、物质及其前体的地点，种植含有麻醉药品的植物的方法和地点的信息；

c）有关自杀方式的信息，以及自杀的呼吁；

d）关于未成年人是非法行为（不作为）的受害者的信息，联邦法律禁止传播这些信息；

e）违反 2006 年 12 月 29 日第 244 – FZ 号联邦法律中关于组织和赌博行为的国家法规以及俄罗斯联邦某些立法修正案，或违反 2003 年 11 月 11 日第 138 – FZ 号联邦法律中关于禁止通过网络和其他通信手段组织和进行赌博和彩票的规定。

2）根据有效的法院判决，认定通过互联网传播的信息是禁止在俄罗斯联邦传播的信息。

6. 域名注册、互联网上的网站页面的说明以及能够识别互联网上的网站的网络地址，对其作出禁止其在俄罗斯联邦传播的决定。提供访问互联网的服务的互联网网站所有者，托管服务提供商和通信运营商可以在收到此类决定之日起 3 个月内，向法院提起上诉。

7. 在收到注册运营商将域名和/或互联网页面指示包含在注册系统中的通知后 24 小时内，托管服务提供商必须通知其服务的互联网网站所有者，并通知其需要立即删除包含禁止在俄罗斯联邦传播的信息的互联网页面。

8. 自收到托管服务提供商关于将域名和/或互联网页面指示列入注册系统的通知后的 24 小时内，互联网网站所有者必须删除包含禁止在俄罗斯联邦传播信息的互联网页面。如果互联网网站所有者拒绝或不作为，托管服务提供商必须在 24 小时内限制访问该互联网网站。

9. 如果托管服务提供商和/或互联网网站所有者未能采取本条第 7 款和第 8 款所述的措施，应将能够识别包含禁止在俄罗斯联邦传播的信息的互联网网站的网络地址列入登记册。

10. 能够识别包含禁止在俄罗斯联邦传播的信息的互联网站点，自列入网络地址登记册后的 24 小时内，从事提供互联网访问服务的通信运营商应限制对该互联网站点的访问。

11. 根据提供互联网接入服务的互联网网站所有者、托管服务提供商或通信运营商提出申请，或根据有效的法院判决撤销获得联邦政府授权的联邦行政权力机构的决定，本条第 4 款行使大众传媒、大众传播、信息技术和通信控制与监督职能的联邦行政权力机构，或从事注册的注册运营商，应最迟在申请之日起 3 天内采取措施，从登记册中删除域名、互联网页面指示或能够识别互联网网站的网络地址。

12. 俄罗斯联邦政府授权的联邦行政权力机构应制定注册运营商与托管服务提供商合作的程序以及通信运营商获取登记册中所含信息的程序，这些信息由提供互联网接入服务的通信运营商提供。

13. 本条规定的限制访问互联网网站的程序不适用于本联邦法律第 15.3 条所规定的限制访问违法传播信息的程序。

第 15.2 条　限制获取违反电影（如影院电影和电视电影）专有权的信息的程序

1. 未经权利人许可或者无其他法律依据，在信息通信网络中（如互联网）发现播放电影或者获取电影所需信息的，其中电影包括影院电影、电视电影，权利持有人有权向在大众传媒、大众传播、信息技术和电信领域负责控制与监督的联邦执行政府机构提出申请——根据法院终审判决——要求采取措施限制访问发行此类影片或信息的信息资源。上述申请表应由负责大众传媒、大众传播、信息技术和电信领域控制与监督的联邦政府执行机构批准。

2. 根据法院的最终判决，负责大众传媒、大众传播、信息技术和电信领域控制与监督的联邦政府执行机构应在 3 个工作日内采取以下措施：

1）确定托管服务提供商或其他人，其应确保将所述信息资源放置在信息电信网络中（如在互联网中），并向互联网中包含电影（如影院电影和电视电影）信息的网站所有者提供服务或访问它们所需的信息，而无须经权利持有人许可或其他法律依据。

2）向托管服务提供商或本款第1）项规定的其他人发送俄语和英语电子形式的通知，说明其侵犯电影专有权的行为，如影院电影、电视电影，包括作品名称、作者、权利持有人、域名和网址。允许用户识别互联网上用于登载包含电影（如影院电影和电视电影）的信息的网站，或未经权利持有人许可或其他途径使用信息通信网络获取这些信息所需的信息。互联网网站的所有理由和页面索引，允许识别此类信息并要求采取措施删除此类信息。

3）在相关信息系统中，确定向托管服务提供商或本款第1）项规定的其他人发送通知的日期和时间。

3. 在收到本条第2款第2）项规定的通知后的1个工作日内，托管服务提供商或本条第2款第1）项规定的其他人应相应地通知其提供服务的信息资源的所有者，并通知他有必要立即删除非法放置的信息和/或采取限制访问的措施。

4. 信息资源所有人应当自收到托管服务提供商或者本条第2款第1）项规定的其他人关于需要删除非法登载信息的通知之日起1个工作日内，删除该信息。信息资源所有人拒绝或者遗漏的，托管服务提供商或者本条第2款第1）项规定的其他人应当自收到本条第2款第2）项规定的通知之日起3个工作日内，限制获取有关信息资源。

5. 如托管服务提供商或本条第2款第1）项所列的其他人和/或信息资源、互联网网站域名、网址、互联网网站页面索引的所有人未采取本条第3款和第4款规定的措施，使其能够识别包含电影（如影院电影、电视电影等）信息或获得这些所需的信息，或在未经权利持有人许可或没有其他法律依据的情况下予以登载，则该网站的其他细节和信息应通过合作系统发送给通信运营商，以便采取措施限制对该信息资源的访问，如访问互联网网站或登载在其上的信息。

6. 根据法院的最终判决，负责大众传媒、大众传播、信息技术和电信领域控制与监督的联邦政府执行机构应在收到法院关于撤销访问限制的判决后

3 个工作日内采取行动，撤销对包含电影的信息资源的限制，如影院电影和电视电影，以及未经权利持有人许可或没有合法依据从信息通信网络所获得的信息：通知托管服务提供商或本条第 2 款第 1）项规定的其他人和通信运营商，撤销限制访问该信息资源的措施。

7. 在通过合作系统收到含有电影（如影院电影和电视电影）的信息资源，或通过信息通信网络获取未经权利持有人许可或无其他法律依据散播的信息后的 24 小时内，提供互联网接入服务的通信运营商应限制对此类信息资源的访问，如对互联网网站或网站页面的访问。

8. 合作信息系统的操作程序应由负责大众传媒、大众传播、信息技术和电信领域的控制与监督的联邦执行政府机构制定。

9. 根据本联邦法律第 15.1 条，本条规定的程序不适用于需要列入登记册的信息。

第 15.3 条　限制访问违法传播信息的程序

1. 如在信息电信网络上（如互联网）发现含有呼吁群体动乱的信息，追求极端主义活动，参与违反既定程序的群体（公共）活动或其他情况，尤其包括收到从联邦政府机构、俄罗斯联邦主体政府机构、地方自治机构、组织或公民处得到的传播此类信息的通知时，俄罗斯联邦总检察长或其代表应向联邦执行政府机构提出要求（该机构在大众传媒、大众传播、信息技术和通信领域履行控制与监督职能），采取措施限制访问传播此类信息。

2. 根据本条第 1 款所述信息，在大众传媒、大众传播、信息技术和传播领域执行控制与监督职能的联邦执行政府机构应立即：

1）通过交互系统向通信运营商发送请求，以采取限制访问信息资源的措施，如访问互联网网站或登载在其上的信息，其中包含呼吁群体动乱的信息，追求极端主义活动，参与群体（公共）事件违反既定程序的行为。该请求应包括互联网网站的域名、网络地址和允许识别此类信息的互联网网站页面标识。

2）互联网网站在过去常常提供呼吁群体动乱、追求极端主义活动、参与违反既定程序的群体（公共）事件的信息，同时该信息资源向互联网网站的所有者提供服务，在这种情况下应对托管服务提供商或支持在信息通信网络上（如互联网）登载所述信息资源的其他人进行识别。

3）互联网网站含有呼吁群体动乱、追求极端主义活动、参与违反既定程序的群体（公共）事件的信息时，通过互联网网站的域名和网络地址或互联网网站页面的标识对此进行识别，并向托管服务提供商或本款第2项提及的违反信息传播程序的其他人，发送俄语和英语形式的电子版通知，以及要求采取措施删除此类信息。

4）在相关信息系统中记录发送给托管服务提供商或本款第2）项所述其他人的通知的日期和时间。

3. 收到在大众传媒、大众传播、信息技术和通信领域执行控制与监督职能的联邦执行政府机构采取限制措施的要求后，提供互联网接入服务的通信运营商应立即限制对信息资源的访问，包括互联网网站，或访问放置在其上的信息，其中包含呼吁群体动乱、追求极端主义活动、参与违反既定程序的群体（公共）事件的信息。

4. 在收到本条第2款第3）项规定的通知后24小时内，托管服务提供商或本条第2款第2）项规定的其他人应将此情况告知信息资源所有人，并通知其需要立即删除包含呼吁群体动乱、追求极端主义活动、参与违反既定程序的群体（公共）事件的信息。

5. 如果信息资源所有人删除包含呼吁群体动乱、追求极端主义活动、参与违反既定程序的群体（公共）事件的信息，其应向在大众传媒、大众传播、信息技术和通信领域执行控制与监督职能的联邦执行政府机构发送通知。此类通知也可以电子形式发送。

6. 在收到本条第5款所述通知并核实其可靠性后，在大众传媒、大众传播、信息技术和通信领域执行控制与监督职能的联邦执行政府机构应立即通过合作系统通知提供接入互联网服务，并恢复对包括互联网网站在内的信息资源的访问的通信运营商。

7. 通信运营商在收到本条第6款所述通知后，应立即恢复访问信息资源，包括互联网网站。

第15.4条　对互联网上传播信息的组织者访问信息资源的限制程序

1. 通过行政犯罪案件的最终决定，即在互联网上传播信息的组织者违反了本联邦法律第 10.1 条规定的职责，联邦执行政府机构应向其地址（其分支机构或代表处的地址）发送一份通知，规定在 15 天内履行其职责。

2. 如果在通知限定的期限内，互联网信息传播组织者未能履行本联邦法律第 10.1 条规定的职责，访问信息系统和/或计算机软件，这些系统软件旨在用于接收、传输、传递、处理互联网用户的电子信息，并且由相应的组织者确保其运作，则提供互联网接入服务的电信运营商应对其限制，直至根据法院的裁定执行此类职责，并且该裁定是法院的最终决定或获得了联邦执行政府机构的授权。

3. 授权联邦执行政府机构与互联网信息传播组织者的合作程序、本条第 1 款所述的发送通知的程序、本条第 2 款规定的限制和恢复访问信息系统和/或软件的程序，以及向公民（个人）通报此类限制的程序和告知公民（个人）此类限制的程序应由俄罗斯联邦政府制定。

第 16 条 信息保护

1. 信息保护应包括采取法律、组织和技术措施：

1）确保信息的保护，防止任何非法访问、消除、修改、阻止、复制、提供、传播和针对该信息的其他非法行为；

2）遵守限制访问的信息的保密性；

3）实现信息访问权。

2. 国家在信息保护领域的关系管理应通过确立保护信息的要求以及违反俄罗斯联邦关于信息、信息技术和信息保护的立法的责任来实施。

3. 为实现本条第 1 款第 1）项和第 3）项规定的目标，可设定对一般可获取信息的保护要求。

4. 在俄罗斯联邦法律规定的情况下，信息持有人和信息系统运营商有义务采取以下措施：

1）防止未经授权访问信息和/或向无权访问信息的人传输信息；

2）检测未经授权访问信息提示的情况；

3）违反信息访问程序时，排除其产生的不利后果的可能性；

4）防止技术信息处理设施受到影响，可能导致技术信息处理设施无法运行的情形；

5）立即恢复因未经授权访问而被修改或销毁的信息；

6）确保监测信息保护水平。

5. 保护国家信息系统内可用信息的要求，应由负责确保信息安全的联邦执行机构和在反对技术情报服务与信息技术保护领域经正式授权的联邦执行机构，在各自的权力范围内加以规定。在建立和运行国家信息系统时，信息保护中使用的方法和方式应符合上述要求。

6. 联邦法律可能对在信息保护领域使用某些信息保护手段和开展各种活动施加限制。

第 17 条　信息、信息技术和信息保护领域犯罪的责任

1. 违反本联邦法律的要求，应根据俄罗斯联邦法律承担纪律、民事、行政或刑事责任。

2. 因披露限制获取的信息或通过任何其他非法途径使用该信息，而被侵犯权利和合法权益的人，有权酌情诉诸司法以保护其权利，包括提起损害赔偿诉讼、精神损害赔偿诉讼，以保护其荣誉、尊严和商业信誉。如果索赔是由未能采取措施遵守信息保密性或违反俄罗斯联邦法律规定的信息保护要求的人提出的，并且其有义务采取这些措施和遵守这些要求，则该人的赔偿损失的索赔可能无法实现。

3. 当根据联邦法律限制或禁止传播特定信息时，提供与以下内容相关的服务的人不承担传播该信息的民事责任：

1）传播他人提供的信息，但并未修改、更正；

2）或存储信息并提供访问权限，前提是该人无法了解信息传播的非法性。

4. 根据本联邦法律的规定，托管服务提供商和互联网网站的所有者，对权利持有人和用户对信息访问的限制和/或信息传播的限制不承担责任。

第 18 条　俄罗斯联邦个别立法行为（立法法案的规定）的失效

以下内容自本联邦法律生效之日起失效，即：

1）1995 年 2 月 20 日第 24 - FZ 号联邦信息、信息化和信息保护法（Sobraniye Zakonodatelstva Rossiiskoy Federatsii，1995 年，第 8 号，第 609 项）；

2）1996 年 7 月 4 日关于参与国际信息交流的第 85 - FZ 号联邦法律

（Sobraniye Zakonodatelstva Rossiiskoy Federatsii，1996 年，第 28 号，第 3347 项）；

3）2003 年 1 月 10 日第 15 - FZ 号联邦法律第 16 条关于修改和修正俄罗斯联邦个人活动类型许可的联邦法律的个别立法行为（Sobraniye Zakonodatelstva Rossiiskoy Federatsii，2003 年，第 2 号，第 167 项）；

4）2003 年 6 月 30 日第 86 - FZ 号联邦法律第 21 条关于修改俄罗斯联邦的个别立法行为、俄罗斯联邦的个别立法行为失效、取消向内部安全机构、管制麻醉药品和精神药物流转的机构的官员、税收警察联邦机构提供个别担保，采取措施改善国家行政管理（Sobraniye Zakonodatelstva Rossiiskoy Federatsii，2003 年，第 27 号，第 2700 项）；

5）2004 年 6 月 29 日第 58 - FZ 号联邦法律第 39 条关于修改俄罗斯联邦的个别立法行为和废除俄罗斯联邦的个别立法行为以及采取措施改善国家管理（Sobraniye Zakonodatelstva Rossiiskoy Federatsii，2004 年，第 27 号，第 2711 项）。

俄罗斯联邦总统　普京

于莫斯科克里姆林宫

印度数据保护法制概览

印度个人数据保护制度起步相对较晚，其原因之一就在于个人数据保护的权利基础——个人隐私权，在很长时间内并未被认可为公民的基本权利。直至印度最高法院在 2017 年 8 月 24 日作出的一项裁定（Verdict）认定，"隐私权如同生命与自由一样，是'受保障的基本权利'（Guaranteed Fundamental Right）"①。此项裁决具有里程碑式的意义，为印度个人数据保护法的颁布奠定了重要的人权法理基础。2018 年 7 月 27 日，印度由 BN Srikrishna 大法官领衔的高级别委员会正式发布《2018 年个人数据保护法案（草案）》（*The Personal Data Protection Bill* 2018，PDPB）②，这是印度首部综合性个人数据保护法。经过一年多的筹备和酝酿，印度电子和信息技术部部长 Ravi Shankar Prasad 于 2019 年 12 月 11 日在印度下议院洛克·萨卜哈（Lok Sabha）提出了《2019 年个人数据保护法案（草案）》（*The Personal Data Protection Bill* 2019，以下简称 2019 年新法案）。该法案已提交给由上下议院议员组成的联合选举委员会（Joint Select Committee）。目前，该法案还处于"Bill"的阶段，联合特设委员会将在印度议会 2020 年预算会议（Budget Session of Parliament）上汇报该法案，并提交议会正式讨论。

在 2018 年草案基础上，2019 年新法案进行了若干调整和修改，共 14 章 98 条。除适用范围（第一章）外，在数据处理规则和权利义务设定方面，主要包

---

① 1950 年印度《宪法》第 21 条仅保证了生命权、自由权是不可侵犯的基本权利，并没有包括隐私权。

② 《2018 年个人数据保护法案（草案）》发布当天，该委员会也正式发布了一份报告《自由和公平的数字经济：保护隐私、赋能印度民众》（*A Free and Fair Digital Economy：Protecting Privacy，Empowering Indian*）。

括数据受托者义务（第二章）、无须同意处理个人数据的基础（第三章）、儿童的个人数据和个人敏感数据（第四章）、数据主体的权利（第五章）、透明度和问责措施（第六章）、向印度境外传输个人数据的限制（第七章）、豁免（第八章）七个方面；在保障机制方面，包括保护机构及其运转（第九章、第十一章、第十二章）、处罚与惩罚（第十章、第十三章）以及其他事项（第十四章）。

新法案的内容及框架，主要参考欧盟《通用数据保护条例》（GDPR），但也体现了自身特色。首先是对于数据客体的界定。PDPB 法案将数据认定为一项"信托"问题，即将每一个决定处理个人数据目的和方法的实体定义为"数据受托人"（Data Fiduciary），并要求其承担主要责任。[①] 而 GDPR 将数据界定为"财产"（Asset），并明确个人数据归属个人。其次是数据本地化问题（Data Localization）。PDPB 法案给予政府对个人数据出境以自由裁量权，中央政府可认定关键个人数据、为国家的必要性和战略利益可豁免该法案对数据跨境的规定、可直接认定某些数据传输的必要性进而允许此类数据直接跨境流动。2019 年新法案不再要求所有类型的个人数据在印度本土的服务器或者数据中心存储，并且政府有权给予本地化处理数据的相应豁免。相比较而言，根据 2018 年草案的规定，所有的个人数据都要在印度本土备份存储，虽然方便了印度政府对数据的调取，并可促进本地数据存储行业的发展，但却增加了跨国公司的负担。最后是关于个人数据安全影响的评估（Data Protection Impact Assessment）。PDPB 法案规定只有在使用新技术以及个人敏感数据等可能对数据主体造成严重损害的处理场景才需要进行个人数据安全影响评估，但对于哪些构成严重损失完全取决于受托人的主观判断，如业务模式调整、信息系统甚至仅是运行环境的变更是否构成评估场景并未加以明确。此外，2019 年新法案明确引入社交媒体的自愿账户验证机制，希望借此来控制印度日益严重的虚假消息传播问题。

应该说，2019 年新法案是印度加强公民个人数据保护的重要举措，但对于如何权衡好个人、贸易和工业利益以及国家三方利益并最终将个人数据保护措施落实到位，还存在进一步的努力空间。

---

① 《2018 年个人数据保护法案（草案）》第 3 条第（13）项规定"数据受托人"是指以独自或与共同方式决定处理个人数据的目的和方法的人，包括州、公司、法律实体或自然人。

个人数据保护法案

（由下议院人民院引入，2019 年第 373 号法案）

法　案

为保护与个人数据有关的个人隐私，明确个人数据的流动和使用，建立个人与个人数据处理实体之间的信任关系，保护个人数据被进行处理的个人权利；为数据处理建立一个组织性和技术性措施框架，为社交媒体中介、数据跨境传输、个人数据处理实体的问责制以及未经授权和有害处理个人数据的救济等提供规范；并为实现前述目的以及与其相关或附带的事项建立印度数据保护局。

鉴于，隐私权是一项基本权利，且有必要将个人数据保护作为信息隐私权的基本方面予以保护；

以及鉴于，数字经济的增长扩大了数据作为人与人之间重要通信手段的运用；

以及鉴于，对于与其有关或附带的事项，有必要通过数字治理和包容，建立一种集体文化，以培育自由和公平的数字经济、尊重个人信息的隐私以及保障赋权、进步和创新。

印度共和国第七十年议会特此颁布如下。

第一章　引言

1. 简称和生效时间

（1）本法案可称为《2019 年个人数据保护法案》。

（2）本法案自中央政府在《政府公报》（*Official Gazette*）上通知的指定日期生效；且本法案的不同条款可以被指定不同的生效日期，在此类条款中提及本法案的生效日期时，均应解释为该条款的生效日期。

2. 适用于本法案的个人数据处理的规定

（A）适用于：

（a）在印度境内收集、披露、共享或以其他处理方式对个人数据的处理；

（b）邦、任何印度公司、任何印度公民或根据印度法律注册或创建的任何个人或团体对个人数据的处理；

（c）由不存在于印度境内的数据受托者或数据处理者在以下情况下对个人数据的处理：

（i）此类处理与在印度开展的任何业务有关，或与向印度境内数据主体提供商品或服务的任何系统性活动有关；或

（ii）涉及对印度境内数据主体进行画像的任何活动。

（B）不适用于匿名数据的处理，但第91条所述匿名数据除外。

3. 定义

在本法案中，除非另有规定：

（1）"裁判官"（adjudicating officer）系指根据第62条第（1）款任命的裁判官。

（2）个人数据的"匿名化"（anonymisation）系指将个人数据进行不可逆的转化处理或转换为无法识别数据主体身份的格式，以符合监管机构的不可逆标准。

（3）"匿名数据"（anonymised data）系指经过匿名处理的数据。

（4）"上诉法庭"（appellate tribunal）系指根据第67条第（1）款或根据第67条第（4）款通知设立的法庭。

（5）"保护局"（authority）是指根据第41条第（1）款设立的印度数据保护局。

（6）"自动方式"（automated means）是指能够根据数据处理的指示自动运行的任何设备。

（7）"生物特征数据"（biometric data）是指面部图像、指纹、虹膜扫描，或其他类似的能够通过物理、生理或行为特征测量或技术处理操作得到的，可以允许或完全能够确认一个自然人的唯一标识的个人数据。

（8）"儿童"（child）系指未满 18 岁的人。

（9）"行为准则"（code of practice）系指保护局根据第 50 条发出的行为准则。

（10）"同意"（consent）系指第 11 条所指的同意。

（11）"数据"（data）系指适合于人类或自动化方式进行通信、解释或处理的，对信息、事实、概念、观点或指示进行的表示形式。

（12）"数据审计方"（data auditor）系第 29 条所指的独立数据审计方。

（13）"数据受托者"（data fiduciary）系指单独或与他人共同决定处理个人数据的目的和手段的任何人，包括邦、公司、任何法律实体或任何个人。

（14）"数据主体"（data principal）系指与个人数据相关的自然人。

（15）"数据处理者"（data processor）系指代表数据受托者处理个人数据的任何人，包括邦、公司、任何法律实体或任何个人。

（16）"去识别化"（de-identification）是指数据受托者或数据处理者可从个人数据中删除或屏蔽标识符，或将其替换为此类个人独有但本身并不直接识别出该数据主体的虚构名称或代号的过程。

（17）"灾难"（disaster）应具有与《2005 年灾难应急管理法》第 2 条（d）款所赋予的相同含义。

（18）"财务数据"（financial data）系指用于识别金融机构为数据主体开立的账户或信用卡或支付工具的任何数字或其他个人数据，或有关金融机构与数据主体之间关系的任何个人数据，包括财务状态与信用记录。

（19）"基因数据"（genetic data）系指通过对自然人的生物样本分析得来的，与自然人的先天或后天获得的遗传特征有关的个人数据，这些数据提供了有关该自然人的行为特征、生理或健康状况的特有信息。

（20）"伤害"（harm）包括：

（i）身体或精神伤害；

（ii）身份丢失、歪曲或盗窃；

（iii）财务损失或财产损失；

（iv）名誉损失或屈辱；

（v）失业；

（vi）任何歧视性待遇；

（vii）遭受任何勒索或敲诈；

（viii）任何因对数据主体作出评估决定而拒绝或撤销向其提供服务、利益或好处；

（ix）任何因担忧被观察或监视引起的对直接或间接言论、行动或其他行动施加或遭受的任何限制；或

（x）数据主体无法合理预期的任何观察或监视。

（21）"健康数据"（health data）是指与数据主体的身心健康状况相关的数据，包括有关此类数据主体的过去、现在或未来健康状况的记录，在注册或提供保健服务过程中收集的数据，将数据主体与提供特定保健服务相关联的数据。

（22）"集团内部方案"（intra-group schemes）系指保护局根据第 34 条第（1）款第（a）项批准的方案。

（23）"书面"（in writing）包括《2000 年信息技术法》第 2 条第（1）款第（r）项所界定的任何电子格式通信。

（24）"新闻目的"（journalistic purpose）系指旨在通过印刷、电子或任何其他媒体传播有关以下事实报道、分析、意见、观点或纪录片的任何活动：

（i）新闻、近期或当前事件；或

（ii）数据受托者认为公众或任何明显可辨别的公众类别感兴趣的任何其他信息。

（25）"通知"（notification）系指在《政府公报》上公布的通知，且"通知"（notify）也应据此解释。

（26）"官方标识符"（official identifier）系指根据议会或任何州立法机构制定的法律分配给数据主体的任何号码、代码或其他标识符，可用于核实数据主体的身份。

（27）"人"（person）包括：

（i）个人；

（ii）印度教未分割的家庭；

（iii）公司；

（iv）事务所；

（v）个人或个人团体的协会，无论是否注册；

（vi）邦；以及

（vii）不包括在上述任何子条款内的每个拟制法人。

（28）"个人数据"（personal data）是指无论线上或线下，考虑到该自然人身份的任何特征、特性、属性或任何其他特点，或任何将此类特征与任何其他信息相结合，与可直接或间接识别的自然人有关或相关的数据，以及应包括从该等数据得出的用于画像目的的任何推断。

（29）"个人数据泄露"（personal data breach）系指任何导致对个人数据的未经授权或意外披露、获取、共享、使用、更改、破坏以及导致个人信息无法访问的，损害个人数据的机密性、完整性或可用性的行为。

（30）"规定"（prescribed）系指依据本法的规则进行的规定。

（31）与个人数据有关的"处理"（processing）系指对个人数据执行的操作或一组操作，可能包括收集、记录、组织、结构、存储、适应、更改、检索、使用、对齐或组合、索引，通过传输、传播或以其他方式提供、限制、擦除或销毁进行披露。

（32）"画像"（profiling）系指就与数据主体的行为、属性或利益有关的方面对个人数据进行任何形式的处理、分析或预测。

（33）"条例"（regulations）系指保护局根据本法案制定的条例。

（34）"重新识别"（re-identification）是指一数据受托者或数据处理者可能的反向去识别化的过程。

（35）"附表"（schedule）系指本法案所附附表。

（36）"个人敏感数据"（sensitive personal data）是指可能揭示或构成以下类别或与之相关的个人数据：

（i）财务数据；

（ii）健康数据；

（iii）官方识别符；

（iv）性生活；

（v）性取向；

（vi）生物特征数据；

（vii）基因数据；

（viii）跨性人身份；

（ix）中性人身份；

（x）种姓或部落；

（xi）宗教或政治信仰或联盟；或

（xii）根据第 15 条归类为个人敏感数据的任何其他数据。解释——就本条款而言，以下表达：

（a）"中性人身份"（intersex status）是指满足以下条件的任一数据主体：

（i）女性或男性的组合；

（ii）既不是完全女性，也不是完全男性；或

（iii）既不是女性也不是男性。

（b）"跨性人身份"（transgender status）系指性别意识与数据主体出生时的性别不符的数据主体的状况，无论他们是否接受过变性手术、激素治疗、激光治疗或任何其他类似的医疗程序。

（37）"重大数据受托者"（significant data fiduciary）系指根据第 26 条第 1 款归类下的数据受托者。

（38）"重大损害"（significant harm）系指考虑到所处理个人数据的性质、损害的影响、连续性、持久性或不可逆转性而产生加重影响的损害。

（39）"邦"（state）系指《宪法》第 12 条所界定的邦。

（40）"系统性活动"（systematic activity）是指涉及计划、方法、连续性或持久性要素的任何结构化或有组织的活动。

第二章　数据受托者的义务

4. 处理个人数据的禁止

除非出于任何特定、明确和合法的目的，否则任何人不得处理任何个人数据。

5. 处理个人数据目的的限制

所有处理个人数据的主体均应按照以下方式处理这些个人数据：

（a）以公平合理的方式并确保数据主体的隐私；且

（b）出于数据主体同意的目的或与该目的附带或相关的目的，并且，考虑到该目的以及收集个人数据的情境，该个人的使用目的应在数据主体的合理预期内。

6. 收集个人数据的限制

收集个人数据只能在处理该个人数据所必需的范围内进行。

7. 收集或处理个人数据的通知要求

（1）在收集个人数据时，每位数据受托者均应向数据主体发出通知或者在数据并非自数据主体处收集的情况下，数据受托者应在合理可行的限度内尽快向数据主体发出通知，通知应包含以下信息：

（a）处理个人数据的目的；

（b）正在被收集的个人数据的性质和类型；

（c）数据受托者的身份和联系方式，以及如果适用，数据保护官的联系方式；

（d）如果个人数据的处理是基于同意时，数据主体享有撤回同意的权利及撤回同意的程序；

（e）如果个人数据的处理是基于第12～14条规定的理由时，提供该处理的依据和不能提供该个人数据的后果；

（f）如果个人数据并非自数据主体处收集的，说明数据收集的来源；

（g）如果适用，可能分享该个人数据的个人或实体，包括其他数据受托者或数据处理者；

（h）如果适用，数据受托者打算开展的个人数据跨境传输的任何信息；

（i）根据第9条确定的个人数据保留期限，或者未知该期限的情况下，确定该期限的标准；

（j）第五章规定的权利的存在及其行使程序和任何相关的联系

方式；

（k）根据第 32 条提出投诉的程序；

（l）是否存在向有权机关申诉的权利；

（m）如果适用，根据第 29 条第（5）款可能给数据受托者以数据信用分数的方式作出的评级；

（n）法规可能规定的任何其他信息。

（2）第（1）款规定的通知对一个合理的人而言，应当清楚、简明且易于理解，并且在必要和可行的情况下，应提供多语种版本。

（3）如果该通知会实质损害第 12 条规定的处理个人数据的目的，则第（1）款的规定不适用。

8. 处理个人数据的质量

（1）考虑到数据处理的目的，数据受托者应采取必要措施确保处理的个人数据完整、准确、不具误导性并且是最新更新的。

（2）在采取第（1）款规定的任何措施时，数据受托者应考虑个人数据是否：

（a）可能被用于作出与数据主体相关的决定；

（b）可能被披露给其他个人或实体，包括其他数据受托者或数据处理者；或

（c）以区分基于事实的个人数据和基于观点或个人评价的个人数据的方式保存。

（3）当个人数据被披露给任何其他个体或实体，包括其他数据受托者或数据处理者，并且数据受托者发现该数据不符合第（1）款的要求时，数据受托者应采取合理措施向该个人或实体通知这一事实。

9. 保留个人数据的限制

（1）数据受托者保留任何数据不得超出为满足数据处理目的必需的期限，并应在处理结束后删除个人数据。

（2）尽管有第（1）款的规定，如果数据主体明示同意或者为遵守任何现行生效的法律规定的任何义务所必需，可以将个人数据保留更长时间。

（3）数据受托者应进行定期审核以确定是否有必要保留其拥有的个人

数据。

（4）如果数据受托者已没有必要根据第（1）款或第（2）款保留个人数据，则应根据法规规定的方式删除该个人数据。

10. 数据受托者的责任

数据受托者应负责遵守本法案就由其自身或代表其所做的任何处理的规定。

11. 处理个人数据所必需的同意

（1）除非在开始处理个人数据之前经数据主体的同意，否则不得处理个人数据。

（2）数据主体的同意无效，除非该同意是：

（a）自愿的，考虑其是否符合《1872 年印度合同法》第 14 条规定的标准；

（b）知情的，考虑数据主体是否已经被告知第 7 条规定要求的信息；

（c）具体的，考虑数据主体是否可以决定同意数据处理的目的的范围；

（d）清楚的，考虑其在特定的背景下是否通过肯定行动表明是有意义的；

（e）可撤回的，考虑撤回的便捷性是否与作出同意的便捷性相当。

（3）除第（2）款的规定之外，处理任何个人敏感数据应按以下规定明示取得数据主体的同意：

（a）在通知数据主体可能对其造成重大损害的处理目的或操作之后；

（b）以清楚的条款作出而无须根据当时的行为进行推断；及

（c）在让数据主体选择分别同意与处理有关的目的、操作、对不同类型个人敏感数据的使用之后。

（4）任何商品或服务的提供或其质量，或者任何合同的履行，或者任何合法权利或请求的享受不得以同意处理任何非为该目的所必需的个人数据为条件。

（5）数据受托者应承担举证责任，证明数据主体已经同意处理本条规定的个人数据。

（6）如果数据主体无任何有效理由撤回其对任何个人数据处理的同意，该撤回的所有法律后果应由该数据主体承担。

第三章　无须同意处理个人数据的依据

12. 在特定情况下无须同意处理个人数据的依据

尽管有第 11 条的规定，如果存在以下必要，可以处理个人数据：

（a）为履行任何法律授权的邦的以下职能：

（i）由邦向数据主体提供任何服务或利益；或者

（ii）由邦为数据主体的任何行动或行为颁发任何证明、授权或许可。

（b）依据议会或邦立法机关制定的任何现行有效的法律。或者

（c）遵守任何印度法院或裁判机构的判决或命令。

（d）应对任何涉及威胁数据主体或任何其他个人生命或严重威胁其健康的医疗紧急状况。

（e）在流行病、疾病暴发或存在任何其他公众卫生威胁期间，采取任何措施以向任何个人提供医疗救治或健康服务。或者

（f）在任何灾难或公共秩序遭到破坏期间，采取任何措施以确保任何个人的安全，或向其提供帮助或服务。

13. 为雇用等相关的目的所必需的个人数据处理

（1）尽管有第 11 条的规定且除第（2）款的规定外，如果处理数据是为了以下规定所必需的，可以处理任何个人数据，只要其不是敏感个人数据：

（a）由数据受托者聘用数据主体或终止与数据主体的雇佣关系；

（b）向作为数据受托者雇员的数据主体提供任何服务或由其寻求任何利益；

（c）审核作为数据受托者雇员的数据主体的出勤；或者

（d）任何与作为数据受托者雇员的数据主体业绩的评价有关的其他活动。

（2）考虑到数据受托者与数据主体之间存在雇佣关系，要求数据主体同意是不适当的；或者根据第（1）款所做的数据处理的性质要求数据主体同意会导致数据受托者作出不合比例的努力，可以根据第（1）款的规定处理任何非敏感个人数据的个人数据。

14. 基于其他合理目的的个人数据处理

（1）除第 12 条和第 13 条规定的依据之外，还可以在未获得第 11 条同意的情况下处理个人数据，如果在考虑以下情况之后该等处理是为了法规规定的合理目的所必需的：

（a）数据受托者为该目的处理数据时的自身利益；

（b）是否可以合理期待数据受托者会获得数据主体的同意；

（c）为该目的处理数据时的任何公共利益；

（d）处理活动对数据主体的权利的影响；及

（e）数据主体根据处理情境的合理期待。

（2）上述第（1）款规定的"合理目的"包括：

（a）预防和发现任何非法活动，包括欺诈；

（b）检举揭发；

（c）兼并和收购；

（d）网络和信息安全；

（e）信用评级；

（f）债务清偿；

（g）处理可为公众获取的个人数据；及

（h）搜索引擎的运行。

（3）如果保护局对第（1）款下的合理目的作出规定，应当：

（a）通过法规规定适当的保障措施，以确保数据主体的权利得到保护；以及

（b）确定第 7 条的通知规定是否适用，需要考虑该条是否会实质性地损害相关合理目的。

15. 将个人数据归类为个人敏感数据

（1）中央政府应与保护局和有关行业监管机构协商，通知被归为"个人

敏感数据" 的个人数据类别, 应考虑以下因素:

（a）此类个人数据的处理可能对数据主体造成重大损害的风险;

（b）对此类个人数据之保密性的预期;

（c）明显可识别的一类数据主体是否会因处理这类个人数据而受到重大损害; 及

（d）适用于个人数据的一般规定所提供的保护的充分性。

（2）保护局可以通过法规, 对旨在重复、连续或系统地收集个人敏感数据以进行个人数据画像的行为规定额外的保护措施或限制。

第四章　儿童的个人数据和个人敏感数据

16. 儿童的个人数据和个人敏感数据的处理

（1）每位数据受托者均应以保护儿童的权利并符合其最大利益的方式处理儿童个人数据。

（2）数据受托者应在处理任何儿童的个人数据之前, 以法规可能规定的方式核实儿童的年龄并获得其父母或监护人的同意。

（3）第（2）款规定的核实儿童年龄的方式应由法规规定, 考虑以下因素:

（a）处理的个人数据量;

（b）这些个人数据可能是儿童数据的比例;

（c）由处理个人数据引起的对儿童伤害的可能性; 及

（d）可能规定的其他因素。

（4）保护局应通过法规将以下数据受托者归类为监护型数据受托者:

（a）运营针对儿童的商业网站或在线服务; 或者

（b）处理大量的儿童个人数据。

（5）监护型数据受托者不得对儿童进行画像、跟踪、行为监控或投放定向广告, 也不得采取任何可能对儿童造成重大伤害的其他个人数据处理行为。

（6）第（5）款的规定可在保护局通过修改后, 适用于向儿童提供咨询或儿童保护服务的数据受托者。

（7）专门为儿童提供咨询或儿童保护服务的监护型数据受托者, 无须根据第（2）款取得儿童的父母或监护人的同意。

解释——就本条而言，"监护型数据受托者"系指根据第（4）款被归类为监护型数据受托者的任何数据受托者。

第五章　数据主体的权利

17. 确认和访问权

（1）数据主体有权从数据受托者处获取以下信息：

（a）确认数据受托者是否正在处理或已经处理数据主体的个人数据；

（b）数据受托者正在处理或已经处理的数据主体的个人数据，或其任何总结；

（c）数据受托者针对数据主体的个人数据所进行的处理活动的简要总结，包括第 7 条通知中规定的任何与此类处理相关的信息。

（2）数据受托者应以理性人容易理解的清晰、简洁方式向数据主体提供第（1）款下的信息。

（3）数据主体应有权按照法规规定的方式，在任一地方获得已由任何数据受托者与之共享其个人数据的（其他）数据受托者的身份，以及与他们共享的个人数据的类型。

18. 更正和删除权

（1）如必要，考虑到正在处理个人数据的目的，数据主体有权以法规规定的条件和方式：

（a）更正不准确或者误导性的个人数据；

（b）完善不完整的个人数据；

（c）更新过时的个人数据；及

（d）删除处理目的不再必要的个人数据。

（2）如果数据受托者根据第（1）款收到请求，数据受托者考虑到处理目的不同意该变更、完善、更新和删除，则该数据受托者应向数据主体以书面形式提供拒绝申请的充分合理理由。

（3）如数据主体不满意数据受托者基于第（2）款提供的合理理由，则数据主体可要求数据受托者采取合理步骤，与相关个人数据一起，表明数据主体对此持有异议。

（4）如数据受托者根据第（1）款更正、完善、更新或者删除任何个人数据，则该数据受托者应当采取必要步骤向所有该个人数据可能被披露的相关实体或个人通知该更正、完善、更新或删除，尤其是在该行为可能会影响数据主体的权利和利益或与其相关的决定的情况下。

19. 数据可携权

（1）如果数据处理是采用自动化手段进行的，数据主体有权：

（a）以结构化、通用化且机器可读的格式接收以下数据：

（i）向数据受托者提供的个人数据；

（ii）在数据受托者提供服务或使用产品的过程中产生的数据；或

（iii）构成数据主体画像的一部分，或者数据受托者以其他方式获取的数据；以及

（b）将第（a）项中提到的数据以该款规定的格式转让给任何其他数据受托者。

（2）第（1）款在以下情况不适用：

（a）数据处理是基于第 12 条的规定履行邦的职能或遵守法律或法院命令所必要的；

（b）遵守第（1）款中的要求会披露数据受托者的商业机密，或在技术上不可行。

20. 被遗忘权

（1）数据主体有权限制和阻止数据受托者继续披露其个人数据，如果数据披露：

（a）已经达到数据收集目的或者不再为该使用目的所必要；

（b）是经数据主体基于第 11 条的同意作出的，并且该同意已经被撤回；或者

（c）是违反本法案以及其他任何现行有效法律的规定作出的。

（2）第（1）款下的权利只能基于裁判官根据数据主体提交的申请作出

的命令，以可能规定的形式和方式，基于该款第（a）项、第（b）项、第（c）项规定的任何理由强制执行。除非数据主体表明，其防止或者限制持续披露其个人数据的权利或利益优于公民言论和表达自由权和对其他任何公民信息的知情权，否则不得根据本款作出命令。

（3）裁判官在基于第（2）款作出命令时，需考虑以下内容：

（a）个人数据的敏感度；

（b）寻求限制或防止的披露规模和可获得程度；

（c）数据主体在公共生活中的角色；

（d）个人数据与公众的相关性；以及

（e）披露与数据受托者活动的性质，尤其是数据受托者是否系统地促进对个人数据的获取，以及如果要限制或者防止相关性质的披露，这些活动是否受到严重阻碍。

（4）如果任何人发现其披露已被第（2）款规定的裁判官的命令限制或者阻止的个人数据不满足该款条件时，可以以规定的方式向裁判官申请对该命令进行复议，并且裁判官应对其命令进行复议。

（5）如数据主体不服裁判官根据本条规定作出的命令，可以选择向上诉裁判机构提出上诉。

21. 行使本章权利的一般条件

（1）数据主体，为了行使本章除第 20 条规定的权利之外的任何权利，应直接或通过同意管理者向数据受托者提出书面请求，并提供关于其身份的必要信息，数据受托者应在法规规定的期限内告知收到该请求。

（2）为了遵守根据第（1）款作出的请求，数据受托者可以收取法规规定的费用：

就第 17 条第（1）款第（a）项或（b）项或第 18 条中提到的权利的任何请求，不得收取任何费用。

（3）数据受托者应遵守本章要求，并在法规规定的期限内向数据主体传达此相同的信息。

（4）如数据受托者拒绝根据本章作出的任何请求，应在法规规定期限内采取法规规定的方式向数据主体以书面形式说明拒绝的理由，并通知数据主体有权就该拒绝向保护局提出申诉。

（5）如果数据受托者因遵守根据本章提出的任何请求将损害本法案规定的任何其他数据主体的权利，数据受托者没有义务遵守该请求。

第六章　透明度和问责措施

22. 隐私设计政策

（1）每个数据受托者都应制定隐私设计政策，内容包括：

（a）旨在预测、识别及避免损害数据主体的管理、组织、商业做法和技术系统；

（b）数据受托者的义务；

（c）用于处理个人数据的技术和措施应符合商业上可以接受或认证的标准；

（d）实现包括创新在内的商业合法利益不应以牺牲隐私利益为代价；

（e）隐私保护贯穿个人数据的收集到删除整个处理过程；

（f）以透明的方式处理个人数据；及

（g）在个人数据处理的每个阶段均应对数据主体的利益负责。

（2）根据保护局制定的法规，数据受托者可以对在法规规定的期限内并以法规规定的方式向保护局提交基于第（1）款制定的隐私设计政策进行认证。

（3）保护局或其授权的官员应认证隐私设计政策是否符合第（1）款的要求。

（4）经第（3）款验证的隐私设计政策应在数据受托者及保护局的网站上发布。

23. 个人数据处理的透明度

（1）每个数据受托者应采取必要步骤确保个人数据处理中的透明度，并应以法规规定的形式和方式提供以下信息：

（a）通常性收集个人数据的类别和收集方式；

（b）通常性处理个人数据的目的；

（c）任何在特殊情况下处理的个人信息的类别或任何会产生重大损

害风险的特殊处理目的；

（d）第五章下数据主体权利的行使及其行使程序，以及任何相关联系细节；

（e）数据主体就数据受托者向保护局提出申述的权利；

（f）如果适用，任何根据第 29 条第（5）款对数据受托者可能以数据信用分数形式作出的评级；

（g）如果适用，有关数据受托者通常性实施的个人数据跨境传输的信息；

（h）任何法规规定的其他信息。

（2）数据受托者应以法规规定的方式随时通知处理有关数据主体个人数据中的重要操作。

（3）数据主体可以通过同意管理者作出或撤回其对数据受托者的同意。

（4）数据主体通过同意管理者作出或撤回对数据主体的同意时，应视为该同意或撤回已经由数据主体直接传达。

（5）第（3）款中的同意管理者，应按照法规规定的方式，遵守法规规定的技术、运营、财务条件向保护局注册。

解释——就本条而言，"同意管理者"（consent manager）系指让数据主体通过可获得的、透明的和可交互操作的平台获取、撤回、审核及管理其同意的数据受托者。

24. 安全保障

（1）每个数据受托者和处理者应根据处理个人数据的性质、范围和目的，与该处理有关的风险及可能由该处理引起的损害的可能性和严重性，落实以下必要的安全保障：

（a）去标识化和加密等方法的使用；

（b）保护个人数据完整性所必需的步骤；

（c）防止个人数据滥用、未经授权的访问、篡改、披露或销毁所必需的步骤。

（2）每一位数据受托者和处理者均应按照法规规定的方式定期对安全措施进行审查，并采取相应的适当措施。

25. 个人数据泄露的报告

（1）由数据受托者处理的任何数据泄露，当该泄露可能对任何数据主体产生损害时，每一位数据受托者均应向保护局通知该数据泄露。

（2）第（1）款中的通知应包括以下内容：

（a）数据泄露中涉及的个人数据的性质；

（b）受数据泄露影响的数据主体的数量；

（c）数据泄露可能产生的后果；

（d）数据受托者为补救数据泄露采取的行为。

（3）如数据泄露，在作出任何必要补救或减轻损失的紧急措施后，数据受托者应在法规规定的期限内尽快通知保护局。

（4）如数据受托者无法同时提供第（2）款规定的所有信息，数据受托者应在无不当延迟的阶段内向保护局提供该信息。

（5）在收到通知时，考虑到数据泄露可能对数据主体造成的损害的严重程度，保护局应决定该泄露是否应由数据受托者通知数据主体，或者是否要求数据主体采取一些行动减轻该损害。

（6）保护局除了按照第（5）款，要求数据受托者向数据主体报告数据泄露之外，还可以监督数据受托者尽快采取适当的补救措施，并在其网站上明显地公布个人数据泄露详情。

（7）此外，保护局也应在其网站上公布该个人数据泄露详情。

26. 被归类为重要数据受托者的数据受托者

（1）保护局通知其将某些或某类数据受托者归为重要数据受托者时，应当考虑以下因素：

（a）所处理的个人数据的数量；

（b）所处理的个人数据的敏感度；

（c）数据受托者的营业额；

（d）数据受托者的处理产生的损害风险；

（e）数据受托者为处理使用的新技术；

（f）由处理造成损害的任何其他因素。

（2）第（1）款中的数据受托者或此类数据受托者应按照法规规定的方

式向保护局登记。

（3）无论本条如何规定，一旦保护局认为任何数据受托者或一类数据受托者的数据处理可能对数据主体产生严重的风险，可通过通知将其视同于重要数据受托者，对该数据受托者或该类数据受托者适用第27～30条规定的所有或任何义务。

（4）无论本条如何规定，任何社交媒体中介在根据类别的不同被通知了不同阈值的情况下，如果存在以下情况，将由中央政府在与保护局协商后被通知为重要数据受托者：

（i）其用户数量已经超过经中央政府和保护局协商后通知的阈值；

（ii）其行为已经或可能对民主选举、国家安全、公共秩序或印度的主权和完整产生重大影响。

解释——就本款而言，"社交媒体中介"是指主要允许两个或多个用户之间进行在线交互，并允许他们使用其服务创建、上传、共享、传播、修改或访问信息的中介，但不应包括主要实现以下目的的中介：

（a）促进商业和业务导向的交易；

（b）提供对互联网的访问；

（c）具有搜索引擎、在线百科、电子邮件服务以及云端文件存储服务性质。

27. 数据保护影响评估

（1）如果重要数据受托者意图使用新的数据处理技术，或者进行大规模的数据画像，或者使用个人敏感数据（如遗传数据或者生物识别数据），或实施任何其他可能对数据主体产生重大损害的处理行为，除非数据受托者根据本条规定进行了数据保护影响评估，否则不得启动该处理。

（2）保护局还可以根据法律，针对特定场景、特定数据受托者类别以及处理行为的特定操作规定必须强制开展数据保护影响评估，也可以明确在哪些具体的情况下，数据受托者在开展数据保护影响评估时必须聘用本法案定义的数据审计方。

（3）数据保护影响评估除其他项外，应至少包括：

（a）对拟进行的数据处理操作、处理目的以及所处理的个人数据性质的详细说明；

（b）就拟对其个人数据进行处理的数据主体造成的潜在损害的评估；

（c）管理、最小化、减轻或消除这种损害风险的措施。

（4）在完成数据保护影响评估后，根据第30条第（1）款任命的数据保护官应按照法规规定方式对评估进行审查，并将评估结果和审查发现提交给保护局。

（5）如果保护局在收到评估及其审查结果后，有理由相信数据处理活动很可能对数据主体造成损害的，保护局可指示数据受托者停止此类处理，或指示处理活动应受限于保护局认为适当的条件。

28. 维护记录

（1）重要数据受托者应按照法规规定的形式和方式，保持以下各项的准确性且即时更新：

（a）有关数据生命周期中的重要操作，包括个人数据的收集、转移和删除以证明符合本法案第10条的要求；

（b）落实本法案第24条规定的安全保障措施的定期审查；

（c）落实本法案第27条规定的数据保护影响评估；

（d）法规可能规定的其他方面的数据处理。

（2）本法案中的任何规定同样适用于各邦政府。

（3）根据第26条第（4）款作为重要数据受托者的社交媒体中介机构，应使在印度注册其服务或在印度使用其服务的用户能够以规定的方式自愿验证其账户。

（4）自愿验证其账户的用户均应获得可证明的和可见的验证标记，并以规定的方式对该服务的所有用户可见。

29. 对数据处理政策和行为等的审计

（1）重要数据受托者应根据本法案规定，由独立数据审计方对其个人数据处理的政策和行为按年度实施审计工作。

（2）数据审计方依据本法案对数据受托者的合规情况进行审计，应包含以下内容：

（a）第 7 条规定的通知的明确性和有效性；

（b）第 22 条规定的采取措施的有效性；

（c）第 23 条规定的关于处理活动的透明度；

（d）第 24 条规定的所采取的安全保障措施；

（e）个人数据泄露的情况和数据受托者的响应，包括第 25 条规定的通知保护局的及时性；

（f）及时执行流程并有效遵守第 28 条第（3）款规定的义务；

（g）法规可能指定的其他事项。

（3）保护局应通过法规指定本条规定的审计形式和程序。

（4）保护局依据本法案对于数据审计方进行登记时应考虑的因素包括在信息技术、计算机系统、数据科学、数据或隐私保护等领域具备相关专业技能，在此基础上还需考查相关人员的独立性、职业道德及能力等因素来综合判定其是否具备资质、经验和资格。

（5）数据审计方可根据本条规定进行数据审计，采取信用评级的方式进行评级。

（6）保护局应通过法规明确第（2）款所述的内容在数据信用评级中的具体评价标准。

（7）无论第（1）款有任何规定，当保护局认为数据受托者正在以可能对数据主体造成损害的方式处理个人数据，可指示该数据受托者进行审计，并应为此任命一个数据审计方。

30. 数据保护官

（1）重要数据受托者均应任命一名具有条例所指定的资历和经验的数据保护官，以履行以下职能：

（a）就与履行本法案规定的义务向数据受托者提供信息和建议；

（b）监督数据受托者的个人数据处理活动，以确保数据处理不违反本法案的规定；

（c）就实施数据保护影响评估向数据受托者提供建议，并根据第 27 条第（4）款进行审查；

（d）就建立内部机制以满足第 22 条规定的原则向数据受托者提供建议；

（e）在数据受托者遵守本法案规定的事项上，向保护局提供协助并与保护局合作；

（f）作为数据主体的指定联系人，以便数据主体根据本法案第 39 条向数据受托者提出申诉；

（g）保留由数据受托者根据第 28 条保存的记录清单。

（2）第（1）款中的任何规定均不得阻止数据受托者将其认为必要的其他职能分配给数据保护官。

（3）根据第（1）款任命的数据保护官应常驻印度，并应根据本法案代表数据受托者。

31. 数据受托者之外其他主体的数据处理行为

（1）未经数据受托者与数据处理者签订合同，数据受托者不得聘用、任命、使用或涉及该数据处理者代表其处理个人数据。

（2）未经数据受托者授权，第（1）款中所指的数据处理者不得另行聘请、指定、使用或者涉及其他数据处理者代表其从事相关数据的处理行为，但第（1）款规定的合同中另有约定的除外。

（3）数据处理者，以及数据受托者或者数据处理者的任何雇员，应仅依照数据受托者的指示处理个人数据并将其保密。

32. 数据受托者对申诉的补救

（1）数据受托者应当建立申诉响应机制，以迅速且有效地解决来自数据主体的申诉。

（2）如果存在违反本法案中规定或据此制定的规则或法规，并已经或者可能给数据主体造成损害的行为，数据主体有权向以下主体发起投诉：

（a）重要数据受托者的数据保护官；

（b）其他数据受托者的指定负责人员。

（3）数据受托者在收到依据第（2）款提出的投诉之后，应在收到投诉之日起 30 天内尽快解决。

（4）如果在第（3）款规定的期限内未解决投诉，或数据主体对投诉的解决方式不满意，或数据受托者拒绝了投诉，则数据主体可以以指定的方式向保护局提出投诉。

第七章　向印度境外传输个人数据的限制

33. 禁止在印度境外处理个人敏感数据和关键个人数据

（1）在符合第 34 条第（1）款条件的前提下，个人敏感数据可传输到印度境外，但此类个人敏感数据应继续存储在印度。

（2）关键个人数据仅可在印度进行数据处理。

解释——就第（2）款而言，"关键个人数据"一词是指中央政府可能通知为关键个人数据的个人数据。

34. 传输个人敏感数据和关键个人数据的条件

（1）将个人敏感数据传输到印度境外处理需征得数据主体明确同意，并且：

（a）数据传输是按照保护局批准的标准合同条款或集团内部方案进行的，但该合同或集团内部方案获得批准须具备以下条款：

（i）对本法案规定的数据主体的权利提供有效保护，包括进一步传输的其他相关方；

（ii）如果数据传输违反了该合同或集团内部方案的规定而造成损害，数据受托者应负的责任。

（b）中央政府经与保护局协商后，基于其以下裁定，已允许传输至某个国家，或某个国家内的实体或一类实体，或某个国际组织：

（i）考虑到适用法律和国际协议，个人数据应受到充分程度保护；

（ii）数据传输不应妨碍具有适当管辖权的官方机构对相关法律的执行，但本条款规定的"裁定"应以可能指定的方式定期进行审查。

（c）保护局已允许的基于特定目的传输个人敏感数据或某类个人敏感数据。

（2）无论第 33 条第（2）款有任何规定，关键个人数据都只能在以下情况下向印度境外传输：

（a）数据传输到从事提供医疗服务或急救服务的个人或实体，同时传输是根据第 12 条规定的迅速采取行动且必须进行的；或

（b）数据传输到根据第（1）款（b）项中央政府允许进行数据传输的某个国家，或某个国家的实体或一类实体，或某个国际组织，且数据传输不会损害国家的安全和战略利益。

（3）根据第（2）款（a）项进行的任何传输，均应在法规规定的期限内通知保护局。

第八章　豁免

35. 中央政府豁免政府机构适用本法案的权力

中央政府如认为有必要或适当：

（i）为了印度的主权完整、国家安全、与外国的友好关系、公共秩序；或

（ii）为防止煽动实施与印度的主权完整、国家安全、与外国的友好关系、公共秩序有关的可识别的罪行，中央政府可出于已书面记录的理由，通过命令指示本法案的全部或任一规定不适用于此类个人数据处理的政府机构，但命令中可指定该机构应遵循的程序、保障措施以及监督机制。

解释——就本条而言：

（i）"可识别的罪行"是指《1973 年刑事诉讼法》第 2 条（c）款所定义的罪行；

（ii）"此类个人数据处理"包括政府机构共享个人数据的行为或由数据受托者、数据处理者或数据主体与该政府机构共享个人数据的行为。

36. 对特定个人数据处理活动的特定规定的豁免

在以下情况下，第二章除第 4 条外、第三章至第五章、第六章除第 24 条外以及第七章的规定不适用：

（a）处理个人数据是为了预防、侦查、调查和起诉犯罪或其他违反

现行生效法律的行为；

（b）为了执行法律权利或诉求、寻求救济、抗辩指控、反对诉求或从即将进行的法律程序中的辩护人处获得法律建议，有必要披露个人数据；

（c）为了行使司法职能，印度法院或法庭有必要处理个人数据；

（d）自然人出于个人或家庭目的处理个人数据，除非这种处理涉及向公众披露或与职业或商业活动有关；

（e）个体出于新闻目的或有关的目的处理个人数据，并且符合印度新闻理事会或媒体自我监管组织发布的道德准则。

37. 中央政府豁免特定数据处理者的权力

中央政府可通过通知的形式，根据与印度境外的个人，包括在境外注册成立的公司签订的合同，豁免按照印度法律注册成立的数据处理者或一类数据处理者，处理不在印度境内的数据主体的个人数据适用本法案。

38. 出于研究、归档或统计目的的豁免

出于研究、归档或统计目的而有必要处理个人数据的情况下，保护局认为以下情形可通过通知的形式，免除出于此类研究、归档或统计目的处理个人数据的行为适用本法案的规定：

（a）遵守本法案的规定将不成比例地转移为实现此目的的资源；

（b）如果个人数据被匿名化，则无法达到处理目的；

（c）数据受托者已按照第50条所指明的准则进行了去识别化，而当个人数据为去标识形式时，则可达到处理的目的；

（d）个人数据不得用于针对数据主体作出特定决定或针对其采取行动；

（e）不得以增加对数据主体造成重大损害风险的方式处理个人数据。

39. 小型实体手工处理的豁免

（1）如果小型实体对个人数据的处理不是自动化的，则第7~9条，第17条第（1）款（c）项，以及第19~32条的规定不适用。

（2）就第（1）款而言，"小型实体"是指保护局可根据法规将其归类为

数据受托者，并考虑到：

（a）数据受托者的前一财年的营业额；

（b）收集个人数据以向其他个人或实体披露的目的；

（c）在过去 12 个历月的任何一天，由此类数据受托者处理的个人数据量。

40. 鼓励创新的沙盒机制

（1）保护局应创建沙盒机制，以鼓励人工智能、机器学习或其他符合公共利益的新兴技术的创新。

（2）任何数据受托者的隐私设计政策经保护局据第 22 条第（3）款认证，即有资格按规定的方式申请加入沙盒。

（3）依据第（2）款申请加入沙盒的数据受托者，应提供以下信息：

（a）其申请使用沙盒的期限不得超过 12 个月；

（b）技术的创新性使用及其有益的使用；

（c）参与拟进行的数据处理的数据主体或数据主体类别；以及

（d）其他依据法规需提供的信息。

（4）保护局在批准任何数据受托者加入沙盒时须明确：

（a）参加沙盒的期限，可以续期不超过两次，总期限不超过 36 个月；

（b）根据第（c）项规定义务的条款和条件的安全保障措施，包括需得到参与经许可的活动的数据主体的同意，对此类数据主体的赔偿以及与此类安全保障措施有关的罚款；

（c）以下义务不适用于或经修改后可适用于此类数据受托者，即：

（i）本法案第 4 条和第 5 条所规定的明确具体目的的义务；

（ii）本法案第 6 条所规定的收集个人数据的限制；和

（iii）任何直接基于第 5 条和第 6 条所规定的其他义务；和

（iv）第 9 条对个人数据保存期限的限制。

第九章 印度数据保护局

41. 建立保护局

（1）中央政府应下达通知，建立印度数据保护局，以贯彻和实施本法案。

（2）上述第（1）款所指的保护局系法人团体，具有永久存续性，持有公章，依本法案规定有权收购、持有和处置财产（包括动产和不动产），有权以保护局名义起诉或应诉。

（3）保护局总办事处需依法设立在规定地点。

（4）保护局可在中央政府事先批准下，在印度其他地方设立办事处。

42. 成员的构成和任命资格

（1）保护局的组成包括 1 名主席，及不超过 6 名全职成员，其中 1 名应是具有执法资格和经验的人。

（2）保护局主席和成员应由中央政府根据选举委员会的建议任命，选举委员会包括：

（a）内阁秘书长，由选举委员会主席担任；

（b）政府负责法律事务的部门或机构的秘书长；和

（c）政府负责电信技术部门或机构的秘书长。

（3）选举委员会根据第（2）款推荐保护局成员时需按照法定程序进行。

（4）保护局的主席和成员应具备相应的能力，包括诚实正直的职业操守和相关的资质，具有在数据保护、信息技术、数据治理、数据科学、数据安全、网络和互联网法律、公共管理、国家安全或相关领域中不少于 10 年的专业知识、背景和经验。

（5）主席或保护局其他任何成员的空缺应在自发生空缺之日起 3 个月内填补。

43. 任期和任命的条件

（1）保护局主席和成员的任期为 5 年，或任职至其年满 65 岁（以较早者为准）为止，且没有资格连任。

（2）需按规定给保护局主席及成员发放薪资、津贴及提供其他条款规定的服务。

（3）主席和成员在其任职期间以及自他们终止任职之日两年内，不得接受：

（a）中央政府或邦政府的任何工作；或

（b）任何重大数据受托者委任的工作。

（4）如存在以下情形，本条第（1）款规定不适用：保护局主席或成员可：

（a）提前3个月以书面形式向中央政府发出离职申请；或者

（b）根据本法案规定免职。

44. 主席和其他成员的罢免

（1）中央政府可罢免保护局主席或保护局的任何成员，如果这些成员：

（a）被裁定为资不抵债（破产）；

（b）在身体或精神上无法胜任主席工作或成员工作；

（c）被判定罪名成立，且中央政府认为该罪行涉及道德败坏；

（d）滥用职权以致继续任职不利于公共利益；或者

（e）获得了可能会影响其主席或成员中立性的财务或其他利益。

（2）不得根据第（1）款第（d）项或第（e）项罢免保护局主席或保护局的任何成员，除非给予其合理的聆讯机会。

45. 主席的权力

保护局主席应具备保护局事务全面的监督权和指挥权，并依据本法案规定行使保护局应该行使的所有权力，执行并完成相关行为和事务。

46. 保护局会议

（1）保护局主席和会员应在规定的时间和地点，遵照相关规则和程序举行会议，包括规定的法定参会人数。

（2）如主席因任何原因无法出席保护局的会议，则由出席会议的成员选出其他成员主持会议。

（3）在保护局的任何会议上提出的所有事项，均应由出席并参加表决的成员以多数票决定，如果票数均等，则由主席或在其缺席的情况下由主持会议的成员行使权力决定进行第二次投票或者由其投决定票。

（4）任何成员如在保护局会议即将审议的事宜上存在任何直接或间接金

钱利益，应在该次会议上披露其权益的性质，并写入保护局的议事记录中。该成员不得参与保护局对此事的任何审议或决定。

47. 职位空缺等不应导致保护局程序的无效

保护局的任何举措或程序都不得仅以下述原因导致无效：

（a）保护局的职位空缺或不足；

（b）主席或成员的委任存在瑕疵；或者

（c）保护局处理程序上的不完善，但不影响案情。

48. 保护局的官员和其他雇员

（1）保护局可雇用其认为对有效履行本法案规定职能所需的官员、雇员、顾问和专家。

（2）需按规定明确上述官员、雇员、顾问及专家的报酬、薪资或津贴及提供其他条款所规定的服务。

49. 保护局的权力和职能

（1）保护局有责任保护数据主体的利益，防止对个人数据的滥用，确保本法案的实施，并提高数据保护意识。

（2）在不违反前款一般性规定和本法案规定的其他职能下，保护局的职能应包括：

（a）监督和执行本法案的规定；

（b）根据本法案的规定对个人数据泄露采取迅速和适当的行动；

（c）在其网站上维护一个包含重大数据受托者姓名和数据信任评分的数据库，其中数据信任评分是对数据受托者合规程度的打分；

（d）审阅数据审计报告并据此采取相关行动；

（e）向数据审计者签发注册证书，并负责证书的更新、撤销、中止或吊销，并维护已注册数据审计者的数据库，包括这些数据审计者的资格、行为准则、参与培训记录和职能等详细信息；

（f）数据受托者的分类；

（g）监督个人数据的跨境传输；

（h）明确行为准则；

（i）提高数据受托者和数据主体对保护个人数据的风险、规则、保障和权利的认知与理解；

（j）关注可能影响个人数据保护的技术发展和商业实践；

（k）为促进个人数据保护领域的创新采取必要措施并开展研究；

（l）就需要采取的促进个人数据保护措施及确保本法案实施和执行的一致性，向中央政府、邦政府和任何其他政府机构提供建议；

（m）明确列举为实施本法案所需的费用和其他支出；

（n）接受和询问与本法案相关的投诉；

（o）履行其他规定的职能。

（3）根据本法案的规定，保护局处理任何个人数据，应视为个人数据的数据受托者或数据处理者，保护局持有的任何被数据受托者或数据处理者视为机密的信息，除非有法律规定或在本节中要求履行的职能，否则不得泄露此类信息。

50. 行为准则

（1）保护局应通过法规制定行为准则，以推进数据保护的良好实践并促进本法案的贯彻执行。

（2）除了第（1）款规定内容，保护局可批准行业或贸易协会，以及代表数据主体利益的组织，任何行业监管部门、法定机构，或任何其他中央或邦政府机构、部门提交的业务行为准则。

（3）保护局在指定或批准本节规定的任何行为准则时，应确保透明度并符合本法案规定的数据受托者的义务和数据主体的权利。

（4）除非保护局和部门监管者以及包括公众在内的其他利益相关方进行了协商，并遵循了事先约定的程序，否则不得发布第（1）款或第（2）款规定的行为准则。

（5）依据本条发布的行为准则不得减轻本法案或任何其他已生效法律的规定。

（6）本法案规定的行为准则可包括以下事项，即：

（a）本法案第7条所规定的通知要求，包括与通知相关的表格模板和指导手册；

（b）采取措施确保满足第8条规定的个人数据质量要求；

（c）采取措施确保第 9 条规定的个人数据保留期限的要求；

（d）第 11 条规定的获得有效同意的方式；

（e）第 12 条关于个人数据的处理；

（f）第 14 条关于进行个人数据处理的活动；

（g）第三章关于个人敏感数据的处理；

（h）其他本法案规定下的个人数据的处理，包括儿童个人数据的处理和年龄验证等；

（i）基于第五章的数据主体权利的行使；

（j）第 19 条数据主体行使数据可携权的标准和途径；

（k）第六章关于数据受托者和数据处理者应维持的数据处理透明度与责任制措施及标准；

（l）第 24 条数据受托者和数据处理者应维持的安全保障标准；

（m）去识别化和匿名的方法；

（n）根据本法案规定销毁、删除或擦除个人数据的方法；

（o）第 25 条关于数据受托者或数据主体针对个人数据泄露采取适当的行动；

（p）第 27 条关于数据受托者或一类数据受托者开展数据安全影响评估的方式；

（q）第 34 条个人数据跨境传输；

（r）第 38 条为进行研究、存档或统计而进行的个人数据或个人敏感数据的处理；和

（s）在行为准则中可能需要提供的其他事项。

（7）保护局可依照本条规定的方式审阅、修改或撤销根据本条发布的行为准则。

51. 保护局发布指引的权力

（1）为履行本法案所规定的职能，保护局可随时发布其认为必要的指引给任何有义务遵守该指引的数据受托者或数据处理者。

（2）除非保护局给予有关数据受托者或数据处理者合理的机会知悉，否则不得依据第（1）款发出指引。

（3）保护局可根据他人所做的陈述或自行动议，修改、暂停、撤回或取消根据第（1）款发布的任何指引，在这种情况下，可通过修改、中止、撤回或取消对指引的生效增加的适当条件。

52. 保护局要求提供信息的权力

（1）在不损害本法案其他规定的前提下，保护局可要求数据受托者或数据处理者提供其为履行本法案规定的职能所可能合理要求的信息。

（2）如要求数据受托者或数据处理者根据第（1）款提供任何信息，保护局应向数据受托者或数据处理者提供书面通知，并陈述提出该要求的原因。

（3）保护局应按照规定明确数据受托者或数据处理者提供第（1）款所需的信息的方式，包括指定寻求该信息的保护局官员或雇员，提供此类信息的期限以及提供此类信息的形式。

53. 保护局的调查权

（1）保护局可自行或者基于收到的投诉，在有合理理由相信发生以下情况时，开展或发起调查：

（a）数据受托者或数据处理者的行为损害了数据主体的利益；或者

（b）数据受托者或数据处理者违反了本法案规定以及依据本法案制定的规则和条例，或者保护局颁布的指南。

（2）为实现本条第（1）款的目的，保护局须以书面命令形式任命一位保护局官员担任调查官。该调查官负责调查数据受托者和数据处理者的有关事项，并将调查结果报告给保护局。

（3）为实现本条所规定的调查目的，如有必要，调查官可要求任何人协助调查。

（4）本条第（2）款所提到的命令应当明确列出调查的理由和范围，该理由和范围可随时修改。

（5）数据受托者或数据处理者的管理人员、普通员工和其他人员，以及向数据受托者或数据处理者提供服务的服务供应商或承包商，都应依据情况配合调查官的调查，提供有关账簿、登记簿、文件、记录或者其保管的其他数据。此外，调查官应确定一具体时限，在该时限内，上述人员应向调查官提供有关数据受托者或数据处理者相关事项的陈述和信息。

（6）调查官在实施本条第（5）款的调查行为时，应当书面通知相关人员，并在通知书上写明理由以及数据受托者和调查官之间的关系。

（7）调查官根据本条第（5）款取得的账簿、登记簿、文件、记录或者其他数据应在 6 个月内原样原路返还。经保护局批准，可最长延期 3 个月再行返还。

（8）即使当时生效法律另有规定，保护局或者调查官行使本条规定处理以下事务时，其所具有的权力等同于《1908 年民事诉讼法》赋予民事法庭处理案件时的权力：

（a）在特定时间和地点调查取证账本与其他文件；

（b）传唤和强制有关人员出席，宣誓后对其进行核查；

（c）调查数据受托者的账簿、文件、备案簿或其他数据记录；

（d）签发证人或文件核查授权书；

（e）其他规定事项。

54. 保护局基于调查结果可采取的措施

（1）在收到调查官依据第 53 条第（2）款提交的报告后，保护局允许数据受托者或数据处理者针对报告内容做相关陈述后，以书面形式下发命令：

（a）向其业务或活动可能违反本法案规定的数据受托者或数据处理者发出警告；

（b）向其业务或活动已经违反本法案规定的数据受托者或数据处理者作出惩戒；

（c）命令数据受托者或数据处理者停止或终止违反或可能违反本法案的行为；

（d）命令数据受托者或者数据处理者整改其违反本法案规定的业务或活动；

（e）暂停或中断数据受托者或数据处理者违法本法案规定的业务或活动；

（f）修改、暂停或吊销保护局颁发给重大数据受托者的注册登记；

（g）暂停或中断个人数据跨境传输；或

（h）命令数据受托者或数据处理者针对报告中的问题采取其他保护

局认为合适的措施。

（2）因依据本条作出的命令，合法利益受到侵害的数据受托者或数据处理者有权向上诉法庭提出上诉。

55. 搜查和扣押

（1）依据第53条进行调查过程中，调查官有理由相信有关账簿、登记簿、文件、记录或其他数据有被篡改、变动、毁损、伪造、捏造或灭失的可能的，调查官可以主动或者经中央政府通知向指定法院申请扣押有关账簿、登记簿、文件和记录的命令。

（2）调查官可请求警察机关或中央政府官员或两者共同的协助以实现本条第（1）款的目的。警察机关或中央政府官员有义务履行该请求。

（3）在审查申请和听审调查官后，指定法院如有必要可以命令的形式授权调查官：

　　（a）进入或者基于可能的需要受协助进入有关账簿、登记簿、文件和记录存储场所；

　　（b）依照法院的命令，搜查有关场所；

　　（c）扣押与调查相关的必要账簿、登记簿、文件和记录。

（4）调查官按本条规定扣押的账簿、登记簿、文件和记录时长不得超过得出调查结论所需的期限并应原样返还给原持有人，并就该返还通知指定法院。

（5）除本条另有规定的，本条有关搜查和扣押应依照《1973年刑事诉讼法》的相关搜查和扣押规定进行。

56. 保护局与其他立法或权力机关的合作

保护局依照本法案与其他监管机构或当局依照议会或邦立法管辖重合时，保护局在采取措施前应征询其他监管机构或当局的意见，并可签订谅解备忘录，以便与其他监管机构或当局协同行动。

第十章　处罚和赔偿

57. 违反本法案特定条款的处罚

（1）数据受托者若违反以下条款：

（a）本法案第 25 条规定的采取积极、合适措施保证数据安全的义务；

（b）为履行本法案第 26 条第（2）款规定在保护局注册登记；

（c）本法案第 27 条规定的重大数据受托者进行数据保护评估的义务；

（d）本法案第 29 条规定的重大数据受托者进行数据审计的义务；

（e）本法案第 30 条规定的重大数据受托者任命数据保护官的义务，应处以 5000 万印度卢比，或其上一财政年度全球总营业额 2% 的罚款（以两者中较高者为准）。

（2）数据受托者若违反以下条款：

（a）本法案第二章或第三章有关个人数据处理的规定；

（b）本法案第四章有关儿童个人数据处理的规定；

（c）本法案第 24 条规定实施安全保障措施；

（d）本法案第七章有关向印度境外传输个人数据的规定，应处以 1.5 亿印度卢比，或其上一财政年度全球总营业额 4% 的罚款（以两者中较高者为准）。

（3）就本条内容而言：

（a）"全球总营业额"系指利润亏损账目或与利润亏损账目同等性质、可适用的其他报表确认的总收入。该收入由印度境内外的销售、供应或分销货物或服务或由于提供服务或前述两者而产生的。

（b）特此澄清，数据受托者全球总营业额是数据受托者全球总营业额和数据受托者所有集团企业全球总营业额之和。该集团企业全球总营业额是指由于数据受托者的处理行为而产生的，需要考虑以下几个因素：

（i）该集团企业与数据受托者总体经济利益的一致性；

（ii）该集团企业与数据受托者的关系，尤其是与数据受托者处理行为之间的关系；

（iii）该集团企业对数据受托者的控制情况，以及视情况考虑，数据受托者对该集团企业的控制情况。

（c）邦违反本条所规定的内容，若违反本条第（1）款，罚款最高不超过5000万印度卢比；若违反本条第（2）款，罚款最高不超过1.5亿印度卢比。

58. 违反本法案第五章关于数据主体规定的处罚

当数据受托者没有任何合理解释，不履行依据本法案第五章关于数据主体规定提出的请求时，按其违法行为存续时间，对其可以每日最高5000印度卢比予以罚款。对于重大数据受托者，罚款总额最高不超过100万印度卢比，其他情况，罚款总额最高不超过50万印度卢比。

59. 未履行提交报告、汇报、信息等义务的处罚

数据受托者应按照本法案以及依据本法案制定的规则和条例要求，向保护局提交报告、汇报或信息。对未履行该义务的数据受托者，按其违法行为存续时间，对其可以每日最高1万印度卢比予以罚款。对于重大数据受托者，罚款总额最高不超过200万印度卢比，其他情况，罚款总额最高不超过50万印度卢比。

60. 未履行保护局指令或命令的处罚

数据受托者或数据处理者应履行保护局依照第51条作出的指令或者依照第54条作出的命令。对未履行相关指令或命令的数据受托者，按其违法行为存续时间，对其可以每日最高2万印度卢比予以罚款，罚款总额最高不超过2000万印度卢比。对于未履行相关指令或命令的数据处理者，按其违法行为存续时间，对其可以每日最高5000印度卢比予以罚款，罚款总额最高不超过50万印度卢比。

61. 对未处以单独处罚的违法行为的处罚

任何违反本法案以及依据本法案制定的规则和条例的行为未被处以单独处罚时，对重要数据受托者处以最高不超过1000万印度卢比的罚款；其他情况，处以最高不超过250万印度卢比的罚款。

62. 裁判官任命

（1）为裁判本法案第57～61条涉及的处罚以及第64条涉及的赔偿，保护局应当事前任命裁判官。

（2）为确保依据本法案作出的裁判操作隔离、独立和中立，中央政府应

当就下列事项作出规定：

  （a）依据本条第（1）款任命的裁判官人数；

  （b）为确保裁判官的独立性，裁判官任命的方式和任期；

  （c）裁判官的裁判权；

  （d）其他中央政府认为应当作出的规定。

  （3）裁判官应当兼具能力、品格端正和相应名望，应当具有专业知识，有不少于7年的法律、网络和互联网法、信息技术法和政策、数据保护以及相关学科的专业经验。

63. 裁判官裁判程序

  （1）除非以可能规定的方式进行调查，并且数据受托者或数据处理者或其他人员（视情况而定）未被给予听证的合理机会，否则不得根据本章作出处罚；本条规定的调查仅适用于保护局发起的指控。

  （2）裁判官在调查过程中有权传唤或强制与案件事实、情节有关的人员出席做证，或要求有关人员提供与案件或调查有关的文件。

  （3）如果根据调查结果，裁判官认为行为人未履行本法案有关条款或者对数据主体造成损害违反本法案规定，裁判官可以根据有关条款裁判处罚。

  （4）依据本条第（3）款决定是否判处处罚，依据第57~61条决定处罚力度时，裁判官应当考虑以下几点：

  （a）结合数据处理的性质、范围和目的考量违法行为的性质、程度和存续时间；

  （b）遭受损害的数据主体人数以及数据主体遭受损害的程度；

  （c）违法行为的故意或过失性质；

  （d）违法行为涉及的个人数据性质；

  （e）违法行为的重复性；

  （f）数据受托者或数据处理者透明和责任措施的实施情况，包括对有关安全保障行为准则的执行情况；

  （g）数据受托者或数据处理者为减少数据主体所受损害而采取的措施；以及

  （h）其他加重或减轻案件情节的事实，例如，非法所得或不公平优势等一切可量化的违法行为的结果。

（5）因裁判官依据本条作出的命令，合法利益受到侵害的，有权到上诉法庭提出上诉。

64. 赔偿

（1）数据主体因为数据受托者或数据处理者任何违反本法案以及依据本法案制定的规则或法规的行为从而遭受损害，有权根据情况向数据受托者或数据处理者索赔。

解释——为消除疑虑，特此澄清：数据处理者仅在数据受托者未依照第31条的指令或者违背数据受托者的指令，或者发现数据处理者的行为存在过失，或者数据处理者没有根据第24条提供足够的安全保障，或者违反任何本法案明确规定适用的情况时，才应承担责任。

（2）数据主体可以根据本节规定通过向裁判官以规定的形式和方式投诉而寻求赔偿。

（3）存在一个或多个数据主体或可识别类别的数据主体因为同一数据受托者或数据处理者的违法行为受到损害时，可由某一权利请求人代表所有寻求损害赔偿的数据主体提起索赔。

（4）在根据本条规定决定予以补偿和确定补偿金额时，裁判官应考虑以下因素：

（a）违反本法案规定以及依据本法案制定的规则或法规的行为的性质、持续时间和违反程度；

（b）数据主体所受损害的性质和程度；

（c）违规是故意还是过失的；

（d）数据受托者或数据处理者实施措施的透明度和问责性，可视情况包括对相关安全防护实践准则的遵守程度；

（e）数据受托者或数据处理者为减缓对数据主体的损害根据情况采取的行动；

（f）数据受托者或数据处理者（视情况而定）的违规历史；

（g）数据受托者或数据处理者之间的安排是否达到和采取足够的透明度和问责性措施，以保护数据处理者以数据受托者的名义处理的个人数据；

（h）有关案件情节的任何其他加重或减轻的事实，例如，在可以量化的情况下默认的结果导致不成比例的收益或不公平的优势。

（5）当多个数据受托者或数据处理者，或者数据受托者或数据处理者都参与相同的处理活动并发现造成对数据主体的损害时，为确保对数据主体伤害赔偿的有效性和速度，某一数据受托者或数据处理者可能要求支付全部损害赔偿。

（6）当根据第（5）款，数据受托者或数据处理者支付数据主体的全部损害赔偿后，该数据受托者或数据处理者有权根据情况向其他数据受托者或数据处理者依据其应对造成的损害所承担的责任予以索赔。

（7）任何人认为裁判官根据本条作出的裁决损害其利益时，可以向上诉法庭上诉。

（8）中央政府可以根据本条就投诉启动听证会程序。

65. 赔偿或处罚不得妨碍其他惩罚

根据本法案要求的赔偿或处以的罚款不应妨碍其他根据本法案或任何当时生效的法律要求的赔偿或处以的罚款。

66. 追缴

（1）如果不支付根据本法案任何处以的罚款或要求的赔偿金额，则可以如同追缴土地收入欠款一样实施追缴。

（2）根据本法案处罚的金额应当上缴印度综合基金（Consolidated Fund of India）。

第十一章　上诉法庭

67. 上诉法庭的建立

（1）中央政府应当通知建立上诉法庭，以履行以下职能：

（a）针对裁判官根据第20条第（5）款所作出的裁决进行上诉的听证和处理；

（b）针对保护局根据第54条第（2）款所作出的裁决进行上诉的听证和处理；

（c）针对裁判官根据第 63 条第（5）款所作出的裁决进行上诉的听证和处理；以及

（d）针对裁判官根据第 64 条第（7）款所作出的裁决进行上诉的听证和处理。

（2）上诉法庭应由一名主席和不超过拟任命人数的成员组成。

（3）中央政府可在咨询上诉法庭主席后，通知上诉法庭建立一个或多个地点。

（4）尽管已包含在第（1）～（3）款，根据本法案中央政府认为任何现有的实体有能力履行上诉法庭的职能，中央政府可以通知该实体根据本法案履行上诉法庭职能。

68. 成员的资质、任命、任期和条件

（1）除非满足以下条件，否则任何人不得被任命为上诉法庭的主席或成员：

（a）主席应当是或曾经担任最高法院的法官或高级法院的首席大法官；

（b）成员应当担任过印度政府的部长或在中央政府担任相当的职务不少于两年时间，或精通数据保护、信息技术、数据管理、数据科学、数据安全、网络和互联网法律或任何相关领域。

（2）中央政府可以规定上诉法庭主席和成员的任命、工作任期、工资和津贴、辞职、免职，以及其他条款和条件。

69. 职位空缺

如果因为临时缺席以外的原因，发生上诉法庭的主席或成员的职位出现空缺，中央政府应当依照本法案的规定和规则的要求任命另一个人填补该空缺，在空缺填补后上诉法庭的审理程序将继续。

70. 上诉法庭职员

（1）中央政府应为上诉法庭提供合适的官员和雇员。

（2）上诉法庭的官员和雇员应当在主席的监督下履行职责。

（3）上诉法庭的官员和雇员的薪水、津贴和其他服务条件应当按规定处理。

71. 分配法庭工作

（1）根据本法案的规定，上诉法庭的法庭可以由主席指定的法官行使权力。

（2）上诉法庭的法庭根据第（1）款组成，主席可以随时通知、在法庭间分配工作、分配法庭成员以及安排法庭要处理的事宜。

（3）任何当事人申请并通知各方，并在主席听取需要的信息后，或经主席自主决定也可以不予通知，上诉法庭的主席可将等待处理的案件移交到其他法庭。

72. 向上诉法庭上诉

（1）任何人因为保护局的决定而受到损害的，可在接到裁决后 30 天内以规定的形式和方法，向上诉法庭提起上诉，并缴纳规定的费用。

如果有充分的理由不能在要求的 30 天期限内提起上诉，上诉法庭可以在上述 30 天届满后受理该上诉。

（2）根据本条，上诉法庭收到上诉后，可以在提供争议或上诉各方陈词机会后，裁判宣布合适的命令。

（3）上诉法庭应当根据情况将命令的副本发给争议上诉或各方及数据保护局。

（4）上诉法庭出于检查根据本条上诉的任何决定、保护局或裁判官的命令的合法性、适当性或正确性的目的，可以自行或以其他方式征集与处理该上诉或申请相关的记录并作出其认为合适的命令。

73. 上诉法庭的程序和权力

（1）上诉法庭不受《1908 年民事诉讼法》的约束，但应当遵循自然正义的原则。根据该法案的其他规定，上诉法庭有权规定其自身的程序。

（2）出于根据履行本法案职能的目的，上诉法庭在审理以下案件时，应当拥有与《1908 年民事诉讼法》赋予民事法庭相同的权力，即：

（a）传唤和强制任何人出席并通过宣誓查验其身份；

（b）要求披露和出示文件；

（c）接受宣誓证据；

（d）根据《1872 年印度证据法案》第 123 条和第 124 条的规定，

从任一办公室征用任何公共记录、文件或记录或文件副本；

（e）签发证据或文件检查委托书；

（f）审查其决定；

（g）通过缺席判决驳回当事人的申请或单方面作出决定；

（h）撤销驳回当事人申请的缺席判决或作出其他单方面的决定；以及

（i）可能规定的任何其他事项。

（3）上诉法院处理的每个程序应被视为是依据《印度刑法典》第193条和第228条意义上并依据第196条的目的进行的司法程序，上诉法院应被视为是一个根据《1973年刑事诉讼法》程序第195条和第二十六章的目的而建立的民事法庭。

74. 上诉法庭的指示应作为判决执行

（1）根据本法案上诉法庭作出的命令如同民事法庭的判决一样由上诉法院执行。为此，上诉法院拥有民事法院所有的权力。

（2）尽管包含在第（1）款，上诉法庭可将其作出的命令移交给具有当地管辖权的民事法庭执行，民事法庭应当像执行法庭作出的判决一样执行该命令。

75. 向最高法院上诉

（1）尽管包含在《1908年民事诉讼法》或任何其他法律中，就上诉法院命令可以向最高法院针对任何重大的法律问题上诉而不是将其作为中间命令。

（2）在各方同意后，对上诉法院作出的决定或命令不得再提出上诉。

（3）根据本条的上诉应在决定或命令作出后90天内提起。如果有充分的理由不能在要求的90天期限内提起上诉，最高法院可以受理在上述90天期限届满后上诉。

76. 委托代理人的权利

申请人或上诉人可以亲自出庭，或授权一位或多位法律从业者，或其他的任何官员作为其代表在上诉法院出庭。

解释——根据本节的目的，"法律从业者"包括辩护律师、律师或者实际辩护人。

77. 民事法庭不具有管辖权

民事法庭对于上诉法院授权或根据本法案决定的诉讼或程序不具有管辖权，任何法庭和保护局不得颁发禁止执行任何根据本法案授予权力的行为的禁令。

第十二章 资金、账户和审计

78. 中央政府授权

可以由议会法律代表根据法律拨款后，中央政府给予保护局符合法律目的的金额。

79. 印度数据保护局基金

（1）必须成立名为数据保护局基金的基金，以用于：

（a）根据本法案保护局接收的所有政府资助、支付和收取的费用；以及

（b）保护局从中央政府决定的其他来源接收的资金。

（2）数据保护局基金的资金应用于满足：

（a）主席、成员、官员、雇员、保护局任命的顾问和专家的工资、津贴和其他报酬；以及

（b）保护局为履行其职责和本法案的目的的其他费用。

80. 账户和审计

（1）保护局应当维护正确的账户和其他相关记录，并在咨询印度主审计长公署后准备规定格式的年度财务报表。

（2）保护局的账户应当由印度主审计长公署依法在规定的时间内审计，发生的与审计相关的任何费用应由保护局承担。

（3）印度主审计长公署或其任命的其他与审计保护局账户相关的人员都有与印度主审计长公署审计账户相同的权力、特权和授权，特别是有权要求查看生成的账簿、科目、相关的凭证和其他文件与单据，并检查保护局的任何办公室。

（4）由印度主审计长公署或印度主审计长公署任命的其他人员审计通过的保护局账户应和审计报告一起每年抄送中央政府，中央政府每年提交给议

会的每一议院。

81. 向中央政府报告

（1）保护局应根据中央政府规定的时间和方式或根据中央政府的指令将任何拟议或现有的与提倡和发展个人数据保护相关的事项的汇报和陈述（包括执法行动声明），按中央政府不时的要求提供给中央政府。

（2）保护局按规定的形式和时间每年应准备一次年度报告总结前一年的活动，报告的副本应抄送中央政府。

（3）根据第（2）款准备的报告的副本在收到后应呈交给议会的每一议院。

（4）根据第（2）款准备的报告的副本应由保护局向公众公布。

第十三章 违法行为

82. 重新识别去识别化的个人数据

（1）任何人在明知或故意的情形下：

（a）重标识已被数据受托者或数据处理者去识别化的个人数据；或

（b）未经数据受托者或数据处理者同意，重新识别或处理（a）项中提及的个人数据的，行为人应处 3 年以下监禁，或不高于 20 万印度卢比的罚金，或两项并处。

（2）如行为人证明存在下列情形，其违反本节第（1）款的行为不受惩罚：

（a）违反第（1）款的违规行为所涉个人数据属于行为人；或

（b）所涉个人数据的数据主体已按本法案规定，明示授权此类数据重标识和处理行为。

83. 违法行为是可审理和不可保释的

（1）依据本法案可进行处罚的违法行为应依法审理且不可保释，不适用《1973 年刑事诉讼法》相关规定。

（2）除非经保护局起诉，任何法庭都不应审理违反本法案的行为。

84. 公司的违法行为

（1）如公司违反本法案规定的，任何在违法行为发生时对公司的业务行为以及公司本身直接负责的主管人员，应为违法行为负责并依法受到起诉和处罚。

（2）违反本条第（1）款的，如果相关责任人能证明其对违法行为不知情的，或其已尽到勤勉尽职义务来预防该违法行为的，不受本法案处罚。

（3）除第（1）款中所规定事项外，如公司违反本法案规定的，且经证明该违法行为是由于任意董事、经理、秘书或其他公司高级管理人员的授权、纵容或疏忽所导致的，相关董事、经理、秘书或其他公司高级管理人员应对违法行为负责并依法受到起诉和处罚。

解释——就本条而言：

（a）"公司"是指任何法人团体，包括：

（i）合伙企业；

（ii）由团体组成的协会或个人组成的团体，无论注册与否。

（b）"董事"是指：

（i）合伙企业中的合伙人；

（ii）协会或团体中管理事务的成员。

85. 邦的违法行为

（1）邦的部门、下属机关或机构违反本法案规定的，不论单位名称为何，该部门、机关或机构的负责人应对违法行为负责并依法受到起诉和处罚。

（2）违反本条第（1）款的，如相关负责人能证明其对违法行为不知情的，或其已尽一切勤勉尽职义务来预防该违法行为的，不受本法案处罚。

（3）除第（1）款中所规定事项外，当中央或邦政府部门或邦的主管机关违反了本法案规定时，其证明该违法行为是由于除部门负责人外的任一官员的授权、纵容或疏忽所导致的，该官员应为违法行为负责并受到相关处罚。

（4）《1973 年刑事诉讼法》中有关公务员的规定仍继续适用，不适用本条规定。

第十四章　其他事项

86. 中央政府发布指令的权力

（1）中央政府可向保护局发布其认为必要的，旨在维护印度主权和完整、国家安全、对外友好关系或公众秩序的指令。

（2）在不违反本法案前述规定的前提下，保护局依本法案履行职权时，应遵守中央政府以书面形式发布的有关政策问题的指令；在可行范围内，保护局应有机会就中央政府依本款提出的指令表达意见。

（3）中央政府对某一问题是否为政策问题行使最终决定权。

87. 保护局及相关成员视为公务员

保护局的主席、成员、官员和雇员以及上诉法庭在根据本法案规定行事或意图行事时，应被视为《印度刑法典》第21条下规定的公务员。

88. 对善意行为的保护

不应就旨在执行本法案及其项下法律法规的行为或其他为了执行本法案作出的出于善意的行为，向保护局或其主席、成员、雇员或官员提起诉讼、控告或其他法律程序。

89. 所得税的豁免

保护局无须就其收入、利润或收益支付所得税或其他税费，不适用《1961年所得税法案》或其他现行的与收入、利润、收益相关的成文法。

90. 授权

如保护局认为有必要的，可以通过一般或特殊书面命令授权任何保护局成员或官员行使本法案规定的除第94条以外的职权；如命令中包含具体条件，则上述授权受其限制。

91. 促进制定数字经济政策的行为

（1）本法案中的任何条款都不得阻止中央政府制定任何不涉及个人数据治理的数字经济政策，包括促进数字经济增长、安全性、完备性及预防滥用的措施。

（2）经与保护局协商，中央政府可要求任何数据受托者或数据处理者提供任何匿名个人数据或其他非个人数据，以促进中央政府更好地确定服务对象或制定基于证据支持的政策。

解释——就本节而言，"非个人数据"是指除个人数据外的数据。

（3）中央政府应每年按规定格式披露依据第（2）款规定作出的指示。

92. 禁止处理特定形式的生物特征数据

除非法律允许，任何数据受托者不得处理经中央政府通告的生物特征数据。

93. 制定规则的权力

（1）中央政府可通过通告形式，制定实施本法案规定的规则。

（2）尤其是，在不违反上述权力的普遍适用性的情况下，所制定的规则可规定下列所有或任一事项，包括：

（a）第 15 条规定的任何其他类别的敏感个人信息；

（b）第 16 条第（3）款第（d）项中需要考虑的其他因素；

（c）数据主体申请实行第 20 条第（2）款中规定的权利的方式方法，以及依据第（4）款审议裁判官命令的审议方式；

（d）第 28 条第（3）款中用于识别社交媒体用户身份的自愿识别方法，以及第（4）款中用于认证自愿认证用户的识别标志；

（e）依据第 32 条第（4）款提出申诉的方式；

（f）依据第 34 条第（1）款第（b）项允许向其传送数据的国家或国际组织中的实体或实体群；

（g）第 41 条第（3）款中的保护局总部所在地；

（h）第 42 条第（3）款中选举委员会应遵循的程序；

（i）第 43 条第（2）款中保护局主席和成员的津贴，以及其他条款和条件；

（j）第 46 条第（1）款中保护局会议的召开时间和地点，以及会议规则流程；

（k）第 49 条第（2）款第（o）项中规定的保护局其他职能；

（l）依据第 50 条第（4）款发布行为准则的流程，以及保护局依据第（7）款审阅、修改或撤销行为准则的方式；

（m）第 53 条第（8）款第（e）项中规定的保护局具备职权的其他事项；

（n）依据第 62 条第（2）款设置的裁判官人数、任命方式和任命条件，以及其管辖范围和其他要求；

（o）裁判官依据第 63 条第（1）款进行调查的方式；

（p）第 64 条第（2）款中数据主体提出申诉的格式和方法，以及第（8）款中中央政府制定的申诉听证流程；

（q）第 68 条第（2）款中保护局任命主席和上诉法庭成员的方式、任期、薪水和津贴、辞职条件、罢免条件以及其他服务条件和条款；

（r）第 69 条中填补上诉法庭中人员空缺的流程；

（s）第 70 条中上诉法庭官员及雇员的薪水、津贴及其他服务条件；

（t）依据第 72 条第（1）款向上诉法庭提出申诉或申请的格式、方法和费用；

（u）第 73 条第（2）款第（i）项中规定的上诉法庭具备权力的其他事项；

（v）第 80 条第（1）款中的账目格式、年度账目表和其他记录，以及第（2）款中对保护局账目进行审计的时间间隔；

（w）第 81 条第（1）款中向中央政府提供回执、声明和明细的时间、格式和方法，以及第（2）款中向中央政府提交年度报告的时间、格式和方法；

（x）中央政府依据第 91 条第（2）款发布指令获取数据的方式，包括获取数据的具体目的，以及依据第（3）款披露此类指令的形式；或

（y）本规则规定应当或可以另行规定或有待另行规定的其他事项。

94. 制定法规的权力

（1）保护局可通过通告，制定与本法案及依据本法案制定的规则相一致的法规，以执行本法案规定。

（2）尤其是在不违反上述权力普遍适用性的情况下，所指定的法规可规定下列所有或任意事项，包括：

（a）第 7 条第（1）款第（n）项中规定的数据受托者对数据主体的告知所应包含的信息；

（b）依据第 9 条第（4）款删除数据受托者所保存的个人数据的

方式；

（c）第 14 条第（3）款中保护数据主体权利的保障措施；

（d）第 15 条第（2）款中规定的额外保障和限制；

（e）依据第 16 条第（2）款获得儿童的父母或监护人授权同意的方式，依据第（3）款验证儿童年龄的方式，以及依据第（6）款对向儿童提供咨询或保护服务的数据受托者变更适用本法案的规定；

（f）数据受托者依据第 21 条第（1）款必须确认收到请求的期限，依据第（2）款收取的费用，依据第（3）款遵从请求的期限，以及数据主体依据第（4）款提出投诉的方法和期限；

（g）依据第 22 条第（2）款规定提交隐私设计政策的方式；

（h）第 23 条第（5）款中规定的授权同意信息管理人员注册所需的技术、运营、财务等其他条件及其合规状况；

（i）第 26 条第（2）款中规定的重大数据受托者的注册方式；

（j）依据第 27 条第（2）款规定应当强制进行数据保护影响评估的情形、数据受托者类别或数据处理活动，与应当任命数据审计者的情形，以及依据第 27 条第（4）款规定数据保护官审阅数据保护影响评估报告并向保护局提交的方式；

（k）依据第 28 条第（1）款规定保留记录的格式和方法，以及依据同款规定应保留的其他数据处理相关记录；

（l）第 29 条第（2）款第（g）项应考虑的其他因素，第（3）款中进行审计的方法和流程，第（4）项中规定的审计人员的注册方式以及第（6）项中数据受托者得到的数据信任分数评分的标准；

（m）第 30 条第（1）款规定的数据保护官的任职资格和经验；

（n）依据第 34 条第（3）款向保护局通知个人数据跨境传输的期限；

（o）依据第 38 条可以豁免本法案的研究、留档或统计目的的类别以及可以豁免的本法案条款；

（p）第 48 条第（2）款中规定的官员、雇员、顾问和专家的酬劳、薪水或津贴以及其他服务的条件和条款；

（q）第 50 条第（1）款中所指的行为准则；

（r）第 52 条第（3）款中由数据受托者向保护局提供信息的格式与方法；

（s）其他应当或可以由法规细化的事项，以及其他有待立法规定或可由法规规定的事项。

95. 将向议会提交的规则和法规

依据本法案制定的规则、法规以及根据本法案第 67 条第（4）款发布的通告，制定完毕后应尽快提交开会期间的国会两院审议。审议期限为 30 天，可在一次会期中进行也可在两次或多次会期中审议。如果在第二次会期或之后的会期结束前，两院一致认定应当对所提交规则、法规或通告进行修改或两院一致否决的，则所提交规则、法规或通告应在修改后生效或不予生效。但是任何此类修改或否决均不影响此前依据该项规则、法规或通告作出行为的有效性。

96. 本法的优先效力

除本法案另有规定外，如其他现行有效法律以及依据其他法律效力生效的文件中有和本法案中不一致的，以本法案规定为准。

97. 排除困难的权力

（1）如本法案的生效出现任何困难，中央政府可通过官方公报发布命令，在消除困难的必要程度内，修改其他条款使之与本法案规定相一致；自本法案生效之日起 5 年后，不得依据本节规定作出命令。

（2）基于本条作出的命令应尽快交予议会两院审议。

98. 《2000 年信息技术法》修正案

《2000 年信息技术法》应按照本法案附录中的具体规定作出修订。

附　录

（见第 98 条）

《2000 年信息技术法》修正案

（2000 年第 21 号）

1. 删除第 43A 条

删除《2000 年信息技术法》（在本附件中以下简称主体法）第 43A 条。

2. 对第 87 条的修订

删除主体法第 87 条第（2）款第（ob）项。

关于立法目的及理由的声明

1. 在 K. S. Puttaswami 法官及他人诉印度联盟案［Justice K. S. Puttaswami and another vs. Union of India（WP 494 of 2012）］中，由 9 名最高法院大法官组成的宪法法庭在 2017 年 8 月 24 日作出判决，认定"隐私权"是《印度宪法》第 21 条规定下的一项基本权利。之后，在 2018 年 9 月 26 日，由 5 名最高法院大法官组成的宪法法庭在对上述案件作出的终审判决中，呼吁政府制定一部强有力的数据保护条例。

2. 政府在 2017 年 7 月 31 日组建了由 B. N. Srikrishna 法官担任主席的"数据保护专家委员会"来审议数据保护相关问题。该委员会审议了数据保护相关问题，并于 2018 年 7 月 27 日提交了报告。根据该报告中的提议以及来自多个利益相关方的建议，提议进行立法，即《2019 年个人数据保护法案》。

3. 该法案旨在为印度建立强有力的数据保护框架，并设立专职保护个人数据的机构，赋予公民个人数据相关权利，从而确保他们享有"隐私及个人数据受保护"的基本权利。

4. 除其他事项外，《2019 年个人数据保护法案》的显著特征有：

（i）推进诸如同意框架、目的限制、存储限制、数据最小化等数据保护原则；

（ii）确立个人数据收集实体（数据受托者）只能因特定目的的需求并在取得个体（数据主体）明示同意后收集数据的义务；

（iii）赋予个人获取个人数据、更正不准确数据、删除数据、更新数据、向其他受托者传送数据以及限制或阻止个人数据披露的权利；

（iv）建立一个名为"印度数据保护局"（以下简称保护局）的机构，该机构人员由中央政府任命，包括一名主席及不超过 6 名全职成员；

（v）规定保护局应当保护数据主体的利益，防止个人数据遭到滥用，确保本法案条款得到遵守，促进数据保护意识；

（vi）制定与"社交媒体中介"相关的条文，其行为对民主选举、国家安全、公共秩序或印度的主权和完整有着显著影响，并且授权中央政府经与保护局协商后将上述中介宣告为重要数据受托者；

（vii）赋予数据主体"申诉权"，使其在受到数据受托者侵害后可以提起申诉，如对数据受托者的决定不满，可以向保护局寻求救济；

（viii）授予中央政府豁免政府机构适用本法案的权力；

（ix）授予保护局明确"行为准则"的权力，从而推广有关数据保护的良性措施，并促进各方遵守本法案中的责任义务；

（x）任命"裁判官"以负责根据本法案条款裁定处罚及确定赔偿；

（xi）设立"上诉法庭"，负责受理和处置根据本法案第54条提出的针对保护局指令的申诉，以及根据本法案第63条、第64条提出的针对裁判官所做决定的申诉；

（xii）对违反本法案条款的行为制定"罚金与处罚措施"。

5. 条款说明将对本法案各条款进行详细解释。

6. 本法案旨为实现上述目标。

Ravi Shankar Prasad

新德里

2019 年 12 月 5 日

条款说明

第1条　本条旨在规定本法案的简称与生效日期。

第2条　本条旨在阐明本法案针对印度公民个人数据的适用范围，并明确除第91条外，本法案不适用匿名化数据处理的情形。

第3条　本条旨在定义本法案所涉特定术语。

第4条　本条旨在禁止在无任何特定、明确和合法的目的的前提下处理数据。

第5条　本条旨在将个人数据处理行为限制在数据主体同意的范围内，或是与前述同意相关联的范围，或是偶然收集的范围。

第6条　本条旨在将个人数据的收集限制在必要的范围内。

第 7 条　本条旨在规定，在个人数据的收集或处理前应通知数据主体，并列举了通知中应当包含的各类信息。

第 8 条　本条旨在规定数据受托者应当确保处理后的个人数据的质量。

第 9 条　本条旨在限制超过必要限度保留个人数据的行为。

第 10 条　本条旨在规定数据受托者有责任遵守本法案规定。

第 11 条　本条旨在解释处理个人数据所必需的同意的要件。

第 12 条　本条旨在列明未经同意即可处理个人数据的情形。

第 13 条　本条旨在规定出于雇用相关目的，可以处理必需的个人数据。

第 14 条　本条旨在规定出于其他合理目的，可以处理个人数据。

第 15 条　本条旨在规定某些个人数据可被划分为敏感个人数据，并列举划分标准。

第 16 条　本条旨在规定处理儿童个人数据的数据受托者的义务。

第 17 条　本条旨在赋予数据主体对其个人数据的确认权及访问权。

第 18 条　本条旨在赋予数据主体对其个人数据的更正权及删除权。

第 19 条　本条旨在赋予数据主体将个人数据迁移至其他数据受托者的权利。

第 20 条　本条旨在赋予数据主体被遗忘权。

第 21 条　本条旨在列举可以履行第 17～20 条中所规定权利的一般条件。

第 22 条　本条旨在列举隐私设计政策所需包含的内容。

第 23 条　本条旨在要求保持个人数据处理的透明度，具体要求包括数据受托者通知数据主体以及提供相关信息。

第 24 条　本条旨在要求数据受托者采取必要的安全保障措施。

第 25 条　本条旨在要求数据受托者向保护局报告个人数据的泄露情况。

第 26 条　本条旨在规定特定数据受托者可被分类为重要数据受托者，包括某些社交媒体中介。

第 27 条　本条旨在要求重要数据受托者必须开展数据保护影响评估。

第 28 条　本条旨在要求重要数据受托者保持准确、及时的记录，包括要求社交媒体中介提供用户自愿核实机制。

第 29 条　本条旨在要求重要数据受托者接受数据审计方对其政策和数据

处理行为的审计。

第 30 条　本条旨在要求重要数据受托者任命一名数据保护官。

第 31 条　本条旨在要求数据受托者确保在将数据交由其他数据处理者处理时订立协议。

第 32 条　本条旨在要求数据受托者具备申诉受理机制。

第 33 条　本条旨在禁止在印度境外处理个人敏感数据和关键个人数据。

第 34 条　本条旨在列明可以将个人敏感数据和关键个人数据迁移至印度境外的情形。

第 35 条　本条旨在授予中央政府使政府部门豁免本法案适用的权力。

第 36 条　本条旨在规定，对特定个人数据处理可以豁免本法案特定条款的情形。

第 37 条　本条旨在阐明政府有权豁免某些处理外国个人数据的数据处理者适用本法。

第 38 条　本条旨在豁免以研究、留档或统计为目的对个人数据的处理行为。

第 39 条　本条旨在豁免以人工方式处理个人数据的小型实体。

第 40 条　本条旨在制定一个不违反本法案规制且能促进产生新创意、新方式的沙盒机制。

第 41 条　本条旨在创设名为印度数据保护局（保护局）的监管机构。

第 42 条　本条旨在规定保护局主席及成员的人员构成、任职条件及选拔机制。

第 43 条　本条旨在列明保护局主席及成员的任职期限与条件。

第 44 条　本条旨在列明保护局主席或其他成员的罢免条件。

第 45 条　本条旨在说明保护局职权归属于主席。

第 46 条　本条旨在规定保护局会议相关事项。

第 47 条　本条旨在规定保护局的执法行为不因人员空缺、程序违规等原因而失效。

第 48 条　本条旨在授权保护局任命官员和其他雇员。

第 49 条　本条旨在列明保护局的权力与职能。

第 50 条　本条旨在要求保护局细化行为准则，以激励数据保护的良好实践。

第 51 条　本条旨在授权保护局为履行职能向数据受托者发布指引。

第 52 条　本条旨在授权保护局要求数据受托者提供信息。

第 53 条　本条旨在授权保护局就数据受托者事务展开调查。

第 54 条　本条旨在列明保护局为开展调查可采取的各类行动。

第 55 条　本条旨在授权保护局调查官员搜查和扣押文档、记录等材料。

第 56 条　本条旨在规定保护局与其他监管机构的协调工作。

第 57 条　本条旨在列明针对违反本法案某些条款的处罚。

第 58 条　本条旨在列明针对未能遵守数据主体请求的处罚。

第 59 条　本条旨在列明针对数据受托者未能向保护局提供报告、汇报、信息的处罚。

第 60 条　本条旨在列明针对数据受托者未遵守保护局指令或命令的处罚。

第 61 条　本条旨在列明在本法案或依据本法案制定的规则或法规未规定另行处罚的情形下，违反上述法规的处罚。

第 62 条　本条旨在规定对负责裁判处罚的裁判官的任命。

第 63 条　本条旨在规定裁判官的裁判程序。

第 64 条　本条旨在赋予数据主体在受到侵害时向数据受托者索赔的权利。

第 65 条　本条旨在确保依据本法案作出的赔偿或处罚不会干扰其他处罚措施。

第 66 条　本条旨在规定，根据本法案给予的处罚或补偿可作为土地收入的欠款予以追缴。

第 67 条　本条旨在制定有关设立上诉法庭的规定。

第 68 条　本条旨在列出上诉法庭庭长和法官的资格、任命、任期、服务条件。

第 69 条　本条旨在规定填补上诉法庭庭长和法官的空缺。

第 70 条　本条旨在规定上诉法庭的人员配置。

第 71 条　本条旨在规定将业务分配给上诉法庭的不同法官。

第 72 条　本条旨在规定就保护局的任何决定可向上诉法庭提出上诉。

第 73 条　本条旨在规定上诉法庭的程序和权力。

第 74 条　本条旨在规定上诉法庭应拥有民事法庭的所有权力。

第 75 条　本条旨在规定对上诉法庭的任何命令可向最高法院提起上诉。

第 76 条　本条旨在规定申请人或上诉人须亲自出席或授权法定代表人出席。

第 77 条　本条旨在规定，任何民事法庭都无权受理任何属于上诉法庭管辖范围内的案件。

第 78 条　本条旨在规定中央政府向保护局拨款。

第 79 条　本条旨在规定数据保护局基金的构成。

第 80 条　本条旨在要求保护局保留适当的账目以便由印度主计审计长公署审计。

第 81 条　本条旨在要求保护局向中央政府提供回执、报表等。

第 82 条　本条旨在列出对违反重新识别去识别化的个人数据行为的处罚。

第 83 条　本条旨在将第 82 条中的违法行为规定为具有可审理性和不可保释性。

第 84 条　本条旨在列出与公司违法有关的规定。

第 85 条　本条旨在列出与任何邦政府或中央政府部门或其他机构违法有关的规定。

第 86 条　本条旨在授权中央政府可向保护局发出指示。

第 87 条　本条旨在规定根据本法案规定行事时，保护局的成员、官员等都视为公务人员。

第 88 条　本条旨在保护根据本法案善意地采取行动的情况下的保护局成员、雇员。

第 89 条　本条旨在免除保护局对其收入、利润的所得税。

第 90 条　本条旨在授权保护局向任何成员或官员授权权力或职能。

第 91 条　本条旨在授权中央政府制定有关非个人数据的数字经济政策。

第 92 条　本条旨在禁止处理某些形式的生物特征数据，法律规定允许的除外。

第 93 条　本条旨在授权中央政府制定实施该法案相关条款的规则。

第 94 条　本条旨在授权保护局制定与本法案和根据本法案制定的规则相一致的法规。

第 95 条　本条旨在要求将根据本法案制定的规则和法规提交议会。

第 96 条　本条旨在规定本法案和其他任何法律不一致时，以本法案为准的效力。

第 97 条　本条旨在规定中央政府有权排除困难。

第 98 条　本条旨在规定对《2000 年信息技术法》作出相关修订。

财务备忘录

第 43 条第（2）款规定了向保护局主席和成员支付薪金与津贴。

第 48 条第（2）款规定了向保护局官员和雇员支付薪金与津贴。

第 68 条第（2）款规定了向上诉法庭的主席和法官支付薪金与津贴。

第 70 条第（3）款规定了向上诉法庭的官员和雇员支付薪金与津贴。以上规定将涉及印度联合基金（经常性或非经常性）10 亿印度卢比的支出。

关于授权立法的备忘录

1.《2019 年个人数据保护法案》第 93 条旨在授权中央政府制定以下规则：（a）根据第 15 条对个人敏感数据进行分类；（b）根据第（3）条第（3）款核实儿童年龄；（c）执行被遗忘权利的申请可根据第 20 条第（2）款规定的形式及方式行使，以及裁判官根据第 20 条第（4）款通过的命令的复核方式；（d）根据第 28 条第（3）款确定社交媒体用户的自愿识别方法，以及根据第（4）款确定自愿验证用户的识别标识；（e）根据第 32 条第（4）款提出申诉救济的方式；（f）根据第 34 条第（1）款第（b）项可允许转移到国家实体或其他实体类型或国际组织；（g）第 41 条第（3）款所指的是保护局总部所在地；（h）选举委员会根据第 42 条第（3）款须遵循的程序；（i）根据第 43 条第（2）款须支付保护局主席及成员的薪金及津贴，以及其他服务条款及条件；（j）根据第 44 条第（2）款进行任何调查的程序；（k）根据第 46 条第（1）款在保护局会议上处理事务进行调查的时间及地点，以及有关的规则及程序；（l）第 49 条第（2）款第（o）项下保护局其他职能；（m）根据第 50 条第（4）款发布行为准则的程序，保护局可根据第 50 条第（7）款审查、修改或撤销的行为准则；（n）第 53 条第（8）款第（e）项下保护局有权处理的其他事项；（o）第 62 条第（2）款下规定裁判官的人数、任命方式和条款、管辖权以及其他要求；（p）裁判官根据第 63 条第（1）款进行调查的方式；（q）根据第 64 条第（2）款提出申诉的形式及方式，以及根据第 64 条第（8）款听证申诉的程序；（r）根据第 68 条第（2）款提出上诉法庭主席和任何成员委任方式、任期、薪金及津贴、辞职、免除的职务以及其他服务条款和条件；（s）根据第 69 条填补上诉法庭职位空缺时的程序；（t）第 70 条第（3）款所指的是上诉法庭人员及雇员的薪金、津贴及其他服务条件；（u）根据第 72 条第（1）款向上诉法庭提出上诉或起诉（视属何情况而定）的形式、方式及费用；（v）根据第 73 条第（2）款第（i）项就上诉法庭的权力而提出的其他事项；（w）根据第 80 条第（1）款项下规定的账目形式、其他有关记录及年度账目报表，以及根据第 80 条第（2）款项下的保护局账目结算的时间间隔；（x）根据第 81 条第（1）款向中央政府提交报税表、附件及详情的时间、格式及方式，以及根据第 81 条第（2）款向中央政府提交的年报；（y）中央政府发出指示的方式，包括根据第 91 条第（2）款寻求数据的具体目的，以及根据第 91 条第（3）款披露指示的形式；及（z）任何要求或可能要求以规则规定的或就需要某一规定作出的任何其他事项。

2. 草案第 94 条授权保护局在事先获得中央政府批准的情况下，发出通知，制定与本法案和根据本法案制定的规则相一致的法规，以提供：（a）数据受托者根据第 7 条第（1）款第（n）项通知中要求向数据主体提供的信息；（b）根据第 9 条第（4）款规定，数据受托者必须删除保留的个人数据的方式；（c）根据第 14 条第（3）款为保护数据主体权利适用的保障措施；（d）根据第 15 条第（2）款的附加保障措施或限制措施；（e）根据第 16 条第（2）款取得儿童父母或监护人同意的方式，根据第（3）款核实儿童年龄的方式，以及对根据第（6）款规定的提供咨询或儿童保护服务的数据受托者适用修改后的规定；（f）数据受托者根据第 21 条第（1）款在收到请求后必须给予确认的期限，根据第（2）款收取的费用，根据第（3）款应遵守的请求的期限，以及数据主体可根据第（4）款提出投诉的期限；（g）根据第 22 条第（2）款规定的根据设计的政策提交隐私方式；（h）根据第 23 条第（5）款规定注册同意管理者的方式、技术、运营、财务和其他条件及其合规性作出规定；（i）根据第 26 条第（2）款注册重要数据受托者的方式；（j）第 27 条第（2）款强制规定数据审计方进行数据保护影响评估的数据受托者或处理操作的情况或类别，以及根据第（4）款数据保护官应审查数据保护影响评估及向保护局呈交数据保护影响评估的方式；（k）第 28 条第（1）款规定保存记录的格式及方式，以及处理记录的任何其他方面；（l）根据第 29 条第（2）款第（g）项应考虑的其他因素；根据第（3）款进行审计的形式和程序；根据第（4）款注册审计师的方式；根据第（6）款以数据信任分数形式进行评级的标准；（m）根据第 30 条第（1）款所指的数据保护官的资格和经验；（n）根据第 34 条第（3）款向保护局通知个人数据转让的期限；（o）根据第 38 条可出于研究、存档或统计之目的而豁免的本法案的条款和类别；（p）根据第 48 条第（2）款规定，该项下官员、雇员、顾问及专家的薪酬、薪金或津贴及其他服务条款及条件；（q）根据第 50 条第（1）款规定的行为准则；（r）数据受托者根据第 52 条第（3）款向保护局提供数据的格式及方式；及（s）任何要求或可能要求以法规规定的或就需要有关法规作出的任何其他事项。

3. 可以根据具体事项制定上述规章和法规是程序性与行政性的细节，因此，在拟议的法案本身中规定这些事项是不切实际的。因此，立法权的授权是正常的。

附件
《2000 年信息技术法》摘录
(2000 年第 21 号)

* * * * * *

43A[①]. 当法人团体在其拥有、控制或运营的计算机资源中保留、交换或处理任何个人敏感数据或信息时，因疏于实施和维护合理的安全保护措施和程序，给他人造成不正当损失或不正当收益时，该法人团体有责任以补偿的方式向受影响的人支付损害赔偿。

解释——出于本条的目的：

(i)"法人团体"是指任何公司，包括合伙企业、个人独资企业或其他由个人组成的从事商业或专业活动的团体；

(ii)"合理的安全保护措施和程序"是指在双方协议之中或在当前有效的法律中明确旨在保护此类信息免遭可能的未经授权的访问、损坏、使用、修改、披露或损害的安全保护措施和程序。在没有此类协议或任何法律的情况下，中央政府将与其认为适当的专业机构或协会进行协商，对合理的安全保护措施和程序作出规定；

(iii)"个人敏感数据或信息"是指中央政府与适当的专业机构或协会协商后规定的个人信息。

* * * * * *

87[②]. (1) * * * * * *

(2) 特别地，在不损害前述权力的一般性原则下，该规则可规定以下的所有或任何事项，即：* * * * * *

(ob) 第 43A 条所指的合理的安全保护措施和程序以及个人敏感数据或信息；

* * * * * *

---

① 附注 1：未能保护数据安全的赔偿。
② 附注 2：中央政府制定规则的权力。

<u>国会人民院</u>

本法案

旨在规定与个人数据相关的个人隐私保护，规定个人数据的流动和使用，在个人与处理个人数据的实体之间建立信任关系，保护个人数据被处理的个体的权利，为处理数据的组织和技术手段建立了法律框架，为社交媒体中介、跨境传输、个人数据处理实体的问责制、未经授权和有害的数据处理的救济措施制定了规范，并为上述目的与其相关或附带的事项设立印度数据保护局。

法律、司法、通信和电子信息技术部部长
Shri Ravi Shankar Prasad

印度尼西亚数据保护法制概览

印度尼西亚是"一带一路"沿线的重要国家之一，是世界第四人口大国，也是东盟最大的经济体。近年来，印度尼西亚的互联网发展迅速。早在2016年，印度尼西亚就成了全球互联网用户增长速度最快的国家。在整个印度尼西亚人口中，有近40%的人口属于移动社交活跃用户。Facebook、Twitter等国际社交媒体巨头早已进入印度尼西亚市场，国内某短视频应用自2017年下半年进入印度尼西亚后便成为印度尼西亚最受欢迎的短视频应用产品。随着互联网在印度尼西亚的快速发展，网络安全、个人用户数据泄露、被滥用等问题也随之出现。印度尼西亚在2013年发生了超过120万起网络攻击事件，平均每天约4.2万起，严重程度居世界第一。

印度尼西亚目前尚未制定专门的个人数据保护法。2008年4月21日实施的《电子信息与交易法》（2016年11月28日修订），涉及个人数据保护的原则性规定。该法为印度尼西亚互联网的规范奠定了法律基础，与其他法律法规一起共同约束虚拟空间中的网络行为。

印度尼西亚《电子信息与交易法》共13章54条。第一章"总则"，主要规定了该法中相关法律定义。第二章"原则和目的"，主要规定了发展信息技术应遵循的基本原则和拟实现的目标。第三章"电子信息、文件和签名"，主要规定了电子信息发送、收取时间的认定，电子签名的有效条件，电子签名服务提供商及电子签名人的义务等。第四章"电子认证和电子系统的操作"，规定了电子认证操作相关问题与电子系统操作的相关问题。第五章"电子交易"，主要规定了电子交易经营者业务范围，电子交易合同当事人可以选择适用的法律及争议解决机构，以及不同主体（本人或代理人）进行的电子交易所产生的法律后果归属问题等。第六章"域名、知识产权和隐私权的保护"，主要规定了申请及使用域名应遵守的基本原则，由电子信息和创建的智力作品、互联网网站和其中包含的智力成果应当作为知识产权受到保护，以及电子媒介使用任何涉及个人数据的信息必须取得相关当事人的同意。第七章"禁止行为"，主要规定了数十项禁止性行为，如"故意、未经许可传播虚假和误导性的信息导致消费者在电子交易遭受损失""故意、未经许可传播基于民族、宗教、种族和群体间（SARA）对个人和（或）某些社区群体产生仇恨或分裂的信息""故意、未经许可发送包含针对个人的暴力威胁或恐吓的电子信息和（或）电子文件""故意、未经许可或以任何方式非法进入他人计算机和（或）电子系统""故意、未经许可或以任何方式非法更改、增加、减少、传输、篡改、删除、移动、隐藏他人或公共的电子信息和（或）电子文档"等。第八章"争议解决"，主要规定了受损害主体可以提起诉讼，鼓励当事人依照相关法律法规的规定通过仲裁或其他替代性争议解决机构解决争议。第九章"政府的作用和社会团体的作用"，主要规定了政府、社会团体在促进信息技术和电子交易的使用过程中的角色定位、作用。第十章"调查"，主要规定了针对违法行为的调查程序。第十一章"罚则"，主要规定了违反第七章规定的禁止性行为对应的刑期及罚金数额。第十二章"过渡性条款"，强调本法生效后，所有不违背本法的信息技术利用相关的法律法规和机构仍然有效。第十三章"结尾条款"，明确本法自公布之日起施行，与本法相关的行政法规必须在本法颁布后 2 年内制定。

依据《电子信息与交易法》规定，于 2012 年 10 月 12 日印度尼西亚《电子系统交易运行条例》颁布实施，对《电子信息与交易法》中明确应当由行政法规进一步规定的内容进行了细化。

在个人数据保护层面，《电子信息与交易法》虽未进行详细的规定，但在第 26 条规定了电子媒介使用任何涉及个人数据的信息必须取得相关当事人的同意，为印度尼西亚个人数据保护提供了明确的法律依据。《电子信息与交易法》以及其他相关法律法规的颁布施行，使印度尼西亚网络法制在整个东盟地区处于较为领先的地位。

电子信息与交易法

[2008 年第 11 号]

鉴于

1. 国家发展是一个可持续过程，必须不断响应社会中出现的各种新兴动态；

2. 信息全球化使印度尼西亚成为全球信息社会的一部分，使其需从国家层面建立电子信息和交易管理安排，以便于信息技术的发展可以在社会各个层面以最佳、可分配和可传播的方式进行，从而提高国民的文化生活；

3. 信息技术的发展和进步带来了国民生活活动各个领域的变化，这些变化对新法的出现产生了直接影响；

4. 信息技术的利用须不断发展，以促进、维护和加强基于规则且符合国家利益的民族融合和团结；

5. 信息技术的利用在国家贸易和经济增长中发挥着重要作用，进而实现社会繁荣；

6. 政府应通过法律基础设施及其规章制度支持信息技术的发展，使信息技术的应用能适当兼容到印度尼西亚社会的宗教和社会文化价值，安全地运用，防止被滥用；

7. 基于以上的考虑，有必要制定《电子信息与交易法》。

根据：

印度尼西亚共和国《1945 年宪法》第 5 条第（1）款和第 20 条；

通过**印度尼西亚共和国众议院**和**印度尼西亚共和国总统**联合批准

决　定

制定：

电子信息与交易法

第一章　总则

第1条

在本法中，相关定义如下。

1. 电子信息是指一种或一组电子数据，包括但不限于文本、声音、图像、地图、草稿、照片、电子数据交换（EDI）、电子邮件、电报、电传、传真等，或者字母、标志、数字、访问代码、符号或穿孔，经过处理有一定意义或相关技术人员可以理解的数据。

2. 电子交易是指使用计算机、计算机网络和/或其他电子媒体所发生的法律行为。

3. 信息技术是指一种收集、准备、存储、处理、通知、分析和/或传播信息的技术。

4. 电子文件是指以模拟、数字、电磁、光学等方式创建、转发、发送、接收或存储的任何电子信息，可通过计算机或电子系统查看、显示和/或听取，包括但不限于文本、声音、图像、地图、草稿、照片等，或者字母、标志、数字、访问代码、符号或有特定意义和含义或相关技术人员可以理解的数据。

5. 电子系统是指一组用于准备、收集、处理、分析、存储、展示、通知、发送和/或传播电子信息的电子设备和程序。

6. 电子系统的运行是指国家管理者、个人、商业实体和/或社会对电子系统的应用。

7. 电子系统网络是指封闭式或开放式的由两个或多个电子系统互连的网络。

8. 电子代理是一种自动化电子手段，用于启动某些由个人运行的电子信息的操作。

9. 电子证书是指由认证服务提供商所签发，包含电子签名和身份，证明电子交易各方当事人法律主体地位的电子证书。

10. 电子认证服务提供商是指签发和审核电子证书的一个可被信任的法律实体。

11. 安全性认证协会是指由政府认可、认证和监督的专业人士组成的独立机构，其有权审核和颁发电子交易的安全性证书。

12. 电子签名是指包含电子信息的签名，该电子信息附属、关联或连接于其他用于验证、认证的电子信息。

13. 签字人是指与电子签名相关联或连接的法律主体。

14. 计算机是指一种电子、磁、光学数据处理设备，或是执行计算机逻辑、算术和存储功能的系统。

15. 访问是指与独立或网络电子系统进行交互的活动。

16. 访问代码是指图形、字母、符号、其他字符或其组合，这是启动计算机和/或其他电子系统的关键。

17. 电子合同是指由合同各方通过电子系统方式签订的协议。

18. 发件人是指发送电子信息和/或电子文件的法律主体。

19. 收件人是指从发件人处接收电子信息和/或电子文件的法律主体。

20. 域名是指行政机构、个人、商业实体和/或社团的可通过互联网进行通信的互联网地址，以唯一字符代码的形式存在或用于标识计算机的电子方位。

21. 个人是指印度尼西亚或外国的公民或法律实体。

22. 商业实体是法人或非法人的独资企业或合伙企业。

23. 政府官员是指由总统任命的部长或其他官员。

第 2 条

本法适用于在印度尼西亚管辖范围内和管辖范围外的所有个人的法律行为，该法律行为在印度尼西亚管辖范围内和/或在印度尼西亚管辖范围外具有法律效力，且有损于印度尼西亚的利益。

第二章　原则和目的

第3条

信息技术和电子交易的应用应遵循法律确定原则、利益原则、审慎原则、诚实信用原则以及选择技术自由原则或技术中立原则。

第4条

信息技术和电子交易的应用应实现以下目标：

1. 丰富作为世界信息社群组成部分的人民的文化生活；

2. 提高社会福利的框架下发展国家贸易和经济；

3. 提高公共服务的效率；

4. 为大众提供尽可能广泛的机会，以培养他/她在通过最佳且负责任的方式利用信息技术方面的洞察力和能力；和

5. 培养信息技术用户和运营商的安全意识、公正意识和法律意识。

第三章　电子信息、文件和签名

第5条

1. 电子信息和/或电子文件和/或其打印件是有效的法律证据。

2. 第1款所指的电子信息和/或电子文件和/或其打印件应是根据在印度尼西亚适用的程序法而对证据作出的扩大解释。

3. 如果依照本法的规定使用电子系统，则该电子信息和/或电子文件应被宣告为合法。

4. 第1款所指的电子信息和/或电子文件的规定不适用于：

　　a. 法律规定必须以书面形式提交的证书；和

　　b. 证书及其纸质材料根据法律规定必须以公证书或土地转让契据的形式作出。

第6条

除第5条第4款规定的条款以外的其他规定要求信息必须采用书面形式或原件形式外，其他可访问、可显示、可确保其完整性，可解释说明的电子

信息和/或电子文件应被视为合法文件。

第 7 条

任何对电子信息和/或电子文件的存在主张权利，确认现有权利或否认其他个人权利的人，必须确保其本身的电子信息和/或电子文件来自符合法律法规规定的电子系统。

第 8 条

1. 除非另有约定，发送电子信息和/或电子文件的时间应在电子信息和/或电子文件被发件人发送到收件人指定或使用的适当地址，并已进入发件人控制之外的电子系统时确定。

2. 除非另有约定，收到电子信息和/或电子文件的时间应在电子信息和/或电子文件进入授权收件人控制的电子系统时确定。

3. 如果收件人指定特定电子系统来接收电子信息，则接收应在电子信息和/或电子文件进入指定的电子系统时确定。

4. 如果在发送或接收电子信息和/或电子文件时使用两个或两个以上的信息系统，则：

　　a. 发送时间应为电子信息和/或电子文件进入发件人控制范围之外的第一个信息系统的时间；

　　b. 接收时间应为电子信息和/或电子文件进入收件人控制下的最后一个信息系统的时间。

第 9 条

通过电子系统提供产品的商业主体必须提供有关合同条件、生产商和相关产品的完整且真实的信息。

第 10 条

1. 从事电子交易的商业主体可获得安全性认证协会的认证。

2. 行政法规应对第 1 款中关于组建安全性认证协会作出进一步的规定。

第 11 条

1. 电子签名在同时满足下列要求时即具有法律效力：

　　a. 电子签名制作数据用于电子签名时，属于电子签名人专有；

  b. 在签署时电子签名制作数据仅由电子签名人控制；

  c. 签署后对电子签名的任何改动能够被发现；

  d. 在签署后对电子签名有关的电子信息的任何改动能够被发现；

  e. 有确定电子签名人身份的特定途径；和

  f. 有证明电子签名人同意有关电子信息内容的特定途径。

2. 行政法规应对第 1 款中关于电子签名作出进一步的规定。

第 12 条

1. 从事电子签名的任何人应为电子签名的使用提供安全保障。

2. 第 1 款所述的电子签名的安全性至少应包括：

  a. 未经授权的人员无法访问该系统；

  b. 电子签名人应当遵循审慎原则的要求，以避免未经授权使用电子签名制作数据；

  c. 电子签名人应当毫不迟延地采用电子签名提供者推荐的方法或其他适当的方法，并应及时告知其认为信赖电子签名的人员或告知为电子签名服务提供支持的相关方，如果：

   （1）电子签名人知悉电子签名制作数据已经失密；或

   （2）电子签名人知悉失密的电子签名制作数据可能造成相当大的风险。和

  d. 如果电子证书用于证明电子签名，电子签名人应当保证电子证书的所有信息的真实性和完整性。

3. 任何人违反第 1 款所述规定的，应对所造成的所有损害和法律后果负责。

第四章 电子认证和电子系统的操作

第一部分 电子认证的操作

第 13 条

1. 任何人均有权使用电子认证服务提供商的服务创建电子签名。

2. 电子认证服务提供商须确认电子签名归属于所有者。

3. 电子认证服务提供商应包括：

    a. 印度尼西亚电子认证服务提供商；和

    b. 外国电子认证服务提供商。

4. 印度尼西亚电子认证服务提供商应是印度尼西亚法律实体且住所地在印度尼西亚。

5. 在印度尼西亚运营的外国电子认证服务提供商必须在印度尼西亚注册。

6. 行政法规应对第 3 款电子认证服务提供商作出进一步的规定。

第 14 条

第 13 条第 1 款至第 5 款所述的电子认证服务提供商应当向用户提供准确、清晰和明确的信息包括：

    a. 识别电子签名人的方法；

    b. 可用于识别电子签名制作个人数据；

    c. 可用于证明电子签名有效性和安全性。

第二部分　电子系统的操作

第 15 条

1. 所有电子系统提供者应当以可靠和安全的方式提供电子系统，并负责电子系统的正常运行。

2. 电子系统提供者应当负责电子系统的运行。

3. 第 2 款的规定不适用于电子系统使用者存在迫不得已、过错和/或疏忽的情况。

第 16 条

1. 除非其他法律另有规定，否则，所有电子系统提供者应按照下列最低要求运行电子系统：

    a. 在规则规定的保留期限内再现电子信息和/或电子文件；

    b. 确保电子系统提供电子信息的有效性、完整性、真实性、机密性和可访问性；

    c. 按照电子系统提供的程序或指令运行；

    d. 电子系统提供的程序或指令以能够被各方所理解的语言、信息或标

志公布；和

　　e. 适用可持续性机制确保程序或指令的更新、清晰和可说明性。

2. 行政法规应对第 1 款电子系统的提供作出进一步的规定。

第五章　电子交易

第 17 条

1. 电子交易经营者可以在公共或私人范围内开展业务。

2. 第 1 款所述的从事电子交易的各方应当在交易过程中善意地进行电子信息和/或电子文件的互动和/或交换。

3. 行政法规应对第 1 款关于电子交易的经营作出进一步的规定。

第 18 条

1. 电子合同中载明的电子交易对各方具有约束力。

2. 各方有权为其所参与的国际电子交易选择适用的法律。

3. 如果各方在国际电子交易中未作出适用法律的选择，则应遵循国际私法原则选择适用的法律。

4. 各方有权选择法院、仲裁机构或其他有管辖权的争议解决机构处理因参与国际电子交易所发生的任何纠纷。

5. 如果各方未按第 4 款所述作出争议解决机构的选择，应遵循国际私法原则选择法院、仲裁机构或其他有管辖权的争议解决机构处理因参与该类交易所发生的任何纠纷。

第 19 条

开展电子交易的当事人应当采用双方约定的电子系统。

第 20 条

1. 除非各方当事人另有约定，否则，收件人收到发件人发送的交易要约并承诺时电子交易成立。

2. 第 1 款所述的承诺应当以电子收据的方式确认。

第 21 条

1. 发件人或收件人可由其本人或其代理人或电子代理进行电子交易。

2. 第1款所述的电子交易的法律后果规定如下：

    a. 由本人进行的电子交易所产生的法律后果归属于交易当事人；

    b. 由代理人进行的电子交易所产生的法律后果归属于被代理人；或

    c. 由电子代理进行的电子交易所产生的法律后果归属于电子代理提供者。

3. 因第三方对电子系统采取的直接措施导致电子代理无法正常运行而造成电子交易损害的，由电子代理提供者承担法律责任。

4. 因服务用户的疏忽导致电子代理无法正常运行而造成电子交易损害的，由服务用户承担法律责任。

5. 第2款的规定不适用于电子系统使用者存在迫不得已、过错和/或疏忽的情况。

第22条

1. 电子代理提供者提供的电子代理应当具备用户能在交易过程中改动信息的功能。

2. 行政法规应对第1款关于电子代理提供者作出进一步的规定。

第六章　域名、知识产权和隐私权的保护

第23条

1. 政府行政人员、个人、商业实体和/或社会团体有权根据优先申请原则持有域名。

2. 按照第1款的规定持有和使用域名，必须建立在诚信、不违反公平商业竞争和不侵犯他人权利的基础上。

3. 政府行政人员、个人、商业实体和/或社会团体因他人未经授权而使用其域名受到损害的，有权提出注销该域名的请求。

第24条

1. 域名管理员应为政府和/或社会团体。

2. 当社会团体因域名管理发生纠纷时，政府有权暂时接管所争议域名。

3. 居住在印度尼西亚境外的域名管理员及其注册的域名，在不违反规则

的情况下，应承认其存在。

4. 行政法规应对第1款、第2款和第3款关于域名管理作出进一步的规定。

第 25 条

由电子信息和/或电子文件创建的智力作品、互联网网站和其中包含的智力成果，应当按照相关规定作为知识产权受到保护。

第 26 条

1. 除非规则另有规定，否则，通过电子媒介使用任何涉及个人数据的信息必须取得有关人员的同意。

2. 第1款规定的权利受到侵害的，可以就发生的损害依法提起赔偿请求。

第七章 禁止行为

第 27 条

1. 故意、未经许可散布和/或传输和/或提供可访问的含有不当内容的电子信息和/或电子文件。

2. 故意、未经许可散布和/或传输和/或提供可访问的含有赌博内容的电子信息和/或电子文件。

3. 故意、未经许可散布和/或传输和/或提供可访问的含有侮辱性和/或诽谤性内容的电子信息和/或电子文件。

4. 故意、未经许可散布和/或传输和/或提供可访问的含有勒索和/或威胁内容的电子信息和/或电子文件。

第 28 条

1. 故意、未经许可传播虚假和误导性的信息导致消费者在电子交易遭受损失。

2. 故意、未经许可传播基于民族、宗教、种族和群体间（SARA）对个人和/或某些社会群体产生仇恨或分裂的信息。

第 29 条

故意、未经许可发送包含针对个人的暴力威胁或恐吓的电子信息和/或电子文件。

第30条

1. 故意、未经许可或以任何方式非法进入他人计算机和/或电子系统。

2. 故意、未经许可或以任何方式非法进入他人计算机和/或电子系统，以获取电子信息和/或电子文件。

3. 故意、未经许可或非法以破解、入侵、介入或破坏安全系统的方式进入他人计算机和/或电子系统。

第31条

1. 故意、未经许可或非法拦截或窃听某些人员计算机和/或电子系统内电子信息和/或电子文件。

2. 故意、未经许可或非法拦截某些人员计算机和/或电子系统内非公开电子信息和/或电子文件的传输，无论是否导致传输中的电子信息和/或电子文件变更、删除和/或终止的。

3. 除第1款和第2款所述的拦截行为外，警察、检察官和/或其他执法部门应根据法律规定要求在法律执行框架内进行拦截。

4. 行政法规应对第3款关于拦截程序作出进一步的规定。

第32条

1. 故意、未经许可或以任何方式非法更改、增加、减少、传输、篡改、删除、移动、隐藏他人或公共的电子信息和/或电子文件。

2. 故意、未经许可或以任何方式非法移动或传输电子信息和/或电子文件至未经授权的电子系统。

3. 第1款所述的行为应导致机密电子信息和/或电子文件失密以至于公众能以不适当的方式获得全部数据。

第33条

故意、未经许可或非法扰乱电子系统和/或导致电子系统无法正常工作的行为。

第34条

1. 故意、未经许可或非法制造、出售、使用、进口、分销、提供或占有：

　　a. 为便利第27条至第33条所述的行为而设计或专门开发的计算机硬

件或软件；

    b. 为便利第 27 条至第 33 条所述的行为而使电子系统可访问的计算机密码、访问代码或类似密码。

  2. 第 1 款所述的行为，如果旨在以合法的方式进行研究活动、测试电子系统、保护电子系统，则不属于犯罪行为。

第 35 条

故意、未经许可或非法操纵、制作、更改、删除、篡改电子信息和/或电子文件，意图使该电子信息和/或电子文件伪造为真实数据。

第 36 条

故意、未经许可或非法实施第 27 条至第 34 条所述的行为，对他人造成伤害。

第 37 条

在印度尼西亚境外对位于印度尼西亚管辖范围内的电子系统故意实施第 27 条至第 36 条所述的禁止行为。

第八章　争议解决

第 38 条

  1. 任何人可以对提供电子系统和/或使用信息技术而对其造成损害的当事人提起诉讼。

  2. 根据相关法律法规的规定，社会团体可以根据规则对提供电子系统和/或使用信息技术而对社会团体造成损害的当事人提起集体诉讼。

第 39 条

  1. 民事诉讼应按照相关法律法规的规定提起。

  2. 除第 1 款所指的民事诉讼解决方式外，当事人可以依照相关法律法规的规定通过仲裁或其他替代性争议解决机构解决争议。

第九章　政府的作用和社会团体的作用

第 40 条

  1. 政府应按照相关法律法规的规定促进信息技术和电子交易的使用。

2. 政府应根据相关法律法规的规定，保护公共利益免受因滥用电子信息和电子交易而扰乱公共秩序的任何类型的威胁。

3. 政府应指定保管必须被保护的战略电子数据的机构或部门。

4. 第 3 款所指的机构必须创建电子文件及其电子备份，并且为了保护数据安全必须将它们与指定的数据中心连接起来。

5. 第 3 款以外的其他机构应该在必要时创建电子文件及其电子备份，以保护其所持有的数据。

6. 行政法规应对第 1 款至第 3 款关于政府的作用作出进一步的规定。

第 41 条

1. 社会团体可以根据本法的规定，通过电子系统和电子交易的使用和运营，在提高信息技术利用水平方面发挥作用。

2. 第 1 款所指的社会团体作用可以通过社会团体所形成的机构来承担。

3. 第 2 款所指的机构具有协商和调解的功能。

第十章 调查

第 42 条

对本法规定的犯罪行为的调查应该依照刑事诉讼法和本法的规定进行。

第 43 条

1. 除印度尼西亚共和国国家警察调查员外，政府内部职责和责任范围属于信息技术和电子交易领域的行政部门官员，应被视作为刑事诉讼法规定的调查人员，享有特别授权，有权对信息技术与电子交易犯罪行为进行调查。

2. 第 1 款所指的信息技术和电子交易的调查应根据相关法律法规的规定适当考虑隐私保护、保密、顺畅的公共服务、数据完整性或数据完备性。

3. 搜查和/或扣押涉嫌犯罪行为的电子系统必须经地区法院当地首席大法官许可进行。

4. 在进行第 3 款所指的搜查和/或扣押时，调查人员须维持公共服务利益。

5. 第 1 款所指的行政部门调查员有权：

a. 接收发生本法规定的犯罪行为的举报或者投诉；

b. 在涉嫌发生本法规定的犯罪行为时，传唤与该犯罪行为有关的犯罪嫌疑人、证人进行听证和/或审查；

c. 审查对本法规定的犯罪行为的举报或质询的真实情况；

d. 审查涉嫌实施本法规定的犯罪行为的人员和/或商业实体；

e. 检查与涉嫌实施本法规定的犯罪行为有关的信息技术活动的设备和/或设施；

f. 搜查涉嫌用于实施本法规定的犯罪行为的场所；

g. 查封和扣押涉嫌以违反法律法规规定的方式使用的信息技术活动的设备和/或设施；

h. 征求调查本法规定的犯罪行为所需专家的协助；和/或

i. 依照现行刑事诉讼法的规定，停止对本法规定的犯罪行为进行调查。

6. 进行逮捕和拘留时，调查人员必须通过检察官在 24 小时内获得地区法院当地首席大法官的逮捕令或拘留令。

7. 第 1 款所指的行政部门调查人员应与印度尼西亚共和国国家警察调查人员协调，通知调查开始并将调查结果交给检察官。

8. 在侦破电子信息和电子交易犯罪行为的框架下，调查人员可与其他国家的调查人员合作，共享信息和证据方法。

第 44 条

本法规定的调查、起诉和法庭审查阶段的举证方式如下：

a. 法律规定所指的举证方式；和

b. 第 1 条的第 1 款和第 4 款，以及第 5 条的第 1 款至第 3 款所指的电子信息和/或电子文件形式的其他举证方式。

第十一章　罚则

第 45 条

1. 任何符合第 27 条第 1 款至第 3 款或第 4 款所述情形的人，应被判处 6

年以下的监禁和/或10亿卢比以下的罚款。

2. 任何符合第28条第1款或第2款所述情形的人，应被判处6年以下的监禁和/或10亿卢比以下的罚款。

3. 任何符合第29条所述情形的人，应被判处12年以下的监禁和/或20亿卢比以下的罚款。

第46条

1. 任何符合第30条第1款所述情形的人，应被判处6年以下的监禁和/或6亿卢比以下的罚款。

2. 任何符合第30条第2款所述情形的人，应被判处7年以下的监禁和/或7亿卢比以下的罚款。

3. 任何符合第30条第3款所述情形的人，应被判处8年以下的监禁和/或8亿卢比以下的罚款。

第47条

任何满足第31条第1款或第2款所述情形的人，应被判处10年以下的监禁和/或8亿卢比以下的罚款。

第48条

1. 任何符合第32条第1款所述情形的人，应被判处8年以下的监禁和/或20亿卢比以下的罚款。

2. 任何符合第32条第2款所述情形的人，应被判处9年以下的监禁和/或30亿卢比以下的罚款。

3. 任何符合第32条第3款所述情形的人，应被判处10年以下的监禁和/或50亿卢比以下的罚款。

第49条

任何满足第33条所述情形的人，应被判处10年以下的监禁和/或100亿卢比以下的罚款。

第50条

任何满足第34条第1款所述情形的人，应被判处10年以下的监禁和/或100亿卢比以下的罚款。

第51条

1. 任何符合第35条所述情形的人，应被判处12年以下的监禁和/或120亿卢比以下的罚款。

2. 任何符合第36条所述情形的人，应被判处12年以下的监禁和/或120亿卢比以下的罚款。

第52条

1. 第27条第1款所规定的涉及对儿童的**适当性**或性剥削的犯罪行为，其刑期应该在基本刑期的基础上再增加1/3。

2. 第30条至第37条所针对政府和/或用于公共服务的计算机和/或电子系统以及电子信息和/或电子文件的犯罪行为，其刑期应该在基本刑期的基础上再增加1/3。

3. 第30条至第37条所针对政府和/或包括但不限于国防机构、中央银行、银行、金融、国际机构、航空管理局等战略机构的计算机和/或电子系统以及电子信息和/或电子文件的犯罪行为，其刑期最高可在相应条款的基本刑罚的基础上再增加2/3。

4. 公司实施第27条至第37条规定的犯罪行为，其刑罚最高可在相应条款的基本刑罚的基础上再增加2/3。

第十二章　过渡性条款

第53条

本法生效后，所有不违背本法的与信息技术利用相关的法律法规和机构仍然有效。

第十三章　结尾条款

第54条

1. 本法自公布之日起施行。

2. 与本法相关的行政法规必须在本法颁布后2年内制定。

新加坡数据保护与网络安全法制概览

近年来，新加坡在数据保护方面的立法主要是《个人数据保护法》和《网络安全法》。《个人数据保护法》主要针对公民个人数据权利的私权保护和合规义务；《网络安全法》则重点关注机构的公权监管和行政执法。二者各有侧重，构成新加坡数据保护的基本法制框架。

一、个人数据保护法

早在 2002 年，新加坡国家网络咨询委员会（the National Internet Advisory Committee）发布《私人机构之数据保护范本》（*the Model Data Protection Code for the Private Sector*），商业机构可自愿选择是否遵守。但随着新技术及互联网的普及，未经同意情形下个人数据被大规模地采集、处理并跨境转移，严重威胁到个人隐私和财产安全。2005 年 10 月，在考察欧盟、加拿大、新西兰以及中国香港地区的数据保护立法模式后，新加坡政府认为有必要建构适合本国国情的个人数据保护法。2011 年 2 月，新加坡政府宣布草拟数据保护法，遏制过度采集个人数据的行为，保护个人数据不被滥用，并以此提升新加坡整体竞争实力。《个人数据保护法案（草案）》经过三轮公开征询意见，新加坡议会于 2012 年 10 月 15 日通过了《个人数据保护法》（*the Personal Data Protection Act*, PDPA），其中有关 PDPA 的范围和解释、个人数据保护委员会及其他部分条款于 2013 年 1 月 2 日生效。有关数据保护规则在 18 个月的过渡期满后，于 2014 年 7 月 2 日生效。对于中小规模的企业而言，18 个月的过渡期将帮助他们建立自身的数据保护政策，并根据其商业特点进行必要的调整；对于规模较大的企业而言，过渡期将有助于其全面审视并更新数据管理政策和程序。需要注意的是，与欧盟综合性数据保护立法模式不同，PDPA 仅适用于新加坡境内采集或处理个人数据的私人机构，并不适用于公共机构以及代表公共机构收集、使用或披露个人数据的其他组织。当然，如果外国公司通过网站收集个人数据也适用该法。

PDPA 规定了个人数据保护的基本原则，即同意原则、目的受限原则、告知原则、接入和更正原则、保护原则、保留限制原则、跨境数据转移限制原则、公开原则以及责任原则等。上述原则的内容主要参考和借鉴了经济合作与发展组织（Organisation for Economic Cooperation and Development，OECD）《关于隐私保护和跨境个人数据传输指南》以及亚太经济合作组织（APEC）隐私框架。

PDPA 第三章和第四章规定了个人数据保护的一般规则，以及个人数据的收集、使用和披露规则。第 12 条规定了机构数据保护的一般规则，即：应当建立履行本法规定义务的政策和措施；建立投诉程序；向机构员工告知本机构有关个人数据保护的相关政策及措施。仿效欧盟有关"数据保护官"（Data Protection Officer）的做法，PDPA 也明确规定了企业内部应有专人负责信息合规业务。第 11 条，为了确保机构履行本法规定的义务，机构应当指派专人或专门部门负责本机构的信息合规事务，并向公众公开信息合规人员的联系方式。

PDPA 第五章第 21 条和第 22 条分别赋予个人两项数据权利，即数据获取权和更正权（the Right of Access and Correction）。新加坡学者对此也提出了批评，认为权利规定过于简单。

二、网络安全法

在网络安全方面，新加坡原有的《计算机滥用及网络安全法》仅限于网络犯罪，缺乏事前和事中的监管，也缺乏行政执法权力。为了进一步落实新加坡网络安全战略，新加坡议会于 2018 年 2 月 5 日通过了《2018 年网络安全法》（Cybersecurity Act 2018），并于 2018 年 3 月 2 日由总统签发，旨在建立一个综合性的网络安全立法，主要分为行政管理（第二节）、关键信息基础设施（第三节）、危机处置（第四节）、网络安全服务许可制（第五节）四个方面。

在行政管理方面，打造行政执法专业化队伍。该法建立了由网络安全委员

（commissioner of cybersecurity）负责，网络安全副委员（deputy commissioner）、网络安全助理委员（assistant commissioner）、网络安全专员（cybersecurity officers）协同配合的行政管理队伍。

在关键信息基础设施方面，建立了针对关键信息基础设施所有者的监管框架。该法设置了关键信息基础设施事前、事中、事后三位一体的监管体系，包括：事前的网络安全审查制度、风险评估制度、演习制度；事中的行政指令、业务守则和行为标准制度；事后的实质性变更、网络安全威胁或事故报告制度，以及监管对象的上诉权利（包括上诉咨询小组的建立）。

在危机处置方面，以防止进一步损害为核心赋予宽泛的执法权力。为判定网络安全威胁或事件的影响，预防进一步的损害，该法根据网络安全事件或风险的严重性程度，赋予了网络安全官员不同程度的调查和预防权利。除了有权侦查影响关键信息基础设施的网络安全事故，还能对非关键信息基础设施的网络安全事故展开调查，并可以请求技术专家的协助、要求知情人士提供必要且正确的信息。调查人员可以采取必要措施来调查网络安全事件、预防网络安全威胁，甚至可以入室调查、取得计算机相关设备和资料进行检查和分析，无须征求所有者的同意。同时，执法人员有义务严格遵守调查过程中的信息保密。

在网络安全服务许可制方面，建立了市场准入和监管机制。该法建立了许可证专员及助理专员的执法队伍，规范了网络安全许可证的授予、续签、撤销、暂停等程序，规定了持证人满足准入条件、留存记录等义务，同时也赋予了不服行政决定的申辩和上诉权利。如违反该法，将面临罚款和监禁的严厉处罚。

此外，作为一部综合性立法，该法除了提供行政执法的依据，还涉及行政权与司法权的联动，如行使调查权的司法协作和司法保障、入室搜查令、刑事裁判权等。

整体而言，《2018年网络安全法》更为具体细致、可操作性较强，是一部具有较强参考性和指导性的法律。不过新加坡业内仍有观点认为，该法诸多规定较为抽象，如关键信息基础设施的认定、关键信息基础设施所有者的行为准则及职责，尤其是需向网络安全委员报告的关键信息基础设施"实质性变更"情形等仍有待相关配套规范进一步明确。

网络安全法

[2018 第 9 号]

（议会于 2018 年 2 月 5 日通过了本法案，并于 2018 年 3 月 2 日由总统同意）

第一节至第四节、第六节以及附录一生效日期为 2018 年 8 月 31 日；其余部分在签发日生效。

本法旨在要求或授权采取措施，预防、管理和应对网络安全威胁和事件，规制关键信息基础设施所有者，规制网络安全服务提供商以及相关事宜，并对其他特定成文法进行最终的或相关的修订。

由总统在新加坡议会的建议和同意下制定，具体如下。

第一节　序言

第 1 条【简称以及生效】

本法是《2018 年网络安全法》，在部长通过公报公布的指定日期开始实施。

第 2 条【名词解释】

（1）在本法中，除文意另有所指外：

"助理委员"指的是根据第 4 条第（1）款第（b）项委任的任何网络安全助理委员。

"许可证助理专员"指的是根据第 25 条第（2）款委任的任何许可证助理专员。

"商业实体"指的是：

　　（a）《公司法》（第 50 编）第 4 条第（1）款所界定的法人；

　　（b）非法人团体；

（c）合伙企业；或

（d）根据《有限责任合伙企业法》（第 163A 编）注册的有限责任合伙企业。

"业务守则"指的是根据第 11 条第（1）款签发或批准的任何业务守则，包括不时的修订。

"委员"指的是根据第 4 条第（1）款第（a）项委任的网络安全委员。

"计算机"指的是执行逻辑、算术或存储功能的电子、磁、光、电化学或其他类型的数据处理设备，并且包括与该设备直接相关或关联的任何数据存储设施或通信设施，但不包括部长通过公报规定的设备。

"计算机程序"指的是表示指令或语句的数据，当在计算机中执行时，可以使计算机运行一项功能。

"计算机服务"包括计算机时间、数据处理和数据存储或检索。

"计算机系统"指的是布置一系列交互的计算机，旨在执行一项或多项特定功能，并包括：

（a）信息技术系统；和

（b）操作技术系统，如工业控制系统、可编程逻辑控制器、监督控制和数据采集系统，或分布式控制系统。

"关键信息基础设施"指的是根据第 7 条第（1）款有效认定的计算机或计算机系统。

"网络安全"指的是保护计算机或计算机系统免受未经授权的访问或攻击的状态，并且该状态使得：

（a）计算机或计算机系统继续可用并且可操作；

（b）保持计算机或计算机系统的完整性；以及

（c）保存由计算机或计算机系统存储、处理或传输的信息的完整性和机密性。

"网络安全事件"指的是在计算机或计算机系统上，或通过计算机或计算机系统，危害或不利影响到其网络安全，或其他计算机或计算机系统网络安全的无合法授权的行为或活动。

"网络安全专员"指的是根据第 4 条第（3）款委任的任何网络安全专员。

"网络安全程序"指的是为确保或加强计算机或计算机系统的网络安全而设计的，或旨在实现这一目的而设计的任何计算机程序。

"网络安全服务"指的是由个体提供的有偿服务，主要用于或旨在确保或保护属于他人的计算机或计算机系统的网络安全（以下简称他人），并包括以下内容：

（a）评估、测试或评价他人计算机或计算机系统的网络安全，通过搜索计算机或计算机系统的网络安全防御中的漏洞并对其进行优化。

（b）对他人计算机或计算机系统进行诊疗检查。

（c）调查和应对影响他人计算机或计算机系统的网络安全事件，对计算机或计算机系统进行彻底扫描和检查，以识别和删除与网络安全事件有关的因素和根本原因，并涉及规避计算机或计算机系统中实施的控制。

（d）对他人计算机或计算机系统进行彻底检查，以发现可能已经渗透到计算机或计算机系统网络安全防御中的任何网络安全威胁或事件，并且其可能已绕过了传统网络安全方案的检测。

（e）设计、销售、进口、出口、安装、维护、修理或维修一个或多个网络安全方案。

（f）通过获取、识别和扫描在计算机或计算机系统中存储、处理、传输的信息，监视他人计算机或计算机系统的网络安全，以识别计算机或计算机系统的网络安全威胁。

（g）通过实施管理、运行和技术控制来保护对他人计算机或计算机系统的网络安全的控制，以保护计算机或计算机系统免受任何未经授权的接入对其网络安全产生不利影响。

（h）评估或监督一家机构遵守网络安全政策。

（i）提供有关网络安全方案的建议，包括：

（i）提供有关网络安全程序的建议；或

（ii）识别和分析网络安全威胁并就解决方案或管理策略提供建议，以最大限度地降低网络安全威胁带来的风险。

(j) 就任何可以加强网络安全的做法提供建议。

(k) 提供与任何网络安全服务有关的培训或指导，包括评估他人与任何此类活动有关的培训、指导或能力。

"网络安全服务提供商"指的是提供网络安全服务的主体。

"网络安全方案"指的是为确保或增强另一台计算机或计算机系统的网络安全而设计的，或旨在实现这一目的而设计的任何计算机、计算机系统、计算机程序或计算机服务。

"网络安全威胁"指的是在计算机或计算机系统上，或通过计算机或计算机系统进行的行为或活动（无论是已知的或可疑的），在没有合法授权的情况下，可能会立即危害或影响该计算机或计算机系统的网络安全。

"网络安全漏洞"指的是可被一种或多种被网络安全威胁利用的计算机或计算机系统中的任何漏洞。

"副委员"指的是根据第 4 条第（1）款第（b）项委任的网上安全副委员。

"基本服务"指的是对新加坡国家安全、国防、对外关系、经济、公共卫生、公共安全或公共秩序至关重要的任何服务，并在附录一中作出规定。

"全职军人"指的是根据《入伍法》（第 93 编）第 12 条有责任全职服役的人。

"许可证"指的是根据第 26 条授予或续签的许可证。

"可授权的网络安全服务"指的是附录二中认定为可获许可的网络安全服务的任何网络安全服务。

"持证人"指的是许可证的持有人。

与关键信息基础设施相关的"所有者"指的是关键信息基础设施的合法所有者，当关键信息基础设施由多个人共同拥有时，包括每个共同所有者。

"行为标准"指的是根据第 11 条第（1）款签发或批准的任何行为标准，并包括不时的修订。

（2）就"网络安全服务"的定义目的而言，认定某人提供网络安全服务不仅仅因为其：

(a) 出售或销售用户安装的网络安全计划的许可证，无须卖方协助，以保护用户计算机的网络安全；或

(b) 提供用于管理计算机网络或计算机系统的服务，旨在确保计算

机网络或计算机系统的可用性或增强其性能。

第 3 条【适用范围】

（1）第三节（第 8 条除外）适用于全部或部分位于新加坡的任何关键信息基础设施。

（2）第 8 条适用于全部或部分位于新加坡的任何计算机或计算机系统。

（3）除了第（4）款专门规定以外，本法对政府具有约束力。

（4）本法没有任何规定会导致政府受到刑事起诉。

（5）为避免疑义，本法不豁免任何人的任何罪行，即使该人是公职人员或从事向政府提供的服务。

第二节　行政管理

第 4 条【网络安全委员和其他官员的任命】

（1）部长可从部长负责的法定机构公职人员或雇员中任命：

（a）网络安全委员；和

（b）副委员以及一名或多名网络安全助理委员，协助委员履行职责。

（2）部长可根据第（1）款第（b）项针对关键信息基础设施，从以下人员中任命助理委员：

（a）其他部门的公职人员；或

（b）由其他部长负责的法定机构雇员。

上述限于其他部门或法定机构对关键信息基础设施所有者所属的行业或部门负有监督或监管责任。

（3）委员可以书面委任一定数量的公职人员为网络安全专员，该数量为委员认为实施本法所必需。

（4）在符合部长的任何一般或特别指示的情况下，委员负责本法的行政管理，包括已经和可能履行的职责与职能，并行使本法赋予的权力。

（5）副委员可以行使委员的所有权力、职责及职能，但根据第 7 条或第 9 条行使的权力、职责及职能除外。

（6）在符合委员所指明的条件或限制的情况下，基于书面方式的授权，助理委员或网络安全专员可以行使委员的所有权力、职责及职能，除了：

（a）就助理委员而言，根据本款或第 6 条、第 7 条和第 9 条或第 20 条第（5）款可行使的权力、职责或职能；以及

（b）就网络安全专员而言，根据本款或第 6 条、第 7 条、第 9 条、第 11 条和第 12 条或第 20 条第（5）款可行使的权力、职责或职能。

第 5 条【委员的职责和职能】

委员具有以下职责和职能：

（a）监督和促进新加坡计算机和计算机系统的网络安全；

（b）就一般的网络安全事宜，根据国家需要和政策向政府或任何其他公共当局提供意见；

（c）监控网络安全威胁，无论这种网络安全威胁是在新加坡国内还是国外发生的；

（d）应对威胁新加坡国家安全、国防、经济、外交关系、公共卫生、公共秩序或公共安全，或任何基本服务的网络安全事件，无论此类网络安全事件是在新加坡国内还是国外发生的；

（e）识别和认定关键信息基础设施，并在关键信息基础设施的网络安全方面规范关键信息基础设施所有者；

（f）建立网络安全业务守则和行为标准，由关键信息基础设施所有者实施；

（g）在国际上代表政府处理网络安全问题；

（h）与其他国家或地区的计算机应急响应小组（CERTs）就网络安全事件进行合作；

（i）发展和推动新加坡的网络安全服务产业；

（j）许可和建立与网络安全服务提供商有关的标准；

（k）在新加坡国内建立与网络安全产品或服务相关的标准，以及计算机硬件或软件的网络安全推荐水平，包括认证或鉴定计划；

（l）促进、发展、维护和提高在网络安全领域工作的人员能力和专业标准；

（m）支持与网络安全相关的技术进步，以及研究与开发；

（n）提高对新加坡网络安全的必要性和重要性的认知；

（o）履行其他职能，并履行根据任何其他成文法可赋予委员的其他职责。

第 6 条【委任获授权官员】

（1）委员在咨询部长后，可以书面委任以下任何一名获授权官员协助委员行使第四节所赋予的权力：

（a）其他部门的公职人员；

（b）任何法定机构的雇员；

（c）根据《警察法》（第 235 编）委任的辅助警务人员。

（2）在行使第四节所赋予的任何权力时，获授权官员须按要求，向其所针对的人出示由委员授予的权力证明。

（3）就《刑法典》（第 224 编）的立法目的而言，根据第（1）款第（b）项或第（c）项委任的每名获授权官员，应当视为公务员。

第三节　关键信息基础设施

第 7 条【关键信息基础设施的认定】

（1）委员可通过书面形式，通知计算机或计算机系统的所有者，将计算机或计算机系统认定为本法所指的关键信息基础设施，前提是委员认为其满足以下条件：

（a）计算机或计算机系统是持续提供基本服务所必需的，计算机或计算机系统的丢失或损害将对新加坡基本服务的可用性产生破坏性影响；并且

（b）计算机或计算机系统全部或部分位于新加坡。

（2）根据第（1）款发出的通知必须：

（a）确定被认定为关键信息基础设施的计算机或计算机系统；

（b）确定被认定为关键信息基础设施的计算机或计算机系统的所有者；

（c）通知计算机或计算机系统的所有者其基于本法所产生的职责和

责任；

（d）提供由委员指派的官员姓名和联系方式，以监督关键信息基础设施；

（e）通知计算机或计算机系统的所有者，在指定日期之前，即在通知日期后不少于 14 天的期限内，提出任何与认定有关的申辩；

（f）通知计算机或计算机系统的所有者，可以针对认定向部长提出申诉，并提供相关可行程序的信息。

（3）根据第（1）款作出的任何认定，有效期为 5 年，除非在该期间届满前由委员撤回。

（4）根据第（1）款收到通知的人，可在要求其证明以下情况后，要求委员执行第（5）款规定：

（a）由于该人既未有效控制计算机或计算机系统的运行，也无能力或权利对计算机或计算机系统进行更改，因此该人无法遵守本节的要求；并且

（b）存在其他人可以有效地控制计算机或计算机系统的运行以及具有对计算机或计算机系统进行改变的能力和权利。

（5）如委员认为符合第（4）款第（a）项及第（b）项所述的条件，则委员可修订根据第（1）款发给该人的通知书，并将修订后的通知书发送给该人。

（6）在根据第（5）款修订的通知书生效期间，本节条文适用于第（4）款第（b）项所述的人，即每次提及的关键信息基础设施所有者都是第（4）款第（b）项所述的人。

（7）当：

（a）根据本条发出并根据第（5）款修订的通知书已送达并送交第（4）款第（b）项所述的人；并且

（b）第（4）款第（b）项所述的人不再具有该条文所述的控制能力和权利，则关键信息基础设施所有者必须立即通知专员。

（8）如果关键信息基础设施由政府拥有并由一个部门运营，则该部门的常任秘书长被视为本法中关键信息基础设施所有者。

（9）根据本条发出的通知书无须在公报上刊登。

第 8 条【确定计算机等设施是否符合关键信息基础设施标准的信息获取权力】

（1）如果委员有理由相信计算机或计算机系统可能符合关键信息基础设施的标准，则适用本节规定。

（2）委员可通过规定的形式及方式发出通知，要求任何可能对计算机或计算机系统行使控制权的人，在通知书所指明的合理期限内，向委员提供其要求的与该计算机或计算机系统有关的信息，以确定其是否符合关键信息基础设施的标准。

（3）委员在不影响第（2）款的一般性原则下，可在通知中规定可能对该计算机或计算机系统行使控制权的人提供：

（a）与下列有关的信息：

（i）计算机或计算机系统用于服务的功能；以及

（ii）由该计算机或计算机系统服务的人，或其他计算机或计算机系统。

（b）与计算机或计算机系统的设计有关的信息；以及

（c）委员可能要求的其他信息，以确定计算机或计算机系统是否符合关键信息基础设施的标准。

（4）任何人无合理理由而没有遵从根据第（2）款发出的通知，即属犯罪，一经定罪，可处不超过 100000 美元的罚款或不超过 2 年的监禁，或并罚，如果继续犯罪，则根据定罪后继续犯罪的期间再处以不超过 5000 美元一天或一天部分时间的罚款。

（5）接受根据第（2）款发出的通知的任何人，没有义务披露任何受到法律、合约或规则所赋予的权利、特权或豁免权，或所施加的义务或限制所保护的信息。

第 9 条【撤销关键信息基础设施的认定】

如果委员认为计算机或计算机系统不再符合关键信息基础设施的标准，则委员可以书面通知随时撤回任何关键信息基础设施的认定。

第 10 条【提供与关键信息基础设施相关的信息】

（1）委员可通过规定的形式和方式发出通知，要求关键信息基础设施所有者在通知书所指明的合理期限内，提供下列资料：

（a）关于关键信息基础设施的设计、配置和安全性的信息；

（b）有关所有者控制下与关键信息基础设施互连或通信的任何其他计算机或计算机系统的设计、配置和安全性的信息；

（c）与关键信息基础设施运行有关的信息，以及在所有者控制下与关键信息基础设施互连或通信的任何其他计算机或计算机系统的运行；

（d）委员可能需要的其他信息，以确定关键信息基础设施的网络安全水平。

（2）任何关键信息基础设施所有者如无合理理由而没有遵从第（1）款所述的通知，即属犯罪，一经定罪，可处不超过 100000 美元的罚款或不超过 2 年的监禁，或并罚，如果继续犯罪，则根据定罪后继续犯罪的期间再处以不超过 5000 美元一天或一天部分时间的罚款。

（3）根据第（1）款向其发出通知的关键信息基础设施所有者没有义务披露任何受到法律、职业行为规则所赋予的权利、特权或豁免权，或所施加的义务或限制所保护的信息，但履行合同义务不得成为不披露信息的借口。

（4）关键信息基础设施所有者为了遵守根据第（1）款发出的通知，出于善意并且基于合理注意而作为或不作为的行为，不得被视为违反第（3）款所述的任何合约责任。

（5）如果根据第（1）款中的通知向委员提供任何信息后，关键信息基础设施所有者或其代表对关键信息基础设施的设计、配置、安全或运行作出重大变更，则关键信息基础设施所有者必须在更改后 30 天内通知委员。

（6）就第（5）款而言，如果变更影响或可能影响关键信息基础设施的网络安全，或关键信息基础设施所有者应对网络安全威胁的能力，则该变更属于重大变更或影响关键信息基础设施的事件。

（7）任何关键信息基础设施所有者如无合理理由而没有遵从第（5）款的规定，即属犯罪，一经定罪，可处不超过 25000 美元的罚款或不超过 12 个月的监禁，或并罚。

第 11 条【业务守则和行为标准】

（1）委员可以不定期：

（a）发布或批准一项或多项业务守则或行为标准，以规范关键信息基础设施所有者，以及他们为确保关键信息基础设施的网络安全而采取的措施；

（b）修订或撤销根据第（a）项签发或批准的任何业务守则或行为标准。

（2）如果任何业务守则或行为标准中的任何条款与本法不一致，则该条款在不一致的范围内无效。

（3）凡委员根据第（1）款签发、批准、修改或撤销业务守则或行为标准，则委员必须：

（a）发布关于签发、批准、修改或撤销（视情况而定）的通知，以确保对此类签发、批准、修改或撤销的充分公示；

（b）在通知中规定签发、批准、修改或撤销的日期（视情况而定）；并且

（c）确保只要业务守则或行为标准仍然有效，该业务守则或行为标准的副本，以及其所有修订均可免费提供给关键信息基础设施所有者，以遵从适用。

（4）在根据第（3）款发布的有关通知之前，以下任何一项均不发生效力：

（a）业务守则或行为标准；

（b）对业务守则或行为标准的修订；

（c）对业务守则或行为标准的撤回。

（5）任何业务守则或行为标准均无立法效力。

（6）除第（4）款和第（7）款另有规定外，关键信息基础设施的每个所有者必须遵守适用于关键信息基础设施的业务守则和行为标准。

（7）委员可在一般情况下，或在委员指明的时间内，针对任何业务守则或行为标准，或其任何部分，对关键信息基础设施所有者排除适用。

第 12 条【委员签发书面指示的权力】

（1）如果委员认为：

（a）确保某个或某类关键信息基础设施的网络安全是必要或有利的；或

（b）是有效管理本法必要或有利的，则委员有权向某个或某类关键信息基础设施所有者发出书面指示，无论是一般性质还是特定性质。

（2）在不影响第（1）款的一般性原则下，该款所指的指示可涉及：

（a）所有者就网络安全威胁采取的行动；

（b）遵守适用于所有者的任何业务守则或行为准则；

（c）任命经委员批准的审计师，以审计所有者是否遵守本法或任何适用于所有者的业务守则或行为准则；或

（d）委员认为必要或有利于确保关键信息基础设施的网络安全的其他事项。

（3）委员可随时撤销根据第（1）款作出的指示。

（4）委员在根据第（1）款作出指示前，除非委员认为这样做不可行或不可取，否则须向委员指示的对象发出通知：

（a）释明委员准备作出指示并列明其效力；以及

（b）释明可以对准备作出的指示作出申辩或反对的时间。

（5）委员在作出任何指示前，必须将任何正式作出的申辩或反对纳入考虑。

（6）任何人无合理理由而没有遵从根据第（1）款发出的指示，即属犯罪，一经定罪，可处不超过 100000 美元的罚款或不超过 2 年的监禁，或并罚，如果继续犯罪，则根据定罪后继续犯罪的期间再处以不超过 5000 美元一天或一天部分时间的罚款。

第 13 条【关键信息基础设施的所有权变更】

（1）如果关键信息基础设施的受益或合法所有权（包括此类所有权的任何份额）发生任何变化，相关人员必须在所有权变更之日后不迟于 7 天的时间内将所有权的变更通知委员。

（2）任何人无合理理由而没有遵从第（1）款的规定，即属犯罪，一经定罪，可处不超过 100000 美元的罚款或不超过 2 年的监禁，或并罚。

（3）在第（1）款中，有关的人是：

（a）如果将关键信息基础设施的全部合法所有权转让给另一个人——在所有权变更之前是关键信息基础设施所有者；或

（b）在任何其他情况下，关键信息基础设施所有者。

第 14 条【关键信息基础设施等设施的网络安全事件报告义务】

（1）关键信息基础设施所有者必须在知悉下列事件后的规定期限内，以规定的形式和方式通知委员：

（a）关于关键信息基础设施的特定网络安全事件；

（b）特定网络安全事件，涉及所有者控制下的任何与关键信息基础设施互连或通信的计算机或计算机系统；

（c）关于委员通过书面指示向所有者指明的关键信息基础设施的任何其他类型网络安全事件。

（2）关键信息基础设施所有者必须按照适用的业务守则建立机制和流程，以便检测关键信息基础设施方面的网络安全威胁和事件。

（3）任何关键信息基础设施所有者，如无合理理由而未遵从第（1）款的规定，即属犯罪，一经定罪，可处不超过 100000 美元的罚款或不超过 2 年的监禁，或并罚。

第 15 条【关键信息基础设施的网络安全审计和风险评估】

（1）关键信息基础设施所有者必须：

（a）至少每 2 年一次（或在任何特定情况下由委员指示的更高频率），从根据第 7 条发出的通知之日起，对关键信息基础设施在法律、适用的业务守则和行为标准方面的遵守情况进行审计，由委员批准或指定的审计师执行；

（b）至少每年一次，从根据第 7 条发出的通知之日起，以规定的形式和方式对关键信息基础设施进行网络安全风险评估。

（2）关键信息基础设施所有者必须在第（1）款第（a）项所述的审计或第（1）款第（b）项所述的网络安全风险评估完成后 30 天内，向委员提交一份审计或评估报告的副本。

（3）凡委员根据第（2）款提交的审计报告显示，审计的任何方面未能令人满意地执行，则委员可指示关键信息基础设施所有者促使审计师再次执行这一方面的审计。

（4）当委员认为：

（a）关键信息基础设施所有者未遵守本法或适用的业务守则或行为准则的规定；或

（b）由第 10 条所指的关键信息基础设施所有者提供的任何信息均属虚假、误导、不准确或不完整的，则委员可通过指令要求，由委员委任的审计师对关键信息基础设施进行审计，以确定所有者是否符合本法或适用的业务守则或行为准则，或信息的准确性或完整性（视情况而定），此类审计费用必须由所有者承担。

（5）凡委员在根据第（2）款提交的网络安全风险评估报告中认为评估未能令人满意地执行，则委员可以：

（a）指示关键信息基础设施所有者采取进一步措施来评估关键信息基础设施的网络安全水平；或

（b）任命一家网络安全服务提供商对关键信息基础设施进行另一次网络安全风险评估，此类评估费用必须由所有者承担。

（6）凡关键信息基础设施所有者已根据第 10 条第（5）款将关键信息基础设施的设计、配置、安保或运行作出重大变更的情况通知委员，或委员通过其他方式知悉已经作出的此类重大变更，委员可以书面通知指示所有者，除了进行第（1）款中提到的审计或网络安全风险评估外，还要进行另一次审计或网络安全风险评估。

（7）任何关键信息基础设施所有者：

（a）无合理理由而没有遵从第（1）款的规定；

（b）未能遵从委员根据第（3）款、第（5）款第（a）项或第（6）款发出的指示；或

（c）妨碍或阻止执行第（4）款所述的审计或第（5）款第（b）项所述的网络安全风险评估，即属犯罪，一经定罪，可处不超过

100000 美元的罚款或不超过 2 年的监禁，或并罚，如果继续犯罪，则根据定罪后继续犯罪的期间再处以不超过 5000 美元一天或一天部分时间的罚款。

（8）任何关键信息基础设施所有者，如无合理理由而没有遵从第（2）款的规定，即属犯罪，一经定罪，可处不超过 25000 美元的罚款或不超过 12 个月的监禁，或并罚，如果继续犯罪，则根据定罪后继续犯罪的期间再处以不超过 2500 美元一天或一天部分时间的罚款。

第 16 条【网络安全演习】

（1）委员可以进行网络安全演习，目的是测试不同关键信息基础设施所有者是否准备就绪，以应对重大的网络安全事件。

（2）如果委员以书面形式指示，关键信息基础设施所有者必须参加网络安全演习。

（3）任何人无合理理由而没有遵从根据第（2）款发出的指示，即属犯罪，一经定罪，可处不超过 100000 美元的罚款。

第 17 条【向部长上诉】

（1）关键信息基础设施所有者如果对下列情况持有异议：

（a）委员决定根据第 7 条第（1）款发出的通知，认定其属于关键信息基础设施；

（b）委员根据第 12 条或第 16 条第（2）款发出的书面指示；或

（c）任何由委员发出或批准的适用于所有者的任何业务守则或行为标准的任何条款，或对其作出的任何修改，则可以按照规定的方式向部长提出上诉，反对上述决定、指示、规定或修改。

（2）根据第（1）款提出的上诉，必须在作出通知或指示之日，或发出、批准或修改（视情况而定）的业务守则或行为标准的日期后 30 天内提出，或部长在特定情况下批准的更长时间（无论是在 30 天结束之前或之后作出批准）。

（3）任何根据第（1）款向部长提出上诉的人，必须在第（2）款指明的期限内：

（a）尽可能简明地说明发生上诉的情形，以及上诉的问题和理由；

以及

（b）向部长提交上诉的所有相关事实、证据和论据。

（4）如根据第（1）款向部长提出上诉，部长可要求：

（a）上诉的任何一方；以及

（b）任何非上诉当事方，但部长认为了解上诉事项有关信息的人，向部长提供部长可能要求的所有信息，无论是为了决定是否设立上诉顾问小组或作出上诉裁定，任何接到要求的人必须以部长指定的方式和时间提供信息。

（5）部长可以驳回上诉人未能遵守第（3）款或第（4）款的上诉。

（6）除非本法另有规定或部长允许，如果根据本条提出上诉，仍然必须遵守上诉所针对的决定、指示或其他事项，直至作出上诉裁定。

（7）部长可根据本条作出上诉裁定如下：

（a）确认、变更或撤销决定、通知、指示、业务守则或行为标准条款及相关修订案；或

（b）指示委员重新考虑其决定、通知、指示，或业务守则或行为标准条款（视情况而定）。

（8）在根据第（7）款作出上诉裁定之前，部长可以向上诉顾问小组进行咨询，上诉顾问小组旨在向部长提出关于上诉的建议而设立，但部长在作出裁定时不受小组意见的约束。

（9）部长在任何上诉中的裁定具有终局性。

（10）部长可根据本条规定，就向部长提出上诉的方式，以及在听证中所采取的程序作出规定。

第 18 条【上诉顾问小组】

（1）如果部长认为根据第 17 条第（1）款提出的上诉涉及发出解决方案或谅解协议，需要具有特定技术技能或专业知识，部长可设立上诉顾问小组，针对上诉向部长提供顾问意见。

（2）为建立上诉顾问小组，部长可以作出以下全部或单个行为：

（a）确定并随时改变上诉顾问小组的职权范围；

（b）任命具有特定技术技能或专业知识的人担任上诉顾问小组的主

席和其他成员；

（c）随时解除上诉顾问小组的主席或其他成员身份；

（d）确定部长认为上诉顾问小组正确和有效开展业务所必需或适当的任何其他事项。

（3）上诉顾问小组可以其认为适当的方式规范其程序，但须符合下列规定：

（a）上诉顾问小组举行会议的法定人数是其成员的大多数；

（b）在出席达到法定人数的上诉顾问小组会议上投票的，多数票支持的决定是该小组的决定。

（4）上诉顾问小组成员的薪酬和津贴（如有）由部长决定。

（5）上诉顾问小组在履行其职能时是独立的。

第四节　对网络安全威胁和事件的反应

第19条【调查和预防网络安全事件等事项的权力】

（1）如果委员收到有关网络安全威胁或事件的信息，委员可行使或授权副委员、助理委员、网络安全专员或获授权官员行使为调查网络安全威胁或事件所必需的第（2）款所述权力，目的是：

（a）评估网络安全威胁或事件的影响或潜在影响；

（b）防止网络安全事件引起的任何或进一步的伤害；或

（c）防止因网络安全威胁或事件引起进一步的网络安全事件。

（2）第（1）款所述的权力如下：

（a）通过书面通知要求任何人在委员指定的合理时间和地点出席，回答任何问题或提供有关网络安全威胁或事件的书面声明；

（b）通过书面通知要求任何人向事件响应专员出示该人所持有的任何实物或电子记录、文件或记录、文件副本，或向事件响应专员提供其认为与调查事项有关的任何信息；

（c）无偿调查、复制或摘录第（b）项所述的记录或文件或副本；

（d）口头调查任何可能了解与网络安全威胁或事件有关事实和情况的人，并撰写书面陈述。

（3）事件响应专员必须在第（2）款第（b）项所述的通知书内指明：

（a）制作任何记录、文件或副本的时间和地点，或要求提供的任何资料；

（b）制作或提供生产或提供的方式和形式。

（4）根据本条接受调查的人作出的陈述必须：

（a）书面撰写；

（b）由本人审阅；

（c）如果该人不懂英语，则以他或她理解的语言对该人进行解释；以及

（d）经过更正（如有必要）后，由该人签字。

（5）如任何人没有遵从根据第（2）款第（a）项发出的书面通知，则事件响应专员可向地方法官报告该情况，而地方法官可随后向该人发出指令，要求其按照指定的时间和地点接受委员的调查，回答任何问题或提供有关网络安全威胁或事件的书面声明。

（6）根据本条接受调查的人，或根据第（2）款发出通知的对象，或根据第（5）款发出指令的对象，没有义务披露任何受到法律、职业行为守则所赋予的权利、特权或豁免权，或所施加的义务或限制所保护的信息，但履行合同义务不得成为不披露信息的借口。

（7）根据本条接受调查的人，或根据第（2）款发出通知的对象，或根据第（5）款发出指令的对象，在调查时为了回答任何问题或服从指示、指令，出于善意并且基于合理注意而作为或不作为的行为，不得被视为违反第（6）款所述的任何合约责任。

（8）任何人：

（a）故意错误或无合理理由而拒绝提交任何资料、提供任何陈述或出示事件响应专员根据第（2）款所要求的任何记录、文件或副本；或

（b）无合理理由而没有遵从地方法官根据第（5）款发出的指令，即属犯罪，一经定罪，可处不超过5000美元的罚款或不超过6个月的监禁，或并罚。

（9）在本条及第 20 条至第 22 条中，"事件响应专员"指的是根据本条或第 20 条行使权力的委员、副委员或任何助理委员、网络安全专员或获授权人员（视情况而定）。

第 20 条【调查和预防严重网络安全事件等事项的权力】

（1）如果委员收到有关满足第（3）款严重性程度的网络安全威胁或事件的信息，委员可行使或授权副委员、助理委员、网络安全专员或获授权人员行使为调查网络安全威胁或事件所需的第（2）款所述的权力，以达到以下目的：

（a）评估网络安全威胁或事件的影响或潜在影响；

（b）消除网络安全威胁或以其他方式防止网络安全事件引起的任何或进一步的损害；

（c）防止其他网络安全事件的发生。

（2）第（1）款所述的权力如下：

（a）第 19 条第（2）款第（a）项、第（b）项、第（c）项或第（d）项所述的任何权力；

（b）直接通知或以书面通知，任何人执行补救措施，或停止进行事件响应专员有合理理由怀疑的，已经或曾经受到网络安全事件影响的计算机或计算机系统有关的活动，以尽量减少计算机或计算机系统中的网络安全漏洞；

举例

补救措施的示例包括：

（a）从计算机中删除恶意软件；

（b）安装软件更新以解决网络安全漏洞；

（c）暂时将受感染的计算机与计算机网络断开，直至执行第（a）项或第（b）项；

（d）将恶意数据流量重新定向到指定的计算机或计算机系统。

（c）要求计算机或计算机系统的所有者采取任何行动协助调查，包括但不限于：

（i）不使用计算机或计算机系统，以保持其状态；

（ii）监视计算机或计算机系统一段特定的时间；

（iii）执行扫描计算机或计算机系统，以检测网络安全漏洞并评估计算机或计算机系统受网络安全事件影响的方式和程度；

（iv）如果因调查需要，允许事件响应专员将任何设备连接到计算机或计算机系统，或者在计算机或计算机系统上安装任何计算机程序。

（d）在向任何处所的所有者或占用者发出合理通知后，如果事件响应专员合理地怀疑该处所内有正在或曾经受网络安全事件影响的计算机或计算机系统，则进入该处所；

（e）当事件响应专员有合理理由怀疑某台计算机或计算机系统正在或曾经受到网络安全事件影响时，访问、检验和检查其运行，或用于或导致其被用于搜索在该计算机或计算机系统中存储的任何数据；

（f）执行计算机或计算机系统的扫描，以检测计算机或计算机系统中的网络安全漏洞；

（g）从事件响应专员有合理理由怀疑正在或曾经受到网络安全事件影响的计算机中，取得存储的任何电子记录或计算机程序的副本或摘录；

（h）在符合第（5）款的规定下，经所有者同意，占有任何计算机或其他设备，以进行进一步检验或分析。

（3）如有以下情况，网络安全威胁或事件符合第（1）款所述的严重性程度：

（a）会产生对关键信息基础设施造成重大损害的风险；

（b）可能会对提供基本服务造成干扰；

（c）对新加坡的国家安全、国防、对外关系、经济、公共卫生、公共安全或公共秩序构成威胁；或

（d）网络安全威胁或事件具有严重性质，表现为可能对新加坡国民造成伤害的严重程度，或是面临风险的计算机数量或信息价值，无论面临风险的计算机或计算机系统是否属于关键信息基础设施。

（4）行使第（2）款第（e）项所述权力的事件响应专员可要求协助，从而接触到：

（a）事件响应专员有合理理由怀疑使用或使用过计算机或计算机系统的任何人；

（b）任何负责，或以其他方式涉及此类计算机或计算机系统运行的人。

（5）如计算机或其他设备的所有者不同意行使第（2）款第（h）项所述的权力，则如果委员认为符合以下情况，则可行使权力：

（a）为了实现调查目的，行使权力是必要的；

（b）为了实现调查目的，不存在更小破坏性的方法；

（c）在与所有者协商后，并考虑到计算机或其他设备对所有者的业务或运营需求的重要性，行使权力的好处超过了对业主造成的不利影响，并且专员已向事件响应专员发出行使权力的书面授权。

（6）事件响应专员必须在完成根据第（2）款第（h）项所述权力对占用的计算机或其他设备进一步的检查或分析后，立即将计算机或其他设备还给所有者。

（7）任何人：

（a）就本条所指的调查而言，故意错报或无合理理由而拒绝提交任何资料、提供任何陈述或出示事件响应专员根据第19条第（2）款所要求的任何记录、文件或副本；

（b）就根据本条进行的调查而言，无合理理由而没有遵从地方法官根据第19条第（5）款发出的指令；

（c）无合理理由而没有遵从第（2）款第（b）项或第（c）项所述的事件响应专员的指示或规定；或

（d）在没有合理理由的情况下，未能遵守事件响应专员在履行本条所述的事件响应专员职责时所提出的合法要求，即属犯罪，一经定罪，可处不超过25000美元的罚款或不超过2年的监禁，或并罚。

第21条【事件响应专员的身份证明】

每名事件响应专员在行使本节所赋予的任何权力时，必须声明事件响应专员办公室，并须按要求向任何受行使该权力影响的人出示委员所指定的身份证明，该身份证明在行使此类权力时由事件响应专员携带。

第22条【网络安全技术专家的任命】

（1）委员可在指定期间内从以下人员中书面委任网络安全技术专家，以协助事件响应专员根据第19条或第20条进行调查：

（a）公职人员或法定机构雇员；

（b）个人（非公职人员或法定机构雇员）具备适当的资格或经验，以正确履行网络安全技术专家的职责；

（c）全职国家军人，入伍并根据《新加坡武装部队法》（第295编）组建的任何部队，或根据《警察法》（第235编）第66条组建的特警队伍。

（2）网络安全技术专家的作用是提供技术性的建议，事件响应专员在根据第19条或第20条进行调查的过程中可能需要这些建议。

（3）委员可在任何时候基于其认为充分的任何理由，撤销个人作为网络安全技术专家的委任。

（4）委员必须向每个网络安全技术专家发放一张身份证明，在履行网络安全技术专家的职责时，必须由网络安全技术专家随时携带。

（5）停止履职的网络安全技术专家必须将根据第（4）款发给网络安全技术专家的任何身份证明退还给委员。

第23条【紧急网络安全措施和要求】

（1）如果部长认为有必要，为了预防、侦查或打击任何严重和迫在眉睫的针对以下事项的威胁：

（a）任何基本服务的提供；或

（b）新加坡的国家安全、国防、对外关系、经济、公共卫生、公共安全或公共秩序，则可以通过部长出具的证明，授权或指示证明中指定的任何人或组织（在本节中称为指定人员）采取此类措施或遵守可能必要的要求，以防止、发现或抵制任何针对计算机或计算机系统的威胁。

（2）第（1）款所述的措施及规定可包括，但不限于：

（a）指定人员根据《刑事诉讼法》（第 68 编）第 39 条第（1）款第（a）项及第（b）项，以及第（2）款第（a）项及第（b）项，以及第 40 条第（2）款第（a）项至第（c）项对权力的行使；

（b）要求或授权指定人员指示他人提供识别、检测或抵制任何此类威胁所需的任何资料，包括：

（i）与任何计算机、计算机程序或计算机系统的设计、配置或操作有关的信息；以及

（ii）与任何计算机、计算机程序或计算机系统的网络安全有关的信息。

（c）向部长或委员提供从指定人员控制或操作的任何计算机获得的，或由指定人员根据第（b）项的措施或要求从他人获得的任何信息（包括实时信息），以识别、检测或抵制任何此类威胁，包括：

（i）与任何计算机、计算机程序或计算机系统的设计、配置或操作有关的信息；和

（ii）与任何计算机、计算机程序或计算机系统的网络安全有关的信息；以及

（d）向部长或委员提供有关根据第（1）款在证明中指明的违反或企图破坏网络安全的报告，该报告涉及由指定人员控制或操作的任何计算机。

（3）第（1）款所述的任何措施或规定，以及指定人员为采取任何该等措施或遵从任何该等规定而发出的指示：

（a）不授予任何产生或获取受法律特权约束的信息的权利；并且

（b）在符合第（a）项的规定下，均具有效力，即使有任何法律、合同或职业行为守则赋予的任何义务或限制，或权利、特权或豁免，包括法律、合同或职业行为守则所规定的对信息披露的任何限制。

（4）指定人员无合理理由而没有采取任何措施，或遵从部长根据第（1）款所指示的任何要求，即属犯罪，一经定罪，可处不超过 50000 美元的罚款或不超过 10 年的监禁，或并罚。

（5）任何人无合理理由而：

（a）妨碍指定人员采取任何措施或遵从第（1）款的任何规定；或

（b）未能遵从指定人员为采取任何该等措施或遵守任何该等规定而发出的指示，即属犯罪，一经定罪，可处不超过 50000 美元的罚款或不超过 10 年的监禁，或并罚。

（6）以下事项不会导致民事或刑事责任：

（a）指定人员出于善意，并基于第（1）款的要求采取任何措施或遵从任何规定，而作为或不作为的行为；

（b）相关人员出于善意，并基于任何此类要求采取任何措施或遵从任何规定，而作为或不作为的行为。

（7）以下人员不被视为违反法律、合约或职业行为守则对信息披露的任何限制：

（a）指定人员善意取得任何资料，以便根据第（1）款采取任何措施或遵从任何规定，或按照本条规定向部长或委员披露任何资料；

（b）出于善意，遵从指定人员为根据第（1）款采取任何措施或遵守该条款下的任何规定而发出的指示，取得任何资料或向指定人员披露任何资料的人。

（8）以下人员，即：

（a）根据第（1）款采取任何措施或遵从该款所指的任何规定，基于指定人员发出的指示，向指定人员提供资料的人；

（b）基于指定人员根据第（1）款的规定，指定人员向其提供资料的人，不得使用或披露信息，除非：

（ⅰ）经信息源的书面许可，或者如果信息是第三人的机密信息，则必须得到第三方的书面许可；

（ⅱ）用于防止、检测或抵制对计算机、计算机系统的威胁；

（ⅲ）向任何警务人员或其他执法机关披露任何揭露根据本法或任何其他成文法属于犯罪的资料；或

（ⅳ）符合法院的要求，或符合本法或任何其他成文法的规定。

（9）任何人违反第（8）款的规定，即属犯罪，一经定罪，可处不超过10000美元的罚款或不超过12个月的监禁，或并罚。

（10）凡是根据本条行使任何权力而披露罪行：

（a）在任何民事或刑事诉讼中，不得将触犯有关罪行的资料作为证据予以采信；

（b）在任何民事或刑事诉讼中，证人没有义务：

（i）关于披露人的姓名、地址或其他详情，作出触犯有关罪行的任何披露；或

（ii）回答任何问题，其答案会导致或倾向于发现披露人的姓名、地址或其他详情。

（11）如果在任何民事或刑事诉讼中被采信为证据，或可能被调查的任何书籍、文件、数据或计算机输出中包含揭示任何披露人的名称或描述，或可能导致披露人被发现的任何条目，法院必须使这些条目隐藏起来，或在必要情况下为了保护披露人不被发现而删除。

第五节　网络安全服务提供者

第24条【任何人都不得无证提供可获许可的网络安全服务】

（1）除非根据第26条取得或续签了网络安全服务提供者的许可证，任何人都不得：

（a）参与向他人提供任何可获许可的网络安全服务商业活动；或

（b）作为一个提供可获许可的网络安全服务的商业活动参与者，宣传或以任何方式展现出其提供，或愿意提供这些网络安全服务。

（2）任何人违反第（1）款的规定，即属犯罪，一经定罪，可处不超过50000美元的罚款或不超过2年的监禁，或并罚。

（3）本条第（1）款不适用于公司向其关联公司提供网络安全服务。

（4）在本节中，"关联公司"与《公司法》（第50编）第6条赋予的含义相同。

第25条【许可证专员及助理专员】

（1）根据本节规定的目的，许可证专员负责授予许可，并负责与本节规

定相关的管理工作。

（2）许可证专员可委任必要数量的助理专员，以协助执行许可证专员履行本部分规定相关的职能及职责。

（3）助理专员的任命仅限于公职人员。

（4）本部分规定赋予许可证专员的职能和职责可由任何助理专员执行，并服从许可证专员的指导和控制。

（5）若部长认为有必要执行本部分的规定，可随时向许可证专员发出不违反本节规定的指示，许可证专员必须遵从指示。

第 26 条【授予或续签许可证】

（1）授予或续签许可证的申请必须是：

（a）以规定的形式或方式向许可证专员申请；

（b）附带规定的费用（如有的话）；以及

（c）如果申请续签许可证，则在许可证到期日一个月前或其他规定的期间前（在本节中称为续展期限）提出申请。

（2）申请授予或续签许可证的申请人必须根据许可证专员的要求，提供决定是否同意申请的其他资料或凭证。

（3）在接到根据第（1）款提出的申请后，许可证专员可以：

（a）授予或续签许可证；或

（b）拒绝申请。

（4）根据本法规定，根据第（1）款提出申请的申请人，仅在以下情况才有资格获得许可或续期：

（a）申请人已缴付规定的费用（如有的话）；并且

（b）申请人满足授予或续签许可证的其他规定。

（5）在不损害第（4）款的原则下，发生下列情形，许可证专员可以拒绝授予或续签许可证。如果许可证专员认为：

（a）当申请人是自然人时，该自然人不适合持有或继续持有该许可证；

（b）当申请人是企业时，该企业不适合持有或继续持有该许可证；或

（c）授予或续签许可证不符合公共利益，或可能对国家安全构成威胁。

（6）当申请人在续展期限开始前提交续签许可证申请，该许可证继续有效，直到许可证续签日或申请被拒绝之日，视情况而定。

（7）在申请授予或续签许可证时，任何人：

（a）作出该人知道或相信是虚假的任何陈述、详情、资料或文件；或

（b）提供该人知道或有理由相信在提供材料中具有误导性的任何资料，即属犯罪，一经定罪，可处不超过 10000 美元的罚款或不超过 12 个月的监禁，或并罚。

（8）根据本节规定的目的，决定自然人或企业是否适合持有或继续持有许可证时，许可证专员可以将其认为有关的任何事项纳入决定因素，例如：

（a）就自然人申请的情形而言：

（i）该自然人在新加坡国内或国外被判犯有任何涉及欺诈、不诚实或道德败坏的罪行；

（ii）在民事诉讼中对该自然人作出过判决，涉及该自然人存在欺诈、不诚信或违反信托义务的行为；

（iii）该自然人患有或曾经患有精神疾病；

（iv）该自然人正处于破产状态，或已与该自然人的债权人达成破产和解；或者

（v）曾获许可证但被吊销。

（b）就企业申请的情形而言：

（i）该企业已在新加坡国内或国外被定罪，涉及欺诈、不诚实或道德败坏的罪行；

（ii）在民事诉讼中对该企业作出过判决，涉及该企业存在欺诈、不诚信或违反信托义务的行为；

（iii）该持证企业的任何企业高管存在不适合其岗位的情况；

（iv）该企业处于清算状态或是清算令的对象，或存在指定的该企业接管人，或该企业已与其债权人达成破产和解或重整计

划；或

（ⅴ）曾获许可证但被吊销。

（9）根据第（8）款第（b）项第（ⅲ）点的立法目的，在决定企业高管是否适合作为持证企业的高管时，许可证专员可以将其认为有关的任何事项纳入决定因素，包括第（8）款第（a）项第（ⅰ）～（ⅴ）点中的任何事项，均应提及有关人员的情况。

（10）在本节中，"企业高管"指的是该企业的任何董事或合伙人，或负责管理企业的人员。

第 27 条【许可条件】

（1）许可证专员可以根据其认为适合的许可条件，对符合条件的申请人授予或续签许可证。

（2）就第（1）款而言，许可证专员可设置：

（a）适用于所有持证人的条件；

（b）适用于特定类型持证人的条件；或

（c）仅适用于特定持证人的条件。

（3）许可证专员可随时增加、修改或撤销根据第（1）款设置的许可条件。

（4）在对许可条件作出任何调整之前，许可证专员必须向有关的持证人发出通知：

（a）说明许可证专员拟对通知中涉及的内容作出调整；并且

（b）指定时间（在通知送达之日后不少于 14 天）内，就相关调整提出书面申辩。

（5）在收到第（4）款第（b）项所述的任何书面申辩后，许可证专员必须审查该申辩，并且可以：

（a）驳回该申辩；或

（b）撤回或修改拟作出的调整，不论是否符合申辩。

并且，在任何一种情况下（除非撤回拟作出的调整），必须向有关的持证人发出书面指示，要求在合理的时间内，对通知中规定的调整或修改后的调整作出回应。

第 28 条【许可证的形式和效力】

（1）许可证必须：

（a）采用许可证专员决定的形式；并且

（b）包括授予的条件。

（2）许可证有效期（不超过 5 年）是许可证专员在许可证中指定的期限，自签发之日起计算。

（3）续签许可证的有效期（不超过 5 年）是许可证专员以书面形式向持证人指明的期限，从原许可证（续签后）到期之日起计算。

第 29 条【留存记录的责任】

（1）持证人必须：

（a）在持证人参与网络安全服务的每个场景，记录以下信息：

（i）参与服务的相关方的姓名和地址；

（ii）代表持证人提供服务的相关方的姓名；

（iii）提供服务的日期；

（iv）服务类型的详细信息；

（v）规定的其他情形。并且

（b）在记录相关场景所涉日期之后不少于 3 年的时间内，保留每一项此类记录。

（2）每个持证人必须按照许可证专员要求的时间、格式和媒介（无论是电子形式还是其他形式），向许可证专员提供此类记录。

（3）如果持证人：

（a）故意记录：

（i）错误或误导性信息；或

（ii）遗漏任何事项，或遗漏任何细节导致误导性信息。并且

（b）根据第（2）款的规定向许可证专员提供记录，则持证人将被定罪，可处不超过 10000 美元的罚款或不超过 12 个月的监禁，或并罚。

（4）如果相关记录在特定材料中不是虚假或误导性的，则第（3）款不适用。

第 30 条【撤销或暂停许可】

(1) 在符合第（4）款规定的条件下，如果满足以下情形，许可证专员可以指令撤销任何许可证：

（a）持证人未能遵守许可条件；

（b）许可证是通过欺诈或虚假陈述获得的；

（c）当许可证专员了解到，在其作出许可时存在许可证专员不知情的情形，并且该情形将导致许可证专员拒绝相关持证人的授予或续签许可证的申请；

（d）持证人已停止在新加坡经营许可相关的业务；

（c）持证人已被宣告破产，或者已进行强制或自愿清算，除非是出于合并或重建的目的；

（f）持证人被判犯有本法规制的罪行，或涉及欺诈、不诚信或道德败坏的罪行；

（g）持证人不再适合继续持有许可证；或者

（h）持证人继续经营相关业务不符合公众利益。

(2) 在符合第（4）款规定的条件下，许可证专员可在不造成严重后果的任何情况下，指令：

（a）暂停许可证，期限不超过 6 个月；

（b）谴责相关持证人；或者

（c）附加许可证专员认为适当的其他条件。

(3) 许可证专员必须向持证人发出书面通知：

（a）许可证专员准备根据第（1）款或第（2）款行使任何权力；并且

（b）许可证专员打算行使权力的日期。

(4) 许可证专员在告知持证人相关意图后的 14 天内，不得根据第（1）款或第（2）款行使任何权力，除非相关持证人被赋予听证的机会，无论亲自或授权代表，无论是书面或其他形式。

(5) 如果许可证专员已根据第（1）款作出撤销许可证的指令，或根据第（2）款对持证人作出任何指令，都必须向有关的持证人送达该指令的通知书。

（6）当许可证专员根据第（1）款或第（2）款作出撤销或暂停许可证的指令时：

（a）如果相关方继续以持证人的身份经营许可相关的业务不符合公共利益，则发出的指令在根据第（5）款送达时立即生效；并且

（b）在其他情况下，根据第（5）款的指令通知书送达之日起，14天后指令生效。

（7）在根据本节进行的任何法律程序对持证人定罪后，许可证专员必须将其定罪作为最终和结论性的结果。

（8）根据本节的立法目的，在决定持证人是否适合继续持有许可证时，许可证专员可以将其认为有关的任何事项纳入决定因素，包括第 26 条第（8）款所述的任何事项。

第 31 条【未经许可的网络安全服务提供商无权主张费用等收益】

任何提供可获许可的网络安全服务的主体，无权在任何法院提起诉讼，以主张其提供服务产生的任何佣金、费用、收益或奖励，除非在提供服务时，其持有网络安全服务提供商的有效许可证。

第 32 条【罚款】

（1）本节适用于当持证人：

（a）违反本节规定，但并未构成犯罪；或

（b）未能遵守许可证专员对许可证附加的任何条件。

（2）针对发生第（1）款所述违法或不合规的情况，许可证专员除了有权决定是否根据第 30 条第（1）款或第（2）款采取任何行动外，还有权指令持证人缴付罚款，每次违法或不合规情形的处罚金额不超过 10000 美元，总额不超过 50000 美元。

（3）根据第（2）款所做的指令必须明确缴付罚款的截止日期。

第 33 条【许可证专员在罚款前给予的申辩机会】

（1）下列第（2）款至第（6）款在许可证专员根据第 32 条第（2）款作出指令前适用。

（2）许可证专员必须向持证人发出书面通知：

（a）许可证专员准备根据第 32 条第（2）款作出指令；以及

（b）许可证专员准备签发指令的日期。

（3）第（2）款第（b）项所述的日期不得早于第（2）款书面通知之日起第 21 天。

（4）持证人可在第（2）款第（b）项所述日期前的任何时间内，向许可证专员作出申辩。

（5）许可证专员必须对持证人在第（2）款第（b）项所述日期前作出的任何申辩进行考虑。

（6）许可证专员必须在第（2）款第（b）项所述日期当日或其后，向持证人发出许可证专员最终决定的书面通知。

第 34 条【罚款的追讨】

（1）任何人在第 32 条第（2）款所述指令的罚款缴付截止日期前，或向部长提出上诉的情况下并在部长指定的日期前，未能缴付许可证专员作出的任何罚款，则有义务对许可证专员缴付未支付金额的利息，利率与司法判决的债务利息相同。

（2）根据第 32 条第（2）款作出的指令而应付的任何罚款，以及根据本条第（1）款的任何利息，将作为欠政府的债务，可由许可证专员或其正式授权的任何人追讨。

（3）在许可证专员认为合适的情况下，许可证专员可对全部或部分的罚款或相应利息，进行豁免、免除或退还。

（4）根据本节收取的任何罚款和相应利息，必须缴付给"统一基金"。

（5）在追讨任何人应付的罚款或相应利息的程序中，由许可证专员作出的罚款证明可以证实被追讨人应付的罚款数额或相应利息，这是在罚款证明上所述事实的显见证据。

第 35 条【向部长上诉】

（1）当申请或续签许可证的申请人被许可证专员拒绝后，在被通知拒绝后的一定期限内，申请人可以按规定的方式向部长提出上诉。

（2）如果许可证专员根据第 27 条第（3）款的条件，或增加、修改了任何条件而授予或续签了许可证，则相关持证人在被告知此类条件以及增加、修改的条件后一定期限内，可以针对这些条件按照规定的方式向部长提出上诉。

（3）如果许可证专员已根据第30条第（1）款或第（2）款对任何持证人作出任何指令，则持证人可在送达该指令通知后的一定期限内，针对该指令按规定的方式向部长提出上诉。

（4）任何人如果不服根据第32条第（2）款作出的许可证专员指令，可在接到指令通知后的一定期限内，以规定的方式向部长提出上诉。

（5）在根据本条提出的任何上诉中，如果上诉针对的许可证专员指令导致持证人被刑事定罪，则部长必须接受定罪结果作为最终性和结论性的结果。

（6）根据本条对许可证专员的决定提出的上诉［第30条第（6）款第（b）项或第32条第（2）款所述的指令除外］不影响决定的效力，也不会阻却指令执行的行动，在得到上诉结论之前，必须遵守该决定。

（7）部长根据本节对上诉作出的决定为最终决定。

（8）在本节中，"一定期限"是指14天或部长在特定情况下允许的更长期限，无论是在14天结束之前还是之后允许的。

第六节　一般规定

第36条【单位犯罪】

（1）在认定本法规制罪行的法律程序中，有必要证明公司作出特定行为的主观方面，如果有证据证明：

（a）从事该行为的公司高管、雇员或代理人在其实际或明显授权范围内；并且

（b）该高管、雇员或代理人具有犯罪的主观方面，则可以证明公司犯罪的主观方面。

（2）当公司根据实施了本法规制的罪行，如果一个自然人：

（a）身份是：

（i）公司的高管，或公司的成员（如果公司的事务由其成员管理）；或

（ii）参与公司管理的个人，其所处职位能够影响公司的犯罪行为。并且

（b）该自然人：

（i）同意、纵容或与他人串谋实施犯罪；

（ii）以任何其他方式，不论是通过作为还是不作为的方式，明知或参与该公司犯罪行为；或者

（iii）知道或理应知道该公司的罪行（或同一类型的罪行）将会或正在构成犯罪，并且未采取一切合理措施阻止或停止该罪行，则该自然人与公司犯同一罪行，一经定罪，也须受到相应惩罚。

（3）如果公司与自然人一同被控诉，第（2）款所述的人可依赖于该公司可主张的抗辩，并且在这样做时，该自然人应当承担与公司相同的举证责任。

（4）为避免疑义，本节不影响以下条款的适用：

（a）《刑法典》（第224编）第V章及第VA章；或

（b）《证据法》（第97编）或任何其他有关证据效力的法律或惯例。

（5）为避免疑义，第（2）款也不影响公司对本法规制罪行的责任，无论公司是否被定罪都可以适用。

（6）在本条规定中：

"公司"包括《有限责任合伙法》（第163A编）第2条第（1）款所指的有限责任合伙。

"高管"，与一家公司相关，指的是该公司的任何董事、合伙人、行政总裁、经理、秘书或其他类似高级管理人员，并且包括：

（a）以上述职位名义行事的任何人；以及

（b）对于其事务由其成员管理的公司，任何成员视同该公司的董事。

"主观方面"指的是：

（a）该主体的认知、意图、意见、信赖或目的；以及

（b）该主体产生上述意图、意见、信赖或目的的原因。

第 37 条【非法人组织或合伙企业的罪行】

（1）在认定本法规制罪行的法律程序中，有必要证明非法人组织或合伙企业作出特定行为的主观方面，如果有证据证明：

（a）从事该行为的非法人组织或合伙企业雇员或代理人在其实际或明显授权范围内；并且

（b）该雇员或代理人具有犯罪的主观方面，则可以证明非法人组织或合伙企业犯罪的主观方面。

（2）当非法人组织或合伙企业根据实施了本法规制的罪行，如果一个自然人：

（a）身份是：

（i）非法人组织的高管，或管理实体的成员；

（ii）合伙企业的合伙人；或

（iii）参与非法人组织或合伙企业管理的自然人，并且其所处职位能够影响非法人组织或合伙企业的犯罪行为。以及

（b）该自然人：

（i）同意、纵容或与他人串谋实施犯罪；

（ii）以任何其他方式，不论是通过作为还是不作为的方式，明知或参与该非法人组织或合伙企业犯罪行为；或

（iii）知道或理应知道该非法人组织或合伙企业的罪行（或同一类型的罪行）将会或正在构成犯罪，并且未采取一切合理措施阻止或停止该罪行，则该自然人与非法人组织或合伙企业犯同一罪行，一经定罪，也须受到相应惩罚。

（3）如果非法人组织或合伙企业与自然人一同被控诉，则第（2）款所述的人可依赖于该非法人组织或合伙企业可主张的抗辩，并且在这样做时，该自然人应当承担与非法人组织或合伙企业相同的举证责任。

（4）为避免疑义，本节不影响以下条款的适用：

（a）《刑法典》（第 224 编）第 V 章及第 VA 章；或

（b）《证据法》（第 97 编）或任何其他有关证据效力的法律或

惯例。

（5）为避免疑义，第（2）款也不影响非法人组织或合伙企业对本法规制罪行的责任，无论非法人组织或合伙企业是否被定罪都可以适用。

（6）在本条规定中：

"高管"，与一家非法人组织（合伙除外）相关，指的是该非法人组织的总裁、秘书、委员会的任何成员，并且包括：

（a）任何持有与非法人组织的总裁、秘书或委员会成员类似职位的人；

（b）以上述职位名义行事的任何人。

"合伙人"包括以合伙人名义行事的任何人。

"主观方面"指的是：

（a）该主体的认知、意图、意见、信赖或目的；以及

（b）该主体产生上述意图、意见、信赖或目的的原因。

第 38 条【调查权】

（1）针对本法及下位法规制的任何犯罪行为（根据第 23 条的罪行除外），由委员授权的调查员可以凭借委员指示携带的身份证明，向调查对象宣布调查员办公室以及调查行动，并有权：

（a）针对调查员有合理理由认为涉嫌犯罪的任何人，要求其提供证明其身份的证据；

（b）通过书面通知，当调查员有合理理由认为任何人持有与调查行动相关的：

（i）任何信息；或

（ii）任何由该人保管或控制的资料，则调查员有权要求该人按照书面通知中指定的时间和方式提供该信息或资料。

（c）通过书面指令要求新加坡境内任何人出席调查员的调查活动，理由是根据提供的信息或以其他方式获得的任何信息，该人看起来了解案件的事实或情况；

（d）对任何看起来了解案件事实或情况的人，进行口头讯问：

（i）不论在该人或其他任何人被指控犯有与案件相关罪行之前

或之后；以及

（ii）不论在与案件有关的任何调查、审讯或其他法律程序中，该人是否应被称为证人。

（2）第（1）款第（d）项所述的人必须如实陈述该人对案件所了解的事实和情况，但该人不必陈述任何可能使该人受到刑事指控、处罚或罚没的事情。

（3）根据第（1）款第（d）项对一个人进行讯问的陈述必须：

（a）撰写书面陈述；

（b）由陈述人审阅；

（c）如果该人不懂英语，则以该人理解的语言向该人解释；并且

（d）经过更正（如有必要）后，由该人签字。

（4）如果任何人没有按照第（1）款第（c）项的指令要求出席调查活动，则调查员可以向地方法官报告相关情况，法官可以根据该指令的要求发出搜查令以确保该人的出勤。

（5）调查员可以无偿占有或复制根据第（1）款提供的任何文件（或其任何部分），以做进一步调查。

（6）任何人如果：

（a）在调查员根据本法履行职责时，拒绝接触，或攻击、阻碍、妨碍或延误调查员；

（b）故意错报，或无合法理由而拒绝提供调查员根据第（1）款规定要求的任何信息或出示任何资料；或

（c）未能遵守调查员在履行本法规定职责时的合法要求，则属于犯罪，一经定罪，可处不超过20000美元的罚款或不超过12个月的监禁，或并罚。

（7）在本条和第39条中，"调查员"是指副委员，或由委员授权的任何助理委员、网络安全专员，根据本条或第39条行使调查权。

第 39 条【搜查令的入户权力】

（1）当地方法官有充分合理的理由怀疑任何处所存有任何资料，法官可应调查员的申请，对该处所发出搜查令，如果该资料属于：

（a）调查员根据第 38 条要求提供的，但未按照该要求提供；或

（b）调查员根据第 38 条提出要求的，会被隐藏、转移、篡改或销毁。

（2）如果地方法官也认为有合理理由怀疑在这些处所有任何其他与调查事项相关的资料，则法官可指示将搜查令可行使的权力范围延伸至其他资料。

（3）根据第（1）款发出的搜查令可授权一名指定的调查员，以及委员已书面授权陪同调查员的任何其他人员：

（a）使用与目的相符的合理武力进入搜查令中指明的处所。

（b）占有、复制或看护任何疑似第（1）款或第（2）款所述（在本条中称为有关文件）的文件（或其任何部分）。

（c）要求处所内的任何人提供任何相关文件的解释，或在可能找到相关文件的情况下，在合适的情况要求该人说明相关情况。以及

（d）要求以电子形式存放在该处所取得的任何有关资料，以下述形式制作：

（i）可以带走；并且

（ii）是清晰易读的。

（4）搜查令持续有效，直至自签发之日起一个月期间届满。

（5）如果调查员准备执行搜查令，处所的拥有人或占有人在场，则调查员必须：

（a）向所有人或占有人表明自己的身份；

（b）向所有人或占有人出示调查员身份和授权的证明；并且

（c）向所有人或占有人提供一份搜查令副本。

（6）如果调查员准备执行搜查令时，处所内没有人在场，则调查员在执行前必须：

（a）在任何情况下都要采取合理措施，通知该处所的所有人或占有

人进入该处所；并且

（b）如果所有人或占有人已接到通知，则在执行搜查令时，对所有人或占有人，或其法定及其他代理人，给予合理的在场机会。

（7）如果调查员无法通知处所的所有人或占有人其准备进入处所，则调查员在执行搜查令时，必须将副本留在该处所的显眼处。

（8）调查员必须：

（a）在执行搜查令时，准备并签署根据第（3）款第（b）项和第（d）项带走的所有资料和其他材料的清单；并且

（b）将该清单的副本交给该处所的所有人或占有人，或所有人或占有人的法定或其他代理人。

（9）在执行搜查令后离开处所时，如果无人在场，或所有或占有人暂时缺席，则调查员必须按照其发现的有效安全的方式离开场地。

（10）在本条规定中：

"所有人"，就第（1）款所指的搜查令指定处所而言，指的是在该搜查令中指明的处所所有人，且调查员有合理理由相信其确属所有人。

"处所"，包括任何建筑物、设施、车辆、船只或飞机。

第 40 条【法院的管辖权】

即使《刑事诉讼法》（第 68 编）中有任何不同规定，地区法院仍有权审判本法所规制的任何罪行，并有权对该罪行判处全部刑罚或处罚。

第 41 条【罪行的和解】

（1）委员或由委员授权任何助理委员，可以自行决定对本法规定可和解的罪行进行和解，并收取不超过下列较低额度的金额：

（a）该罪行相应最高罚款额的一半；

（b）总计 5000 美元。

（2）如果任何罪行根据本条规定是可和解的，则该罪行的教唆犯、共谋犯、预备犯，可以类似的方式进行和解。

（3）在支付这笔款项后，不得就该罪行对该人提起进一步的法律程序。

（4）根据本条收集的所有款项必须缴付给"统一基金"。

第 42 条【资料送达】

（1）根据本法允许或要求向某人送达的资料，可按本条规定送达。

（2）根据本法允许或要求向某人送达的资料，可以通过以下方式送达：

（a）当面送达；

（b）以预付挂号邮递方式寄往该人指定的送达地址，如未指明地址，则送往该人的住址或营业地址；

（c）将其留给明显在该住址居住的成年人，或留给明显在营业地址工作的成年人；

（d）在个人住址或营业地址的显眼位置贴上资料副本；

（e）通过传真发送给已知的给予或送达资料的最新传真地址，作为资料送达的传真号码；

（f）通过电子邮件将其发送到个人的电子邮件地址。

（3）本法允许或要求向合伙企业（有限责任合伙企业除外）送达的资料，可以通过以下方式送达：

（a）将其交给任何合伙人或其他类似职员；

（b）将其留在，或以预付挂号邮寄方式寄往合伙企业的营业地址；

（c）通过传真发送至合伙企业营业地址使用的传真号码；或

（d）通过电子邮件发送到合伙企业的电子邮件地址。

（4）本法允许或要求向公司（包括有限责任合伙企业）或非法人组织送达的资料，可以通过以下方式送达：

（a）将其交给公司或非法人组织的秘书或其他类似职员，或有限责任合伙企业的经理；

（b）将其留在，或以预付挂号邮寄方式寄往公司或非法人组织在新加坡的注册办事处或主要办事处；

（c）通过传真发送至公司或非法人组织在新加坡的注册办事处或主要办事处所使用的传真号码；或

（d）通过电子邮件发送给公司或非法人组织的电子邮件地址。

（5）本条规定的资料送达在下列情况下生效：

（a）如果资料是通过传真发送的，并且在传送当天收到成功传送的通知；

（b）如果资料是通过电子邮件发送的，则该电子邮件能够被该人检索到；并且

（c）如果资料是通过预付挂号邮寄发送的，则在资料发出后 2 天（即使退回未送达）。

（6）本条不适用于在法庭诉讼程序中送达的文件。

（7）在本条规定中：

"营业地址"指的是：

（a）在自然人的情形下，在新加坡的通常或最后知道的营业地点；或

（b）在合伙企业（有限责任合伙企业除外）的情形下，合伙企业在新加坡的主要或最后为人所知的营业地点。

"电子邮件地址"是指收件人向给予或提供文件的人提供的最后一封电子邮件地址，作为本法规定的资料送达电子邮件地址。

"住址"是指自然人在新加坡的常住或最后居住地。

第 43 条【保密】

（1）除第（3）款及第（7）款另有规定外，每个特定人员必须主动以及协助维护以下的保密信息：

（a）与任何人的计算机或计算机系统有关的所有事项；

（b）根据第（5）款被确认为机密的所有事项；以及

（c）与向任何特定人员提供资料的人士身份有关的所有事项，这些信息可能是特定人员在履行其职责或履行本法规定职责时所知晓的。

（2）特定人员不得将任何第（1）款所述的任何事项传达给任何人，以下情形除外：

（a）是履行任何此类职能或履行任何此类职责所必需的；或

（b）是任何法院依法要求，或根据本法或任何其他成文法合法要求或允许的法律要求。

（3）本条不适用于根据第 23 条的指示或要求提供的任何信息。

（4）任何人如不遵从第（1）款或第（2）款的规定，即属犯罪，一经定罪，可处不超过 10000 美元的罚款或不超过 12 个月的监禁，或并罚。

（5）任何人在向特定人员提供任何信息时，可以声明为保密信息。

（6）根据第（5）款提出的每项声明必须得到书面陈述的支持，并说明为何信息是保密的。

（7）尽管有第（1）款的规定，委员仍可在任何下列情况下披露与第（1）款所述任何事项有关的任何资料：

（a）在获得与该信息有关的人书面同意的情况下。

（b）为了以下目的：

（i）根据本法提起诉讼；

（ii）在符合第（8）款的规定下，使得委员能够执行本法的任何规定；

（iii）使委员能够调查本法规制的可疑犯罪或执行本法规定；

（iv）向任何警务人员披露《计算机滥用法》（第 50A 编）下罪行的任何资料；或

（v）在符合第（9）款规定条件的情况下，遵守新加坡与境外国家或地区（在本条中称为外国）之间的协议规定。

（8）如果委员正在考虑是否根据第（7）款第（b）项第（ii）目披露任何资料，则委员必须顾及：

（a）在可行的范围内，有必要排除在其看来披露行为会违反公众利益的资料。

（b）在可行的范围内，有必要排除：

（i）如披露商业信息，其认为该披露将会或可能会严重损害与其有关的企业合法商业利益；或

（ii）与个人私人事务有关的信息，其认为该披露将会或可能会严重损害个人的利益。

（c）就委员准备作出披露的目的而言，披露程度符合必要性。

（9）第（7）款第（b）项第（v）点所述的条件是：

（a）外国要求的信息或资料是委员有权取得的；

（b）除非政府另有规定，否则外国应当承诺永久维护保密信息或资料；

（c）信息或资料的披露不存在违背公共利益的可能性。

（10）在本条中，"特定人员"指的是现在或曾经是：

（a）委员、副委员、助理委员、网络安全官员，或接受委任或聘用协助委员的人员；

（b）根据第 6 条委任的获授权人员；

（c）根据第 18 条设立的上诉顾问小组成员；

（d）根据第 22 条委任的网络安全技术专家；

（e）许可证助理专员；或

（f）部长或接受委任或聘用协助部长的人员。

第 44 条【免予承担个人责任】

（1）委员、副委员、助理委员、网络安全官员、根据第 6 条委任的获授权人员、许可证助理专员、根据第 18 条设立的上诉顾问小组成员，或任何其他根据委员指示行事的人员，在善意和合理注意的情况下，不承担任何责任，无论是作为或不作为的形式：

（a）根据本法行使或准备行使任何权力；或

（b）履行本法规定的任何职能或职责，或准备履行。

（2）如果委员根据任何成文法向公众送达信息，则无论是委员还是在委员指导下行事的任何人参与提供此类信息，均不对任何损失，或任何人因信息中出现的任何性质的任何错误或遗漏而造成的损害负责，前提是错误或遗漏是善意的，并且是在履行委员或该人员职责的正常过程中尽到合理注意。

第 45 条【披露人的保护】

（1）根据第三节定罪的任何法律程序中，证人不得被要求或允许：

（a）提供关于该罪行资料的披露人姓名、地址或其他详情，或从披露人处获得资料的实质内容；或

（b）回答任何问题，其答案会导致或倾向于导致发现披露人的姓名、地址或其他详情。

（2）如果在第（1）款所述的任何法律程序中，有证据或可能调查的任

何资料中，包含披露人的姓名或描述，或可能导致披露人被发现的任何条目，法院必须隐藏该条目，或在必要时为了保护披露人免受发现而进行删除。

（3）在任何法律程序中，如果：

（a）法院在对案件进行全面调查后，认为披露人在投诉中故意作出披露人知道或认为是虚假的重要陈述；或

（b）法院认为，如果不体现出披露人，在诉讼当事方之间不能完全伸张正义，则法院要求提供原始投诉，以书面形式并允许查询，并且要求对披露人进行完全展现，是合法的。

第 46 条【一般豁免】

（1）根据公报的指令，部长可以在一般或特定情形下，在符合规定条件的情况下，豁免任何人或任何类别的人免受本法所有规定的约束。

（2）如果根据第（1）款条件进行了任何豁免，则豁免仅在符合条件的情况下运作。

第 47 条【附录的修订】

（1）部长可随时通过公报，指令修改附录一或附录二。

（2）部长按照第（1）款作出的任何指令，可以作出必要或适宜的过渡性、附带性、后果性或补充性规定。

（3）根据第（1）款作出的任何指令，必须在公报上公布后，尽快提交议会。

第 48 条【条例】

（1）部长可以制定执行本法目的和规定的条例。

（2）在不限制第（1）款的情况下，部长可以针对以下所有或任何事项制定条例：

（a）关键信息基础设施的设计规程；

（b）在关键信息基础设施方面与维护网络安全有关的技术或其他标准；

（c）关键信息基础设施所有者的责任和义务；

（d）要求由关键信息基础设施所有者报告的变更类型，包括对关键信息基础设施的设计、配置、安全或操作的实质性变更；

（e）要求由关键信息基础设施所有者报告的有关关键信息基础设施的网络安全事件类型；

（f）要求关键信息基础设施所有者进行的网络安全审计和网络安全风险评估的要求和方式；

（g）要求的网络安全实践的形式和性质；

（h）发放许可证的类别，以及许可证的授予或续签要求；

（i）持证人经营业务的行为；

（j）就本法所要求的任何事项或事宜应支付的费用，包括退还和减免（全部或部分）此类费用；以及

（k）本法规定或允许规定的所有事项和事宜，或为实施本法而必须或适合的规定。

（3）除本法另有明文规定外，条例：

（a）可以是一般性的或具体的适用；

（b）可规定违反条例中任何指定条文的任何行为均属犯罪；并且

（c）可处以不超过 50000 美元的罚款或每次犯罪不超过 12 个月的监禁或并罚，如果继续犯罪，则针对定罪后罪行持续的每一天或一天中的部分时间，可处以不超过最高罚款额 10% 的罚款。

第 49 条【《计算机滥用及网络安全法》的相关修订】

对《计算机滥用及网络安全法》（2007 年版第 50A 编）修订如下：

（a）删除长标题中的"，要求或授权采取措施以确保网络安全"；

（b）删除第 1 条中的"以及网络安全"；

（c）删除第 11 条第（4）款第（b）项中"按照第 15A（12）条所指的含义"；

（d）紧连在第 11 条第（5）款之后插入以下小节：

"（5A）在第（4）条第（b）款中，'基本服务'指的是以下任何服务：

（a）与通信基础设施、银行和金融、公用事业、公共交通、陆路运输基础设施、航空航运或公共基础设施直接相关的服务。"以及

（e）废除第 15A 条。

第 50 条【对其他法案的相应修正】

（1）《腐败、贩毒及其他严重罪行（没收利益）法案》（2000 年版第 65A 章）附录二第Ⅲ节现予修订，删去紧连第 210 项之上的"以及网络安全"字样。

（2）《刑事诉讼法》（2012 年版第 68 章）修订如下：

（a）删除第 2 条第（1）款"计算机"定义中的"以及网络安全"字样；以及

（b）删除附录二第 4 项中的"以及网络安全"字样。

（3）《商品及服务税法》（2005 年版第 117A 编）第 2 条第（1）款现予修订，删除"计算机"及"计算机输出"定义中的"以及网络安全"字样。

（4）《所得税法》（2014 年版第 134 编）第 65B 条第（4）款现予修订，删除"以及网络安全"字样。

（5）《光盘制造法案》（2005 年版第 170C 编）第 20 条第（4）款现予修订，删除"以及网络安全"字样。

（6）《刑事协同办案法令》（2001 年版第 190A 编）附录二现予修订，删除紧连第 39 项之上的"以及网络安全"字样。

（7）《2015 年有组织犯罪法》（2015 年第 26 号法案）的附录现予修订，删除第 19 项之上的"以及网络安全"字样。

（8）《私人彩票法令》（2012 年版第 250 编）第 13 条第（5）款现予修订，删除"计算机"及"计算机输出"定义中的"以及网络安全"字样。

（9）《财产税法》（2005 年版第 254 编）第 64A 条第（11）款现予修订，删除"计算机"及"计算机输出"定义中的"以及网络安全"字样。

（10）《罪犯登记法案》（1985 年版第 268 编）附录二第Ⅱ部分现予修订，删除与《计算机滥用及网络安全法》有关项目中的"以及网络安全"字样。

（11）《道路交通法》（2004 年版第 276 编）第 6E 条第（3）款现予修订，删除"以及网络安全"字样。

（12）《战略物资（管制）法》（2003 年版第 300 编）第 2 条第（1）款现予修订，删除"计算机"定义中的"以及网络安全"字样。

（13）《合作社社团法》（2009 年版第 62 编）第 77 条第（6）款现予修订，删除"计算机"定义中的"以及网络安全"字样。

第 51 条 【保留和过渡条款】

（1）即使本法有其他规定，任何人在紧接第 5 节生效之日前，从事提供可获许可的网络安全服务业务，可继续从事该业务：

（a）自第 5 节生效之日起 6 个月的期限内；并且

（b）如果在第（a）款期间内，该人根据第 26 条申请许可证，则直至下列较早者的期限内：

　　　（i）许可证专员向该人授予许可证的日期；

　　　（ii）申请最终被拒绝或撤回的日期。

（2）在本法任何条款生效之日起 2 年内，部长可以通过颁布条例，在部长认为必要或权宜之后，在颁布该条例后规定保留或过渡性质的附加条款。

附录一

基本服务

与能源有关的服务

1. 发电、输电或配电服务

2. 供应或输送天然气用于发电的服务

与信息通信有关的服务

3. 固定电话服务

4. 移动电话服务

5. 宽带互联网接入服务

6. 国家域名注册服务

与水有关的服务

7. 供水服务

8. 与废水收集和处理有关的服务

9. 与雨水管理有关的服务

与医疗相关的服务

10. 急症医院护理服务

11. 与疾病监测和应对有关的服务

与银行和金融有关的服务

12. 银行服务，包括现金提取和存款、企业贷款、资金管理和支付服务

13. 支付清算和结算服务

14. 证券交易、清算、结算和存管服务

15. 衍生品交易、清算和结算服务

16. 与维持货币和金融稳定有关的服务

17. 货币发行

18. 与现金管理和政府支付有关的服务

与安保和紧急服务有关的服务

19. 民防服务

20. 警察和安全部门服务

21. 移民服务

22. 《国家注册法》（第 201 编）下的注册服务

23. 监狱安全和康复服务

与航空有关的服务

24. 航空服务

25. 机场乘客控制和运营

26. 机场行李和货物装卸作业

27. 机场运营

28. 航空器飞行操作

与陆运有关的服务

29. 根据《快速公交系统法》（第 263A 编）授予的许可证运作的快速公交系统

30. 根据《2015 年公交车服务行业法》授予的许可证运作的公交车服务（2015 年第 30 号法令）

31. 根据《快速公交系统法》授予的许可证运行的快速公交系统的监测

和管理

32. 根据《2015 年公交车服务行业法》授予的许可证运作的公交车服务的监测和管理

33. 监测和管理道路交通

与海事有关的服务

34. 监控和管理航运交通

35. 集装箱码头业务

36. 常规和散货码头业务

37. 邮轮和渡轮客运码头运营

38. 引航、拖船和供水

39. 燃料供应

40. 打捞作业

41. 客运渡轮运营

与政府运作有关的服务

42. 与向公众提供电子政务服务有关的服务

43. 与电子处理政府内部职能有关的服务

与媒体有关的服务

44. 与广播免费电视和广播有关的服务

45. 与报纸出版有关的服务

46. 安全打印服务

附录二

可授权的网络安全服务

1. 为本法案的目的，以下网络安全服务是可获得许可的网络安全服务：

　（a）安全管理运营中心（SOC）监测服务；

　（b）渗透测试服务。

2. 在本附录中：

"安全管理运营中心（SOC）监测服务"是指通过获取、识别和扫描存储在其中、由其处理或通过其传输的信息，来监控他人的计算机或计算机系统的网络安全级别，旨在识别计算机或计算机系统的网络安全威胁。

"渗透测试服务"是指通过搜索计算机或计算机系统的网络安全防御中的漏洞并对其进行评估，旨在评估、测试计算机或计算机系统的网络安全级别，并包括以下活动：

（a）确定计算机或计算机系统的网络安全漏洞，并证明如何利用这些漏洞；

（b）通过模拟试图渗透计算机或计算机系统的网络安全防御来确定或测试组织识别和响应网络安全事件的能力；

（c）识别并量化计算机或计算机系统的网络安全漏洞，指出漏洞并提供消除漏洞或将漏洞降低到可接受风险水平所需的适当缓释程序；

（d）利用社会工程来评估一个组织对网络安全威胁的脆弱程度。

泰国数据保护法制概览

尽管泰国有许多法律保护特定情形中的信息，但在《个人数据保护法》出台前，泰国并未制定具体的全面保护数据的相关法律，如1997年《政务信息法案》主要是对政府信息、官方信息的规定；泰国《商业机密法》对重要商业信息，包括公式、程序、技术和流程等进行保护，明确规定了"商业机密"与"商业信息"以及侵权处罚事宜。2019年2月28日，泰国《个人数据保护法》经国民立法大会批准通过。2019年5月27日，该法在政府公报上公布。《个人数据保护法》是泰国颁布的第一部针对数据保护以及私人数据存储的专门法律。与2015年泰国公布的《个人数据保护法（草案）》相比，《个人数据保护法》内容更加具体、全面，包括序言和正文7章内容及过渡性条款，确定了个人数据保护的一般性原则。

《个人数据保护法》规定了一年的过渡期，为经营者实施合规管理提供了时间，数据控制者应在过渡期间检查自身是否符合泰国《个人数据保护法》的规定。从《个人数据保护法》的内容来看，在很大程度上遵循和借鉴了欧盟《通用数据保护条例》（GDPR）的规定。

第一，《个人数据保护法》明确了适用范围，即无论收集、使用或披露个人数据的行为是否发生在泰国境内，只要数据控制者或数据处理者在泰国，就必须遵守本法案。同时，该法规定了域外效力。泰国境外数据控制者和数据处理者在向泰国数据主体提供商品或服务，或监控泰国境内数据主体行为时，收集、使用或披露个人信息均须遵守《个人数据保护法》。

第二，《个人数据保护法》进一步规定了个人数据保护的一般性原则，明确规定在收集、使用或披露个人数据前，必须获得数据主体的同意，并且除法律限制的情况外，数据主体可以随时撤回该同意。任何单位或个人在未经许可的情况下，不得擅自收集、公布、使用、传播他人的私人数据。同时，该法案在个人数据的收集、使用或披露的规则、方法方面也做了较大幅度的调整，对获取数据主体同意收集、使用及披露其数据的许可做了十分严格的规定，强调数据控制者及数据处理者的义务，更加注重保护数据主体的权利。《个人数据保护法》中对于数据控制者和数据处理者的定义与 GDPR 相类似。

未经数据主体同意，数据控制者不得将个人数据披露或传输给第三方。如果个人信息将被传输到其他国家，通常该国须对个人信息有足够的保护水平。

第三，设立专门的个人数据保护委员会。该法对个人数据保护委员会的成立方式、成员组成、成员资格、委员会的权力与职责做了规定，并将委员会主席的任期确定为四年。第 9 条规定了遴选委员会，专门负责根据本法规定的任职资格提名主席人选，此举在一定程度上可以保障委员会主席选举程序的公平与透明。此外，成立了个人数据保护委员会办公室及办公室监督委员会，第四章详细规定了办公室与监督委员会的职责与职权，以便更好地开展个人数据保护工作。

第四，《个人数据保护法》增加了刑事处罚这一章节，包括处以罚金和监禁两种刑事处罚。如违反本法相关规定，相关企业或机构处以高达 500 万泰铢（约合 117 万元人民币）的行政罚款及 100 万泰铢（约合 23 万元人民币）的刑事处罚。

该法的出台，应引起泰国企业以及其他涉及泰国投资业务的跨国企业（包括分支机构及代表处）关注。尤其是跨国企业，其主要核心关注点应该放在个人数据跨境流动相关的限制规定，特别是对于个人敏感数据（如生物信息、医疗数据、劳工数据、政治观点等）的处理。

个人数据保护法

[B. E. 2562（2019）]

国王 Phra Poramenthra Ramathibodi Sisin Maha Vajiralongkorn Phra Vajira Klao Chao Yu Hua 宣布：基于个人数据保护的法律所采取的行动是有益的。

本法第 26 条包含有关限制人身权利和自由的规定，也涉及泰国宪法第 26 条、第 32 条、第 33 条和第 37 条关于限制人身权利和自由的规定。

根据本法限制个人权利和自由是基于有效保护个人数据的目的，并对侵犯个人数据保护权利的主体采取有效的补救措施。本法的颁布符合泰国宪法第 26 条规定的标准。

因此，本法由国王颁布，并经作为议会的国家立法会议的建议和同意，具体内容如下。

第 1 条 本法被称为《个人数据保护法》。

第 2 条 本法自其在政府公报上公布之日起生效。但第二章、第三章、第五章、第六章、第七章和第 95 条以及第 96 条，自政府公报公布之日起一年后生效。

第 3 条 如有任何其他针对个人数据保护的特别规定，包括针对任何行为、经济活动或实体的，则应适用该法律的规定，除非：

（1）对于有关收集、使用或披露个人数据的规定，以及有关数据主体权利（包括相关处罚）的规定，本法的规定应予以适用，不论是否另有法律特别规定的。

（2）关于申诉的规定，授权专家委员会发布保护数据主体命令的规定，以及相关主管官员权力及职责的规定（包括相关的处罚），本法的规定应在以下情况下予以适用：

（a）若此类法律没有关于申诉的规定；

（b）若此类法律授予主管官员有权根据该法受理申诉的权力，并有权发布保护数据主体的命令，但该权力不等于专家委员会根据本法所拥有的权力；该类法律规定的相关主管官员向专家委员会提出请求，或数据主体根据本法向专家委员会提出申诉（视情况而定）。

第4条 本法不适用于：

（1）仅为个人利益或家庭活动收集、使用或披露个人数据的行为；

（2）维护国家安全的公共机关的行动，包括国家金融安全或公共安全、预防和制止洗钱、法医学或网络安全方面的职责；

（3）个人或法人使用或公开仅为大众传媒、美术或文学活动而收集的个人数据，且符合职业道德或公共利益的行为；

（4）众议院、参议院和议会，包括众议院、参议院或议会授权的委员会，根据众议院、参议院和议会的职责和权力收集、使用或披露其审议的个人数据（视情况而定）；

（5）法院的审判及审判人员在法律程序、法律执行和财产保全中的工作，包括按照刑事司法程序进行的工作；

（6）根据贷款机构从事贷款业务相关法律规定，贷款公司及其工作人员进行的数据操作。

如存在有任何方式、业务或实体从事与第1款所述数据控制者类似活动，或出于其他公共利益的目的，是否适用本法相关规定，应以皇家法令的形式予以颁布。

第1款第（2）项至第（6）项规定的数据控制者，以及根据第2款获得皇家法令豁免的实体数据控制者，也应按照本法规定标准对个人数据实施安全保护。

第5条 本法适用于泰国境内的数据控制者或数据处理者对数据进行的收集、使用或披露，无论这些行为是否发生在泰国境内。

若数据控制者或数据处理者处于境外，则本法也应适用于在泰国境内收集、使用或披露个人数据的类似主体，此类数据控制者或数据处理者包括：

（1）向泰国境内的数据主体提供商品或服务，无论该数据主体是否付款；

（2）监测到数据主体的行为发生在泰国。

第6条 根据本法规定：

"个人数据" 是指与某人有关的任何数据，能够直接或间接识别此人，但不包括死者的数据；

"数据控制者" 是指有权或有义务对个人数据进行收集、使用或披露的自然人或法人；

"数据处理者" 是指对数据控制者或代表数据控制者发出的命令而进行个人数据收集、使用或披露的自然人或法人，而该自然人或法人不是数据控制者；

"人" 是指自然人；

"委员会" 是指个人数据保护委员会；

"主管官员" 是指部长任命执行本法项下职责的官员；

"办公室" 是指个人数据保护委员会办公室；

"秘书长" 是指个人数据保护委员会秘书长；

"部长" 是指本法规定的负责部长。

第7条 根据本法规定，数字经济与社会部长应负责并有权任命主管官员执行本法。

第一章　个人数据保护委员会

第8条 应设立个人数据保护委员会，组成成员包括：

（1）主席。应在个人数据保护、消费者保护、信息技术和通信、社会科学、法律、卫生、金融或任何其他与个人数据保护相关且对保护有用的领域里选举并任命具有杰出知识、技能和经验的人员；

（2）数字经济和社会部常任秘书长为副主席；

（3）五名理事由总理办公室常任秘书长、国务院秘书长、消费者保护委员会秘书长、权利与自由保护部总干事和司法部长组成；

（4）九名名誉理事，由在个人数据保护、消费者保护、信息技术和通信、社会科学、法律、卫生、金融或任何其他与个人数据保护相关且对保护有用的领域中产生，并应具有杰出知识、技能和经验。

秘书处由一名主任及一名秘书组成，秘书处应从办公室官员中任命助理秘书，且不得超过两人。

有关遴选与任命主席和名誉理事的规则与程序，包括选择主席和名誉理事以接任根据本法第 13 条离任的主席与名誉理事，应顾及选择的透明度及公平性，并按照内阁发出的通知进行规定。

第 9 条 由八名成员组成的遴选委员会，负责遴选在第 8 条第 1 款第（1）项中被任命为主席的合适人选或第 8 条第 1 款第（4）项的名誉理事，其中包括：

（1）由总理任命两名成员；

（2）由议会主席任命两名成员；

（3）由监督专员任命两名成员；

（4）由国家人权委员会任命两名成员。

如果在本条第（2）项至第（4）项中具有委任权的人在办公室通知之日起 45 天内无法指定遴选委员会成员，则办公室应向总理提名人选，以委任合适的人员担任遴选委员会成员。

遴选委员会应推选一名委员担任遴选委员会主任，推选一名委员担任遴选委员会秘书，办公室作为遴选委员会的行政单位履行其职责。

若遴选委员会的成员出现空缺，必须立即选择替代的新成员。在尚未选出新成员期间，遴选委员会应由现有成员组成。

该委员会的任何成员均无权被提名为第 8 条第 1 款第（1）项的主席或第 8 条第 1 款第（4）项的名誉理事。

第 10 条 在遴选第 8 条第 1 款第（1）项的主席或第 8 条第 1 款第（4）项的名誉理事时，遴选委员会应根据具体情况选择具备第 8 条第 1 款第（1）项或第 8 条第 1 款第（4）项所指资格的人，包括具备本法第 11 条所规定的资格及无禁止情形的，并同意提出与第 8 条第 1 款第（1）项下所委任的主席数目或第 8 条第 1 款第（4）项下所委任的名誉理事数目相同的人选。

第 8 条第 1 款第（1）项下的主席或第 8 条第 1 款第（4）项下的名誉理

事当选后，遴选委员会应提交主席或名誉理事的姓名、资格证明和无禁止任命证明，以及同意该等人士获内阁委任为主席的通知。

总理应在政府公报上公布由内阁任命的第 8 条第 1 款第（1）项下的主席或第 8 条第 1 款第（4）项下的名誉理事。

第 11 条 主席和名誉理事应当具备任职资格，且不得具有下列禁止性特征：

（1）非泰国国籍；

（2）面临或曾经破产或欺诈破产；

（3）无行为能力人或准无行为能力人；

（4）经终审被判处监禁的（无论其是否实际被监禁），但过失犯罪或轻微犯罪的除外；

（5）因违规履行职责或因重大违法行为被开除、撤职或解除公职的；

（6）曾被依法免职的；

（7）担任政治职务的人，为地方议会成员或有地方行政管理职务的人、政党理事或在政党内有管理职务的人、政党顾问或官员。

第 12 条 主席和名誉理事的任期为四年。

在第 1 款规定的任期届满后，如尚未任命新的主席或名誉理事，任期届满的主席或名誉理事应继续履行其职责，直至新主席或新名誉理事任职为止。

主席或在任期届满后离职的名誉理事可被重新任命，但最多两届。

第 13 条 除根据第 12 条任期届满离职的，主席或名誉理事应在下列情况下离职：

（1）死亡；

（2）辞职；

（3）因玩忽职守、伤风败俗或无行为能力被内阁免职的；

（4）被取消资格或触犯第 11 条禁止情形的。

若主席或名誉理事在任期届满前离任，获委任接替空缺职位的人，须在已离职的主席或名誉理事的剩余任期内任职，但如剩余任期少于 90 天，则不必委任新主席或新名誉理事。

如主席或名誉理事在任期届满前离职，委员会应由所有现有成员组成，直至根据第 2 款任命新主席或新名誉理事为止。主席在任期届满前离任的，副主席应临时履行主席的职责。

第 14 条　在委员会会议上，应由超过半数的委员出席，从而符合法定出席人数。

会议由主席主持。主席不出席会议或不能履行职务的，由副主席主持。主席、副主席均不出席会议或不能履行职务时，由出席会议的委员选举一人担任会议主席。

会议结果应由多数票决定。在投票时，每名成员应有一票。在票数相等的情况下，会议主席有权投决定票。

委员会会议可以通过电子方式或委员会规定的任何其他方式进行。

第 15 条　对会议审议事项有直接或间接利害关系的成员，应当在会议开始前将此类事项告知会议，并不得出席会议。

第 16 条　委员会具有以下权力和职责：

（1）根据国家政策、国家战略和相关国家计划，制订促进和保护个人数据的总体规划，根据数字经济和社会发展的法律规定依法向国家数字经济和社会委员会提出建议；

（2）促进和支持政府机构和私营部门，按照第（1）项的总体规划开展活动，并对该总体规划的运行结果进行评估；

（3）确定与个人数据保护有关的措施或方法，以确保遵守本法；

（4）为执行本法发出通知或者规则；

（5）公布并制定保护跨境个人数据转移或输送的标准；

（6）公布并确立保护个人数据的指南，作为数据控制者和数据处理者应遵守的准则；

（7）向内阁建议制定或修订适用于个人数据保护的现行法律或规则；

（8）建议内阁颁布皇家法令，或至少每五年重新考虑该法的适用性；

（9）就政府机构和私营机构在遵守本法时保护个人数据的任何行动提供建议或咨询；

（10）解释和作出有关本法执行问题的裁决；

（11）提高并支持公众对个人数据保护的学习能力及认知水平；

（12）促进及支持有关保护个人数据技术发展的研究；

（13）本法或其他法律规定的其他委员会的职责。

第 17 条 主席、副主席和委员会有权按照内阁的规定领取会议津贴和其他福利。

委员会任命的各小组委员会、各小组委员会主席、专家委员会、专家委员会主席，经财政部批准，也可根据委员的规定获得会议津贴和其他福利。

第 18 条 委员会有权任命小组委员会，以审议或执行委员会的规定。

在小组委员会会议上，第 14 条和第 15 条的规定做参照并经必要修订。

第二章 个人数据保护

第一部分 总则

第 19 条 未经数据主体同意，数据控制者不得收集、使用或披露个人数据，但本法或其他法律另有约定的除外。

除非基于性质考虑无法实现，同意请求应以书面声明的方式或电子方式明确作出。

个人数据控制者在请求数据主体许可时，还应告知收集、使用或披露个人数据的目的。此类许可请求应以与其他事项明显区别的方式提出，使用易于理解的形式与清晰明了的语言，且不得欺骗或误导数据主体。委员会有权要求数据控制者按照委员会规定的格式和声明方式获得数据主体的许可。

在请求数据主体许可时，数据控制者应充分考虑数据主体的许可是否完全出于自愿。此外，订立合同（包括服务的任何条款）不构成许可收集、使用或披露与此合同（包括服务）无关个人数据的正当理由。

数据主体可随时撤回其许可。除非法律对撤回许可有限制，或该合同对数据主体有利，否则撤回许可应与授予许可一样简单易行。但是，撤回许可不得影响数据主体已合法授予的个人数据收集、使用或披露。

一旦撤回许可会影响数据主体，则数据控制者应将撤回许可的后果告知数据主体。

要求数据主体许可的请求不符合本法规定的，该请求对数据主体不产生约束力，数据控制者不能收集、使用或披露该个人数据。

第20条 如数据主体属于非因婚姻关系获得完全行为能力的未成年人，或根据《民商法典》第27条规定不具有完全行为能力，则对该数据主体的许可请求应如下：

（1）如未成年人的行为属于《民商法典》第22条、第23条或第24条规定的未成年人有权独立行使权利的行为，则该行为还需要征得其监护人的许可；

（2）如未成年人未满十岁，则对该数据主体的请求应征得其监护人的许可。

如数据主体为无行为能力人，则对该数据主体的请求应征得其监护人的许可。

如数据主体为准无行为能力人，则对该数据主体的请求应征得其监护人的许可。

本条第1~3款的规定适用于数据主体撤回其许可、向数据主体发出的通知、数据主体权利的行使、数据主体的申诉及本法对未成年人、无行为能力人和准无行为能力人规定的其他行为。

第21条 数据控制者应根据收集的目的在收集前或收集时通知数据主体将对个人数据进行收集、使用或披露。

收集、使用或披露个人数据的方式不得与根据本条第1款事先通知数据主体的目的不同，除非：

（1）数据主体已被告知新的目的，并在收集、使用或披露个人数据前获得其许可；

（2）可以通过本法或其他法律的规定来实现。

第二部分 个人数据收集

第22条 个人数据的收集仅用于数据控制者合法目的之相关必要用途。

第23条 在收集个人数据时，数据控制者应在收集开始前或收集时通知数据主体以下详细信息，但数据主体已知道此类详细信息的情况除外：

（1）收集个人数据的目的。包括本法第24条规定的个人数据收集之目的，但未经数据主体同意的；

（2）告知数据主体必须提供个人数据的情形，包括基于法律规定要求、合同约定，或出于订立合同的目的而必须提供个人数据的，同时应告知数据主体不提供此类个人数据可能导致的后果；

（3）收集的个人数据及个人数据的使用期限。若无法明确规定该期限，则应根据一般的数据保留期限标准确定其预期使用期限；

（4）可能向其披露个人数据的个人或实体的类别；

（5）数据控制者或其代表、数据保护官的信息、地址及具体联系方式；

（6）数据主体根据第 19 条第 5 款、第 30 条第 1 款、第 31 条第 1 款、第 32 条第 1 款、第 33 条第 1 款、第 34 条第 1 款、第 36 条第 1 款及第 73 条第 1 款所享有的权利。

第 24 条 未经数据主体同意，数据控制者不得收集个人数据，除非：

（1）出于编制有关公共利益的历史文件或档案，或用于研究与统计之目的，同时应制定适当措施以保障数据主体的权利和自由，并按照委员会规定履行通知义务；

（2）用于预防或控制对生命、身体或健康的危害；

（3）数据主体作为合同一方当事人，履行合同约定之需要；或在订立合同前应数据主体的要求采取措施；

（4）数据控制者为公众利益而执行任务，或行使授予数据控制者权力之必要的权利；

（5）为维护数据控制者或数据控制者以外的其他人之合法权益，除非此权利侵犯数据主体的基本权利；

（6）必须遵守数据控制者相关规定。

第 25 条 除数据主体外，数据控制者不得从任何其他渠道收集个人数据，除非：

（1）自收集之日起的 30 天内，数据控制者已及时通知数据主体从其他渠道收集个人数据，并已获得数据主体的许可；

（2）根据本法第 24 条或第 26 条的规定进行个人数据的收集。

第 21 条中有关告知数据主体之新用途规定，及第 23 条中有关告知数据主体之详细信息规定，应适用于第 1 款中个人数据收集之规定，但存在下列情形除外：

（1）数据主体已经知悉该新用途或详细信息；

（2）数据控制者应当证明其无法通知数据主体新用途或详细信息，或该通知将对科学、历史或统计研究目的产生不利影响。数据控制者应采取适当措施保护数据主体的权利、自由及利益；

（3）基于紧急情况，需要对个人数据进行使用或披露，并已采取适当的措施保护数据主体的利益；

（4）数据控制者出于其职责、岗位及专业所需所获取的个人数据，及根据第 23 条规定须对新用途或详细信息履行保密义务的。

为履行第 2 款的信息告知义务，数据控制者应在收集个人数据之日起 30 天内向数据主体提供该信息，除非该个人数据用于与数据主体沟通之需要，否则应在与该数据主体首次沟通时提供详细信息。如信息向他人披露的，应在首次披露之前提供详细信息。

第 26 条 任何有关种族、民族、政治观点、邪教、宗教或哲学信仰、性行为、犯罪记录、健康数据、残疾、工会信息、遗传数据、生物识别数据或委员会规定的可能以相同方式影响数据主体的任何数据，未经数据主体明确同意，不得对其进行收集，除非该行为是：

（1）出于防止或制止对他人生命、身体或健康造成危害，同时数据主体无论何种理由均不同意收集的。

（2）基金会、协会或任何其他非营利机构在合法活动中，为其成员、前成员或有经常性合作关系的人提供适当保障，并为其政治、宗教、哲学或工会目的提供适当保障。与该基金会、协会或非营利机构开展正常合作，并与该行为目的有关的收集，但不得在该基金会、协会或非营利机构之外披露个人数据。

（3）经数据主体明确同意可向公众披露的。

（4）对创设、遵守、履行法律或行使抗辩权是必要的。

（5）遵守法律以达到以下目的：

（a）涉及预防医学或职业医学、评估雇员的工作能力、医疗诊断、提供保健或社会护理、医疗、健康或社会护理系统和服务的管理。如非基于法律要求，并且相关个人数据是由专业从业者或依法履行个人数据保密义务的人管理的，则也应当严格遵守数据主体与医疗工作人员之间的合同约定；

（b）出于公共卫生的公共利益，如防止跨境危险传染病或传染病及瘟疫的流行，或确保药品、医药产品及医疗器械的标准或质量，并采取适当和具体的措施保障数据主体的权利和自由的，特别是根据职责或职业道德履行个人数据保密义务的；

（c）针对就业保护、社会保障、国家健康保障、依法享有的社会福利、道路交通事故受害者保护，为行使上述权利或履行上述义务而收集个人数据是必需的。数据控制者应当采取适当的措施保护数据主体的基本权利和利益；

（d）为科学、历史或统计研究目的或其他公共利益之必要需要，并已按照委员会的规定，采取适当的措施以保护数据主体的基本权利和利益；

（e）通过采取适当的措施来保护数据主体的基本权利和利益，从而维护重大公共利益。

第1款中的生物识别数据指因识别与人的身体或行为特征有关的技术而产生的个人数据，其可用于识别此人与其他人的区别，如面部识别数据、虹膜识别数据或指纹识别数据。

在收集与犯罪记录有关的个人数据时，此类收集应在法律授权的官方机构的监管下进行，或根据委员会的规定采取数据保护措施。

第三部分　个人数据的使用或披露

第27条　除根据本法第24条或第26条未经同意收集的，其他个人数据，如未经数据主体同意，数据控制者均不得使用或披露。

根据第1款获得个人数据的自然人或法人，不得用于向数据控制者发出请求通知以获取个人数据目的以外的其他目的。

若数据控制者使用或披露根据第1款获得的个人数据，数据控制者应按照本法第 39 条的规定，保存使用或披露该个人数据的记录。

第 28 条　如数据控制者将个人数据发送或传输到外国，接收此类个人数据的目的地国家/地区或国际组织应具有适当的数据保护标准，并且应根据本法第 16 条第 1 款第（5）项的规定实行，但出现下列情形的除外：

（1）符合法律规定的；

（2）已取得数据主体的同意，且数据主体已被告知目的国或国际组织缺乏个人数据保护标准；

（3）数据主体作为当事人一方为履行合同约定，或在订立合同之前应数据主体的要求已采取措施；

（4）为数据主体利益而与他人签订合同；

（5）在数据主体无法授予同意时，为预防或制止数据主体或他人的生命、身体、健康受到危害的；

（6）实施与重大公共利益有关的活动。

如目的国或国际组织的个人数据保护标准存在不足，应将该问题提交委员会以作出决定。如有新证据证明接收此类个人数据的目的国或国际组织已制定了适当的个人数据保护标准时，可复核委员会已作出的决定。

第 29 条　如位于泰国境内的数据控制者或数据处理者已制定个人数据保护政策，并将个人数据发送或传输到位于境外的数据控制者或数据处理者，且二者属于进行共同经营的联营企业或同一集团企业。如该个人数据保护政策已通过办公室的审查和认证，则根据该个人数据保护政策，该数据控制者或数据处理者可以向外国发送或传输个人数据，并豁免遵守本法第 28 条规定的义务。

个人数据保护政策、基于联营企业或业务而产生的关联关系或业务的性质以及第 1 款中审查和认证的规则，均应由委员会规定和公布。

若委员会未根据第 28 条作出决定或不具有第 28 条第 1 款所述的个人数据保护政策，则数据控制者或数据处理者可以将个人数据发送或传输到境外。数据控制者或数据处理者应提供适当措施保护数据主体的权利，包括根据委员会规定的规则与方法采取有效的法律补救措施。

第三章　数据主体的权利

第30条　数据主体有权查阅并获取与其有关的个人数据的副本，该个人数据由数据控制者负责，或要求披露获取未经其同意而获得的个人数据。

数据控制者应遵守第1款的规定，除非法律强制规定或法院判决不予提供的，并且该查阅及获取会对他人的权利及自由产生不利影响，否则不可拒绝该请求。

若数据控制者拒绝第1款中的请求，则应按照本法第39条的规定，记录拒绝的理由。

数据主体根据第1款提出请求，且数据控制者不能以第2款的理由拒绝请求的，数据控制者应当自收到请求之日起30日内立即履行请求。

委员会可规定第1款中要求查阅和获取个人数据副本的规则，包括延长第4款中规定的期限，或酌情适用其他规则。

第31条　数据主体有权从数据控制者处接收个人数据。数据控制者应将该个人数据设定为可通过自动化设备读取的常用格式，并可通过自动化方式使用或披露。数据主体同时享有以下权利：

（1）要求数据控制者以自动化格式将个人数据发送或传输给其他数据控制者（若可以通过自动化的方式完成）；

（2）请求直接取得数据控制者发送或者传输给其他数据控制者的个人数据，但因技术原因无法直接取得的除外。

第1款中的个人数据必须是经数据主体同意并根据本法规定收集、使用或披露个人数据，或根据本法第24条第1款第（3）项的规定，无须征得数据主体同意的个人数据，或委员会规定的根据本法第24条获得的任何其他个人数据。

第1款中数据主体权利的行使不适用于数据控制者为公共利益或遵守法律而发送或传输的个人数据，但该权利不得侵犯他人的权利和自由。若数据控制者以上述理由拒绝请求，其应将拒绝请求的记录连同第39条规定的原因予以记录。

第32条　在下列情况下，数据主体有权对收集、使用或披露与其有关的个人数据随时提出异议：

（1）个人数据是在第 24 条第 1 款第（4）项或第（5）项规定的同意豁免下收集的，除非数据控制者能够证明：

（a）此类个人数据的收集、使用或披露是合法的；

（b）收集、使用或披露此类个人数据是为了创设、遵守或履行法律，或为履行合法抗辩权。

（2）收集、使用或披露此类个人数据是出于直接销售的目的。

（3）收集、使用或披露个人数据以进行科学、历史或统计研究，除非数据控制者出于保护公共利益的目的。

若数据主体行使第 1 款随时异议权，则数据控制者不能再收集、使用或披露其个人数据，数据控制者应当立即将该等个人数据与其他事项明确区分。

若数据控制者以第（1）项第（a）点或第（1）项第（b）点或第（3）项中的理由拒绝该请求，数据控制者应将拒绝请求的记录连同第 39 条规定的原因予以记录。

第 33 条 在下列情况下，数据主体有权要求数据控制者删除或销毁个人数据，或匿名化个人数据，使其成为无法识别数据主体的匿名数据：

（1）个人数据的收集、使用或披露不再与数据控制者的目的有关；

（2）数据主体撤销收集、使用或披露其个人数据的许可，或数据控制者未依法收集、使用或披露个人数据；

（3）数据主体不同意根据本法第 32 条第 1 款第（1）项收集、使用或披露的个人数据，且数据控制者无法根据第 32 条第 1 款第（1）项第（a）点或第（b）点的规定拒绝该请求，或数据主体根据本法第 32 条第 1 款第（2）项的规定行使其权利；

（4）本法规定的个人数据被非法收集、使用或披露的。

第 1 款不适用于出于言论自由的目的，或第 24 条第 1 款第（1）项、第（4）项或第 26 条第 1 款第（5）项第（a）点、第（b）点规定的目的，或为创设、遵守或履行法律，行使合理抗辩权的目的，或为遵守法律的目的。

若数据控制者已向公众披露个人数据，并被要求删除或销毁该数据，或使个人数据成为根据第 1 款无法识别数据主体的匿名数据，则数据控制者应承担相应的责任，包括技术的实施和实现请求所需的费用，并通知其他数据控制者，以获得他们对实现请求而采取的行动的答复。

若数据控制者没有按照第 1 款或第 3 款采取措施，数据主体有权向专家委员会申诉，并要求数据控制者采取措施。

委员会可宣布删除或销毁个人数据，或将个人数据匿名化，使其成为第 1 款中无法识别数据主体的匿名数据。

第 34 条 下列情况下，数据主体有权要求数据控制者限制个人数据的使用：

（1）数据控制者根据本法第 36 条的规定，处于等待审查状态；

（2）根据本法第 33 条第 1 款第（4）项应当删除或销毁的个人数据，但数据主体仅要求限制使用此类个人数据；

（3）不再具有使用个人数据之目的而取消保留，但数据主体为创建、履行或行使合法抗辩权而要求保留该数据；

（4）当数据控制者就第 32 条第 1 款第（1）项或对第 32 条第 1 款第（3）项处于等待审查状态，并且拒绝数据主体根据第 32 条第 3 款提出的反对请求。

若数据控制者未按照第 1 款采取措施，数据主体有权向专家委员会提出申诉，要求数据控制者采取措施。

委员会可根据第 1 款的规定，制定并公布有关暂停使用个人数据的规则。

第 35 条 数据控制者应确保个人数据的准确性、即时性、完整性和无误导性。

第 36 条 若数据主体要求数据控制者遵守第 35 条的规定，但数据控制者并未采取行动，则数据控制者应根据本法第 39 条记录数据主体的请求及理由。第 34 条第 2 款的规定应比照适用。

第 37 条 数据控制者具有以下职责：

（1）采取适当的安全措施，以防止未经授权使用或非法丢失、访问、使用、更改、更正或披露个人数据，应在必要时或技术发生变化时对此类措施进行审查，以便有效地维护适当的安全。安全措施还应符合委员会规定的最低标准；

（2）在将个人数据提供给除数据控制者外的其他人时，数据控制者应采取措施，防止他人非法或擅自使用、披露该个人数据；

（3）在数据保留期限届满时，如个人数据与收集目的无关或超出收集目的、或数据主体提出删除或销毁个人数据请求的、或当数据主体撤销同意的，应当建立检查制度，以便删除或销毁个人数据。但如果出于言论自由的目的，或根据本法第 24 条第 1 款第（1）项、第（4）项，第 26 条第 1 款第（5）项第（a）点或第（5）项第（b）点的目的，或为创建、遵守及履行法律、履行合理抗辩权的目的，或为遵守法律的目的而保留个人数据，则不适用该检查制度。对个人数据的删除及销毁比照适用第 33 条第 5 款规定，并可做必要修改；

（4）在知悉发生个人数据泄露的 72 小时内立即通知办公室，但个人数据的泄露不得侵犯数据主体的权利及自由。若个人数据泄露可能侵犯数据主体的权利及自由，数据控制者应当立即通知数据主体并采取补救措施。通知和通知豁免应按照委员会的规定进行；

（5）若根据本法第 5 条第 2 款成为数据控制者，数据控制者应书面指定授权代表，该代表必须位于泰国境内，并有权代表数据控制者采取行动，根据数据控制者的目的收集、使用或披露个人数据而不受任何相关义务限制。

第 38 条 第 37 条第 1 款第（5）项中代表指定不适用于下列数据控制者：

（1）数据控制者是委员会规定的公共机构；

（2）从事收集、使用或披露个人数据业务或商业活动的数据控制者，且该业务或商业活动不属于本法第 26 条规定的性质，且不属于委员会根据第 41 条第（2）项所规定的个人数据。

若第 5 条第 2 款的数据控制者有数据处理者，则第 37 条第 1 款第（5）项及本条第 1 款的规定适用于该数据处理者。

第 39 条 数据控制者应至少保存下列记录，以使数据主体和办公室能够核查，这些记录可以是书面形式的，也可以是电子形式的：

（1）收集的个人数据；

（2）收集个人数据的目的及类别；

（3）数据控制者的详细信息；

（4）个人数据的保留期限；

（5）个人数据的访问权利和方式，包括有权访问个人数据的主体资格及访问条件；

（6）根据本法第 27 条第 3 款使用或披露的个人数据；

（7）根据本法第 30 条第 3 款、第 31 条第 3 款、第 32 条第 3 款和第 36 条第 1 款作出的拒绝请求或反对；

（8）对根据第 37 条第 1 款第（1）项采取的安全措施作出的说明。

第 1 款的规定适用于本法第 5 条第 2 款规定的数据控制者授权代表。

第（1）～（6）项和第（8）项中的规定不适用于：符合委员会规定认定的小型组织的数据控制者。除非这些组织的收集、使用或披露个人数据行为会侵犯数据主体的权利和自由，或是根据本法第 26 条收集、使用或披露个人数据的，或非收集、使用或披露个人数据的偶然性业务。

第 40 条 个人数据处理者应具有以下职责：

（1）根据数据控制者的指示开展收集、使用或披露个人数据，除非此类指示违反法律或本法有关个人数据保护的任何规定；

（2）提供适当的安全措施，以防止个人数据未经授权使用或非法丢失、访问、使用、更改、更正或披露，并通知数据控制者个人数据泄露的发生；

（3）按照委员会的规定编制和保存个人数据处理活动的记录。

未能遵守本法第 40 条第 1 款第（1）项收集、使用或披露个人数据的数据处理者的行为应被视为数据控制者的责任。

在数据处理者处理数据控制者交办的任务并根据第 1 款的规定开展活动时，数据控制者应制定双方协议，以要求数据处理者根据本法开展活动。

第 1 款第（3）项的规定不适用于委员会规定的属于小型组织的数据控制者，除非收集、使用或披露该个人数据会侵犯数据主体的权利和自由，或属于本法第 26 条收集、使用或披露个人数据的行为，或并非出于收集、使用或披露个人数据的偶然性业务。

第 41 条 下列情况下，数据控制者和数据处理者应共同指定一名数据保护官：

（1）数据控制者或数据处理者是委员会规定的公共机构；

（2）数据控制者或数据处理者在收集、使用或披露个人数据时，需要定期对个人数据或数据系统进行监测，且拥有委员会规定或公布的大量个人数据；

（3）数据控制者或数据处理者的核心活动是本法第26条所述的收集、使用或披露个人数据。

若数据控制者或数据处理者属于本法第29条第2款规定的联营企业或同一集团企业，则该数据控制者或数据处理者可共同指定一名数据保护官，且这些机构均能方便联系到该数据保护官。

第2款关于数据控制者或数据处理者的规定，比照适用于第1款第（1）项中规模较大或拥有若干分支机构的公共机关，也可对规定内容做必要的修改。

若第1款中的数据管理者或数据处理者必须根据本法第37条第1款第（5）项指定一名授权代表，则第1款的规定应比照适用于该代表（可对内容做必要修改）。

数据控制者和数据处理者有义务向数据主体和办公室提供数据保护官的联系地址及联系方式。数据主体应能够就个人数据的收集、使用或披露以及本法规定的数据主体权利的行使与数据保护官取得联系。

委员会可考虑有关个人资料保护的知识及专业水平，规定并公布数据保护官的任职资格。

个人数据保护官可以是数据控制者或数据处理者的雇员，也可以是与数据控制者或数据处理者签订合同的服务提供者。

第42条 数据保护官的职责如下：

（1）就遵守本法向数据控制者或数据处理者（包括数据控制者或数据处理者的雇员或服务提供者）提供建议；

（2）调查数据控制者或数据处理者（包括数据控制者或数据处理者的雇员或服务提供者）在收集、使用或披露个人数据方面的表现，确保遵守本法案；

（3）在数据控制者或数据处理者（包括数据控制者或数据处理者的雇员

或服务提供者）收集、使用或披露个人数据出现问题时，与办公室协调和合作；

（4）对根据本法履行职责时已知悉的个人数据保密。

数据控制者或数据处理者应提供足够的设备，支持数据保护官的工作，以使其履行职责。

数据控制者或数据处理者不得因数据保护官履行本法规定的职责而将其解雇或终止聘用。在出现问题时，数据保护官必须能够直接向数据控制者或数据处理者的首席执行官报告。

数据保护官可以履行其他职务，但数据控制者或数据处理者必须向办公室保证，该职务不违反本法所规定的职责。

第四章　个人数据保护委员会办公室

第 43 条　应建立个人数据保护委员会办公室，其目的是保护个人数据，鼓励和支持国家在个人数据保护方面的发展。

办公室作为政府机构具有法人地位。办公室不应被视为《国家行政组织法》规定的公共部门，或《预算程序法》或其他法律规定的国有企业。

办公室的运作不受《劳动保护法》《劳动关系法》《国有企业劳动关系法》《社会保障法》和《劳工赔偿法》的管辖。但是，办公室员工有权获得不低于《劳动保护法》《社会保障法》和《劳工赔偿法》规定的赔偿率的赔偿。

根据《政府官员侵权责任法》，该办公室应被视为政府机构。

第 44 条　除办公室为实现第 43 条第 1 款所述目的而履行职责外，办公室还负责为个人数据保护委员会、监督委员会、专家委员会及小组委员会履行学术和行政任务。此外，办公室还承担以下职责：

（1）起草与政策、国家战略和有关国家计划一致的《个人数据促进和保护总体规划》，并就执行这些政策、国家战略和国家计划中遇到的困难起草总体规划和纠正措施，以便向委员会提出建议；

（2）促进和支持个人数据保护的技术开发研究；

（3）审查个人数据保护标准的遵守情况与准确性，或与个人数据保护有

关的监督机制,并根据本法第 29 条审查个人数据保护政策;

(4)调查并收集个人数据保护的信息,关注个人数据保护的最新趋势,对影响国家发展的个人数据保护问题进行研究分析,并向委员会提出建议;

(5)与国家公共机构、国有企业、地方政府、社会团体或其他组织就个人数据保护进行联络;

(6)向政府机关和私营机构就遵守本法提供建议;

(7)向政府部门、私营机构和公众提供学术服务或与个人数据保护相关的服务,包括提供和促进个人数据保护知识的理解;

(8)建立课程大纲并提供针对数据控制者、数据处理者、数据保护官、雇员、服务提供者或其他人员的培训;

(9)经委员会批准,根据办公室的职责与权力,与国内外组织或机构达成合作与协议;

(10)跟进并评估本法的遵守情况;

(11)履行委员会、个人数据保护委员会办公室监督委员会、专家委员会或小组委员会指派的其他职责,或法律规定的其他职责。

第 45 条 除本法第 44 条的规定外,办公室还行使下列职权:

(1)拥有、占有和持有财产的权利;

(2)创造权利或者实施约束财产的法律行为,或其他为办公室的运行而采取的法律行为;

(3)提供资金以支持办公室的工作;

(4)根据办公室的目标,在个人数据保护委员会办公室监督委员会批准的情况下,按照办公室规定的标准和费率,对办公室的业务收取维护费、补偿费或服务费;

(5)执行法律规定的其他行为,或执行由个人数据保护委员会办公室监督委员会、专家委员会或小组委员会指派的职责。

第 46 条 办公室业务活动中使用的资金和财产包括:

(1)政府根据本法第 94 条第 1 款提供的初步预算;

(2)政府每年提供的一般性补助金;

(3)国内或国际政府机构或国际政府组织的补贴;

（4）履行办公室的职责所产生的费用、维修费、补偿费、服务费或办公室运营收入；

（5）资金利息或其他财产性利益。

根据第 1 款的规定办公室的资金和财产，须作为公共收入上缴财政部。

第 47 条　办公室根据本法第 46 条第 1 款第（4）项或第（5）项的收入购买或交换的不动产，应由办公室所有。

第 48 条　应成立个人数据保护委员会办公室监督委员会，该委员会应有一名主席，主席应当从在个人数据保护方面具有杰出知识、技能和经验的人员中遴选和任命。数字经济与社会部常务秘书、国家数字经济社会委员会办公室秘书长担任理事。此外，还应有六名名誉理事，其中至少有三人是从在个人数据保护方面具有杰出知识、技能和经验的人士中挑选和任命的。

秘书长应为理事和秘书，并应从办公室官员中任命助理和秘书，且不超过两人。

本法第 11 条与第 13 条的规定比照适用于委员会主席和名誉理事。

第 49 条　应设立由八名成员组成的遴选委员会，成员由委员会任命，负责选择适当的人作为本法第 48 条规定的主席与名誉理事。

遴选委员会应选出一名成员担任遴选委员会主席，另一名成员担任遴选委员会秘书，办公室作为遴选委员会的行政单位履行职责。

若遴选委员会成员出现空缺，应立即选择新成员填补空缺，在尚未选出新成员期间，遴选委员会由现有成员组成。

遴选委员会的任何成员均无权被提名为第 48 条规定的主席和名誉理事。

考虑到遴选的透明性与公平性，遴选的规则和程序应由委员会规定。

第 50 条　在根据第 48 条选择主席和名誉理事时，遴选委员会应选择具有第 48 条第 1 款资格的人员，包括具有第 48 条第 3 款规定的资格及无禁止性特征，并同意提名与第 48 条规定的主席与名誉理事相同人数的人员。

在选出主席及名誉理事后，遴选委员会应提交主席和名誉理事的姓名、第 48 条规定的资格证明和无禁止性特征的证明，及根据本法第 48 条委员会同意主席和名誉理事人选的证明。

委员会须在《政府公报》上公布根据第 48 条所述获委任的主席及名誉

理事的姓名。

第 51 条 根据本法第 48 条选出的主席及名誉理事的任期为四年。

任期届满后，新主席和新名誉理事的任命须在 60 天内完成。若新主席或新名誉理事尚未获委任，任期届满的主席或名誉理事须继续履行其职责，直至新任命的主席或名誉理事就任为止。

主席或名誉理事在任期届满时离职，可以连任，但任期不得超过两届。

第 52 条 若根据第 48 条选出的主席或名誉理事在任期届满前离职，个人数据保护委员会办公室监督委员会应由现有成员组成，直至任命新主席或新名誉理事为止。若主席在任期届满前离职，由数字经济和社会部常务秘书临时履行主席职责。

新主席和新名誉理事应在职位空缺之日起 60 天内被任命，并须在被替换成员的剩余任期内任职。主席、名誉理事的任期不足 90 天的，可不任命新的主席、名誉理事。

第 53 条 在个人数据保护委员会办公室监督委员会会议上，须有不少于一半的委员出席，以构成法定人数。

会议由主席主持。主席不出席会议或不能履行职责的，由出席会议的委员选举一人担任会议主席。

会议应由多数票决定。在投票时，每名成员应有一票。在票数相等的情况下，会议主席有权增加一票作为决定票。

与会议审议事项有直接或间接利害关系的成员，不得参加会议。

个人数据保护委员会办公室监督委员会会议，可以按照委员会的规定以电子方式举行。

第 54 条 个人数据保护委员会办公室监督委员会有下列权力和职责：

（1）制定管理政策，批准办公室的规划；

（2）发布关于办公室组织、财务、人力资源管理、一般行政工作、内部审计（包括福利和后勤服务）的规定；

（3）批准办公室的年度经营规划、年度支出规划及年度预算；

（4）根据本法和其他相关法律，管理办公室和秘书长的行政事务及运作；

（5）任命遴选委员会以遴选秘书长；

（6）处理对办公室秘书长行政命令的任何申诉；

（7）评估办公室的运作情况及秘书长的工作表现；

（8）履行本法或其他法律规定的其他职责，或委员会及内阁指定的职责。

对于第（2）项中的规则，若秘书长与第三方订立法律行为的权力受到限制，则必须在《政府公报》上予以公布。

第55条 个人数据保护委员会办公室监督委员会有权任命一个小组委员会，履行个人数据保护委员会办公室监督委员会指派的任何职责或行为。

个人数据保护委员会办公室监督委员会可委任具有相关技能或经验的人员作为其顾问。

第1款或第2款中的职责及人数，应依个人数据保护委员会办公室监督委员会的规定执行。

对于小组委员会的会议，本法第53条的规定应比照适用。

第56条 个人数据保护委员会办公室监督委员会的主席、成员及顾问，个人数据保护委员会办公室监督委员会任命的小组委员会主席及成员，经财政部批准，根据委员会的规定，领取会议津贴或其他福利。

第57条 秘书长应由个人数据保护委员会办公室监督委员会任命，负责管理办公室的事务。

第1款中秘书长的任命规则和方式应按照个人数据保护委员会办公室监督委员会的规定进行。

第58条 被任命为秘书长的人必须具备以下资格：

（1）拥有泰国国籍；

（2）35岁以上，60岁以下；

（3）具备与办公室及行政管理有关的知识、技能和经验。

第59条 具有下列任何禁止性特征的人不得担任秘书长：

（1）破产或不诚实破产的；

（2）无行为能力人或准无行为能力人；

（3）经终审判决判处监禁的（无论其是否实际被监禁），但过失犯罪或轻微犯罪的除外；

（4）担任政府机构、国有企业、其他政府组织或地方政府机构的公务员、员工或雇员；

（5）担任或曾经担任政治职务的，或曾经是地方议会议员或担任地方行政管理职务的人，但被解除职务不少于一年的除外；

（6）担任或曾经担任过政党理事或其他政治职务，或担任过政党官员的，但被解除职务不少于一年的除外；

（7）因不诚实履行职责或因重大违法行为被开除、撤职或解除公职的；

（8）因未通过本法第 62 条第 1 款第（4）项的表现评估而被解除公职的；

（9）与办公室的相关工作有直接或间接利益关系的人。

第 60 条　秘书长任期为四年，可以连任，但任期不得超过两届。

在秘书长任期结束前不少于 30 天但不超过 60 天内，或秘书长在任期结束前离职之日起 60 天内，个人数据保护委员会办公室监督委员会须委任遴选委员会选出新的秘书长。遴选委员会应提名不超过三名的合适人选。

第 61 条　每年，秘书长的表现应按照个人数据保护委员会办公室监督委员会规定的期限和方法进行评估。

第 62 条　除根据第 60 条任期届满后离职外，秘书长应在下列情况下离职：

（1）死亡；

（2）辞职；

（3）根据第 58 条被取消任职资格，或根据第 59 条的任何禁止性特征而丧失资格；

（4）因未能通过绩效评估、玩忽职守、伤风败俗行为或无行为能力而被个人数据保护委员会办公室监督委员会解除公职的。

第 63 条　秘书长应履行下列职责：

（1）根据办公室的任务，并根据国家政策和计划、战略计划、内阁政策、委员会和个人数据保护委员会办公室监督委员会的规则、条例及决议，管理办公室的工作；

（2）制定办公室运作的规定。该规定不得违反法律、内阁决议及个人数据保护委员会办公室监督委员会制定的条例、规则、要求、政策、决议或通知；

（3）担任本办公室工作人员、职工的主管，根据本办公室的规定，对工作人员和职工的业绩进行评估；

（4）经个人数据保护委员会办公室监督委员会批准，任命常务副秘书长和助理秘书长，担任秘书长的助理；

（5）根据委员会的规定，负责招聘、任命、晋升、减员、减薪，对办公室的工作人员及职工进行纪律处分，并根据个人数据保护委员会办公室监督委员会的规定，解雇办公室的工作人员及职工；

（6）依照个人数据保护委员会办公室监督委员会的条例、规则、要求、政策、决议或通知开展工作。

秘书长应负责办公室的管理，并直接向个人数据保护委员会办公室监督委员会报告。

第 64 条 在办公室与第三方有关的事务中，秘书长应担任办公室的代表。秘书长可以根据个人数据保护委员会办公室监督委员会的规则，授权任何人代表其执行具体工作。

第 65 条 个人数据保护委员会办公室监督委员会根据内阁的规定确定秘书长的薪水及其他福利。

第 66 条 为了办公室的管理工作，秘书长可以要求公共部门、政府机构、国有企业、地方行政部门、公共组织或其他政府机构的公务员、工作人员、官员或雇员担任其临时工作人员，但必须获得其主管人员的批准，并在批准时达成协议。若政府官员被批准为临时工作人员，则应视为该人员被允许离开原来的工作岗位从事任何工作。

在批准为办公室工作的期限届满时，第 1 款中的政府官员有权根据批准时达成的协议返回原工作单位并获得不低于原职位水平和工资水平的任职和领取工资的权利。

若该政府官员已经返回第 2 款中规定的原工作单位并任职，则该政府官员在办公室的工作期间，按照其在原工作单位的全职工作期间计算，以计算其退休金或其他性质相同的福利。

第67条 公务员或其他政府官员，因公共部门或政府机构授予其奖学金而工作，并经原工作部门的主管批准调到办公室工作的，在办公室工作应被视为已根据奖学金合同偿还了报酬，在办公室工作的时间应计为奖学金的偿还时间。

若任何政府机构提出，在该机构工作的办公室员工，是该政府机构因授予其奖学金而工作的公务员或其他政府官员，该请求必须首先得到秘书长的批准，则可以视为在该政府机构工作已根据奖学金合同偿还了报酬，在该政府机构工作的时间应计为奖学金的偿还时间。

第68条 办公室的会计核算应按照国际标准进行，并遵守个人数据保护委员会办公室监督委员会规定的格式与规则。

第69条 办公室应编制财务报表和会计报表，并在会计年度结束之日起120天内送交审计师。

政府审计署工作人员或政府审计署批准的注册会计师应为办公室的审计师，每年对办公室的支出和财产进行评估，并将审计结果报告至个人数据保护委员会办公室监督委员会审核。

第70条 办公室应编制年度业务报告，并在会计年度结束之日起的180天内向个人数据保护委员会办公室监督委员会及部长提交报告，并向公众公开该报告。

第1款中的年度业务报告必须显示由审计员审核过的资产负债表的详细信息，及办公室上一年度的业绩和评价报告。

根据第2款对办公室业绩的评估，必须由个人数据保护委员会办公室监督委员会批准的第三方进行。

第五章　申诉

第71条 委员会应根据其专业领域或委员会认为合适的情况，任命一个或多个专家委员会。

专家委员会的资格及禁止、任期、休假及其他活动应符合委员会的规定。

第72条 专家委员会应履行下列职责与权力：

（1）根据本法审议申诉；

（2）审查数据控制者或数据处理者（包括数据控制者或数据处理者的员工和承包商）侵害数据主体的行为；

（3）解决与个人数据相关的争议；

（4）执行根据本法或委员会指派的专家委员会的职责和权力。

第73条 若数据控制者或数据处理者（包括数据控制者或数据处理者的雇员或服务提供者）违反或不遵守本法，或根据本法发布的通知，数据主体有权根据本法进行申诉。

申诉的提交、拒绝受理、驳回、审议和审议时限应符合委员会的规则，在根据委员会规定的情况下，可以考虑拒绝接受申诉，或根据其他法律的规定，驳回该申诉。

第74条 若申诉人不遵守第73条第2款的规定，或根据规定禁止接受所提出的申诉，专家委员会不得接受此类申诉。

若在专家委员会根据第72条第1款第（1）项审议申诉或根据第72条第1款第（2）项调查任何行为后，发现该申诉或行为没有根据，专家委员会应驳回该申诉。

经专家委员会根据第2款的审议或调查，发现该申诉或行为是可以解决的，并且当事人愿意解决争议的，专家委员会应当进行争议解决。但是，如果该申诉或行为不能解决，或者争议解决失败，专家委员会有权发布下列命令：

（1）数据控制者或数据处理者在规定的时间内履行或纠正其行为；

（2）禁止数据控制者或数据处理者执行对数据主体造成损害的行为，或要求数据管理员在规定的时间内采取措施终止损害。

若数据控制者或数据处理者不遵守第3款第（1）项或第（2）项的规定，应比照适用《行政程序法》有关行政执行的规定。若根据《行政程序法》的规定，要求通过扣押、查封或拍卖数据控制者或数据处理者的财产，专家委员会应有权为此目的命令扣押、查封和拍卖。

根据第1款、第2款、第3款第（1）项或第（2）项发布的命令应符合委员会通知的标准和方法。

专家委员会的命令应由专家委员会主席签署。

本条规定的专家委员会命令为最终命令。

为遵照本条规定，在出具审议结果时，专家委员会应将审议结果连同理由通知申诉人。若申诉已根据其他法律由官方机构审议而不予受理或予以驳回，专家委员会应将此情况通知申诉人。若申诉人希望根据其他法律向官方机构提出申诉，专家委员会应予以处理，从专家委员会收到此类申诉之日起，应视为该官方机构已收到此类申诉。

第75条 专家委员会有权命令任何人提交与申诉标的有关的文件或信息，或与本法规定的个人数据保护有关的任何其他事项。专家委员会还应有权要求任何人陈述事实。

第76条 为遵守本法，主管官员应具有以下职责和权力：

（1）要求数据控制者、数据处理者或任何人员书面提供与本法规定的行为或犯罪有关的信息或提供有关的任何文件或证据；

（2）调查与收集事实，若数据控制者、数据处理者或任何人，因违反或不遵守本法或根据本法发出的通知而犯罪或造成损害，应向专家委员会报告。

在履行第（2）项中的义务时，若为了保护数据主体的利益或公众的利益，主管官员应向主管法院提出申请，批准主管官员在日出至日落之前或在该场所的营业时间内，进入数据控制者或本法所涉犯罪的任何人的场所，以调查和收集事实，扣押或附上文件、证据或与罪行有关的任何其他物品，或任何可能用来实施犯罪的物品。

为任命主管官员，部长应考虑从公务员或其他政府官员中任命，这些官员的职位不得低于业务级别或同等级别的公务员，并且具有委员会规定的任职资格。

在履行本法规定的职责期间，主管官员应向有关人员出示身份证明，并有权从有关人员处获得合理便利。

主管官员的身份证明应采用委员会所要求的格式。

第六章　民事责任

第77条 数据控制者或数据处理者对个人数据的行为违反本法规定的，

从而对数据主体造成损害的，无论该行为是过失或故意，都应赔偿数据主体因此遭受的损害，除非数据控制者或数据处理者能够证明此类行为是由于以下原因造成的：

（1）不可抗力，或数据主体自己的作为或不作为；

（2）政府官员依法履行职责所采取的行动。

第1款规定的赔偿包括数据主体为预防可能发生的损害，或为制止已发生的损害所需要的一切必要费用。

第78条 法院有权命令数据控制者或数据处理者除适当的实际赔偿外，另外支付不超过实际赔偿金额两倍的惩罚性赔偿，但须说明相关情况，如数据主体遭受损害的严重性、数据控制者或数据处理者获得的利益、数据控制者或数据处理者的财务状况、数据控制者或数据处理者提供的补救措施，因数据主体的行为所导致的损害等。

根据本法对个人数据的不法行为提出的赔偿请求，应在受害人知道损害和数据控制者或数据处理者身份之日起的三年后，或从针对个人数据的不法行为发生之日起十年后予以驳回。

第七章　处罚

第一部分　刑事责任

第79条 任何数据控制者违反本法第27条第1款或第2款的规定，或未能遵守第28条下涉及本法第26条关于个人数据的规定，可能导致他人遭受任何损害，损害其名誉，或使他人遭受蔑视、憎恨或羞辱的，应处以不超过六个月的监禁，或不超过50万泰铢的罚款，或二者并罚。

若数据控制者违反本法第27条第1款或第2款的规定，或未能遵守第28条下涉及本法第26条关于个人数据的规定，非法为自己或他人谋取利益，应处以一年以下监禁，或不超过100万泰铢的罚款，或二者并罚。

本条规定的犯罪行为是可复合的犯罪行为。

第80条 任何因执行根据本法规定的职责而知悉他人的个人数据，并将其披露给其他人的人，将被处以不超过六个月的监禁，或不超过50万泰铢的罚款，或二者并罚。

在下列情况下，不得强制执行第 1 款的规定：

（1）履行职责的；

（2）为调查或法庭审判的；

（3）向依法具有权限的境内或外国政府机构披露的；

（4）在特定场合披露，并已取得该数据主体书面同意的；

（5）与公开披露的法律诉讼有关的。

第 81 条　若根据本法实施犯罪行为的是法人，而该罪行是由任何董事、经理或个人的指示或行为而实施的，其董事、经理或个人应对法人的犯罪行为负责，或如该人有责任指示或执行任何行为，但在法人实施犯罪行为前，未进行指示或执行该行为的，该人也应受到规定的处罚。

第二部分　行政责任

第 82 条　若数据控制者未能遵守本法第 23 条、第 30 条第 4 款、第 39 条第 1 款、第 41 条第 1 款、第 42 条第 2 款或第 3 款，或未能使用委员会根据第 19 条第 3 款规定的表格或声明获得数据主体的同意，或未根据第 19 条第 6 款通知数据主体撤回同意的影响，或未遵守根据第 25 条第 2 款比照适用的第 23 条，应处以不超过 100 万泰铢的行政罚款。

第 83 条　若数据控制者违反或未能遵守本法第 21 条、第 22 条、第 24 条、第 25 条第 1 款、第 27 条第 1 款或第 2 款、第 28 条、第 32 条第 2 款或第 37 条，或通过欺骗或误导数据主体取得其同意，或未遵守根据第 25 条第 2 款比照适用的第 21 条，或未能根据第 29 条第 1 款或第 3 款发送或传输个人数据，应处以不超过 300 万泰铢的行政罚款。

第 84 条　若数据控制者违反本法第 26 条第 1 款或第 3 款、第 27 条第 1 款或第 2 款、第 28 条下涉及本法第 26 条有关个人数据的规定，或未能按照第 29 条第 1 款或第 3 款的规定，根据第 26 条发送或传输个人数据，应处以不超过 500 万泰铢的行政罚款。

第 85 条　若数据控制者违反本法第 41 条第 1 款、第 42 条第 2 款或第 3 款，应处以不超过 100 万泰铢的行政罚款。

第86条　若数据处理者，在无适当理由的情况下违反本法第40条，或未按照第29条第1款或第3款发送或传输个人数据，或未遵守根据第38条第2款比照适用的第37条第1款第（5）项，应处以不超过300万泰铢的行政罚款。

第87条　若数据处理者根据本法第26条第1款或第3款发送或转移个人数据，如不遵守第29条第1款或第3款，应处以不超过500万泰铢的行政罚款。

第88条　数据控制者或数据处理者的任何代表，如未能遵守根据本法第39条第2款比照适用的第39条第1款，或根据本法第41条第4款比照适用的第41条第1款，应处以不超过100万泰铢的行政罚款。

第89条　任何未按照专家委员会命令行事的人，或未根据本法第75条陈述事实，或未能遵守本法第76条第1款第（1）项，或未根据第76条第4款为政府官员提供便利，应处以不超过50万泰铢的行政罚款。

第90条　专家委员会有权将处罚作为本部分规定的行政罚款。在合适的情况下，专家委员会可先发布纠正命令或警告。

在决定是否发出行政罚款的命令时，专家委员会应根据委员会规定的规则，考虑犯罪情节的严重程度，数据控制者或数据处理者的业务规模或委员会规定的其他情形。

被处以行政罚款的人拒不缴纳罚款的，比照适用《行政程序法》关于行政执行的规定。若没有官员执行行政命令，或有官员但该命令不能以其他方式执行的，专家委员会有权向行政法院提起诉讼，要求支付该罚款。若行政法院认为行政罚款的命令是合法的，行政法院可以判决查封、扣押、拍卖资产以支付罚款。

行政罚款和行政执行的命令应比照适用第74条第6款的规定，本条第3款中关于行政执行的规定应比照适用本法第74条第4款。

过渡性条款

第91条　在初期阶段，委员会应由第8条第1款第（2）项与第（3）项规定的委员会成员组成，秘书长应为委员会成员和秘书，暂时履行必要的职责，但不得超过本法生效之日起的 90 天。副主席应暂时担任主席。

办公室应在本法生效之日起的 90 天内，根据本法第 8 条第 1 款第（1）项任命一名主席，并根据第 8 条第 1 款第（4）项任命名誉理事。

第 92 条 个人数据保护委员会办公室监督委员会，须自根据本法第 91 条委任主席及名誉理事之日起的 90 天内成立。

秘书长应自根据本法第 93 条设立办公室之日起的 90 天内任命。

第 93 条 设立办公室是为了自本法生效之日起一年内，可以按照本法开展工作。

在该办公室尚未正式成立期间，数字经济与社会部常务秘书办公室应按照本法履行职责，部长应任命数字经济与社会部副常任秘书长履行秘书长的职责，直至根据本法第 92 条第 2 款任命秘书长为止。

第 94 条 在初期阶段，内阁应根据需要分配办公室的初始预算。

部长应建议内阁考虑在其他政府机构内聘用公务员、官员、工作人员或其他业务人员，以便在内阁规定的期限内暂时担任该办公室的官员。

其他政府机构中的公务员、官员、工作人员或任何其他业务人员根据第 2 款暂时担任办公室官员，应视为仍然保留其原来的职位，并仍然从原工作单位领取工资或薪金。委员会还可根据第 2 款，确定其他政府机构的公务员、官员、工作人员或其他业务人员在办公室工作期间获得的特殊报酬。

自办公室成立之日起的 180 天内，办公室应按照第 2 款的规定，招聘其他政府机构的公务员、官员、工作人员或其他业务人员作为常任人员。

任何其他政府机构的公务员、官员、工作人员或其他业务人员按照第 4 款的规定被招聘和任职的，其上一个部门的工作期限应继续与其在办公室的工作期限一起计算。

第 95 条 对于在本法生效之前由数据控制者收集的个人数据，数据控制者有权继续为原目的收集和使用此类个人数据。但是，数据控制者应制定并公布同意撤回的方法，以便不希望数据控制者继续收集和使用其个人数据的数据主体能够撤回同意。

除第 1 款规定的收集、使用个人数据外，披露及其他行为均应符合本法的规定。

第 96 条 根据本法发布的规章和通知，应在本法生效之日起一年内完成。如不能完成，部长应向内阁报告其理由。

签署人
Prayut Chan-o-cha 总理

菲律宾数据保护法制概览

菲律宾对于数据的法律规定集中体现在第 10173 号共和国法案《2012 数据隐私法》。2012 年，时任菲律宾总统 Benigno S. Aquino Ⅲ 签署了《2012 数据隐私法》，适用于公众与私有数据控制者和数据处理者。该法共有 9 章 45 条。

该法对于一些关键概念，例如，"个人信息""个人信息控制者""个人信息处理者""敏感的个人信息"等进行了定义，与世界其他国家的有关定义基本相同。"个人信息"是指以有形或无形方式记录的任何信息，这些信息中个人身份明显或者可由持有该信息的个体合理地直接确定个人身份，或与其他信息结合而直接确定地识别到个人。

为管理和实施该法案的规定，监督和确保国家遵守为数据保护设置的国际标准，菲律宾成立了国家隐私委员会，并规定了国家隐私委员会的 17 项职能，包括通过使用替代性争议解决程序、裁决，对影响任何个人信息的事项给予赔偿，发现处理过程会损害国家安全和公共利益时发出停止和终止命令，强制或要求任何主体、政府部门或机构遵守其命令或对影响数据隐私的事项采取行动，定期出版数据保护的法律指南，向司法部建议起诉并施以处罚等。设立专门的国家隐私委员会，切实提升了菲律宾本国对个人数据的保护水平，在全世界范围内都具有较强的指导意义。

同时，该法还规定了数据主体享有知情权、查询权、更正权、异议权、删除权、可携带权、转让权、申诉权、损害赔偿权等。

此外，在菲律宾开展业务，还需要向国家隐私委员会提交安全事件报告和数据泄露年度报告。如果对个人信息进行不当访问和处理，或未经个人授权获取、处理个人信息的，将受到不同程度的处罚，包括一定时限的监禁和罚款。

数据隐私法

[第 10173 号共和国法案]

（于 2011 年 7 月 25 日，星期一，在马尼拉大都会举行的菲律宾共和国、菲律宾国会、马尼拉大都会第十五次大会第二届例会通过）

一部保护政府和私营部门信息和通信系统的个人信息的法案，为此目的及其他目的，设立国家隐私委员会。

由菲律宾参议院和众议院通过大会制定：

第一章　一般规定

第 1 条　简短标题。该法案为《2012 数据隐私法》。

第 2 条　政策声明。国家的政策是在确保信息自由流动的同时保护隐私和通信的基本人权，以促进创新和增长。国家认识到信息和通信技术在国家建设中的重要作用，以及国家的固有义务应确保政府和私营部门信息和通信系统中的个人信息受到保护。

第 3 条　术语定义。在本法案中使用时，下列术语具有以下各项含义：

（a）委员会应指通过本法案创设的国家隐私委员会。

（b）数据主体的授权是指任何自由给定的、具体的、知情的意志指示，数据主体同意收集和处理与他或她有关的和/或与之相关的个人信息。授权应当以书面、电子或记录方式留存。它也可以由数据主体特别授权的代理人代表数据主体作出。

（c）数据主体是指处理其个人信息的个人。

（d）直销是指任何通过针对特定个人的任何广告或营销材料的方式进行的交流。

(e) 归档系统是指与自然人或法人有关的任何信息行为，尽管该信息不是由为回应此目的的指示而自动运行的设备处理的，但该系统可以通过参考个人或与个人有关的标准，以便能够容易地获得与特定人有关的特定信息。

(f) 信息和通信系统是指用于产生、发送、接收、存储或以其他方式处理电子数据信息或电子文件的系统，包括计算机系统或其他记录、传输或存储数据的类似装置，以及任何与电子数据、电子信息或电子文件的记录、传输或存储有关的程序。

(g) 个人信息是指以有形或无形方式记录的任何信息，这些信息中个人身份明显或者可由持有该信息的个体合理地直接确定个人身份，或与其他信息结合而直接确定地识别到个人。

(h) 个人信息管理者是指控制个人信息的收集、持有、处理或使用的个人或组织，包括个人或组织指示他人或其他组织代为收集、持有、处理、使用、转移或披露个人信息。该术语不包括：

（1）按照其他个人或组织指示行为的个人或组织；和

（2）收集、持有、处理或使用与个人、家庭或家庭事务有关的个人信息的个人。

(i) 个人信息处理者是指任何有资格根据本法处理信息的自然人或法人，个人信息控制者可以将适用于数据主体的相关数据处理外包给这些自然人或法人。

(j) 处理是指对个人信息执行的任何操作或任何一组操作，包括但不限于数据的收集、记录、组织、存储、更新或修改、检索、查询、使用、合并、阻止、消除或破坏。

(k) 保密信息是指根据"法院规则"和其他相关法律构成保密通信的任何和所有形式的数据。

(l) 敏感的个人信息是指以下个人信息：

（1）关于个人的人种、种族、婚姻状况、年龄、肤色以及宗教、哲学或政治背景；

（2）关于个人健康、教育、遗传或性生活，或任何针对此人所犯或据称犯下的任何罪行，对此类罪行的处理，或任何法院在此类程序中的判决；

（3）由政府机构向个人发布的，包括但不限于社会保障号码，以前或当前的健康档案，许可证或拒绝、中止、撤销许可，以及纳税申报表；和

（4）由行政命令或国会法案专门设立，将其分类的。

第4条 范围。本法案适用于处理所有类型的个人信息以及涉及个人信息处理的任何自然人和法人，包括那些虽然没有在菲律宾设立或建立，但使用位于菲律宾的设备的个人信息控制者和处理者，或在菲律宾设有办事处、分支机构或代理机构的人员，应遵守第5条的规定。

本法案不适用于以下内容：

（a）关于任何涉及个人的职位或职能的政府机构官员或雇员的个人信息，包括：

（1）个人是或曾经是政府机构的官员或雇员的事实；

（2）个人的头衔、营业地址和办公电话号码；

（3）个人的职位等级、工资范围和责任；和

（4）个人在政府工作过程中编制的文件中的个人姓名。

（b）关于正在或曾经为履行服务相关的政府机构依据合同约定进行服务的个人信息，包括合同条款，以及在履行这些服务过程中给予的个人姓名信息。

（c）与财务性质的自由裁量利益有关的信息，如政府给予个人的许可证或执照，包括个人姓名和福利的确切性质。

（d）为新闻、艺术、文学或研究目的而处理的个人信息。

（e）必要信息是为了用于履行公共权力职能，包括由中央货币当局、执法机关、宪法和法律赋予其权能的监管机构来处理个人数据。本法案中的任何内容均不得解释为：修订或废除的第1405号共和国法案的规定，也称为《银行存款保密法》；第6426号共和国法案的规定，也称为《外国存款法》；第9510号共和国法案的规定，又称《信用信息系统法》（CISA）。

（f）对于独立司法机构、中央金融管理局或菲律宾央行管辖下的银行和其他金融机构为遵守经修订的第9510号共和国法案和第9160号共和国法案

（又称《反洗钱法》及其他适用法律）所必须提供的信息。和

（g）在菲律宾被处理过的个人信息，最初是根据外国司法辖区的法律，包括任何适用的数据隐私法律，从外国司法辖区内的居民处收集而来的。

第5条 为记者及其消息来源提供保护。本法案中的任何内容均不得解释为已修改或废除的第53号共和国法案的规定，该法案给出版商、编辑或正式认可的任何报纸、杂志或期刊的一般流通提供保护，不得被要求披露任何新闻报道的来源或出现在所述出版物中的与出版商、编辑或记者隐私相关的信息。

第6条 域外适用。本法案适用于以下情况的实体在菲律宾境内外所完成或从事的行为：

（a）该行为、实践或处理涉及菲律宾公民或居民的个人信息。

（b）该实体与菲律宾有联系，且该实体正在菲律宾处理个人信息，或者即使处理过程在菲律宾境外，但是与菲律宾公民或居民相关，但不限于：

（1）合同在菲律宾签订；

（2）是菲律宾的非法人实体但在该国能进行集中管理和控制；和

（3）在菲律宾设有分支机构、办事处、办公室或子公司的实体，并且菲律宾实体的母公司或分支机构有权获取个人信息。和

（c）该实体在菲律宾存在其他联系，但不限于：

（1）该实体在菲律宾开展业务；和

（2）个人信息由菲律宾的实体收集或持有。

第二章　国家隐私委员会

第7条 国家隐私委员会的职能。为了管理和实施本法案的规定，并监督和确保国家遵守数据保护的国际标准，特此设立一个独立机构，称为国家隐私委员会，应具有以下职能：

（a）确保个人信息控制者遵守本法案的规定。

（b）接受投诉，发起调查，促进或确保投诉得以通过使用替代性争议解决程序解决，对影响任何个人信息的事项给予赔偿，准备关于处理投诉和由其发起的调查的决议的报告，以及在其认为适当的情况下，公布任何此类报

告：但是，在处理任何投诉或调查时（当事人友好解决的除外），委员会应作为合议机构。为此目的，委员会可以获得任何投诉的个人信息，并可以收集履行本法案项下职能所需要的信息。

（c）发出停止和终止命令，在发现处理过程会损害国家安全和公共利益时暂时或永久禁止处理个人信息。

（d）强制或要求任何实体、政府部门或机构遵守其命令或对影响数据隐私的事项采取行动。

（e）监督其他政府部门或机构对其安全和技术措施的遵守情况，并建议采取必要行动以符合依据本法案保护个人信息的最低标准。

（f）与其他政府机构和私营部门协调、制定、实施计划和政策，以加强对本国个人信息的保护。

（g）定期出版针对所有数据保护的法律指南。

（h）出版记录和通知的代理系统的汇编，包括索引和其他检索辅助。

（i）向司法部（DOJ）建议依据本法案第25～29条规定起诉并处以处罚。

（j）审查、批准、拒绝或要求修改个人信息管理员自愿遵守的隐私法规，隐私法规应遵守本法案所载的基本数据隐私原则。此外，此类隐私法规可能包括对任何参与个人信息控制者的投诉的私人争议解决机制。为此目的，在制定和管理适用本法案所列标准的隐私法则时，委员会应与有关监管机构，就关于依法被授权主要进行监管的个人、实体、商业活动和商业部门进行协商。最后，委员会可以审查此类隐私法规并为遵守本法案之目的而要求更改隐私法则。

（k）应国家或地方机构、私人实体或任何人的要求，就隐私或数据保护事宜提供协助。

（l）就拟制定的国家或地方法规、规章或程序中对数据隐私的含义作出评论，发布咨询意见并解释本法案和其他数据隐私法的规定。

（m）根据需要就菲律宾有关隐私或数据保护的法律建议立法、修正或修改。

（n）确保与其他国家的数据隐私监管机构和私营问责机构进行适当和有

效的协调，参与国际和区域数据隐私保护行动。

（o）与其他国家的其他数据隐私机构谈判并签订合同，以便跨境应用和实施各自的隐私法。

（p）协助在国外开展业务的菲律宾公司回应外国隐私或数据保护法律法规。

（q）通常执行可能必要的行为，以促进数据隐私保护的跨境实施。

第8条 保密。委员会应始终确保其知悉和拥有的任何个人信息的机密性。

第9条 委员会的组织结构。委员会应隶属于信息和通信技术部（DICT），由一名隐私专员领导，该专员还应担任委员会主席。隐私专员应由两名副隐私专员协助，一名负责数据处理系统，另一名负责政策和规划。隐私专员和两名副隐私专员应由菲律宾总统任命，任期三年，并可再连任三年。委员会的职位空缺应按原先任命的方式填补。

隐私专员必须年满35岁，具有良好的道德品质，绝对的诚实、正直，并且是信息技术和数据隐私领域公认的专家。隐私专员享有相当于秘书职级的福利、特权及薪酬。

副隐私专员必须是信息和通信技术以及数据隐私领域的公认专家。他们应享受相当于副秘书级别的福利、特权和薪酬。

隐私专员、副隐私专员或代表他们或在其指导下行事的任何人，在履行职责时的善意行为不应承担民事责任。但是，即使他/她根据上级的命令或指示行事，他/她仍应对其违反法律、道德准则、公共政策和善良风俗的故意或过失行为承担责任：工作人员依法履行职务，对其提起诉讼的，由委员会支付合理的诉讼费用。

第10条 秘书处。特此授权委员会设立秘书处。秘书处的大多数成员必须在参与处理个人信息的任何政府机构中任职至少5年，包括但不限于以下政府部门：社会保障体系（SSS）、政府服务保险系统（GSIS）、陆路运输办公室（LTO）、国内税收局（BIR）、菲律宾健康保险公司（PhilHealth）、选举委员会（COMELEC）、外交部（DFA）、司法部（DOJ）和菲律宾邮政公司（Philpost）。

第三章 个人信息的处理

第 11 条 一般数据隐私原则。允许处理个人信息，应遵守本法案和其他法律允许向公众披露信息的法律要求并应遵守透明度、合法目的和比例原则。

个人信息必须是：

（a）为先前确定及声明的指定合法目的而收集，或在收集后合理可行的情况下尽快处理，并且此后的处理仅以符合此类声明、指定和合法目的的方式进行。

（b）公平合法地处理。

（c）准确、相关，并在必要时用于处理个人信息的目的而备存最新资料；必须纠正、补充、销毁不准确或不完整的数据或限制其进一步处理。

（d）就收集和处理这些信息的目的而言，适当而不过分。

（e）仅在为了获取数据或建立、行使、抗辩合法申诉的目的，或出于合法商业目的，或法律规定才保留该等信息。

（f）保存一种形式，允许识别数据主体的时间不超过收集和处理数据所需的目的的必要时间。为其他目的收集个人信息可做历史、统计或科学用途而加以处理，在法律规定的情况下可以存储更长时间。进一步地，上述授权处理的法律，提供了充分的保障。

个人信息控制者必须确保执行本文件所载的个人信息处理原则。

第 12 条 合法处理个人信息的标准。只有在法律并无其他禁止的情况下，并且至少存在下列条件之一时，才允许处理个人信息：

（a）经数据主体授权。

（b）处理个人信息是必要的，且与履行和数据主体的合同有关，或者在签订合同之前应数据主体的要求采取措施。

（c）处理过程对于遵守个人信息控制者所遵守的法律义务是必要的。

（d）为保护数据主体的重要利益，包括生命和健康，有必要进行处理。

（e）处理是必要的，以便应对国家紧急情况，遵守公共秩序和安全的要求，或履行公共机关的职能，其中必须包括处理个人数据以履行其职责。

（f）对于个人信息控制者或披露数据的第三方或当事方所追求的合法利

益，处理是必要的，除非这些利益被菲律宾宪法所保护的数据主体的基本权利和自由所覆盖。

第13条 敏感的个人信息和保密信息。除以下情况外，禁止处理敏感的个人信息和保密信息：

（a）数据主体在处理之前已就其特定目的进行授权，或者就保密信息而言，交易的所有各方在处理之前已作出同意。

（b）现有法律和法规规定了对此的处理，此类监管法规保证对敏感个人信息和保密信息的保护。此外，法律或法规授权处理个人敏感信息或保密信息，不需要数据主体的同意。

（c）对于保护数据主体或其他人的生命和健康而言，信息处理是必要的，并且在处理之前数据主体不能依法实质性地进行授权。

（d）对于实现公共组织及其协会的合法和非商业目标，处理是必要的，只要这种处理仅限于这些组织或其协会的真正成员并与之相关。进一步说明，个人敏感信息不会转移给第三方。最后，在处理之前须获得数据主体的同意。

（e）处理对医疗目的而言是必要的，由医生或医疗机构进行，并确保对个人信息的充分保护。

（f）处理涉及在法庭诉讼中保护自然人或法人的合法权利和利益，或在法律诉讼中设立、行使或辩护，或向政府或公共机关提供的必需的个人信息。

第14条 个人信息分包。个人信息控制者可以将个人信息的处理进行分包。个人信息控制者应负责确保适当的保护措施以保证处理的个人信息的机密性，防止其用于未经授权的目的，并且通常应遵守本法案和其他法律有关处理个人信息的要求。个人信息处理者应遵守本法案和其他适用法律的所有要求。

第15条 保密通信的扩展。个人信息控制者可以通过合法控制或处理的保密信息来适用保密通信原则。根据现行法律法规，任何收集的有关保密信息的证据均不被接受。

第四章 数据主体的权利

第16条 数据主体的权利。数据主体有权：

（a）被告知是否正在或已经处理与他或她有关的个人信息。

（b）在将其个人信息输入个人信息控制者的处理系统之前，提供以下信息：

（1）描述要输入系统的个人信息；

（2）正在或将要处理的目的；

（3）个人信息处理的范围和方法；

（4）接收人或可能向其披露这些信息的接收人或其类别；

（5）自动获取的方法以及在数据主体允许的情况下，授权这种获取的范围；

（6）个人信息控制者或其代表的身份和联系方式；

（7）信息存储的期限；

（8）知悉其所拥有的权利，即访问、修正以及向委员会提出申诉的权利。

在未事先通知数据主体的情况下，不得修改向这些事项的数据主体提供的任何信息或声明。如果根据传票需要提供个人信息或者收集和处理个人信息的目的明显，则根据第（b）项发出的通知不适用，包括在履行合同或服务时或在雇主－雇员关系的背景下，在收集者和数据主体之间，或因法律义务信息被收集和处理。

（c）根据要求，合理地获得以下内容：

（1）处理过的个人信息的内容；

（2）获得个人信息的来源；

（3）个人信息接收人的姓名和地址；

（4）处理此类数据的方式；

（5）向接收人披露个人信息的理由；

（6）关于自动化流程的信息，这些数据将或可能成为任何显著影响或将影响数据主体的决策的唯一依据；

（7）最后一次访问和修改有关数据主体的个人信息的日期；和

（8）个人信息控制者的头衔、名称、身份和地址。

（d）对个人信息中的不精确或错误提出异议，并让个人信息控制者立即对其进行更正，除非该请求是无理的或不合理的。如果个人信息已得到纠正，个人信息控制者应确保新信息和收回信息的可获取性以及接收人同时收到新信息和收回信息。以前收到此处理过的个人信息的第三方应当根据数据主体的合理要求告知其不准确性和纠正情况。

（e）在发现并充分证明个人信息不完整、过时、虚假、非法获取、用于未经授权的目的或者对收集它们的目的没有必要时，从个人信息控制者的备案系统中暂停、撤销或命令阻止、删除或销毁其个人信息。在这种情况下，个人信息控制者可以通知先前已经接收过这种处理过的个人信息的第三方。

（f）赔偿因不准确、不完整、过时、虚假、非法获取或未经授权使用个人信息而遭受的任何损失。

第 17 条　数据主体的权利可转让。数据主体的合法继承人和受让人可以在数据主体死亡后或数据主体丧失行为能力或无法行使时随时行使数据主体的权利，即作为继承人或受让人行使前一条中列举的权利。

第 18 条　数据可携带。数据主体有权通过电子手段以结构化和常用格式处理个人信息，从个人信息控制者处获得经常使用的电子或结构化格式的数据副本，并允许数据主体进一步使用。委员会可以具体说明上述电子格式，以及转让的技术标准、方式和程序。

第 19 条　不可适用性。如果处理的个人信息仅用于科学和统计研究的需要，在此基础上，没有实施有关数据主体的活动和作出有关数据主体的决定，前几节是不适用的，同时个人信息应严格保密，仅用于声明的目的。同样，处理收集来的以调查与数据主体有关的任何刑事、行政或税务责任为目的的个人信息，则前几节也不适用。

第五章　个人信息安全

第 20 条　个人信息安全。

（a）个人信息控制者必须实施合理和适当的有组织的、物理的和技术的措施，以保护个人信息免遭任何意外或非法破坏、篡改和披露，以及任何其他非法处理。

（b）个人信息控制者应采取合理和适当的措施以保护个人信息免受意外

丢失或破坏等自然危险，以及非法获取、欺诈性滥用、非法破坏、篡改和污染等人为危险。

（c）根据本条规定确定适当的安全级别必须考虑到受保护的个人信息的性质、处理所代表的风险、组织的规模和运营的复杂性、当前数据隐私的最佳实践和安全实施的成本。根据委员会不定期发布的指导原则，所实施的措施必须包括：

（1）保护其计算机网络免受意外、非法或未经授权使用或干扰、妨碍其运行或使用的保护措施；

（2）关于个人信息处理的安全政策；

（3）识别和获取其计算机网络中可合理预见的漏洞，以及对可能导致安全漏洞的安全事件采取预防、纠正和缓解措施的过程；

（4）定期监控安全漏洞，并针对可能导致安全漏洞的安全事件采取预防、纠正和缓解措施。

（d）个人信息控制者必须进一步确保代表其处理个人信息的第三方应实施本规定所要求的安全措施。

（e）如果个人信息不是为了公开披露，参与个人信息处理的个人信息控制者的雇员、代理人或代表则应严格保密地操作和持有个人信息。即使离开公职，调至其他职位或终止雇佣关系或合同关系，这项义务仍将继续履行。

（f）如果能合理地认为未经授权的个人获得并使用了敏感的个人信息或其他可能导致身份欺诈的信息，个人信息控制者应当及时通知委员会和受影响的数据主体，并且个人信息控制者或委员会认为这种未经授权的获取可能对任何受影响的数据主体存在严重伤害的真实风险。通知应至少描述违法行为的性质、可能涉及的敏感个人信息，以及该主体为解决违规行为而采取的措施。通知仅在确定违法范围所需的必要程度，或防止进一步的披露，或恢复信息和通信系统的合理完整性的情况下可以推迟。

（1）在评估通知是否无根据时，委员会可考虑个人信息控制者对本节的遵守情况以及在获取个人信息方面的诚信；

（2）根据委员会的合理判断，该等通知不符合公共利益或受影响的数据主体的利益，则委员会可以免除个人信息控制者的通知；

（3）委员会可授权推迟通知，因为它可能妨碍与严重违法行为有关的刑事调查的进展。

第六章　转移个人信息的责任

第21条　问责原则。每个个人信息控制者对其控制或保管下的个人信息负责，包括已经转移给第三方处理的信息，无论在国内还是国际上，均应服从跨境安排和合作。

（a）个人信息控制者有义务遵守本法案的规定，并在第三方处理信息时使用合同或其他合理手段提供同等水平的保护。

（b）个人信息控制者应指定一个或多个个人对该组织遵守本法案负责。被指定的个人的身份应在任何数据主体提出要求时告知他们。

第七章　政府敏感个人信息安全

第22条　机构负责人的责任。政府、其代理及机构所保存的所有敏感个人信息，均须在切实可行的情况下，采用信息和通信技术行业认可的以及委员会建议的最合适标准。各政府机构或机构的负责人应负责遵守本法案所述的安全要求，同时委员会应监测遵守情况，并可建议必要的行动以满足最低标准。

第23条　关于机构人员获取敏感个人信息的要求。

（a）现场和在线获取：除非委员会颁布的准则授权，否则政府雇员不得获取或通过网络实施有关政府财产的敏感个人信息，该雇员已获得来源机构负责人的安全许可的除外。

（b）非现场获取：除非委员会发布的准则另有规定，否则代理机构持有的个人敏感信息不得从政府传输或获取，除非提交此类传输或获取的请求是遵循或者由该机构负责人根据以下准则批准的：

（1）批准或拒绝批准的截止日期：向代理机构负责人提交的任何请求，该代理机构负责人应在提交请求之日起两个工作日内批准或不批准该请求。如果该机构负责人没有采取任何行动，则视为该请求不被批准；

（2）1000 条记录的限制：如果一项请求获得批准，该机构负责人应限制每次获取不超过 1000 条记录；

（3）加密：任何用于存储、传输或获取个人敏感信息的技术，用于根据本款批准的非现场获取，均需采用委员会认可的最安全的加密标准来确保安全。

本款的要求应在本法案颁布之日起 6 个月内实施。

第 24 条 对政府承包商的适用性。在签订任何可能涉及获取或要求 1000 人或更多人的个人敏感信息的合同时，代理机构应要求承包商及其雇员根据本法案向委员会登记其个人信息处理系统，遵守包括前一节在内的本法案的其他规定，与机构和政府雇员遵守此类要求的方式相同。

第八章　处罚

第 25 条 未经授权处置个人信息和个人敏感信息。

（a）未经授权处置个人信息将被处 1 年以上 3 年以下有期徒刑。未经数据主体同意或未经本法案或任何现行法律授权，处理个人信息的，处 50 万菲律宾比索到 200 万菲律宾比索的罚款。

（b）未经授权处置个人敏感信息，处 3 年至 6 年的有期徒刑。未经数据主体同意或未经本法或任何现行法律授权，处理个人信息的人员，处 50 万菲律宾比索到 400 万菲律宾比索的罚款。

第 26 条 因过失获取个人信息和个人敏感信息。

（a）因过失而获取个人信息，将处 1 年至 3 年有期徒刑。因过失而未经本法案或任何现行法律授权获取个人信息的人员，处 50 万菲律宾比索到 200 万菲律宾比索的罚款。

（b）因过失而获取个人敏感信息，处 3 年至 6 年有期徒刑。由于过失而未经本法案或任何现行法律授权获取个人信息的人员，处 50 万菲律宾比索到 400 万菲律宾比索的罚款。

第 27 条 不当处置个人信息和个人敏感信息。

（a）不当处置个人信息的，处 6 个月至 2 年有期徒刑。对于在公众区域内故意或过失处理、丢弃或放弃个人信息或者将个人信息放入收集垃圾的容器中，处 10 万菲律宾比索到 50 万菲律宾比索的罚款。

（b）对个人敏感信息的不当处置，处 1 年至 3 年有期徒刑。对于在公众区域内故意或过失处置、丢弃或放弃个人信息或者将个人信息放入收集垃圾的容器中，处 10 万菲律宾比索到 100 万菲律宾比索的罚款。

第 28 条 非为授权目的处置个人信息和个人敏感信息。为未经授权目的处置个人信息的，处 1 年 6 个月至 5 年有效徒刑。对于未经数据主体授权或根据本法案或现行法律授权处理个人信息的人员，处 50 万菲律宾比索到 100 万菲律宾比索的罚款。

未经授权目的处置个人敏感信息，处 2 年至 7 年有期徒刑。对于未经数据主体授权或根据本法案或现行法律授权的目的处置个人敏感信息的人员，处 50 万菲律宾比索到 200 万菲律宾比索的罚款。

第 29 条 未经授权获取或故意违反。故意和非法，或侵犯数据机密性和安全数据系统并以任何方式进入任何存储个人和个人敏感信息系统的人员，处 1 年至 3 年有期徒刑，并处 50 万菲律宾比索到 200 万菲律宾比索的罚款。

第 30 条 隐瞒涉及个人敏感信息的安全漏洞。对于知道违反安全规定并且有义务根据第 20 条第（f）款通知委员会但故意或因疏忽而隐瞒此类安全漏洞的人员，处 1 年 6 个月至 5 年有期徒刑，并处 50 万菲律宾比索到 100 万菲律宾比索的罚款。

第 31 条 恶意披露。任何个人信息控制者或个人信息处理者或其任何官员、雇员或代理人，如果恶意披露与他或她获得的任何个人信息或个人敏感信息有关的无根据或虚假的信息，应判处 1 年 6 个月至 5 年有期徒刑，并处 50 万菲律宾比索到 100 万菲律宾比索的罚款。

第 32 条 未经授权的披露。

（a）任何个人信息控制者或个人信息处理者或其任何官员、雇员或代理人，未经数据主体同意向第三方披露前一节未涵盖的个人信息，应处以 1 年到 3 年不等的监禁，并处 50 万菲律宾比索到 100 万菲律宾比索的罚款。

（b）任何个人信息控制者或个人信息处理者或其任何官员、雇员或代理人，未经数据主体同意向第三方披露前一节未涵盖的个人敏感信息，应处以 3 年到 5 年有期徒刑，并处 50 万菲律宾比索到 200 万菲律宾比索的罚款。

第 33 条 行为的组合或一系列行为。第 25 节至第 32 节所定义的任何组合或一系列行为，应处 3 年至 6 年的有期徒刑，并处 100 万菲律宾比索到 500 万菲律宾比索的罚款。

第 34 条 责任范围。如果行为主体是公司、合伙企业或任何法人则应对参与或因其重大过失认可此种犯罪行为的责任人处以罚款。如果罪犯是法人，法院可以暂停或撤销本法案规定的任何权利。如果罪犯是外国人，除了上述规定的处罚外，他或她应在接受规定的处罚后，在没有进一步诉讼的情况下被驱逐出境。如果罪犯是公职人员或雇员并且撒谎，或被判定犯有根据本法案第 27 条和第 28 条受到处罚的行为，则除了本规定的处罚外，他或她还应视情况永久或暂时丧失任职资格。

第 35 条 大规模。当上述行为导致至少 100 人的个人信息受到伤害、影响或牵涉时，依照前述所列处罚标准分别处以最高处罚。

第 36 条 公职人员犯罪。当罪犯或罪犯的负责人是菲律宾行政法规中规定的履行职责的公职人员时，处罚期间是无任职资格罪犯处罚期间的 2 倍。

第 37 条 赔偿。对任何受害方的赔偿，应适用新《民法典》的规定。

第九章　其他规定

第 38 条 解释。对本法案任何条款的解释有任何疑问，应以考虑到被处理个人信息的个人权利和利益的方式，进行自由解释。

第 39 条 实施规则和条例（IRR）。在本法案生效之日起 90 天内，委员会应颁布规章制度，以有效执行本法案之各项规定。

第 40 条 报告和信息。委员会应每年向总统和国会报告其执行本法案规定的活动。委员会应尽其认为必要或适当的任何努力，向公众宣传和教育有关数据隐私、数据保护和信息公平的权利和义务。

第 41 条 拨款条款。应向委员会提供从国家政府提取的 2000 万菲律宾比索的初始拨款。随后几年的拨款应列入《一般拨款法》。在国家政府实施本法案后的 5 年内，委员会每年还将获得 1000 万菲律宾比索的补助。

第 42 条 临时条款。受本法案实施影响的存续行业、企业和办事处应从 IRR 的生效之日起，或委员会决定的其他期限起，给予 1 年的过渡期，以符合本法案的要求。

如果在法律完全生效前尚未建立信息和通信技术部（DICT），国家隐私委员会应隶属于总统办公室。

第43条 可分性条款。如果本法案的任何条款或部分无效或违宪，则法案的其余部分或未受其他影响的条款将继续有效并存在。

第44条 废除条款。特此修订第9372号共和国法案第7节的规定，也称为《2007年人类安全法》。除本法案另有明文规定外，其他所有与本法案不一致的法律、法令、行政命令、公告、行政法规或部分内容均予以废除或修改。

第45条 生效条款。本法案自其在至少两份全国流通报纸上刊登后15天起生效。

批准，

签字：FELICIANO BELMONTE JR. 　　　　　　　　　众议院议长

签字：JUAN PONCE ENRILE 　　　　　　　　　　　参议院议长

本法案是第2965号参议院法案和第4115号众议院法案的整合，最终于2012年6月6日，在参议院和众议院通过本法案。

签字：MARILYN B. BARUA-YAP 　　　　　　　　　众议院秘书长

签字：EMMA LIRIO-REYES 　　　　　　　　　　　参议院秘书

签字：BENIGNO S. AQUINO Ⅲ 　　　　　　　　　菲律宾总统

批准：2012年8月15日

越南网络安全法制概览

　　越南网络数据安全保护的发展可以说经历了一场如过山车般的巨大变化。根据国际电信联盟（International Telecommunication Union）2017 年的报告显示，越南的网络安全状况在 175 个国家和地区中排第 100 名。而据 2019 年的报告显示，越南的网络安全状况排名已经上升至第 50 名。虽然越南政府为加强网络安全已采取了若干措施并且已初见成效，但越南的网络安全状况仍然较为堪忧。近几年来，越南的经济在整个东南亚甚至是全世界的发展速度有目共睹，这也引起了许多国际黑客及相关组织的高度警觉，直接导致对越南网络攻击的频率越来越高。据越南计算机应急响应小组（Vietnam Computer Emergency Respsonse Team）2019 年发布的报告，2019 年伊始，越南便遭受了 6219 次网络攻击，与 2018 年相比增加了 104%，其中 2155 次属于网络钓鱼，3824 次属于恶意篡改，240 次属于恶意软件攻击。基于严峻的网络安全现实问题，不难推断出在未来几年，越南政府将发布更多针对网络安全的立法及规范性文件，以惩治网络侵权问题。

　　2018 年 6 月 12 日，越南第十四届国会第五次会议以 86% 高票通过了《网络安全法》，该法于 2019 年 1 月 1 日起正式生效。该法共 7 章 43 条，虽然内容较少，但基本涵盖了网络安全保护的基本原则及各参与主体的权利义务及政府责任问题，并就维护国家安全及社会秩序问题进行了较为细致的行为责任规定。

　　该法提出的网络安全保障原则包括：遵守宪法和法规；保护国家利益，保护组织和个人的合法权益；越南共产党的领导和国家的统一管理；凝聚整个政治系统和民族的综合力量；发挥保障网络安全专责力量的关键作用；将保障网络安全、保护国家安全重要信息系统与经济社会发展任务相结合，维护网络空间人权、公民权利，为组织和个人在网络空间活动提供有利条件；主动防御、发现、打击使用网络空间侵犯国家安全、社会安全秩序、组织和个人的合法权益；阻止来源于越南境内外的网络安全威胁；开展对国家网络空间基础设施保护网络安全活动；采取措施保障国家安全的重要信息系统。除了基本原则，该法律还明确规定具体禁止行为，包括：使用网络空间从事煽动颠覆国家政权、欺骗、煽动分裂越南社会主义共和国；歪曲历史、否认革命成就、破坏国家统一、宗教歧视、种族歧视、区别对待；编造、传播虚假信息从而扰乱经济秩序和社会秩序；卖淫、贩卖人口、传播淫秽色情信息等；促使他人去实施犯罪活动；从事网络攻击、网络恐怖袭击、网络间谍、网络犯罪活动等；利用保护网络安全活动以侵犯国家主权、利益、扰乱国家安全和社会治安秩序，侵害组织和个人的合法权益或以获得利益。

基于前述提及的越南网络安全受到外来入侵的现实，越南的《网络安全法》特别针对外国企业网络服务问题提出了监管要求。根据该法规定，在越南境内提供互联网相关服务的国内外企业，需将用户信息数据存储库设置设立在越南本国境内，相关外国企业需要在越南设立办事处。在越南境内提供互联网相关服务的国内外企业需验证用户注册信息等。此外，《网络安全法》第29条还专门规定了儿童网络安全保护，明确了儿童个人信息受保护的权利。

网络安全法

(2018 年 6 月 12 日，根据《越南社会主义共和国宪法》，国民大会特此公布)

第一章　总则

第 1 条　适用范围

这部法律规范国家安全保护、保障网络空间的社会秩序和安全活动；以及相关机构、组织和个人的法律责任。

第 2 条　定义

本法所称下列用语，可以解释为：

1. 网络安全是指保障网络空间活动不会对国家安全、社会秩序和安全，或机构、组织和个人的合法权益造成损害。

2. 网络安全保护是指预防、监测、制止并处理侵犯网络安全的行为。

3. 网络空间是指由电信网络、互联网、计算机网络、信息系统、信息处理与控制系统、数据库等组成的信息技术基础设施互联网，是人们在不受空间和时间限制的情况下开展社会活动的环境。

4. 国家网络空间是指由政府建立、管理及控制的网络空间。

5. 国家网络空间基础设施是指以技术和物质设施为依托的系统，用以在国家网络空间中创建、传输、收集、处理、存储和交换信息，包括：

（a）传输系统包括国家传输系统、国际联网传输系统、提供电信网络、互联网等增值服务的企业卫星系统和传输系统。

（b）核心服务系统包括国家信息流动和导航系统、国家域名解析系统（DNS）、国家认证系统（公钥基础设施系统，PKI/CA）、电信网络服务提供商接入互联网的服务供应系统、互联网和网络空间其他增值服务提供商。

（c）包括在线服务的信息技术服务和应用；由机构、组织和重要金融和经济集团管理和运营的具有网络连接的信息技术应用；以及国家数据库。在线服务包括电子政务、电子商务、网站、在线论坛、社交网络和博客。

（d）智能城市区域的 IT 基础设施、物联网、复杂虚拟现实系统、云计算、大数据系统、快速数据系统和人工智能系统。

6. 国际网络网关是越南与其他国家和地区之间进行网络信号传输和接收的场所。

7. 网络犯罪是指利用网络空间、信息技术或者电子设施，实施刑法规定的犯罪的活动。

8. 网络攻击是指利用网络空间、信息技术或电子设施破坏或中断电信网络、互联网、计算机网络、信息系统、信息处理以及控制机构、组织和个人的系统、数据库或电子设施。

9. 网络恐怖主义是指利用网络空间、信息技术或电子设施实施恐怖主义或恐怖融资行为。

10. 网络间谍是指故意绕过警告、接入码、其他代码或者防火墙，或者利用他人的管理权或者其他手段，在电信网络、互联网、计算机网络、信息系统、信息处理和控制系统、机构、组织或个人的数据库或电子设施上非法占用或收集信息。

11. 数字账户是指用于认证、验证和/或授权使用网络空间中的应用和服务。

12. 网络安全威胁是指在网络空间发生的存在侵犯国家安全的迹象，或对社会秩序、安全和机关、团体、个人的合法权益造成严重损害。

13. 网络安全事件（或故障）是指网络空间发生的侵犯国家安全、社会秩序和安全，以及侵犯机构、组织或个人合法权益的异常事件。

14. 危险的网络安全情形是指网络空间中发生的严重侵犯国家安全，或者对社会秩序和安全以及对机构、组织和个人的合法权益造成特别严重损害的事件。

第 3 条　国家网络安全政策

1. 在国防和安全、社会经济发展、科学技术和对外关系方面，优先保护网络安全。

2. 建设健康的网络空间，不损害国家安全、社会秩序和安全，以及机关、组织和个人的合法权益。

3. 优先安排资源，建立一支负责保护网络安全的专门力量（网络安全专责小组，CTF)，提升该专责小组以及其他参与网络安全保护组织及个人的能力；优先投资科学技术研发，以保护网络安全。

4. 鼓励和促进组织和个人参与网络安全保护和网络安全威胁处置；鼓励和促进技术、产品、服务和应用的研究和开发，以保护网络安全；鼓励和促进与职能机构的协调，以保护网络安全。

5. 加强网络安全国际合作。

第 4 条　网络安全保护原则

1. 遵守宪法和法律；维护国家利益以及机构、组织和个人的合法权益和利益。

2. 在越南共产党领导下，实施国家统一管理；调动政治体系和全国的综合力量；发挥网络安全工作小组的关键作用。

3. 保护网络安全与信息系统之间密切相关，上述任务对国家安全和社会经济发展至关重要，保障了人权和公民权利，便利了所有机构、组织和个人在网络空间开展活动。

4. 主动预防、监测、制止、打击和消除一切利用网络空间侵犯国家安全、社会秩序和安全，以及侵犯机构、组织和个人合法权益的行为；做好预防任何网络安全威胁的准备。

5. 对国家网络空间基础设施实施网络安全保护；采取措施保护对国家安全至关重要的信息系统。

6. 对国家安全至关重要的信息系统，在投入运行和使用前，应当进行评估和认证，以满足网络安全要求；在使用过程中，应当定期对网络安全进行检查、审计和监督，对网络安全事件及时作出反应和补救。

7. 对违反《网络安全法》的行为，必须及时、严格处置。

第 5 条　网络安全保护措施

1. 网络安全保护措施包括：

（a）网络安全评价；

（b）网络安全条件评估；

（c）网络安全检查（审计）；

（d）网络安全监管；

（e）网络安全事件的应对和补救；

（f）力争保护网络安全；

（g）使用密码学保护网络信息；

（h）根据法律规定，停止、要求中止或者中断网络信息的提供；中止或者暂时中止设立、供应、使用电信网络、互联网，或者制造、使用无线电发射机、接收机的行为；

（i）要求删除、获取或者直接删除网络空间中侵犯国家安全、社会秩序和安全，或者侵犯机构、组织和个人合法权益的违法或者虚假信息；

（j）收集在网络空间中侵犯国家安全、社会秩序和安全行为，或者侵犯机构、组织和个人合法权益等有关的电子数据；

（k）冻结、限制信息系统的运行；根据法律规定，中止、暂时中止或要求停止运行信息系统或者撤销域名；

（l）根据《刑事诉讼法》提出指控并进行调查、起诉和审判；

（m）《国家安全法》以及与行政处罚相关的法律规定的其他措施。

2. 除本条第 1 款第（l）项和第（m）项规定的程序外，政府应当规范为保护网络安全而采取措施的程序。

第 6 条　国家网络空间保护

国家采取措施保护国家网络空间；防范和处理侵犯国家安全、社会秩序和安全，以及网络空间中组织和个人合法权益的行为。

第 7 条　网络安全国际合作

1. 在尊重独立、主权和领土完整、互不干涉内政、平等互利的基础上开展网络安全国际合作。

2. 网络安全国际合作的内容包括：

（a）网络安全领域的研究与分析；

（b）制定促进越南组织和个人在网络安全方面与外国及国际组织合作的制度和政策；

（c）分享信息和经验；协助提供网络安全保护的培训、设备和技术；

（d）预防和打击网络犯罪以及侵犯网络安全的行为；预防网络安全威胁；

（e）开展网络安全保护人力资源方面的咨询、培训和建设；

（f）召开网络安全领域的国际研讨会、会议和论坛；

（g）加入并执行有关网络安全的国际条约和协定；

（h）实施网络安全国际合作方案和项目；

（i）开展其他网络安全国际合作活动。

3. 公共安全部门负责主持并开展网络安全国际合作的协调工作，国防部负责的国际合作活动除外。

国防部负责在其权限范围内开展网络安全国际合作。

外交部与公共安全部门、国防部协调开展网络安全国际合作。

当网络安全国际合作涉及多个部委或者其分支机构的责任范围，政府应作出决定。

4. 其他希望开展网络安全国际合作活动的部门、直属部门或地区，在开展网络安全国际合作活动之前，必须获得公共安全部门的书面意见，国防部开展的活动除外。

第 8 条　严格禁止的行为

1. 利用网络空间从事以下行为之一：

（a）有本法第 18 条第 1 款规定的行为；

（b）组织、发动、串通、教唆、贿赂、欺骗、操纵、训练人民反对越南社会主义共和国；

（c）歪曲历史、否定革命成就、破坏国家团结互助；实施破坏宗教、性别歧视或种族主义等行为；

（d）提供虚假信息，造成社会混乱，损害社会经济活动，阻挠国家机关和执行公务的人员的执法行为，侵犯其他机关、组织和个人的合法权益；

（e）卖淫、实施社会恶行或贩卖人口的行为；发布淫秽堕落或犯罪信息；破坏人民的优良传统、风俗习惯、社会道德或社会稳定；

（f）煽动、教唆或鼓动他人犯罪。

2. 实施网络攻击、网络恐怖主义、网络间谍活动或网络犯罪；造成网络安全事件；攻击、侵入、操纵控制，或歪曲、干扰、拖延、破坏对国家安全至关重要的信息系统。

3. 直接或利用工具、设施、软件，实施妨碍、干扰电信网络、互联网、计算机网络、信息系统、信息处理与控制系统、电子设备运行的行为；发布危害电信网络、互联网、计算机网络、信息系统、信息处理与控制系统、数据库或电子设备的信息程序；或者非法接入他人的电信网络、互联网、计算机网络、信息系统、信息处理与控制系统、数据库、电子设备。

4. 反对或者阻碍网络安全专责小组的活动；非法攻击、废止、破坏或者使网络安全保护措施失效。

5. 滥用或不当使用网络安全保护措施，以侵犯国家主权、利益或者安全、社会秩序和安全，或者侵犯机关、组织、个人的合法权益，或谋取私利的。

6. 违反本法的其他行为。

第9条　网络安全违法行为的处理

违反本法规定的，依照情节轻重，给予纪律处分、行政处罚或者依法追究刑事责任，造成损失的，应当依法给予赔偿。

第二章　国家安全关键信息系统的网络安全保护

第10条　国家安全关键信息系统

1. 国家安全关键信息系统，即指当发生事故（如系统崩塌）、渗透、操纵控制、歪曲、中断、阻断、使瘫痪、攻击或破坏时，将严重危害网络安全的信息系统。

2. 国家安全关键信息系统包括：

（a）军事、安全、外交和密码信息系统；

（b）存储、处理列入国家秘密的信息系统；

（c）存储至关重要的客体和数据的信息系统；

（d）存储对人类和生态环境特别危险的材料和物质的信息系统；

（e）维护、制造和管理与国家安全有关的、特别重要的材料或有形设施的信息系统；

（f）为中央国家机关、组织运行服务的重要信息系统；

（g）能源、金融、银行、电信、运输、自然资源和环境、化学品、医疗卫生、文化和新闻部门的国家信息系统；

（h）国家安全有关的重要建筑物或目标物等重要施工工程的自动控制和监控系统。

3. 政府总理应发布、修订和补充国家安全关键信息系统清单。

4. 政府应协调公安部、国防部、信息和通信部、政府密码委员会以及在评估、鉴定、检查、监督、响应和补救国家安全关键信息系统故障等方面的其他职能部门和直属部门。

第 11 条　国家安全关键信息系统的网络安全评价

1. 网络安全评价是指对网络安全内容或项目进行审查和评价，为信息系统建设和升级决策提供依据的活动。

2. 国家安全关键信息系统的网络安全评价项目包括：

（a）信息系统建设投资项目在获得批准前，工程建设可行性研究报告和设计文件；

（b）在获得批准前信息系统升级的计划。

3. 国家安全关键信息系统的网络安全待评价项目包括：

（a）遵守设计中规定的网络安全法规和条件；

（b）遵守关于保护、应对和补救意外事件的计划，以及部署人员以保护网络安全的计划。

4. 国家安全关键信息系统网络安全评价的主管当局包括：

（a）除了第（b）项和第（c）项规定的情况外，公安部网络安全专责小

组负责国家安全关键信息系统的网络安全评价;

(b) 国防部网络安全专责小组负责军事信息系统的网络安全评价;

(c) 政府密码委员会负责政府密码委员会下辖的密码信息系统的网络安全评价。

第12条　国家安全关键信息系统的网络安全评估

1. 网络安全评估是指在信息系统投入运行和使用之前,审查其是否满足网络安全条件。

2. 国家安全关键信息系统必须满足以下条件:

(a) 保障网络安全的规章、程序和计划;操作和管理该系统的人员;

(b) 作为系统组件的设备、硬件和软件的网络安全保障;

(c) 网络安全监督保护的技术措施;自动监控系统、物联网、复杂虚拟现实系统、云计算、大数据系统、快速数据系统、人工智能系统的保护措施;

(d) 确保物理安全的措施,包括特殊隔离、防止数据泄露、防止信息收集和访问控制。

3. 国家安全关键信息系统网络安全进行评估的主管当局包括:

(a) 除了本款第(b)项和第(c)项规定的情况外,公安部网络安全专责小组负责国家安全关键信息系统网络安全状况的评估和认证;

(b) 国防部网络安全专责小组负责军事信息系统网络安全状况的评估和认证;

(c) 政府密码委员会负责该委员会下辖的密码信息系统网络安全状况满意程度的评估和证明。

4. 国家安全关键信息系统,经认证符合网络安全条件后,方可投入运行和使用。

5. 政府应对本条第2款的实施制定详细规定。

第13条　国家安全关键信息系统的网络安全检查（审计)

1. 网络安全检查（审计)是指信息系统及其基础设施或其存储、处理和传输信息的实际网络安全状态的识别活动,旨在预防、检测和处理任何网络安全威胁,并提出计划和措施,以确保该系统正常运行。

2. 在下列情况下,应对国家安全关键信息系统进行网络安全审计:

（a）在信息系统引入电子设备和网络信息安全服务；

（b）当信息系统现况发生改变时；

（c）须进行年度检查；

（d）发生网络安全事故或者网络安全受到侵害时，或国家网络安全管理机构提出要求时，或根据网络安全专责小组的建议，在改进任何薄弱点或安全漏洞的最后期限届满时，应当进行一次性检查。

3. 国家安全关键信息系统进行网络安全检查的项目包括：

（a）信息系统中使用的硬件系统和软件系统以及数字设备；

（b）保护网络安全的条例和措施；

（c）在信息系统上存储、处理和传送的信息；

（d）系统管理员应对和补救任何网络安全事件的计划；

（e）保护国家秘密和防止通过技术途径泄露或者丢失国家秘密的措施；

（f）网络安全保护的人力资源。

4. 对国家安全关键信息系统的管理者，在本条第 2 款第（a）项、第（b）项和第（c）项规定的情况下，应当在其管理范围内对系统进行网络安全检查；每年 10 月前将检查结果书面通知公安部下辖的网络安全专责小组，如果涉及军事信息系统，检查结果应当书面通知国防部下辖的网络安全专责小组。

5. 国家安全关键信息系统的网络安全一次性检查，具体规定如下：

（a）在进行检查之前，网络安全专责小组负责在发生网络安全事件或违反网络安全的情况下至少提前 12 小时向系统管理员发出书面通知，对于国家网络安全管理机构提出的检查请求，或者根据网络安全专责小组的建议，在修复任何弱点或安全漏洞的最后期限届满前，至少提前 72 小时发出书面通知；

（b）在检查结束后 30 天内，如果检测到任何弱点或安全漏洞，网络安全专责小组应通知检查结果并向系统管理员提出要求；在系统管理员提出建议的情况下，网络安全专责小组应指导或纠正此类缺陷；

（c）公安部下辖的网络安全专责小组应对国家安全关键信息系统的网络安全进行一次性检查，国防部管理的军事信息系统、政府密码委员会的密码信息系统以及该委员会为保护属于国家秘密的信息而提供的密码产品除外。

国防部下辖的网络安全专责小组负责军事信息系统网络安全的一次性检查。

政府密码委员会负责由其管理的密码信息系统网络安全以及其所提供的密码产品的一次性检查，以保护属于国家秘密的信息。

（d）国家安全关键信息系统的管理员负责与网络安全专责小组协调，对网络安全进行一次性检查。

6. 网络安全检查结果必须依法保密。

第 14 条　国家安全关键信息系统的网络安全监督

1. 网络安全监督是指收集和分析网络安全现状，以识别网络安全威胁、网络安全事件、任何弱点或安全漏洞、恶意代码和恶意硬件，目的在于提供警告、补救和处理上述问题。

2. 国家安全关键信息系统的管理者，负责与网络安全专责小组进行协调，定期监督其管理范围内的系统网络安全；制定网络安全威胁、网络安全事件、漏洞或安全漏洞、恶意代码或恶意硬件的自动预警和接收预警机制，提供应急响应和补救方案。

3. 网络安全专责小组应在其管理范围内监督国家安全关键信息系统的网络安全，并向系统管理员提出警告，与之协调，以补救和处理国家安全关键信息系统的任何网络安全威胁、网络安全事件、任何弱点或安全漏洞、恶意代码或恶意硬件。

第 15 条　应对和补救国家安全关键信息系统的网络安全事件

1. 应对和补救国家安全关键信息系统的网络安全事件的活动包括：

（a）检测和识别网络安全事件；

（b）保护现场和核对证据；

（c）封锁、限制已发生事件的范围，减轻由此造成的损失和损害；

（d）确定回应的目标、对象和范围；

（e）网络安全事件的验证、分析、评估和分类；

（f）执行应对和补救该事件的计划；

（g）确定事件的起因并追查其根源；

（h）依法调查和处理该事件。

2. 国家安全关键信息系统的管理者应当在其管理范围内，制订应对和补救系统网络安全事件的方案；发生网络安全事件时，应当部署该计划，并及时向相关的网络安全专责小组报告。

3. 国家安全关键信息系统上协调、应对和补救网络安全事件，具体规定如下：

（a）除本款第（b）项和第（c）项规定的情况外，公安部下辖的网络安全专责小组应负责协调国家安全关键信息系统上应对和补救任何网络安全事件的活动；应根据要求参与国家安全关键信息系统上网络安全事件的响应和补救；并应在检测到网络攻击或网络安全事件时通知系统管理员；

（b）国防部下辖的网络安全专责小组负责协调应对和补救军事信息系统发生的网络安全事件活动；

（c）政府密码委员会应负责协调该委员会密码信息系统的网络安全事件的应对和补救活动。

4. 机构、组织和个人有义务根据负责协调此类响应的专责小组的要求，参与响应和补救国家安全关键信息系统上发生的任何网络安全事件。

第三章　网络安全侵权行为的防范和处理

第16条　针对涉及反对越南社会主义共和国，引发骚乱、扰乱治安或者造成公共秩序混乱，造成尴尬或者诽谤，违反经济管理秩序等网络信息内容，应当加以防范和处理

1. 网络信息内容涉及反对越南社会主义共和国的宣传，包括：

（a）歪曲、诽谤人民行政机关的；

（b）通过心理战，挑起侵略战争，导致越南各民族、各宗教和各地区人民分裂或仇恨的；

（c）侮辱越南人民、国旗、国徽、国歌、伟人、领导人、名人或者民族英雄的。

2. 网络信息内容会引发骚乱、扰乱治安或者造成公共秩序混乱，包括：

（a）号召、动员、教唆、威胁、分裂、进行武装活动或者使用暴力反对人民行政机关的；

（b）呼吁、动员、煽动、威胁或引发众人扰乱或反对政府官员执行公务，或妨碍机构或组织的活动，造成安全和秩序不稳定的。

3. 网络信息内容会造成尴尬或诽谤，包括：

（a）严重侵犯他人的荣誉、名誉、威望或尊严；

（b）捏造或不实信息侵害其他机构、组织或者个人的名誉、尊严，造成其合法权益损害的。

4. 网络信息内容涉及违反经济管理秩序，包括：

（a）有关产品、货物、金钱、债券、票据、支票及其他有价值的文件资料的虚构或不实信息；

（b）金融、银行、电子商务、电子支付、货币交易、资本流通、多级交易和证券等领域的虚构或者不实信息。

5. 内容虚假或者不真实的网络空间信息，致使公民产生混乱，给社会经济活动造成损失、损害，给国家机关和人民履行公务的活动造成困难，侵犯其他机构、组织和个人的合法权益。

6. 当网络安全专责小组提出要求时，系统管理员有义务采取管理和技术措施，以预防、检测、停止或删除其管理的系统涉及第 1 款至第 5 款的网络信息。

7. 网络安全专责小组和有权机构应当采取本法第 5 条第 1 款第（h）项、第（i）项和第（l）项规定的措施，处理上述第 1 项至第 5 项所涉及的网络信息。

8. 提供电信网络服务、互联网及其他网络增值服务的企业和系统管理者，有义务与相关国家职能机构协调处理上述第 1 款至第 5 款所涉及的网络信息。

9. 任何组织和个人编撰、出版、传播第 1 款至第 5 款所涉及的网络信息，应当按照网络安全专责小组的要求予以删除，并依法承担责任。

第 17 条　预防和打击网络间谍活动；保护网络空间中的国家秘密、工作秘密、商业秘密、个人秘密、家庭秘密和私人生活等信息

1. 以下行为构成：网络间谍行为；网络空间中的侵犯国家秘密、工作秘密、商业秘密、个人秘密、家庭秘密和私人生活的行为。

（a）挪用、买卖、扣押、故意泄露国家秘密、工作秘密、商业秘密、个人秘密、家庭秘密和私人生活，对机关、团体和个人的荣誉、名誉、尊严和合法权益造成不利影响的；

（b）网络空间中故意删除、损毁、错放、篡改涉及国家秘密的信息，或者传输、存储工作秘密、商业秘密、个人秘密、家庭秘密和私人生活；

（c）针对为保护国家秘密、工作秘密、商业秘密、个人秘密、家庭秘密和私人生活等信息而采取的技术措施，故意改变、撤销或者使其无效；

（d）违反法律规定，将属于国家秘密、工作秘密、商业秘密、个人秘密、家庭秘密和私人生活等信息置入网络空间；

（e）违反法律，故意窃听或记录声音或图像对话；

（f）故意侵犯国家秘密、工作秘密、商业秘密、个人秘密、家庭秘密和私人生活的其他行为。

2. 系统管理部门的职责如下：

（a）检查（审计）网络安全，以检测和删除恶意代码和恶意硬件，补救安全弱点和漏洞；检测和处理非法侵权活动或其他网络安全威胁；

（b）采取管理和技术措施，以预防、检测、阻止信息系统中的网络间谍活动，侵犯国家秘密、工作秘密、商业秘密、个人秘密、家庭秘密和私人生活的行为，并及时移除与该行为有关的信息；

（c）协调和执行网络安全专责小组关于预防和打击网络间谍活动的要求，以保护信息系统中属于国家秘密、工作秘密、商业秘密、个人秘密、家庭秘密和私人生活的信息。

3. 编制、存储国家秘密的信息和数据的机关，有义务依照《国家秘密保护法》的规定，保护在计算机或者其他设备上编制、存储或者在网络空间中交换的国家秘密信息。

4. 除本条第 5 款和第 6 款外，公安部履行以下职责：

（a）检查（审计）国家安全关键信息系统，以检测和删除恶意代码和恶意硬件，补救安全弱点和漏洞，并发现、预防和处理非法侵权行为；

（b）在调试用于国家安全关键信息系统的通信设备、产品和服务、数字设备和电子设备之前，检查上述设备、产品和服务、数字设备和电子设备的网络安全；

（c）监督国家安全关键信息系统的网络安全，以检测和监控处理收集国家秘密的非法行为；

（d）检测、处理在网络空间中发布、存储、交换涉及国家秘密的信息和数据的违法行为；

（e）按照其职责，参与存储和传输网络空间中涉及国家秘密的信息和数据的产品以及涉及代码信息的产品的研究和生产；

（f）对国家机关网络空间中国家秘密的保护工作，以及国家安全关键信息系统管理人员的网络安全保护工作，进行检查、监测；

（g）组织培训课程，提高对网络空间中国家秘密的保护、防范和打击网络攻击以及本法第 30 条第 2 款规定的网络安全专责小组的网络安全保护的认识和认知。

5. 国防部负责实施本条第 4 款第（a）项至第（e）项中有关军事信息系统的规定。

6. 政府密码委员会负责安排实施《密码使用法》的规定，以保护网络空间中存储和交换的涉及国家秘密的信息。

第 18 条 防范和打击利用网络空间、信息技术和电子媒体，违反国家安全、社会秩序和安全法律的行为

1. 利用网络空间、信息技术和电子媒体，违反国家安全、社会秩序和安全法律的行为，包括：

（a）网络空间中发布、传播含有本法第 16 条第 1 款至第 5 款规定的内容和本法第 17 条第 1 款规定的行为；

（b）网络空间中挪用资产或财产；组织赌博，包括通过互联网赌博；在互联网上窃取国际电信费用；侵犯版权和知识产权；

（c）伪造机关、团体、个人的网站，伪造、流通、盗窃、买卖、收集、交换他人未经授权的信用卡信息或者银行账户，非法发行、提供、使用支付手段；

（d）散发、宣传或购买和销售列入法律禁止清单的货物或服务；

（e）指示他人实施违法行为；

（f）利用网络空间、信息技术或者电子媒体违反国家安全、社会秩序和安全法律的其他行为。

2. 网络安全专责小组负责防范和打击利用网络空间、信息技术或电子媒体违反国家安全、社会秩序和安全法律的行为。

第 19 条　防范和打击网络攻击

1. 构成网络攻击的行为及与网络攻击有关的行为，包括：

（a）传播危害电信网络、互联网、计算机网络、信息系统、信息处理与控制系统、数据库或电子设备的信息程序的；

（b）妨碍、扰乱、使瘫痪、中断或停止运营，或非法阻止电信网络、互联网、计算机网络、信息系统、信息处理和控制系统、数据库或电子设备传输数据；

（c）渗透、损害或挪用在电信网络、互联网、计算机网络、信息系统、信息处理和控制系统、数据库或电子设备上存储或传输的数据；

（d）渗透、创造或利用安全漏洞、弱点和系统服务，以盗用信息或赚取非法利润；

（e）生产、购买、销售、交换或赠送具有攻击电信网络、互联网、计算机网络、信息系统、信息处理和控制系统、数据库或电子设备功能的工具、设备和软件，以将其用于非法目的；

（f）实施其他影响电信网络、互联网、计算机网络、信息系统、信息处理与控制系统、数据库或者电子设备正常运行的行为。

2. 信息系统管理者在其管理范围内有责任采取技术措施，防止和避免本条第 1 款第（a）项至第（d）项及第（f）项规定的行为。

3. 网络攻击发生并侵犯、威胁侵犯国家主权、利益和安全或者对社会秩序和安全造成严重损害的，由网络安全专责小组负责协调信息系统管理员和有关组织与个人采取措施，查明网络攻击的来源，收集证据，并要求提供电信、互联网等网络增值服务的企业（网络空间服务提供商）对信息进行拦截、过滤，以预防和消除网络攻击行为，并及时提供完整的相关信息和数据。

4. 防范和打击网络攻击的责任规定如下：

（a）公安部负责协调有关部委和各直属部委，以预防、侦查和处理本条第 1 款规定的侵犯或者威胁侵犯国家主权、利益和安全的行为，或者对全国社会秩序和安全造成严重危害的行为，但以下第（b）项和第（c）项规定的情况除外；

（b）国防部负责协调有关部委、直属部委，以防范、发现和处理本条第1项规定的有关军事信息系统的行为；

（c）政府密码委员会负责协调各部委和各直属部委，以防范、查明和处理本条第1项规定的与该委员会密码信息系统有关的行为。

第20条　预防和打击网络恐怖主义

1. 相关的国家主管机关负责实施本法、《网络信息安全法》第29条以及《防范和打击恐怖主义法》规定的措施，打击网络恐怖主义。

2. 信息系统管理员在其管理范围内应定期审查和检查信息系统，以消除网络恐怖威胁。

3. 任何机构、组织或个人如果发现任何网络恐怖主义迹象或行为，必须立即通知网络安全专责小组。收到此类通知的机构负责接收有关网络恐怖主义的全部消息，并立即将其通知网络安全专责小组。

4. 公安部负责协调有关部委和各直属部委，以预防和打击网络恐怖主义，采取措施消除网络恐怖主义来源，处理网络恐怖主义，并尽量减少对信息系统的影响，本条第5款和第6款规定的情况除外。

5. 国防部负责协调有关部委和各直属部委，预防和打击网络恐怖主义，采取措施应对军事信息系统发生的网络恐怖主义。

6. 政府密码委员会负责协调有关部委和各直属部委，预防和打击网络恐怖主义，并采取措施处理该委员会下辖的密码信息系统发生的网络恐怖主义。

第21条　预防和处理网络安全隐患

1. 网络安全隐患包括：

（a）网络空间存在煽动信息，可能会导致暴乱、扰乱安全或发生恐怖主义；

（b）攻击国家安全关键信息系统；

（c）大规模及高强度地攻击信息系统；

（d）实施网络攻击，目的在于破坏涉及国家安全的重要建设工程和涉及国家安全的重要目标；

（e）严重侵犯国家主权、利益和安全的网络攻击；严重破坏社会秩序和安全，损害机关、组织和个人合法权益的网络攻击。

2. 防范网络安全隐患的责任，规定如下：

（a）网络安全专责小组应负责协调国家安全关键信息系统管理员，采取技术解决方案和专业活动，以防范、检测和处理网络安全隐患；

（b）提供电信、互联网等网络增值服务的企业和有关机构、组织和个人，负责协调公安部下辖的网络安全专责小组，防范、发现和处理网络安全隐患。

3. 应对网络安全隐患的措施，包括：

（a）立即执行预防和响应紧急计划，以防范、排除或减轻这种隐患造成的损失和损害；

（b）向有关机构、组织和个人发出通知；

（c）收集有关资料，并持续监控此类隐患；

（d）分析和评价信息，预测可能的影响以及影响的范围，以及这种隐患造成的损失和损害的程度；

（e）停止在特定区域提供网络信息或断开国际网络网关；

（f）安排有关力量和设备以防止和消除网络隐患；

（g）《国家安全法》规定的其他措施。

4. 网络安全隐患，应当按照下列方式处理：

（a）任何机构、组织或个人发现网络安全隐患，必须立即通知网络安全专责小组，并立即采取本条第 3 款第（a）项和第（b）项规定的措施；

（b）政府总理应考虑并决定，或授权公安部部长考虑并决定，以处理整个国家、每个地区或特定目标的网络安全隐患。

政府总理应当考虑并决定，或者授权国防部长考虑并决定，处理军事信息系统以及政府密码委员会下辖的密码信息系统发生的网络安全情况隐患；

（c）网络安全专责小组应负责协调有关机构、组织和个人，采取上述第 3 款规定的措施，处理网络安全隐患；

（d）相关机构、组织和个人有义务配合网络安全专责小组采取措施，预防和处理任何网络安全隐患。

第22条　为保护网络安全而努力

1. 为保护网络安全而作出的努力是指网络安全专责小组在网络空间中为维护国家安全、社会秩序和安全而开展的有组织的活动。

2. 为保护网络安全而作出的努力包括：

（a）密切追踪与国家安全保护活动有关的情况；

（b）防范和打击网络安全的攻击行为，保护国家安全关键信息系统的稳定运行；

（c）停止或限制使用网络空间，如果这种使用会危害国家安全或者对社会秩序和安全造成特别严重的损害；

（d）主动打击和压制网络空间中的目标，以维护国家安全、保障社会秩序和安全。

3. 公安部负责协调有关部门和业务执行部门，共同致力于保护网络安全。

第四章　网络安全保护活动

第23条　国家机关和中央、地方各级政治组织开展网络安全保护活动

1. 实施网络安全保护活动的内容包括：

（a）制定和完善局域网、互联计算机网络使用的规章制度，保障信息系统网络安全的计划，并具有应对和解决网络安全事件的计划；

（b）应用和实施计划、措施和技术，以保护信息系统的网络安全以及在其管理权限范围内（由这些国家机构和政治组织管理）在信息系统上存档、起草和传输的信息和数据；

（c）组织对高级干部、其他干部和职工进行网络安全知识再培训，提高网络安全工作组保护网络安全的能力；

（d）在以下活动中保护网络安全：在网络空间提供公共服务；向各机构、组织和个人提供、交换和收集信息；按照政府规定，在内部、与其他机构或在其他活动中共享信息；

（e）按照确保实施信息系统网络安全保护活动的条件对实体基础设施进行投资和建设；

（f）检查信息系统的网络安全；防范和打击网络安全违法行为；应对和补救网络安全事件。

2. 机构和组织负责人负责在其管理权限范围内开展网络安全保护活动。

第 24 条　对国家安全重要信息系统名录以外的机构和组织的信息系统网络安全进行检查、审计

1. 在下列情况下，应对不在国家安全关键信息系统清单上的机构和组织的信息系统网络安全进行检查：

（a）违反网络安全法侵犯国家安全或严重影响社会秩序和安全时；

（b）当信息系统管理员提出请求时。

2. 网络安全检查的项目包括：

（a）信息系统中使用的硬件、软件系统以及数字设备；

（b）在信息系统上存储、处理和传送的信息；

（c）保护国家秘密，防范、打击通过技术途径泄露国家秘密的措施。

3. 信息系统管理员发现其管理权限内的信息系统存在违反网络安全法的行为，应当及时通知公安部网络安全工作小组。

4. 公安部网络安全工作小组在本条第 1 款规定的情况下，应当对机关和组织的信息系统进行网络安全检查。

5. 网络安全工作小组应在检查前至少 12 小时向信息系统管理员提出书面通知。

网络安全工作小组应在检查或审计结束后 30 天内，通知检查结果，并在发现任何安全漏洞或安全弱点时向信息系统管理员提出要求；并应根据信息系统管理员的要求，提供相应的指导或参与补救此类安全漏洞或安全弱点。

6. 网络安全检查的结果应当依法保密。

7. 政府应规定本条规定的网络安全检查顺序和程序。

第 25 条　保护国家网络空间基础设施和国际网络网关的网络安全

1. 国家网络空间基础设施和国际网络网关的网络安全保护必须将网络安全保护要求与社会经济建设和发展要求紧密结合起来；鼓励国际网络网关设于越南境内；鼓励组织和个人参与建设国家网络空间基础设施的投资。

2. 管理和运营国家网络空间基础设施和国际网络网关的机构、组织和个人负有以下责任：

（a）在管理权限内保护网络安全，接受国家有关部门的管理、调查、检查，符合国家有关部门的网络安全保护要求；

（b）应要求促进和实施必要的技术措施和专业活动，以便主管国家机构执行网络安全保护任务。

第 26 条　网络空间信息安全保障

1. 机构、团体和个人的社会网络的网站、门户网站和专门页面，不得登载、上传、传输本法第 16 条第 1 款至第 5 款规定的内容以及其他侵犯国家安全的内容。

2. 在越南境内提供电信网络服务、互联网和其他网络增值服务的国内外企业（网络空间服务提供商）负有以下责任：

（a）在用户注册数字账户时对信息进行认证；对用户的信息和账户进行保密；在公安部网络安全专责小组提出书面要求时向其提供用户信息，以便对违反网络安全法的行为进行调查和处理；

（b）在公安部网络安全专责小组和信息通信部主管机构提出要求后 24 小时内，禁止任何机构、组织直接管理的服务或者信息系统上共享本法第 16 条第 1 款至第 5 款规定内容的信息，并应当及时删除上述信息；

（c）在公安部网络安全专责小组和信息通信部主管机构提出要求后，组织和个人在网络空间上传第 16 条第 1 款至第 5 款规定的信息的，不得向其提供或者停止向其提供电信网络服务、互联网和其他增值服务。

3. 越南电信网络服务、互联网和其他网络增值服务的国内外服务提供商（网络空间服务提供商）开展收集、使用、分析和处理个人信息、服务用户关系数据和越南服务用户产生的数据等活动时，必须在越南政府规定的特定期限内存储此类数据。

本条所指的外国企业必须在越南设有分支机构或代表处。

4. 政府应就本条第 3 款作出详细规定。

第 27 条　网络安全研究与发展

1. 网络安全研究与发展的内容包括：

（a）建立网络安全防护软件和系统设备；

（b）有关评估网络安全软件和设备是否符合标准的方法，以及将安全漏洞、安全弱点及恶意软件等风险最小化；

（c）提供的硬件和软件是否正常运行的检查方法；

（d）保护国家秘密、与工作有关的秘密、商业秘密、个人秘密、家庭秘密和私人生活（个人隐私）的方法，以及在网络空间传递信息时的保密能力；

（e）确定在网络空间传播信息的资料来源；

（f）网络安全威胁的处置；

（g）建立网络值域和网络安全测试环境；

（h）旨在提高网络安全意识、技能的技术措施；

（i）网络安全预测；

（j）网络安全的实践研究和理论发展。

2. 有关机构、组织和个人有权从事网络安全研究和发展。

第 28 条　提高网络安全自主性

1. 国家鼓励和推动机关、组织和个人增强网络安全自治，提高数字设备、网络服务和网络应用的生产效率、检测、评估和测试水平。

2. 为提高机构、组织和个人在网络安全方面的自主性，政府应采取以下措施：

（a）促进技术、产品、服务和应用的转让、研究、控制和开发，以保护网络安全；

（b）促进与网络安全有关的新技术和先进技术的应用；

（c）培训、开发和使用网络安全人力资源；

（d）强化营商环境和改善竞争条件，以协助企业研究和生产用于网络安全保护的产品、服务和应用。

第 29 条　网络空间中的儿童保护

1. 儿童有受保护，获取信息，参与社会、娱乐活动，对其个人秘密保密，以及参与网络空间的其他权利。

2. 信息系统管理员和网络空间服务提供商有责任控制其信息系统或其提

供服务的信息，以免对儿童造成伤害、虐待或侵犯儿童权利；封锁或删除内容可能对儿童造成伤害、虐待或者侵犯儿童权利的信息；并有义务通知公安部网络安全专责小组以便后者采取应对措施。

3. 参与网络空间活动的机构、组织和个人，有义务依照本法和有关儿童保护法的规定，配合国家有关行政主管部门保障儿童网络空间权利，防止或封锁有害儿童的网络信息内容。

4. 机构、组织、家长、教师、儿童看护员和其他有关个人在参与网络空间活动时，有义务保障儿童的权利，并依照有关儿童保护的法律保护儿童。

5. 网络安全专责小组和职能机构有义务采取措施，防范、发现、预防和严格处理利用网络空间对儿童造成伤害或侵犯其权利的行为。

第五章　网络安全保护行动保障

第 30 条　网络安全保护力量包括：

1. 公安部、国防部下设网络安全工作组。

2. 各部委、分局、省级人民委员会、机构和组织下设其他网络安全工作组，直接管理国家安全关键信息系统。

3. 动员组织和个人参与网络安全保护。

第 31 条　网络安全保护的人力资源保障

1. 具有网络安全、网络信息安全知识的越南公民以及信息技术，应当为保护网络安全提供基础和主要人力资源。

2. 国家制定设立和发展网络安全保护人力资源的规划和计划。

3. 一旦发生网络安全、网络恐怖、网络攻击、网络安全事件或者网络安全威胁等隐患时，由国家相关主管行政机关作出调动网络安全保护人力资源的决定。

网络安全保护人力资源调集的权限、职责、顺序和程序，应当符合《国家安全法》《国防法》《人民公共安全法》等有关法律的规定。

第 32 条　网络安全保护力量的选拔、培训和发展

1. 任何符合道德、健康、专业资格、网络安全、网络信息安全和信息技术等标准的越南公民，以及表示愿意加入的越南公民都可以被选入网络安全保护力量。

2. 优先培训和发展高质量网络安全保护力量。

3. 优先发展符合国际标准的网络安全培训机构；鼓励并促进国内外国营部门和私营部门在网络安全方面的合作。

第 33 条 网络安全知识及活动的教育和再培训

1. 关于网络安全知识的教育和再培训内容应根据《国防安全教育法》，在学校的国防与安全教育科目和国防与安全知识再培训项目中讲授。

2. 公安部负责与有关部委、部门的协调工作，组织对网络安全专责小组和参与网络安全保护的官员及员工进行网络安全活动再培训。

国防部和政府密码管理部门对其管理范围内的机构，负责组织网络安全活动的再培训。

第 34 条 网络安全知识的传播

1. 国家制定在全国普及网络安全知识的政策，鼓励国家机关与民间组织和个人相配合，开展教育事业，提高网络安全意识。

2. 各部委、部门、机构和组织负责制定并实施，向其高级官员、其他官员和雇员传播网络安全知识的活动。

3. 省一级人民委员会负责制定和实施，向当地机关、组织和个人传播有关网络安全知识，以及提高其网络安全意识的活动。

第 35 条 网络安全保护活动的保障资金

1. 国家机关、政治组织的网络安全保护活动经费，由国家预算予以保障，列入年度国家预算。国家预算资金的管理和使用，依照国家预算有关法律规定执行。

2. 第一款规定以外的机构和组织的信息系统实施网络安全保护活动的资金，由该机构和组织予以保障。

第六章 机关、组织和个人的职责

第 36 条 公安部的职责

除国防部和政府密码管理部门负责的事项外，公安部代表政府网络安全管理机构行使下列职权：

1. 颁布或向相关主管国家机构提交网络安全相关的法律文书，包括实施指南。

2. 制定和提出网络安全保护的战略、方针、政策、计划和方案。

3. 预防和打击利用网络空间侵犯国家主权、利益和安全、社会秩序和安全；预防和打击网络犯罪。

4. 保护网络空间信息安全；制定用于注册数字账户的信息认证机制；对网络安全威胁发出警示，共享网络安全信息。

5. 建议政府和总理考虑并决定，在多个部门及分支机构对有关项目都有管理权的情况下，对实施网络安全保护措施以及防止或处理网络安全侵权行为进行分配和协调。

6. 组织演习，以预防和打击网络攻击；实施演习，以应对和补救在国家安全关键信息系统内发生的网络安全事件。

7. 开展检查、调查，解决投诉和谴责，处理违反网络安全法的行为。

第 37 条　国防部的职责

国防部在其管理范围内，代表政府履行国家网络安全管理职责，其职责和权限包括：

1. 颁布或向有关主管国家机关提交网络安全相关的法律文书，包括在其管理范围内的事项的实施指南。

2. 就其管理范围内的事项，制定并提出网络安全保护的战略、方针、政策、计划和方案。

3. 在其管理范围内，防范和打击利用网络空间侵害国家安全的行为。

4. 配合公安部，组织预防和打击网络攻击的演习；实施演习，以应对和补救在国家安全关键信息系统内发生的网络安全事件；开展有关网络安全保护工作。

5. 开展检查和调查，解决投诉和谴责，处理其管理范围内的违反网络安全法的行为。

第 38 条　信息通信部的职责

1. 与公安部、国防部协调做好网络安全保护工作。

2. 依照本法第 16 条第 1 款的规定，配合有关机关，传播、教育及打击那些危害越南社会主义共和国的信息。

3. 要求网络空间服务提供者和信息系统的管理员，从企业、机构或者组织直接管理的服务和信息系统中删除违反网络安全法的信息。

第39条 政府密码部门的职责

1. 与国防部协商，并建议国防部颁布或向有关主管机关提交密码相关的法律文书、程序和计划，以保护本部门管理范围内的网络安全。

2. 依照本法，保护政府密码部门密码信息系统的网络安全及该部门的密码产品的网络安全。

3. 统一管理密码的科学技术研究；生产、使用和提供密码产品，以保护在网络空间中存储或交换的国家秘密信息。

第40条 各部、各分局和省级人民委员会的职责

各部、各分局和省级人民委员会根据各自职责和权限，保护本部门管理范围内的信息和信息系统的网络安全；并会同公安部，对各部委、各分局、各地区实施国家网络安全管理。

第41条 网络空间服务提供者的责任

1. 越南网络空间服务提供者有以下职责：

（a）对该企业在使用其提供的网络空间服务时可能发生的网络安全损耗发出预警，并提供预防措施指南；

（b）制订计划和解决方案，以快速应对网络安全事件，并立即处理任何安全弱点或安全漏洞、恶意代码、网络攻击、网络入侵或其他安全风险；发生网络安全事件时，应当立即执行相应的应急预案和响应措施，并依照本法向网络安全专责小组报告；

（c）在收集信息的过程中采取技术解决方案和其他必要措施，以确保安全，并防止数据泄露、损坏或丢失的风险；在发生或可能发生用户信息泄露、损坏或丢失的情况下，立即提供应急解决方案；同时依照本法通知用户并向网络安全专责小组报告；

（d）协调并协助网络安全专责小组开展网络安全保护活动。

2. 越南网络空间服务提供者有义务实施本条第1款和本法第26条第2款和第3款的规定。

第 42 条 使用网络空间的机构、组织和个人的责任

1. 遵守网络安全法。

2. 向相关主管机构和网络安全专责小组及时提供网络安全保护、网络安全威胁和任何网络安全入侵的信息。

3. 贯彻执行主管机关在网络安全保护方面的要求和指南；协助并便利有关机关、组织和负责人实施网络安全保护措施。

第七章 实施规定

第 43 条 效力

1. 本法于 2019 年 1 月 1 日起施行。

2. 对于正在运行和使用中的信息系统以及国家安全关键信息系统清单，自本法生效之日起 12 个月内，信息系统管理员有义务确保满足网络安全的所有条件；网络安全专责小组应根据本法第 12 条规定评估网络安全状况；需要延长的，应由总理决定，但最长不得超过 12 个月。

3. 对于被列入国家安全关键信息系统清单的正在运行和使用中的信息系统，信息系统管理员有义务在列入清单之日起的 12 个月内确保满足网络安全的所有条件；网络安全专责小组应根据本法第 12 条规定评估网络安全状况；需要延长的，应由总理决定，但最长不得超过 12 个月。

本法于 2018 年 6 月 12 日由越南社会主义共和国国民大会第二十四届立法机关第 5 次会议通过。

国民大会主席

阮氏金银

网络信息安全法

国民大会   越南社会主义共和国

法律编号：86/2015/QH13   独立—自由—幸福

根据越南社会主义共和国《宪法》；

国民议会特此颁布《网络信息安全法》。

第一章   一般规定

第1条   范围

本法规定了网络信息安全活动，保障网络信息安全的机关、组织和个人的权利与义务，民用加密，网络信息安全技术标准和规范，业务信息安全，网络信息安全中人才发展以及国家管理中的网络信息安全。

第2条   适用的对象

本法适用于位于越南，直接参与或与网络信息安全活动有关的任何越南机构、个人或外国组织和外国个人。

第3条   定义

本法下列用语的含义是：

1. **网络信息安全**是指保护网络信息和信息系统不受任何非法访问、使用、披露、中断、修改或破坏，以确保信息的完整性、保密性和可用性。

2. **网络**是指通过电信网络和计算机网络提供、传输、收集、处理、存储和交换信息的环境。

3. **信息系统**是指为建立、提供、通信、收集、处理、存储和交换网络信息而专门设置的任何硬件、软件和数据库的组合。

4. **国家重要信息系统**是指任何一个信息系统破坏将导致国防及安全受损这样的信息系统。

5. **信息系统所有者**是指有权直接管理自己信息系统的组织或个人。

6. **违反网络信息安全**是指非法访问、使用、披露、中断、修改或破坏信息或信息系统的行为。

7. **信息安全事件**是指信息或信息系统的失效,从而影响其保密性、完整性或可用性。

8. **信息安全风险**是指可能影响网络信息安全状况的主观因素或客观因素。

9. **信息安全风险评估**是指对信息或信息系统的损害或威胁进行检测、分析和评估。

10. **信息安全风险管理**是指提供一套降低网络信息安全风险的措施。

11. **恶意软件**是指能够导致信息系统部分或全部异常运行,或者非法复制、更改或删除信息系统中存储的信息的软件。

12. **恶意软件过滤系统**是指连接到网络的硬件和软件的组合,以检测、阻止、过滤和断定恶意软件。

13. **电子地址**是指用于发送和接收网络信息的地址,可以是电子邮件地址、电话号码、互联网地址和其他类似形式。

14. **信息冲突**是指两个以上的国内或国外组织采取信息技术或者技术措施,破坏信息系统、程序或者信息源。

15. **个人信息**是指与特定人员身份相关的信息。

16. **个人信息所有者**是指由个人信息所确定的个人。

17. **处理个人信息**是指为商业目的在网络中收集、编辑、使用、存储、提供、共享和散布个人信息的一项或多项操作。

18. **民事密码系统**是指为保密或信息认证而使用的加密技术和加密产品,并且这些内容不属于国家秘密。

19. **网络信息安全产品**是指保护信息和信息系统功能的硬件或软件产品。

20. **网络信息安全服务**是指保护信息和信息系统的服务。

第 4 条　网络信息安全原则

1. 组织、个人负责保障网络信息安全。组织、个人的信息安全活动应当遵守法律规定，维护国家安全、国家秘密，维护政治稳定，促进经济和社会发展。

2. 参加网络活动的组织、个人不得侵犯其他组织、个人的网络信息安全。

3. 处理信息事件，应当保障个人、组织的合法权益，不得侵犯个人的私生活、个人秘密、家庭秘密和组织的私人信息。

4. 网络信息安全保障活动应经常、持续、有效地开展。

第 5 条　国家网络信息安全政策

1. 促进网络信息安全培训和人力资源开发，以满足政治稳定、社会经济发展、国防、社会秩序和安全的需要。

2. 鼓励研发，支持产品和服务的出口与市场拓展，提供支持网络信息安全技术应用的机制，以及国内生产或供应工程的应用机制；为进口国内无法生产或供应的先进产品和技术提供了有利条件。

3. 在提供网络信息安全产品和服务方面确保公平竞争的环境；鼓励并为组织或个人的投资、研究、开发和提供网络信息安全产品与服务创造条件。

4. 分配资源，确保国家机构的网络信息安全和国家重要信息系统的网络安全。

第 6 条　网络信息安全的国际合作

1. 网络信息安全的国际合作应遵循以下原则：

（a）尊重国家的独立、主权和领土完整；不干涉他人内政，实现平等互利；

（b）遵守越南法律和越南社会主义共和国加入的国际条约。

2. 网络信息安全的国际合作如下：

（a）网络信息安全科学、技术和工程的研究与应用方面的国际合作；

（b）开展国际合作，预防和打击与网络信息安全有关的非法行为，打击因恐怖主义行为而滥用信息网络；

（c）网络信息安全方面的其他国际合作。

第7条 禁止的行为

1. 非法阻碍网络信息传播；干预、获取、破坏、删除、变更、复制和误导网络信息。

2. 非法影响、阻碍信息系统的正常运行或用户合法访问信息系统的可能性。

3. 非法攻击，使信息系统的网络信息安全保护措施失效；攻击、非法取得控制权和破坏信息系统。

4. 发送垃圾邮件、恶意软件，建立虚假或欺诈信息系统。

5. 非法收集、使用、传播或者买卖他人的个人信息；利用信息系统的薄弱环节收集、利用个人信息。

6. 非法获取机构、组织或者个人的保密代码和合法编码的信息；公开公民密码信息；使用和买卖来源不明的密码信息。

第8条 违反网络信息安全法的处理

任何违反本规定行为的人，应根据违法的性质和程度，接受纪律处分或行政处理或刑事诉讼，如果有损害产生，应并根据现行法律获得赔偿。

第二章 网络信息安全保障

第一节 网络信息保护

第9条 信息的分类

1. 掌握信息的组织应当按照保密原则进行分类，采取相应的保护措施。

2. 属于国家秘密领域的信息，应当按照《国家秘密保护条例》的规定予以保密和保护。

使用机密或非机密信息在其领域内进行活动的组织，应负责制定处理信息的规则和程序，确定并记录允许访问的机密信息的内容和方法。

第10条 管理发送的信息

1. 发送网络信息应确保以下要求：

（a）不伪造发送源；

（b）遵守本规定及相关法律。

2. 组织、个人不得在未经其事先同意、请求或收件人拒绝的情况下，将商业信息发送到收件人的电子地址，除非收件人根据现行法律有义务接收信息。

3. 电信公司、电信应用服务企业、信息技术服务企业发送信息，应当：

（a）遵守有关信息存储的法律规定，以及保护组织、个人的个人信息和私人信息；

（b）采取措施，在收到组织、个人违反法律规定发送信息的通知后制止并作出回应；

（c）使收件人有权拒绝进一步接收信息；

（d）根据要求，为国家主管机关提供必要的技术和专业条件，履行国家网络信息安全管理职责。

第 11 条　恶意软件的防范、检测、拦截和处理

1. 机关、组织和个人应当按照国家主管机关的指示或者要求，负责预防和拦截恶意软件。

2. 国家重要信息系统所有者应当及时部署专业技术系统，防范、检测、拦截和处理恶意软件。

3. 组织应当提供电子邮件、信息传输和存储服务，在本单位系统内收发、存储信息时，应当设立恶意软件过滤系统，并依法向有关部门报告。

4. 互联网服务提供者应当根据国家主管机关的请求，采取措施，管理、预防、检测、阻止恶意软件的传播和处理。

5. 信息通信部主管并配合国防部、公安部以及有关部委、部门组织防范、检测、拦截和处理对国防安全造成影响的恶意软件。

第 12 条　电信资源的保障

1. 使用电信资源的组织、个人应当：

（a）采取管理和技术措施，避免因其频率、数量、域名和互联网地址引起的信息不安全；

（b）根据要求提供与电信资源安全有关的信息，并与主管机关合作。

2. 互联网服务提供商应管理、合作和避免来自其自身的互联网资源和客户的信息不安全性，应主管国家机构的要求提供足够的信息；在网络连接和

路由线路上进行合作，以确保越南域名服务器系统的安全稳定运行。

3. 信息通信部负责越南域名服务器的网络信息安全。

第 13 条　应对网络信息安全事件

1. 应对网络信息安全事件是指处理和补救任何导致网络信息不安全的事件的活动。

2. 对网络信息安全事件的响应应遵循以下原则：

（a）及时、迅速、准确、有效；

（b）遵守有关协调网络信息安全事件响应的法律规定；

（c）地方和外国机构、组织和企业之间的合作。

3. 各部委、同级政府机关、省、直辖市人民委员会、电信公司和国家重要信息系统所有者，应当设立或者指定专门机构，负责应对网络信息安全事件。

4. 信息通信部负责协调全国对网络信息安全事件的应对，详细说明网络信息安全事件响应的协调。

第 14 条　国家网络信息安全应急响应

1. 国家网络信息安全应急响应是指在灾难性情况下或应主管机关的要求，为保障国家网络信息安全而作出的紧急响应。

2. 国家网络信息安全应急响应应遵循以下原则：

（a）分散组织与实施；

（b）以迅速、严格和密切协调的方式采取行动；

（c）采用科学和管理措施确保有效性与可行性。

3. 确保国家网络信息安全的应急响应系统包括：

（a）确保国家网络信息安全的应急响应计划；

（b）紧急响应的应急响应计划，以确保国家机构、政治和社会政治组织的网络信息安全；

（c）为确保地方网络信息安全提供紧急响应的应急响应计划；

（d）紧急响应计划，以确保电信公司的网络信息安全。

4. 各方协调确保国家网络信息安全，责任如下：

（a）总理就确保国家网络信息安全的应急响应计划作出决定；

（b）信息通信部应指导和协调以确保国家网络信息安全；

（c）各部委、部门和地方当局应协调和指导应急响应，以确保各部委、各分局和各地区的网络信息安全；

（d）电信公司应实施、协调信息通信部门以及相关部委、分局和地区，以确保国家网络信息安全。

第 15 条　网络信息安全中组织和个人的职责

1. 从事网络信息安全活动的机构、组织和个人，应当配合国家有关部门和其他组织、个人做好网络信息安全工作。

2. 使用网络服务的机构、组织、个人发现破坏行为或者关乎网络信息安全事件，应当及时通知服务提供者或者专门的反映部门。

第二节　保护个人信息

第 16 条　网络中的个人信息保护原则

1. 使用网络服务的个人应当保护自己的个人信息，遵守有关提供个人信息的法律。

2. 处理个人信息的组织、个人应当确保所处理个人信息的网络信息安全。

3. 处理个人信息的组织、个人应当制定并公布其个人信息处理和保护政策。

4. 个人信息保护应当遵守本法和有关领域的具体规定。

5. 为国防、安全、社会秩序、安全或者非商业目的处理个人信息，应当遵守有关法律的其他规定。

第 17 条　个人信息的收集和使用

1. 处理个人信息的组织、个人应当：

（a）在获得信息所有者同意信息收集和使用的范围和目的后，方可收集个人信息；

（b）将收集的个人信息用于与初始信息不同的任何目的，需要重新获得个人信息所有者同意；

（c）除非经个人信息所有者同意或主管国家机构要求，否则不得将收集、访问或控制的个人信息分享、散布给任何第三方。

2. 国家机关对所收集的个人信息负有保密和存储的责任。

3. 个人信息所有人有权要求处理个人信息的任何组织、个人提供其收集和存储的个人信息。

第18条 个人信息的更新、更改和删除

1. 个人信息所有者有权要求处理个人信息的组织或个人，对个人信息进行更改或删除，这些个人信息经组织或个人进行收集、存储或可停止向第三方提供信息。

2. 在收到所有者更新、更改或删除个人信息的有效要求或停止向第三方提供个人信息的有效要求后，处理个人信息的组织、个人应：

（a）执行要求并通知个人信息所有人，或向个人的信息所有人提供访问、更新、更改或删除其个人信息的权利；

（b）采取适当措施保护个人信息；如果由于技术或其他因素无法满足要求，应通知个人信息所有者。

3. 处理个人信息的组织、个人应当在使用目的达成或者存储期限届满时删除存储的个人信息，并应当通知其个人信息所有者，法律另有规定的除外。

第19条 网络中个人信息安全的保护

1. 处理个人信息的组织、个人应当采取相应的管理和技术措施，保护所收集、存储的个人信息；遵守网络信息安全技术标准和规范。

2. 在发生技术事故或技术事故风险的情况下，处理个人信息的组织、个人应尽快采取补救、封锁措施。

第20条 国家行政机关在网络个人信息保护中的义务

1. 建立在线信息渠道，以接收与个人信息安全相关的组织、个人的反馈和建议。

2. 定期检查、检测处理个人信息的组织和公司；必要时可不事先通知而进行检查。

第三节 信息系统保护

第21条 信息系统安全分类

1. 信息系统的安全等级划分是指按照 1 ~ 5 的递增顺序确定网络信息安

全等级，采取相应的管理和技术措施加以保护。

2. 信息系统应分为以下安全级别：

（a）信息系统遭到破坏的程度达到一级时，它将损害组织、个人的合法权利和利益，而非公共利益、社会秩序和安全、国防安全；

（b）信息系统遭到破坏的程度达到二级时，将严重损害组织、个人的合法权益，损害公共利益，但不损害社会秩序和安全、国防安全；

（c）信息系统遭到破坏的程度达到三级时，将严重破坏生产、公共利益、社会秩序和安全、国防安全；

（d）信息系统遭到破坏的程度达到四级时，它将极大地损害公共利益、社会秩序和安全，或严重损害国防安全；

（e）信息系统遭到破坏的程度达到五级时，它将极大地损害国防安全。

3. 政府应规定标准、权力、顺序和程序的细节，以确定信息系统的安全等级，确保各级网络信息安全。

第22条　信息系统保护职责

1. 确定信息系统的安全级别。

2. 评估和管理信息系统的安全风险。

3. 督促、监督和审查信息系统的保护工作。

4. 采取措施保护信息系统。

5. 遵守报告制度。

6. 开展公共信息宣传，提高网络信息安全意识。

第23条　保护信息系统的措施

1. 在信息系统的设计、建设、管理、运营、使用和删除方面颁布网络信息安全法规。

2. 按照网络信息安全技术标准和规范采取技术措施，预防、避免和补救网络信息安全事件。

3. 检查和监督法规的遵守情况，并评估使用中的管理和技术措施的有效性。

4. 监测信息系统安全。

第 24 条　信息系统安全监控

1. 信息系统安全性是指选择被监控的监测对象、工具，以收集和分析受监测的信息状况，以确定可能对信息系统产生影响的因素；报告和警告任何违反网络信息安全的行为或任何可能导致信息系统发生网络信息安全事件的行为；分析影响网络信息安全状况的关键因素并建议改变技术措施。

2. 安全状态监控的对象包括防火墙、访问控制、主要信息路由、重要服务器、设备或终端。

3. 电信公司、信息技术服务提供者、网络信息安全服务提供者应当根据国家主管机关的要求，配合信息系统所有者进行信息系统安全监测。

第 25 条　信息系统所有者的责任

1. 信息系统所有者应当依照本法第 22 条、第 23 条、第 24 条的规定保护信息系统。

2. 使用国家预算的信息系统所有者应当履行本法第 1 款规定的职责，并应：

（a）制订网络信息保护计划，在信息系统建立、扩展或升级时由主管国家机构评估。

（b）指定负责网络信息安全的个人或部门。

第 26 条　国家重要信息系统

1. 国家重要信息系统的建立、扩展和升级，应当在投入使用前进行网络信息安全审计。

2. 信息通信部主持和配合国防部、公安部和有关部委、部门编制国家重要信息系统名录，报总理发布。

第 27 条　国家重要信息系统网络信息安全保障职责

1. 国家重要信息系统所有者应当：

（a）执行本法第 25 条第 2 款的规定；

（b）定期评估网络信息安全风险，这应由主管当局任命的专门组织来完成；

（c）为信息系统部署备用方案；

（d）制订保护计划和操作计划，以保护国家重要信息系统。

2. 信息通信部应：

（a）主持并与国家重要信息系统所有者、公安部及相关部委和部门合作、指导、监督、检查和审查国家重要信息系统的网络信息安全保护活动，但本条第 3 款和第 4 款规定的除外；

（b）要求电信公司、信息技术公司参与国家重要信息系统的技术咨询、支持和应对网络信息安全事件。

3. 公安部主持、指导、监督、检查、监测所管理的国家重要信息系统网络信息安全保护活动；配合信息通信部、国家重要信息系统所有人、各部委开展工作。各级部门和人民委员会根据主管机关的要求，保护国家重要信息系统。

4. 国防部主持、指导、监督、检查、监测所管理的国家重要信息系统网络信息安全保护活动。

5. 政府信息安全委员会主持和实施属于国家机关、政治和社会政治组织的国家重要信息系统的解决方案；配合国家重要信息系统所有人依法进行网络信息安全监测。

第四节　防止网络信息冲突

第 28 条　组织和个人预防网络信息冲突的责任

1. 组织和个人在其职权范围内：

（a）防止其自损信息系统中的信息；通过地方、外国组织和个人的信息系统，协作以查明网络攻击的来源、避免网络攻击、对其结果进行补救。

（b）阻止任何旨在破坏网络完整性的国内或国外组织和个人的行为。

（c）杜绝地方、外国组织和个人在网络上实施严重影响国防安全、社会秩序安全的违法行为。

2. 政府应制定防范网络信息冲突的细则。

第 29 条　防止网络用于恐怖主义目的

1. 阻止将网络用于恐怖主义的措施包括：

（a）消解使用互联网资源进行恐怖活动的行为；

（b）阻止建立和扩大与网络恐怖主义组织的信号、因素、方法和用途有

关的信息交流;

（c）控制互联网资源，追踪和控制有恐怖主义目的网站内容，并对经验和做法进行交流。

2. 政府应详细说明的责任和为恐怖主义目的制止网络使用的措施。

第三章　民用加密

第 30 条　民用密码产品和服务

1. 民用密码产品是指为保护国家秘密领域以外的信息而使用的资料、技术设备和密码技术。

2. 民用密码业务是指利用民用密码产品，保护民用密码产品使用信息；审查、评估民用密码产品；提供使用民用密码产品相关的保密咨询和网络信息安全咨询服务。

第 31 条　买卖民用密码产品

1. 经营民用密码产品的公司，应当取得密码产品或者服务经营许可证。

2. 公司取得经营密码产品或者服务的营业执照，应当具备下列条件：

（a）拥有符合信息保密和安全技能要求的行政、管理和技术人员；

（b）设备和设施符合加密产品或服务的交易规模；

（c）有符合法规、技术标准和规范的可行技术和销售计划；

（d）加密产品或服务的管理和供应过程，应制订网络信息机密性和安全性计划；

（e）制订适当的商业计划书。

3. 密码产品在市场上流通前，必须经过符合标准的检验和认证。

4. 公司被授予密码产品和服务贸易的营业执照的，应按照法律的规定缴纳费用。

5. 政府应发布密码产品和服务清单以及本条款的详细内容。

第 32 条　获取民用密码产品和服务交易营业执照的顺序、程序

1. 申请获得民用密码产品和服务经营许可证的，应当向政府密码委员会提出申请。

2. 获取民用密码产品和服务交易营业执照的申请应当一式两份，包括：

（a）申请经营民用密码产品的营业执照；

（b）商业登记证、投资登记证或同等证件的复印件；

（c）管理、运营和技术人员对于信息保密性与安全性的证书或技能证书的复印件；

（d）技术计划包括技术规范和产品参数的文件；产品技术规范；服务的标准和质量；技术解决方案和措施；产品维护和服务计划；

（e）在民用密码产品、服务的管理和供应过程中对网络信息的保密性与安全性进行计划；

（f）业务计划包括范围、供应对象、产品规模、服务和系统，为客户提供服务和技术保障。

3. 政府密码委员会应当自收到充分的文件之日起 30 天内，审查批准经营民用密码产品和服务的营业执照；不予核准的，应当书面通知，并说明理由。

4. 经营民用密码产品和服务的营业执照，有效期为 10 年。

第 33 条　民用密码产品和服务交易营业执照的变更、换发、暂停和撤销

1. 经营民用密码产品和服务的公司，其名称、法定代表人发生变更或者民用密码产品、服务变更或增加的，应当变更其营业执照。

公司应当向政府密码委员会申请变更营业执照。申请书一式两份，包括：

（a）营业执照变更申请书；

（b）商业登记证、投资登记证或同等证件复印件；

（c）授予民用密码产品和服务交易的营业执照；

（d）如果公司要求增加民用密码产品和服务，以及业务领域，公司应依照本法第 32 条第 2 款第（d）项、第（e）项和第（f）项规定的要求提供所增加产品和服务的技术规划，网络信息保密和安全计划，以及业务计划。

政府密码委员会自收到充分的文件之日起 10 个工作日内，对公司营业执照进行审查、变更和换发；不予受理的，应当书面通知，并说明理由。

2. 经营民用密码产品和服务的营业执照遗失或者损坏的，公司应当向政府密码委员会提出申请，说明理由，申请重新颁发。政府密码委员会应当自收到申请之日起 5 个工作日内，对公司营业执照进行审查，并重新颁发。

3. 公司未违反民用密码产品和服务交易法律规定的，持有民用密码产品和服务的营业执照，可以续期一次，续期最长为一年。许可证的续期申请应在许可证期满前至少 60 天提交给政府密码委员会。许可证的续期申请书应一式两份，包括：

（a）许可证续签的申请；

（b）经营民用密码产品和服务的有效营业执照；

（c）公司最近 2 年经营情况报告。

自收到充分文件之日起 20 天内，政府密码委员会应审查并作出续签和重新授予公司许可证的决定；任何拒绝应以书面形式予以通知，并明确说明理由。

4. 有下列情形之一的，公司应当停止其经营民用密码产品和服务，最长不得超过 6 个月：

（a）提供不符合许可内容的产品或服务；

（b）不符合本法第 31 条第 2 款规定的条件之一的；

（c）法律规定的其他情形。

5. 有下列情形之一的，公司应当吊销其经营民用密码产品和服务的许可证：

（a）无正当理由，自许可证授予之日起 1 年内未提供服务的；

（b）许可证过期；

（c）停止期届满后，未对本条第 4 款所述问题予以补救。

第 34 条　民用密码产品的进出口

1. 民用密码产品目录中允许进出口的民用密码产品，在进出口时，公司应当持有国家主管机关颁发的民用密码产品进出口许可证。

2. 公司具备下列条件的，应当颁发民用密码产品进出口许可证：

（a）持有民用密码产品经营许可证；

（b）进口的民用密码产品经国家标准认证，并按照本法第 39 条的规定公布其合法性；

（c）使用民用密码产品的主体和目的不会对国防、安全和社会秩序安全造成损害。

3. 获取民用密码产品进出口许可证的申请，提交的材料应当包括：

（a）获得民用密码产品进出口许可证的申请；

（b）民用密码产品和服务交易营业执照复印件；

（c）进口民用密码产品的合法性证书复印件。

4. 政府密码委员会自收到充分的文件之日起 10 个工作日内，应审查并向公司颁发民用密码产品进出口许可证；任何拒绝应以书面形式予以通知，并明确说明理由。

5. 政府应根据本条款，颁布允许进出口的民用密码产品清单上的产品的许可和详细规定。

第 35 条　从事民用密码产品和服务交易的公司的责任

1. 管理产品技术和工程解决方案的文件和资料。

2. 对客户信息（如名称、类型、数量、使用民用密码产品和服务的目的）进行处理、存储和保密。

3. 每年 12 月 31 日前，向政府密码委员会报告其业务、民用密码产品和服务的进出口情况以及客户信息概要。

4. 采取措施确保民用密码产品在传输和存储过程中的安全。

5. 在监测到相关组织、个人违反使用民用密码产品和服务的法律，或违反关于使用公司提供的产品或服务的约定时，拒绝提供民用密码产品和服务。

6. 根据国家主管机关的要求，暂停或停止提供民用密码产品和服务，以确保国防安全、社会纪律和秩序。

7. 合作并为国家主管机关在必要时采取专业措施提供条件。

第 36 条　使用民用密码产品和服务的组织和个人的责任

1. 遵守与民用密码产品提供者就密码密钥的使用管理、民用密码产品的转让、维修、维护、废弃和销毁以及其他相关内容所做的规定。

2. 根据要求向国家主管机关提供与加密密钥有关的必要信息。

3. 合作并为国家主管机关采取措施防止窃取信息、密钥犯罪或以非法目的为使用民用密码产品提供条件。

4. 使用由未经许可从事民用密码产品的提供者提供的民用密码产品的组

织、个人，应向政府密码委员会申报，但驻越南的外交机构、外国领事馆和政府间组织的代表机构除外。

第四章　网络信息安全标准与规范

第 37 条　网络信息安全标准与规范

1. 网络信息安全标准包括国际标准、区域标准、国外标准、国家标准和制造商关于信息系统、硬件、软件和网络信息管理与安全运行系统的标准，这些标准已在越南公布并得到认可。

2. 网络信息安全技术法规包括国家和地方层面关于信息系统、硬件、软件产品和信息系统的规范，以及在越南建立、发布和实施的网络信息安全管理和运行程序。

第 38 条　网络信息安全管理标准与规范

1. 网络信息安全规范一致性认证是指认证网络信息安全的硬件、软件产品、信息系统、管理系统符合网络信息安全技术规范。

2. 发布网络信息安全规范一致性是指组织或公司公布网络信息安全的硬件、软件产品、信息系统、管理系统符合网络信息安全技术规范。

3. 网络信息安全标准一致性认证是指认证网络信息安全的硬件、软件产品、信息系统、管理系统符合网络信息安全标准。

4. 发布网络信息安全标准一致性是指组织或公司公布网络信息安全的硬件、软件产品、信息系统、管理系统符合网络信息安全标准。

5. 根据现行的标准和规范方面的法律，科技部将主持、协调有关机构评估和颁布国家网络信息安全标准。

6. 信息通信部应：

（a）起草国家网络信息安全标准，但本条第 7 款所述的国家标准除外；

（b）发布网络信息安全规范，但本条第 7 款规定的国家标准除外；并规定网络信息安全监管合规性评估；

（c）管理网络安全产品和服务的质量，民用密码产品和服务除外；

（d）负责网络信息安全合规认证机构的注册、指定和管理业务；负责民用密码产品和服务合规认证的组织除外。

7. 政府密码委员会应协助国防部部长起草适用于民用密码产品和服务的国家标准，提交主管机关发布并指导实施；为国防部部长准备并提交该文件，以颁布民用密码产品和服务的国家规范，指定和管理负责民用密码产品和服务合格认证的组织的运作；管理民用密码产品和服务的质量。

8. 省级人民委员会应当制定、发布和指导地方网络信息安全规范的实施；管理本行政区域内的民用密码产品和服务质量。

第39条　网络信息安全评估合规标准和规范

1. 对下列情况进行网络信息安全标准合规评估：

（a）组织、个人销售网络信息安全产品，应当进行合规性认证或公告，并进行合规盖章；

（b）服务于网络信息安全的国家管理。

2. 对国家重要信息系统网络信息安全标准和规范以及国家网络信息安全管理的合规性评估，由信息通信部部长指定的合规性评估机构进行。

3. 对民用密码产品和服务的标准与规范的合规性评估应由国防部部长指定的合规性评估机构进行。

4. 在越南与其他国家、地区之间，越南合规认证机构与其他国家和地区之间的网络信息安全标准和规范的一致性评估结果的相互认可，应遵守有关标准和技术规范的法律规定。

第五章　网络信息安全业务

第一节　授予网络信息安全产品和服务业务许可

第40条　网络信息安全业务

1. 网络信息安全业务应具备相应条件。网络信息安全业务包括网络信息安全产品业务和网络信息安全服务业务。

2. 经营本法第41条规定的网络信息安全产品和服务业务，应当取得国家主管机关授予的网络信息安全产品和服务业务许可。网络信息安全产品和服务的经营许可证有效期为10年。

3. 经营网络信息安全产品、服务，应当遵守本法和其他有关法律的规定。

经营民用密码产品和服务的适用条件，授予民用密码产品和服务贸易许可证的程序，民用密码产品和服务的进出口，民用密码产品和服务贸易公司的责任以及民用密码产品和服务的使用，应遵守本法第三章的规定。

授予提供数字签名认证服务许可的条件、顺序及程序必须符合《电子交易法》。

第 41 条　网络信息安全产品和服务

1. 信息安全服务包括：

（a）信息安全测试与评估；

（b）在不使用民用密码系统的情况下的信息保密；

（c）民用密码服务；

（d）数字签名服务；

（e）网络信息安全咨询；

（f）网络信息安全监控；

（g）网络信息安全事件响应服务；

（h）日期恢复服务；

（i）网络攻击预防服务；

（j）其他。

2. 信息安全产品包括：

（a）民用密码产品；

（b）用于测试和评估网络信息安全的产品；

（c）监控网络信息安全的产品；

（d）针对攻击或黑客攻击的产品；

（e）其他。

3. 政府应对本条第 1 款第（j）项和第 2 款第（d）项所述网络信息安全产品和服务，进行详细列明。

第 42 条　授予网络信息安全产品和服务交易营业执照的条件

1. 公司在完全符合下列条件时，应当授予网络信息安全产品、服务交易的营业执照。但本法第 41 条第 1 款第（a）项至第（d）项，以及第 41 条第 2 款第（a）项规定的除外：

（a）符合国家网络信息安全发展的战略和规划；

（b）具有与提供网络信息安全产品和服务的规模相适应的设备和设施；

（c）具有符合信息安全技能要求的管理人员、运营人员和技术人员；

（d）具有适当的商业计划书。

2. 公司符合下列所有条件的，应当授予公司网络信息安全审查和评估的营业执照：

（a）本条第 1 款规定的条件；

（b）公司在越南设立、合法经营，外商投资公司除外；

（c）公司的法定代表人，管理、业务和技术人员是永久居住在越南的越南公民；

（d）具有符合技术标准和规范的技术计划；

（e）具有在提供服务过程中对客户信息进行保密的计划；

（f）具有信息安全审查和评估的文凭或技能证书的管理、业务和技术人员。

3. 公司提供信息保密服务，符合下列所有条件的，授予公司不使用民用密码系统提供信息保密服务的营业执照：

（a）本条第 2 款第（a）项至第（e）项规定的条件；

（b）具有信息保密性的文凭或技能证书的管理、业务和技术人员。

4. 政府应具体规定本条的细节。

第 43 条　申请网络信息安全产品和服务交易许可证

1. 公司申请网络信息安全产品和服务交易许可证的，应当向信息通信部提出申请。

2. 网络信息安全产品和服务交易许可证申请书一式五份，包括：

（a）申请网络信息安全产品和服务交易许可证，并具体说明要交易的网络信息安全产品和服务的类型；

（b）商业登记证、投资登记证或同等证明的复印件；

（c）确保符合法律要求的技术设备和设施的说明；

（d）业务计划包括范围、提供产品和服务的对象、标准以及产品和服务的质量；

（e）关于管理、业务和技术人员信息安全的证书或技能证书复印件。

3. 除本条第2款所述的文件外，申请不使用民用密码系统的信息安全审查和评估服务或者信息保密服务的许可证还应当包括：

（a）法定代表人以及管理、业务和技术人员的警方记录表；

（b）技术方案；

（c）提供服务过程中对客户信息保密的计划。

第44条　申请审查和授予网络信息安全产品和服务的交易许可

1. 信息通信部应自收到充分文件之日起40天内，主持并协调有关部委、部门审批网络信息安全产品和服务交易许可证，但本法第41条第1款第（c）项、第（d）项和第2款第（a）项所述产品和服务交易除外；任何拒绝应以书面形式予以通知，并说明理由。

2. 网络信息安全产品和服务交易许可证的主要内容如下：

（a）公司名称，越南语和外语的交易名称（如有）；其在越南的主要办事处的地址；

（b）法定代表人姓名；

（c）许可证的编号、授予日期和有效期；

（d）允许交易的网络信息安全产品和服务。

3. 被授予网络信息产品和服务交易许可证的公司，应当依法缴纳费用。

第45条　网络信息安全产品和服务交易营业执照的变更、换发、暂停、撤销和重新授予

1. 经营网络信息安全产品、服务的公司，其名称、法定代表人发生变更或者自行提供的网络信息安全产品、服务发生变更、增加的，应当变更其营业执照。

相关公司应向信息通信部申请修改许可证。申请书一式两份，包括业务修改申请书、详细说明修改内容的报告及其他相关文件。

信息通信部应当自收到足够的文件之日起10个工作日内，对公司的经营许可证进行审查、变更和重新授予；不予授予的，应当书面通知，并说明理由。

2. 网络信息安全产品和服务交易许可证遗失或者损坏的，公司应当向信息通信部提出申请，说明原因，重新授予许可证。信息通信部应当自收到申请之日起 5 个工作日内，审核并重新授予公司许可证。

3. 公司未违反网络信息安全产品和服务交易方面法律规定的，可以进行一次网络信息安全产品和服务交易许可证的续期，期限不得超过 1 年。续期许可的请求应至少在许可证到期日的 60 天前向信息通信部备案。许可证的续期申请书应一式两份，包括：

（a）申请续签许可证；

（b）网络信息安全产品和服务交易的有效许可证；

（c）报告公司最近 2 年的运营情况。

信息通信部应当自收到充分的文件之日起 20 天内，审查决定公司许可证的续签和重新授予；不予批准的，应当书面通知公司，并说明理由。

4. 公司有下列情形之一的，暂停其网络信息安全产品和服务的交易，但最长不得超过 6 个月：

（a）提供不符合许可内容的服务；

（b）不符合本法第 42 条规定的条件之一的；

（c）法律规定的其他情形。

5. 有下列情形之一的，公司应当吊销其经营民用密码产品和服务的营业执照：

（a）无正当理由，自许可证授予之日起 1 年内未提供服务；

（b）许可证过期；

（c）在许可证暂停期届满后，未能纠正本条第 4 款规定的情况的。

第 46 条　网络信息安全产品和服务交易公司的职责

1. 管理与产品技术和管理解决方案有关的文件和资料。

2. 客户信息的处理、存储和保密。

3. 每年 12 月 31 日前向信息通信部报告网络信息安全产品和服务的业务、进出口情况。

4. 发现相关组织、个人违反使用网络信息安全产品和服务的法律，或违反公司提供的产品或服务的使用约定时，应拒绝向其提供网络信息安全产品和服务。

5. 根据国家主管机关的要求，暂停或停止提供网络信息安全产品和服务，以保障国防安全、社会纪律和秩序。

6. 合作并为国家主管机关在必要时采取专业措施提供条件。

第二节　网络信息安全产品进口管理

第 47 条　网络信息安全产品进口管理原则

1. 网络信息安全产品进口管理应当依照本法和有关法律的规定执行。

2. 享有外交优惠和豁免的机构、组织或个人的进口，应受适用于驻越南的外交机构、领事馆和国际组织的代表的海关、优惠政策和豁免相关的法律管辖。

3. 对于网络信息安全进口产品，在没有越南网络信息安全技术规范的情况下，适用越南社会主义共和国加入的国际协定和条约。

第 48 条　网络信息安全产品进口许可证

1. 根据政府规定的许可进口网络信息安全产品清单中规定的网络信息安全产品，进口商应当取得国家主管机关颁发的网络信息安全产品进口许可证。

2. 进口网络信息安全产品的组织、公司，应当依照本法第 39 条的规定，履行进口前合规性认证以及公告程序。

3. 符合下列所有条件的组织、公司，颁发网络信息安全产品进口许可证：

（a）持有网络信息安全产品经营许可证；

（b）网络信息安全产品经认证并公告符合本法第 39 条规定的技术规范；

（c）使用网络信息安全产品的主体和目的不会损害国防安全、社会秩序和安全。

4. 信息通信部应当根据许可证，提供网络信息安全产品进口许可证的顺序、程序和申请的详细信息。

第六章　网络信息安全的人力资源开发

第 49 条　网络信息安全技能培训与教育

1. 信息系统所有者应当为管理人员和技术人员提供网络信息安全知识和

技能的培训与教育。

2. 负责网络信息安全工作的人员，应当具备相应的技能工作条件，并优先接受网络信息安全技能培训。

3. 国家鼓励组织和个人投资、合作、联合其他组织投资建设网络信息安全领域的大学教育设施、人力资源职业培训设施。

4. 内政部主持并配合信息通信部和有关部委、部门，为公务员和职工制订计划并组织培训，提高公职人员和员工的网络信息安全知识与技能。

第50条　网络信息安全培训证书及文凭

1. 高等学校、职业培训机构按照职责权限颁发网络信息安全培训证书和证明。

2. 教育培训部主持并配合信息通信部和有关部委、部门，对外国组织颁发的大学毕业生网络信息安全培训证书进行认定。

3. 劳动部、伤残军人和社会事务部主持并配合信息通信部和有关部委、部门对外国组织颁发的网络信息安全技能职业培训证书进行认定。

第七章　网络信息安全状态管理

第51条　网络信息安全状态管理内容

1. 制定网络信息安全战略、策划、规划和政策；编制和指导国家网络信息安全规划的实施。

2. 发布和实施网络信息安全法律文书；制定和发布国家标准；发布网络信息安全技术规范。

3. 国家对民用密码的管理。

4. 管理网络信息安全标准和规范的合规性评估与公告。

5. 管理信息系统的安全监控。

6. 信息系统设计文件中的网络信息安全评估。

7. 网络信息安全法律教育和宣传。

8. 管理网络信息安全产品和服务中的交易活动。

9. 组织科学和工程研究并应用网络信息安全；开发网络信息安全人力资源；培训负责网络信息安全的人员。

10. 审查、检查和解决与网络信息安全相关的索赔、谴责，并处理违反法律的行为。

11. 网络信息安全国际合作。

第 52 条 国家网络信息安全管理职责

1. 国家对网络信息安全实行统一管理。

2. 信息通信部对国家网络信息安全管理工作负责，其职权如下：

（a）发布或建立、提升主管部门发布网络信息安全法律法规、战略、规划、计划、国家标准和技术规范的能力；

（b）评估信息系统设计文件中的网络信息安全；

（c）管理全国范围内信息系统安全的监测，但本条第 3 款第 （c） 项和第 5 款第 （b） 项所述的信息系统除外；

（d）管理评估网络信息安全；

（e）授予网络信息安全产品和服务交易许可证、信息安全产品进口许可证，民用密码产品和服务除外；

（f）组织网络信息安全活动中的科学工程研究和应用；培训、提高知识和技能、开发人力资源；

（g）管理和开展网络信息安全方面的国际合作；

（h）审查、检查和解决与网络信息安全相关的索赔、谴责，并处理违反法律的行为；

（i）主持、配合有关部委、部门、省人民委员会和公司，确保网络信息安全；

（j）教育、宣传网络信息安全的法律；

（k）每年向政府报告网络信息安全。

3. 国防部的职权如下：

（a）发布或建立、提升主管部门在其管理的领域内发布网络信息安全的法律法规、战略、规划、计划、技术标准和规范的能力；

（b）审查、检查和解决索赔、谴责，并处理违反法律的行为，以确保其管理领域的网络信息安全；

（c）管理所管理的信息系统的安全监控。

4. 政府密码委员会应协助国防部长实施国家民用密码管理，其职责如下：

（a）建立和提升国家主管机关发布民事密码管理法律文书的能力；

（b）主持和配合有关部委与部门，建立、扩大国家主管机关的权限，发布适用于民用密码产品和服务的国家标准、技术规范；

（c）管理商业活动和民用密码技术的使用；管理民用密码产品和服务的质量；管理与民用密码产品和服务有关的标准和合规性的评估和公告；

（d）建立并提升主管当局针对许可证，签发民用密码产品和服务清单以及进出口的民用密码产品和服务清单；

（e）授予民用密码产品和服务交易许可证，进出口民用密码产品许可证；

（f）审查、检查和解决索赔、谴责，处理商业活动中以及使用民用密码系统中的违法行为；

（g）在民用密码技术方面开展国际合作。

5. 公安部的职权如下：

（a）主持和配合有关部委、部门建立和扩大机构，由主管部门负责发布或按规定发布、指导实施国家秘密的保护相关法律文书，防止网络犯罪和网络使用侵犯国家安全、社会秩序安全；

（b）管理所管理的信息系统的安全监控；

（c）组织、指导、部署反犯罪行动，组织调查网络犯罪和网络信息安全领域的其他违法行为；

（d）配合信息通信部及有关部门，按规定对网络信息安全违法行为进行检查、审查和解决。

6. 民政部组织对公职人员和从业人员进行网络信息安全知识和技能的培训和教育。

7. 教育培训部组织对高校教育机构进行网络信息安全知识培训和宣传。

8. 劳动部、伤残军人和社会事务部应当组织职业培训机构培训和宣传网络信息安全知识。

9. 财政部按照规定指示和分配预算履行网络信息安全职责。

10. 各部及同等部门在其职权范围内与信息通信部合作，对国家网络信息安全进行管理。

11. 省级人民委员会在其职权范围内，对地方信息进行管理。

第八章　实施条款

第 53 条　本法的生效

本法自 2016 年 7 月 1 日起施行。

第 54 条　细节的规定

政府和国家主管机关应规定本法规定的条款和细节。

本法于 2015 年 11 月 19 日在越南社会主义共和国第十一届国民大会第十次会议上通过。

南非信息保护法制概览

南非《2013 年个人信息保护法》在 2009 年由南非国民大会提议，并于 2013 年 11 月经南非总统签署发布后成为法律。该法共有 12 章 115 条，包括定义和目的、适用条款、依法处理个人信息的条件及豁免、监督、事前许可、行为守则等。

该法旨在促进公共及私人机构对处理个人信息的保护，并规定了处理个人信息的最低要求，对个人信息、特殊个人信息分别进行了定义，并对各类机构对个人数据处理提出了合规要求，从而建立起个人信息的处理规则。该法适用的"责任主体"是指可以单独或与他人共同决定处理个人信息的目的和方式的公共与私人机构或其他人。"责任主体"对个人数据的收集、存储、加工和传播行为都应遵循法律规定。

比较有特色的是，该法规定不同的条款可以设定不同的实施日期，也可以对不同类别的信息或机构设定不同的实施日期，并自总统在宪报上发布之日起生效。2014 年 4 月 11 日，南非总统首次在宪报上发布公告，公告规定：本法第 1 条的定义部分、第五章第一部分关于信息监管机构设置、职责与职权的规定、第 112 条部长制定实施细则的规定以及第 113 条实施细则的制定程序自公告之日起生效。根据规定，南非境内对个人信息的所有处理活动，在 2019 年年底之前必须符合本法的要求。通过长达 5 年过渡期条款的安排，让不同的组织和机构有充分的时间进行合规能力建设，满足对个人信息处理保护的要求。

本法赋予了数据主体更广泛的权利，第 5 条规定数据主体的权利包括知情权，查阅权，要求更正、销毁或删除个人信息权，个人信息处理异议权，不作出决定权，投诉权，民事起诉权等。第三章详细规定了依法处理个人信息的最低条件。其中，第 8 条至第 25 条规定了针对一般个人信息处理的 8 个条件，包括问责、处理限制、用途说明、深度处理限制、信息质量、信息公开、安全保障和数据主体参与。第 26 条至第 33 条规定了针对特殊个人信息的处理条件，要求责任方不得处理涉及以下事项的个人信息：宗教或哲学信仰、种族或民族血统、工会会员资格、政治、健康、性生活或数据主体的生物特征信息，以及与数据主体犯罪行为有关的信息，除非获取处理特殊个人信息的一般授权。

该法还设立了信息监管机构和信息官制度。第五章第一部分规定了监管机构的职责，包括提供教育，监督和执行本法规定的合规要求，与相关利益方协商，处理投诉，开展研究并向议会报告工作，发布、修订、撤销行为守则，促进信息保护执法的跨境合作等。第二部分规定了信息管理官制度，要求机构设置信息管理官，在责任方向监管机构登记后，信息管理官就可以履行本法规定的职责，包括：鼓励机构遵守合法处理个人信息的条件；处理根据本法向机构提出的请求；与监管机构在调查方面进行合作，并根据第六章的规定开展调查；以其他方式确保机构遵守本法的规定。

个人信息保护法

（英文文本经总统签署；2013 年 11 月 19 日批准）

本　　法

本法旨在促进公共及私人机构保护处理的个人信息；订立处理个人信息的最低要求；明确信息监管机构在本法及《2000 年促进信息获取法》中的职权与职责；发布行为守则；赋予个人在未经受邀电子通信网络及自动决策方面的权利；订立个人信息跨境流动的规则及其他事项。

序　　言

承认：

·《南非共和国宪法》第 14 条规定每个人都享有隐私权；

·隐私权包括保护个人信息不被非法收集、保留、传播和使用的权利；

·国家必须尊重、保护、促进和实现人权法的各项权利。

遵循：

·符合民主和开放的宪法价值观，适应经济和社会发展的需要，在信息社会框架下，消除个人信息等自由流动的障碍。

目的：

·以保护权利和重要利益为目的，使公共和私人机构处理个人信息的方式与国际标准接轨，在合理限制的范围内实现隐私权。

经南非共和国议会通过，本法内容如下：

第一章　定义和目的

1. 定义

在本法中，除非上下文另有规定：

"生物特征"系指基于身体、生理或行为特征的个人身份识别技术，包括血型、指纹、DNA 分析、视网膜扫描和语音识别。

"儿童"系指年龄在 18 周岁以下的自然人，没有法定监护人的帮助，不具备行为能力对自身有关的事项采取行动或作出决定。

"行为守则"是指根据第七章颁布的行为守则。

"具有行为能力的人"是指在法律上有权同意对关于儿童的事项采取行动或决定的人。

"同意"系指允许处理个人信息的自愿、具体和知情的意思表示。

"宪法"是指 1996 年的《南非共和国宪法》。

"数据主体"是指个人信息所涉及的人。

"无法识别"数据主体的个人信息，系指：

（a）确定数据主体；

（b）能够以合理可预见的方式识别数据主体或管控数据主体；或

（c）能够以合理可预见的方式链接到识别数据主体的其他信息，并且"无法识别"具有相应的含义。

"直接营销"系指为了以下目的，直接或间接地联络数据主体，无论是亲自联络或通过邮件和电子通信：

（a）在正常业务过程中向该数据主体宣传或提供商品或服务；或

（b）要求数据主体捐赠。

"电子通信"系指通过电子通信网络发送的、存储于网络或接收方终端设备中的文字、音频、视频或图像信息，直至被接收方收集。

"强制执行通知"系指根据第 95 条的规定发出的通知。

"归档系统"系指根据特定标准可获得的结构化个人信息，无论是在功能上还是在地理上集中或分散，可根据具体标准获取。

"信息匹配计划"系指通过电子或其他设备将包含 10 个或以上数据主体

个人信息的文件与包含 10 个或以上数据主体的个人信息的文件进行比较，目的在于生成或核实信息，并用于对可识别的数据主体采取行动。

"信息官"：

（a）公共机构是指第 1 条或第 17 条中规定的信息管理人员或副信息管理人员；或

（b）私人机构是指《促进信息获取法》第 1 条规定的私人机构的负责人。

"部长"是指负责司法管理的内阁成员。

"运营商"是指根据合同或委托为责任方处理个人信息，并且不受该方直接授权的人员。

"人"是指自然人或法人。

"个人信息"是指可识别的、现存的自然人以及可识别的、现有法人的信息，包括但不限于：

（a）涉及本人的种族、性别、性、怀孕、婚姻状况、国家、民族或社会来源、肤色、性取向、年龄、身心健康、福祉、残疾、宗教、良知、信仰、文化、语言和出生的信息；

（b）该人的教育背景或医疗、财务、犯罪或就业记录等信息；

（c）个人身份证件号码、标识、电子邮箱、物理地址、电话号码、位置信息、网络标识等特定身份信息；

（d）自然人的生物识别信息；

（e）个人意见、观点或偏好；

（f）属于私人或秘密性质以默示或明示方式存在的信件，或能反映原始信件内容的回信；

（g）他人对本人的看法或意见；

（h）个人姓名，如果与此人有关的个人信息同时出现，或者泄露姓名本身会导致此人的信息对外披露。

"规定"是指本法或行为守则所规定的含义。

"私营机构"是指：

（a）进行交易、业务或专业活动且仅以此身份进行活动的自然人；

（b）开展贸易、业务或专业活动的合伙企业；或

（c）注销与现有的法人，但不包括公共机构。

"处理"是指对个人信息的操作活动或者一系列操作（无论是否通过自动方式），包括：

（a）收集、接收、记录、整理、整合、保存、更新或修改、检索、更改、协商或使用；

（b）通过传送、分发或其他可获得的方式传播；或

（c）信息的合并、链接、限制、劣化、删除或销毁。

"专业法律顾问"是指无论是否在私人执业中，应客户要求向其合法提供独立、保密法律意见的专业人士。

"促进信息获取法"是指《2000年促进信息获取法》（《2000年第2号法令》）。

"公共机构"是指：

（a）位于国家或省级政府范围内的国家部门或行政部门，或者位于地方政府范围内的市政当局。或

（b）其他职能人员或机构，包括：

（i）依照宪法或法律行使权力或履行义务；或

（ii）根据法律行使公共权力或履行公共职能。

"公共记录"系指在公共领域可获得的由某个公共机构拥有或控制的记录，无论该记录是否由该公共机构创建。

"记录"是指记录的信息：

（a）与形式或媒介无关，包括下列任何形式：

（i）在材料上书写；

（ii）通过磁带录音机、计算机设备（无论是硬件或软件还是两者兼有）或其他设备制作、记录或存储的信息，以及随后通过上述制作、记录或存储信息得出的材料；

（iii）标签、标记或以其他识别或描述其构成部分或以任何方式附着在其上的文字；

（iv）书籍、地图、平面图、图表或图纸；

（v）体现一种或多种视觉图像的照片、胶片、底片、磁带或其他装置，能够在某些设备或无须借助其他设备进行复制。

（b）为责任主体所占有或控制。

（c）无论是否由责任主体创建。

"监管机构"是指按照第39条的规定成立的信息监管机构。

"重新识别"与数据主体的个人信息相关，是指恢复已无法识别的信息，即：

（a）确定数据主体；

（b）能够以合理可预见的方式使用或控制以下各项：明确数据主体；或

（c）能够以合理可预见的方式与识别数据主体的其他信息进行关联，"重新识别"具有相应含义。

"共和国"是指南非共和国。

"责任主体"是指可以单独或与他人共同决定处理个人信息的目的和方式的公共与私人机构或其他人。

"限制"是指从阻止流通、使用或公开备案系统的个人信息，但不删除或销毁信息。

"特殊个人信息"是指第26条中提及的个人信息。

"本法"包括根据本法制定的法规或行为守则。

"唯一识别符号"是指分配给数据主体的，责任方为运营之目的使用的，可以唯一标识该数据主体与责任方关系的识别符号。

2. 本法目的

本法的目的是：

（a）实现宪法规定的隐私权，对责任方处理个人信息应进行合理限制，包括：

（i）在隐私权与其他权利，特别是获取信息的权利之间实现平衡；以及

（ii）保护重要利益，保障共和国境内和国际的信息自由流通。

（b）规定个人信息处理的方式，建立与国际标准相一致的条件，规定合法处理个人信息的最低门槛要求。

（c）保护个人信息免受不符合本法规定的处理并提供权利救济；

（d）通过建立自愿性和强制性的措施，包括建立信息监管机构，以确保尊重、促进、执行和履行权利。

第二章　适用条款

3. 本法的适用和解释

（1）处理以下个人信息适用本法：

（a）责任方使用自动或非自动方式形成的记录；通过非自动化方式处理的记录构成备案系统的组成部分。

（b）责任方：

（i）居住在共和国；或

（ii）虽然不在本国居住，但在本国使用自动或非自动手段，除非上述方式仅用于通过本国转发个人信息。

（2）（a）除了第（b）项的规定之外，其他法律对个人信息的处理规定与本法的目的或具体规定不一致，一律适用于本法。

（b）如果其他法律对合法处理个人信息的条件比本法第三章所述的范围更大，则以其他法律规定的条件为准。

（3）对本法的解释必须是：

（a）使第2条所述本法的目的实现；及

（b）并不阻止公共或私人机构在法律方面行使或履行处理个人信息相关的权力、职责和职能，并且处理行为也符合本法或第（2）款所述的其他规范个人信息处理的法规。

（4）"自动化手段"在本节中是指能够对处理信息的指令进行自动运行的设备。

4. 依法处理个人信息

（1）责任方合法处理个人信息的条件如下：

（a）第8条中提及的"问责制"；

（b）第9条至第12条中提及的"处理限制"；

（c）第13条和第14条中提及的"用途说明"；

（d）第 15 条中提及的"深度处理限制"；

（e）第 16 条提及的"信息质量"；

（f）第 17 条和第 18 条中规定的"公开"；

（g）第 19 条至第 22 条中提及的"安全保障"；及

（h）第 23 条至第 25 条中提及的"数据主体参与"。

（2）如果个人信息处理属于以下情形，则第（1）款中提及的条件不适用于：

（a）第 6 条或第 7 条规定的除外情形；或

（b）第 37 条或第 38 条规定的免除处理的条件。

（3）第 26 条禁止处理数据主体的个人特殊信息，但下列情形除外：

（a）适用第 27 条至第 33 条规定的情形；或者

（b）监管机构已根据第 27 条第（2）款的规定作出授权，且符合第 37 条或第 38 条的规定，同时也满足第三章所述合法处理个人信息的条件。

（4）第 34 条禁止处理儿童的个人信息，但下列情形除外：

（a）适用第 35 条第（1）款规定的情形；或

（b）监管机构已根据第 35 条第（2）款的规定作出授权，且符合第 37 条规定的，同时也满足第三章所述合法处理个人信息的条件。

（5）第 26 条和第 34 条禁止处理儿童的个人信息，但适用于第 27 条和第 35 条的情况除外，且符合第 37 条的规定，同时也满足第三章所述合法处理个人信息的条件。

（6）责任方合法处理个人信息的条件规定在第三章，涉及通过未经受邀电子通信的直接营销，则应依据第 69 条的规定。

（7）第 60 条至第 68 条规定，在适当情况下，应当通过制定行为守则规定第（1）款所指的条件并适用于特定部门，但根据第 37 条规定应予豁免的除外。

5. 数据主体权利

数据主体有权按照本法第三章规定的条件，合法处理个人信息，包括：

（a）被告知权：

（i）按照第 18 条的规定收集个人信息的；或者

（ii）按照第 22 条的规定，个人信息是由未授权人员访问或获取的。

（b）确认责任方是否掌控数据主体的个人信息，并根据第 23 条的规定要求查阅。

（c）按照第 24 条的规定，要求更正、销毁或删除其个人信息。

（d）按照第 11 条第（3）款第（a）项的规定，针对特定情形提出合理理由，反对处理个人信息。

（e）反对处理个人信息

（i）针对第 11 条第（3）款第（b）项所述以直接营销为目的，随时可以提起反对；或

（ii）根据第 69 条第（3）款第（c）项的规定。

（f）除第 69 条第（1）款规定外，不得为通过未经受邀电子通信方式直接营销为目的个人信息处理。

（g）不受自动代处理决定权，根据第 71 条的规定，该决定仅基于个人信息的自动处理，旨在提供包括工作表现、信用、可靠性、所在地、健康状况、个人喜好或行为在内的个人画像。

（h）就涉嫌妨碍数据主体个人信息保护的行为向监管机构提出投诉，或就本法第 74 条规定的裁判人员所作出的判定向监管机构提出投诉。及

（i）就妨碍第 99 条所规定的保护个人信息的行为提起民事诉讼。

6. 除外责任

（1）处理以下个人信息，不适用本法：

（a）在个人或家庭活动中；

（b）已经无法辨认，不能辨识的；

（c）公众团体或代表公众团体：

（i）涉及国家安全的，包括协助识别恐怖融资及相关活动、防务活动或者公共安全活动；

（ii）其目的是进行预防、检测，包括协助确认非法活动的收益，打击洗钱活动，对犯罪分子进行调查、取证，起诉、执行判决或采取安全措施，只要有关法律法规中对保护个人信息提供了充分的保障措施。

（d）代表内阁及其委员会或省级执法委员会；或

（e）涉及宪法第 166 条所规定的法院审判职能。

（2）"恐怖分子及相关活动"为第（1）款第（c）项之目的，系指《2004 年反恐怖活动和相关活动宪法民主保护法》（第 33 号法令）第 4 条中提及的活动。

7. 新闻、文学或艺术活动目的除外

（1）专为新闻、文学或艺术表现形式而处理个人信息，但为了公共利益而协调隐私权与言论自由权而有必要排除的，不适用本法。

（2）仅为新闻目的而处理个人信息的责任方，由于职务、雇佣或职业原因而受 20 条道德规范的约束，道德规范为保护个人信息提供了充分的保护，此种规范适用本法处理除外的规定，如果因处理而对数据主体个人信息的保护产生妨碍，则必须按道德规范的相关条款作出裁定。

（3）对于第（2）款所述行为守则中是否订有充分的保障措施发生争执的，则可考虑：

（a）言论自由表达中公众利益的重要性。

（b）国际国内标准的平衡：

（i）公众利益允许信息通过媒体自由传播，以承认公众的知情权；以及

（ii）对数据主体个人信息保护进行保障的公共利益。

（c）保护个人信息完整性的需要。

（d）国内和国际记者职业道德标准。以及

（e）由行业规范所规定的自律监督的性质和范围。

第三章　依法处理个人信息的条件

第一部分　一般个人信息处理

条件一　问责

8. 确保合法处理的责任主体

责任方必须确保处理目的、处理方式以及在处理过程中，都能遵守本章

规定的条件以及各项措施。

条件二　处理限制

9. 处理的合法性

个人信息的处理必须遵循:

（a）依法;以及

（b）在不侵犯数据主体隐私的前提下采取合理的方式。

10. 最低限度

个人信息应当根据既定目的,进行充分、相关的处理,处理不能过度。

11. 同意、正当性和提出反对

（1）处理个人信息必须符合以下条件:

（a）数据主体同意处理时,数据主体是儿童的,需要经监护人同意;

（b）为完成或履行数据主体的合同而采取行动是必要的;

（c）处理应当符合法律对责任方规定的义务;

（d）处理可以保护数据主体的合法利益;

（e）处理是公共机构履行公法责任所必需的;或

（f）处理是为了责任方或提供信息第三方的合法利益所必需的。

（2）（a）责任方负有举证义务,来证明已经取得第（1）款第（a）项所述数据主体或监护人的同意;

（b）数据主体或监护人可以随时撤回第（1）款第（a）项所述的同意,但不影响撤回前处理个人信息的合法性,也不影响根据第（1）款第（b）项至第（f）项对个人信息的处理。

（3）数据主体可以随时拒绝对个人信息的处理:

（a）依据第（1）款第（d）项至第（f）项的规定,以规定方式并存在合理的理由,除非此项处理有法律的规定;

（b）为直接营销的目的,而不是第69条所述的以非受邀电子通信方式的直接营销。

（4）数据主体根据第（3）款的规定反对处理的,责任方不应再继续处理个人信息。

12. 直接从数据主体收集

（1）个人信息必须直接从数据主体收集，但第（2）款另有规定的除外。

（2）在以下情形下，第（1）款的规定不需要遵守：

（a）该信息包含在公共记录中或从公共记录中可以获取，或是由数据主体故意公开。

（b）数据主体同意从其他途径收集的，数据主体是儿童的，需要取得监护人同意。

（c）从其他渠道收集信息不会损害数据主体的合法利益。

（d）从其他渠道收集信息是必要的：

（i）为避免损害公共机构对法律的维护，包括预防、侦查、调查、检控及惩罚犯罪；

（ii）遵守法律规定的义务或执行《1997 年南非税收服务法》（1997 年第 34 号法令）第 1 节征收税款的规定；

（iii）法庭或审判庭进行法律程序的需要；

（iv）为了国家安全；或

（v）维护责任方或被提供信息的第三方的合法权益。

（e）遵守规定将损害收集的合法目的。或

（f）在特定情况下，遵守规定不合理也不可行。

条件三　用途说明

13. 为特定目的而收集

（1）收集个人信息的目的必须明确合法，与责任方的职能或活动相关。

（2）必须按照第 18 条第（1）款的规定采取措施，以确保数据主体知悉收集信息的目的，但第 18 条第（4）款另有规定的除外。

14. 记录保留与限制

（1）除第（2）款及第（3）款另有规定外，个人信息记录的保存期限不得超过为实现收集或处理信息的目的所必要的时间，除非：

（a）法律要求或授权保留；

（b）为实现责任方的职能与活动相关的合法目的而提出合理要求；

（c）双方之间的合同要求保留的；或

（d）数据主体同意保留，数据主体为儿童的，需要取得监护人同意。

（2）如果责任方已经制定充分的保护措施来防止数据被用作其他目的，则对个人信息的保留期限可以超过第（1）款的规定，并可用于历史、统计或研究目的。

（3）使用数据主体的个人信息记录并针对数据主体作出决定的责任方，必须：

（a）按照法律或行为守则中规定的期限保留记录；或

（b）如果法律或行为守则中没有规定保留期限的，则需要考虑使用个人信息的情形确定保留期限，以便满足数据主体的查阅请求。

（4）责任方不再有权根据第（1）款或第（2）款保留记录的，必须在合理可行的范围内尽快销毁或删除个人信息的记录或消除识别。

（5）根据第（4）款销毁或删除个人信息的记录，必须不能被重新识别。

（6）责任方必须限制对个人信息的处理，如果：

（a）数据主体对其准确性提出质疑，责任方需要进一步核实信息的准确性；

（b）责任方不再需要个人信息来实现收集和处理的目的，但为证明目的所必须保留的；

（c）处理是非法的，数据主体反对销毁或删除，并要求限制使用；

（d）数据主体要求将个人数据传输到另一个自动处理系统。

（7）第（6）款所述的个人信息，除存储外，只可为证据目的而处理，或已经取得了数据主体的同意，数据主体是儿童的，需要取得监护人的同意，或是为了保护其他自然人或法人的权利，或处理符合公共利益。

（8）如果根据第（6）款对个人信息的处理施加限制，则责任方必须在取消处理限制之前通知数据主体。

条件四　深度处理限制

15. 与收集目的相适应的深度加工

（1）深度处理个人信息必须符合第 13 条所述收集目的。

（2）为评估信息处理是否符合收集目的，责任方必须考虑：

（a）处理目的与信息收集目的之间的关系；

（b）有关信息的性质；

（c）处理对数据主体产生的后果；

（d）收集信息的方式；和

（e）双方之间的合同权利和义务。

（3）如有以下情况，处理个人信息不符合收集目的：

（a）数据主体同意，数据主体是儿童的，监护人同意深度处理信息。

（b）该信息可在公共记录中获取或从公共记录中产生，或由数据主体故意公开。

（c）深度处理是必要的：

（i）为避免损害公共机构对法律的维护，包括预防、侦查、调查、检控及惩罚犯罪；

（ii）遵守法律规定的义务或执行《1997 年南非税收服务法》（1997 年第 34 号法令）第 1 节征收税款的规定；

（iii）法院或审判庭进行法律程序的需要；或

（iv）为了国家安全。

（d）深度处理有关信息对防止或减轻严重及迫近的威胁是必要的：

（i）公共卫生或公共安全；或

（ii）数据主体或其他人的生命或健康。

（e）信息用于历史、统计或研究目的，且责任方保证仅为此目的进行深度处理，不会以可识别的形式发布。

（f）深度处理信息可以根据第 37 条被豁免。

条件五　信息质量

16. 信息质量

（1）责任方必须采取合理可行的措施确保个人信息的完整性、准确性，没有误导，并在必要时予以更新。

（2）责任方采取第（1）款所规定的措施时，必须考虑收集和处理个人信息的目的。

条件六 信息公开

17. 文件归档

责任方必须保留《促进信息获取法》第14条或第51条所述的业务处理文件。

18. 个人信息收集时告知数据主体

（1）收集个人信息，责任方必须采取合理可行的措施，以确保数据主体知悉：

（a）信息收集的来源。

（b）责任方的名称和地址。

（c）收集信息的目的。

（d）数据主体提供的信息是自愿还是强制。

（e）未能提供信息的后果。

（f）授权或要求收集信息的法律规定。

（g）责任方将信息传输至第三国或国际组织可以对信息提供的保护程度。

（h）其他信息，例如：

（i）该信息的接收者或接收者类别；

（ii）信息的性质或类别；

（iii）是否享有获取和更改所收集信息的权利；

（iv）根据第11条第（3）款规定享有反对处理个人信息的权利；和

（v）向监管机构提出投诉的权利，以及监管机构的联系方式，考虑信息处理的特定情形，与数据主体相关的处理必须合理。

（2）以下情况，必须采取第（1）款所述的措施：

（a）在直接向数据主体收集个人信息之前，除非数据主体已知悉；或

（b）在其他情况下，在收集信息之前或在收集信息之后的合理时间内。

（3）责任方先前已采取第（1）款所述的措施，如果收集信息的目的不

变，后续从数据主体收集相同或同类信息的。

（4）以下情形，责任方无须遵守第（1）款的规定：

（a）数据主体同意可以不遵守规定，数据主体为儿童的，需要取得监护人的同意。

（b）不遵守规定不会损害数据主体在本法的合法利益。

（c）不遵守是必要的：

（i）为避免损害公共机构对法律秩序的维护，包括预防、侦查、调查、检控及惩罚犯罪；

（ii）遵守法律规定的义务或执行《1997 年南非税收服务法》（1997 年第 34 号法令）第 1 节关于征收税款的规定；

（iii）在法院或审判庭进行法律程序的需要；或

（iv）为了国家安全。

（d）遵守规定会损害收集的合法目的。

（e）在特定情况下，遵守规定并不合理。或者

（f）该信息将：

（i）不得以可识别数据主体的方式使用；或者

（ii）用于历史、统计或研究目的。

条件七　安全保障

19. 针对个人信息完整性和保密性采取的安全措施

（1）责任方必须采取适当、合理的技术及组织措施，确保掌握或控制的个人信息具备完整性和保密性，以防止：

（a）个人信息的丢失、损坏或未经授权的销毁；和

（b）非法访问或处理个人信息。

（2）为使第（1）款的规定有效执行，责任方必须采取合理的措施：

（a）针对拥有或控制的个人信息，在合理可预见范围内识别内部与外部风险；

（b）建立并维持适当的保障措施，防范所识别的风险；

（c）定期核实保障措施是否得到有效执行；和

（d）确保不断更新保障措施，以应对先前所实施保障措施中的新风

险或缺陷。

（3）对于普遍适用的信息安全实践和程序，以及适用于特定行业的规则或专业规范方面的要求，责任方必须予以考虑接受。

20. 运营商或代理商在授权范围内处理的信息

运营商或代表责任方与运营商来处理个人信息的人员必须：

（1）仅在责任方的知情或授权下处理此类信息；和

（2）将他们所知悉的个人信息视为保密信息，除非法律要求或履行职责需要，否则不得披露。

21. 与运营商信息处理相关的保密措施

（1）责任方必须根据责任方与运营商之间的书面合同，确保运营商建立并维护第19条所述的个人信息处理有关的安全措施。

（2）如有合理理由相信数据主体的个人信息被未经授权人员访问或获取，运营商必须立即通知责任方。

22. 安全风险通知书

（1）如有合理理由相信数据主体的个人信息被未经授权人员访问或获取，责任方必须通知：

　　（a）监管机构；和

　　（b）数据主体，除非数据主体的身份不能确定，但第（3）款的规
　　　　定除外。

（2）发现风险后必须尽快发出第（1）款所述的通知，同时考虑执法的需要或风险范围界定的合理必要措施，以及恢复责任方信息系统的完整性。

（3）如果负责预防、侦查或调查犯罪的公共机构或监管机构认为，通知将阻碍有关公共机构进行刑事调查，则责任方应推迟向数据主体发出通知。

（4）数据主体发出第（1）款所述的通知必须采用书面形式，并至少以下列方式之一传达给数据主体：

　　（a）邮寄至最后已知数据主体的实际地址或邮寄地址；

　　（b）通过电子邮件发送给最后已知数据主体的电子邮件地址；

　　（c）置于责任方网站的显著位置；

　　（d）在新闻媒体上发布；或

（e）按照监管机构的指示方式。

（5）第（1）款所述的通知必须提供足够信息，允许数据主体对安全风险带来的潜在后果采取保护措施，包括：

（a）对安全风险可能产生后果的描述；

（b）描述责任方为解决安全风险所采取的措施；

（c）关于数据主体应采取措施的建议，以减轻安全风险可能产生的不利影响；和

（d）责任方已经知晓的，未经授权访问或获取个人信息人员的身份。

（6）监管机构如有理由认为，可以保护受到安全风险影响的数据主体，则可以责令责任方对外公布对个人信息的完整性或保密性造成损害的事实。

条件八　数据主体参与

23. 获取个人信息

（1）数据主体提供了充分的身份证明，则有权：

（a）要求责任方免费确认是否持有数据主体个人信息；和

（b）要求责任方提供记录或描述所持有的数据主体个人信息，包括第三方的身份信息、第三方的类型以及访问过信息的人员：

（i）在合理时间内；

（ii）按规定的费用（如有）；

（iii）以合理的方式和格式；和

（iv）以通常可以理解的形式。

（2）如果根据第（1）款所述的请求已经将个人信息向数据主体进行传输，则必须根据第24条的规定告知数据主体有更正信息的权利。

（3）如果责任方要求数据主体就第（1）款第（b）项所提供的服务支付费用，为了责任方能够响应请求，则责任方必须：

（a）在提供服务前，必须向申请人提供书面的费用估计；和

（b）可以要求申请人支付全部或部分费用作为押金。

（4）（a）根据第（1）款提出的要求，责任方可以拒绝信息披露，或必

须予以拒绝，拒绝访问的理由可适用《促进信息获取法》第 2 部分第 4 章和第 3 部分第 4 章的相关规定。

（b）访问健康信息或其他记录适用《促进信息获取法》第 30 条和第 61 条的规定。

（5）对于提出访问个人信息的请求，责任方如果根据第（4）款第（a）项可以拒绝披露部分信息或必须予以拒绝的，对于其他部分的信息则必须予以披露。

24. 个人信息更正

（1）数据主体可按约定方式要求责任方：

（a）更正或删除所拥有或控制下的不准确、不相关、过度、过时、不完整、具有误导性或非法取得的与数据主体有关的个人信息；

（b）对于责任方根据第 14 条不再保留的数据主体的个人信息记录，应进行销毁或删除。

（2）在收到第（1）款所述的要求后，责任方必须在合理可行的范围内尽快：

（a）更正信息；

（b）销毁或删除信息；

（c）向数据主体充分提供支持信息的可靠证据；或

（d）如果责任方与数据主体之间无法达成协议，并且数据主体提出更正要求的，责任方需要采取合理措施把信息添加至原信息处可供同时阅读，并注明数据主体已经要求更正信息但责任方未能予以更正。

（3）责任方采取第（2）款规定的措施如果会导致信息发生变更，而信息变更将影响到针对数据主体所作出的决定，则责任方必须在合理可行的情况下，通知相关机构和人员，包括向其披露个人信息的责任方。

（4）责任方必须将请求结果通知已根据第（1）款提出请求的数据主体。

25. 获取方式

《促进信息获取法》第 18 条和第 53 条的规定同样适用于根据本法第 23 条提出的请求。

第二部分　特殊个人信息的处理

26. 禁止处理特殊个人信息

在符合第 27 条的规定下，责任方不得处理有关以下事项的个人信息：

  （a）宗教或哲学信仰、种族或民族血统、工会会员资格、政治、健康或性生活及数据主体的生物特征信息；或者

  （b）与数据主体犯罪行为有关的信息：

    （i）与数据主体刑事行为有关的委托；或

    （ii）与数据主体刑事罪行相关的法律程序或对法律程序的处置情况。

27. 特殊个人信息的一般授权

（1）禁止处理第 26 条所述的个人信息，不适用：

  （a）处理是在第 26 条所述的数据主体的同意下进行的。

  （b）处理是建立、行使或辩护法律权利或义务所必需的。

  （c）处理是为了遵守国际公法的义务。

  （d）处理是为了历史、统计或研究目的，而在以下范围内：

    （i）目的符合公共利益，且为实现目的必须处理；或者

    （ii）请求数据主体的同意不可能或与付出的代价不成比例，并提供充分的保证来确保处理不会对数据的个人隐私造成不利影响。

  （e）数据主体故意公开信息。或者

  （f）符合第 28 条至第 33 条的规定。

（2）如果处理符合公众利益，并采取了适当保障措施保护数据主体个人信息的，责任方提出申请并在宪报上公告后，监管机构可以在符合第（3）款规定的前提下，授权责任方处理特殊个人信息。

（3）监管机构可就根据第（2）款的授权附加合理条件。

28. 数据主体宗教或哲学信仰的授权

（1）对于第 26 条所述关于禁止处理数据主体宗教或哲学信仰方面的个人信息，如果处理是由以下机构实施的，则不适用：

（a）精神或宗教组织，或该等组织的独立部分：

（i）信息是关于数据主体属于该组织；或者

（ii）为实现其目的和宗旨所必需。

（b）基于宗教或哲学原则建立的机构，为实现其目的和宗旨所必需，该机构成员或雇员或属于该机构的其他人员；或者

（c）其他机构：只要处理是为保护数据主体的精神福利所必需的，除非数据主体对处理表示反对。

（2）在第（1）款第（a）项所述的案件中，如有以下情况，该禁止不适用于处理与数据主体有关的家庭成员的宗教或生活哲学的个人信息：

（a）有关协会为实现其宗旨与这些家庭成员保持经常联络；和

（b）家庭成员并未以书面形式对处理提出反对。

（3）在第（1）款和第（2）款所述的情况下，未经数据主体同意，不得向第三方提供有关数据主体宗教或哲学信仰的个人信息。

29. 数据主体种族或种族来源的授权

对于第 26 条所述的禁止处理有关数据主体种族或族裔方面的个人信息，如果处理符合以下情形，则不适用于：

（1）识别数据主体，并为实现目的所必需；和

（2）为遵守法律和相关措施，对因不公平歧视而处于不利地位的人群或种族进行保护。

30. 数据主体工会身份的授权

（1）对于第 26 条所述禁止处理数据主体工会会员资格方面的个人信息，如果为实现工会或工会联合会的目标是必需的，数据主体所属的工会或工会联合会对信息的处理则不适用禁止性规定。

（2）在第（1）款所述的情况下，未经数据主体的同意，不得向第三方提供个人信息。

31. 数据主体政治劝说的授权

（1）对于第 26 条所述禁止处理数据主体政治劝说方面的个人信息，并不适用于政治性机构对以下个人信息的处理：

（a）其成员、雇员或其他属于该机构的人员，如果处理是实现该机

构宗旨或原则所必需的。

（b）为下述目的有必要进行处理的数据主体：

（i）组成政党。

（ii）为下述目的，参加某一政党的活动，或为某一政党招募或游说支持者或选民：

（aa）根据《1998 年选举法》（1998 年第 73 号法令）所规定的国民大会或行政区域立法机关的选举；或

（bb）地方人民政府规定的市级选举：《2000 年市选举法》（2000 年第 27 号法令）；

（cc）根据《1983 年公民投票法》（1983 年第 108 号法令）规定的公民投票；或

（iii）为政党和事业进行的活动。

（2）在第（1）款所述的情况下，未经数据主体的同意，不得向第三方提供个人信息。

32. 数据主体的健康或性生活有关的授权

（1）对于第 26 条所述禁止处理数据主体健康或性生活的个人信息，不适用以下方面的处理：

（a）医疗卫生机构、设施或社会服务，为了给予数据主体适当对待和照顾，或为了本机构管理或执业活动的需要。

（b）保险公司、医疗计划管理机构、托管的医疗机构，按下列情况处理：

（i）对保险公司投保或医疗计划的风险进行评估，数据主体对处理无异议；

（ii）保险或医疗计划的履行情况；

（iii）合同权利义务的执行。

（c）学校为学生提供特殊照顾服务或者对学生的健康、性生活作出特殊安排的需要。

（d）负责看护儿童的公共或私人团体，为履行法定职责所必需。

（e）公共机构为执行刑罚或拘役的目的。或者

（f）行政主体、养老基金、雇主或受雇机构，因下列情况所必须进行处理的：

（i）根据数据主体的健康和性生活创设权利的法律、退休金法规、集体协议规定的执行；

（ii）重新安排或支持因生病或丧失工作能力而有权享受福利的工人或人员。

（2）涉及第（1）款提及的情况，仅可交由因职务、雇佣、专业或法律规定而负有保密义务的责任方负责信息处理，或以责任方和数据主体签订书面协议的方式进行处理。

（3）获准处理与数据主体的健康或性生活相关信息的责任方，因职务、专业或法律规定而受不保密义务约束的，也必须对信息进行保密，但法律另有要求或者责任方因履行职责所需根据第（1）款的规定向有权处理信息的一方进行披露的除外。

（4）如果是为了对数据主体进行妥善的治理或照料，并且对补充处理第（1）款第（a）项所述数据主体健康的个人信息所必需，则不适用第 26 条所述的禁止处理任何类别个人信息的规定。

（5）来源于数据主体个人信息中的遗传特征信息不得处理，下列情况除外：

（a）存在重大医疗利益的；

（b）历史、统计或研究活动所必需的。

（6）可以就第（1）款第（b）项及第（f）项的适用作出更详细的规定。

33. 数据主体的犯罪行为或生物识别信息的授权

（1）如果由刑事司法部门或依法获得信息的责任方对数据主体的犯罪行为或生物识别信息进行处理，不适用第 26 条禁止处理信息的规定。

（2）对责任方在职人员信息的处理，必须符合劳动法规的规定。

（3）为了补充本节准许的犯罪行为信息或生物识别信息的处理需要，则不适用第 26 条禁止处理任何类别的个人信息。

第三部分　儿童个人信息处理

34. 禁止处理儿童的个人信息

除第 35 条另有规定外，责任方不得处理与儿童有关的个人信息。

35. 与儿童个人信息有关的一般授权

（1）禁止处理第 34 条所指儿童的个人信息，但以下的处理除外：

（a）经监护人同意后实施。

（b）为设立、行使或保护法律规定的权利或义务所必需的。

（c）遵守国际公法的义务所必需的。

（d）为历史、统计或研究目的使用，但前提是：

（i）为公共利益服务的目的，并且该处理是为目的所必需；或

（ii）请求数据主体的同意不可能或与付出的代价不成比例，并提供充分的保证来确保处理不会对儿童的个人隐私造成不利影响。

（e）儿童在监护人的同意下故意公开的个人信息。

（2）如果符合公众利益，并采取了适当保障措施来保护儿童的个人信息，经由责任方提出申请并在宪报上公告后，监管机构可在符合第（3）款规定的前提下，授权责任方处理儿童个人信息。

（3）监管机构可就第（2）款准许的授权附加合理的条件，包括责任方必须具备的下列条件：

（a）经监护人的请求，向其提供合理途径：

（i）审查处理过的个人信息；及

（ii）拒绝继续处理。

（b）提供通知：

（i）处理儿童个人信息的性质；

（ii）如何处理信息；及

（iii）继续处理的惯常做法。

（c）不得采取行动鼓励或劝说儿童披露其个人信息，从而超出预定目的合理必要的范围；及

（d）制定并维持合理的程序，保护收集儿童个人信息的完整性与保密性。

第四章　个人信息处理条件的豁免

36. 总则

符合下列条件之一的，不属于违反个人信息处理条件：

（a）监管机构根据第 37 条给予的豁免；或

（b）符合第 38 条规定的处理。

37. 监管机构可免予个人信息处理

（1）监管机构在以下情况，可以在宪报上发布公告对处理个人信息的责任方予以豁免，即使该处理过程违反了信息处理条件或相关措施。

（a）处理涉及的公共利益在实质上超过了处理过程可能引发的对数据主体隐私妨碍；

（b）处理涉及数据主体或者第三方的显著利益，该利益在实质上超过对数据主体或者第三方隐私的妨碍。

（2）第（1）款所述的公共利益包括：

（a）国家安全利益；

（b）预防、发现和起诉犯罪；

（c）公共团体的重大经济、财务利益；

（d）促进对上文第（b）项和第（c）项所述利益相关法规的遵守；

（e）历史、统计或研究活动；或

（f）言论自由在利益上的特殊性。

（3）监管机构可以对第（1）款所述的免责事由设定合理条件。

38. 职能的豁免

（1）以履行相关职能为目的的个人信息处理，如果适用处理个人信息的规定将会影响职能的正当履行，则免受第 11 条第（3）款及第（4）款、第 12 条、第 15 条及第 18 条规定的约束。

（2）就第（1）款而言，"相关职能"是指以下的职能：

（a）公共机构的职能；或

（b）根据法律授权，防止公共机构的成员在履行职能中免遭：

（i）在银行、保险、投资等金融服务活动中或在法人机构的管理过程中，因行为人没有诚信、渎职或其他严重不正当行为，或不适当、不称职而造成的经济损失；

（ii）没有诚信、渎职及其他严重不正当行为，或不适当、不称职的被授权人从事专业或其他活动。

第五章　监督

第一部分　信息监管机构

39. 信息监管机构设置

本法设立名为信息监管机构的法人机构，该法人须：

（1）在全国范围内具有管辖权；

（2）具有独立性，只受宪法和法律约束，必须公正不阿、不偏不倚地履行职责，行使权力；

（3）必须依照本法和《促进信息获取法》行使职权和履行职责；

（4）对国民大会负责。

40. 监管机构职责

（1）监管机构在本法中的权力、职责和作用。

（a）通过下列方式提供教育：

（i）促进对合法处理个人信息的条件及目标的理解和接受；

（ii）以促进个人信息保护为目的，以监管机构的名义，或授权他人代表监管机构与他人开展合作，开展教育活动；

（iii）公开发表影响数据主体以及与数据主体个人信息保护相关的事项；

（iv）为数据主体行使权利提供咨询；

（v）根据部长或公共机构或私营机构的请求，就本法条款所规定的义务，以及与本法实施中的有关问题，提供意见。

（b）监督并执行以下合规要求：

（i）本法规定的公共机构或私营机构。

（ii）对信息处理和计算机技术的研究与发展进行监测，确保对数据主体个人信息保护造成的不利影响降至最低，并将研究和监测结果向部长报告。

（iii）审查监管机构认为可能会影响数据主体个人信息保护的立法建议，包括从属立法或政府的建议政策，并将审查结果向部长报告。

（iv）应议会要求，或依职权随时向议会报告影响数据主体个人信息保护的政策问题，包括采取立法、行政或其他保护行动或更好地保护数据主体个人信息的必要性或迫切性。

（v）在财政年度结束后的 5 个月内，向议会递交本财政年度与本法相关活动情况的报告。

（vi）自行或应要求对公共机构或私营机构的个人信息处理情况进行评估，以确定该机构是否按照合法处理个人信息的条件进行处理。

（vii）监督数据主体唯一标识符的使用情况，并就监督结果随时向议会报告，包括为保护或更好保护数据主体的个人信息而采取立法、行政或其他保护行动的必要性或迫切性的建议。

（viii）保留、出版提供本法规定记录的副本。

（ix）审查提出的立法建议：

　　（aa）公共团体或私人团体收集个人信息；

　　（bb）公共机构或私营机构向其他公共机构或私营机构披露个人信息，或两者相互提供，在审查过程汇总应特别考虑第 44 条第（2）款所列事项，如果监管机构认为该信息可用于信息比对计划，需要向部长和议会报告审查结果。

（c）通过下列方式与相关利益方商议：

（i）接收并邀请公众代表就影响数据主体个人信息的事项进行陈述；

（ii）在国内和国际范围内与其他个人信息保护有关的个人和

机构合作；

（iii）作为对立双方当事人的调解人，处理责任方采取保护数据主体个人信息相关措施的必要性或迫切性的问题。

（d）通过以下途径处理投诉：

（i）接收并调查声称违反数据主体个人信息保护的投诉，并向投诉人通告；

（ii）收集监管机构认为有助于履行本法规定职责和行使机构职能的信息；

（iii）力求通过调解与和解等争议解决机制来解决投诉问题；及

（iv）送达本法的通知，并根据本法的规定促使争议的解决。

（e）开展研究并向议会汇报工作：

（i）南非希望接收有关保护数据主体个人信息的国际文书；及

（ii）监管机构认为应提请议会注意的关于个人信息保护的其他事项（包括必要的立法修订）。

（f）就行为守则而言——

（i）发布行为守则，修订行为守则，撤销行为守则；

（ii）发布指引来协助机构制定和实施行为守则；及

（iii）依申请来审查审判人员根据批准的行为守则作出的决定。

（g）参与促进合作的倡议，促进隐私权法执法的跨境合作。及

（h）在一般情况下，应：

（i）开展有利于履行上述职能的活动；

（ii）行使和履行监管机构依据本法或其他法律授予或规定的职能、权力和职责；

（iii）要求责任方根据第 22 条的规定向相关方披露个人信息的完整性或保密性的风险；及

（iv）在《促进信息获取法》规定的信息访问权事项上，行使本法授予监管机构的权力。

（2）监管机构为了公共利益、他人或其他团体的合法利益，可以发布行

使本法职能或与案件调查有关的报告，不论是否属于向部长汇报的事项。

（3）《1947 年佣金法》（1947 年第 8 号法令）第 3 条和第 4 条的规定在作出必要变更后适用于监管机构。

（4）监管机构在《促进信息获取法》方面的权力和职责在该法第 4 部分和第 5 部分中进行规定。

41. 监管人员的任免及任期

（1）（a）监管机构由下列人员组成：

（i）1 名主席；及

（ii）4 名监管机构的普通成员。

（b）监管人员必须是具备必要的资质的人——

（i）其中至少有一人担任执业律师或者在大学担任法学教授；及

（ii）其余人员必须依据为实现监管机构目标所需的资格、专长和经验来任命。

（c）监管机构的主席必须由专职人员担任，且在其任职期间，除第

（4）项所列情况外，不得从事或承诺从事任何其他有偿工作。

（d）监管机构的普通成员按以下程序聘任：

（i）2 名以上全职的普通成员；

（ii）2 名专职或兼职的普通成员。

（e）除第（4）款另有规定外，第（d）项所指全职成员，在其任职期间，不得从事或承诺从事任何有偿工作。

（f）监管机构的主席应当指导监管机构和监管人员的工作。

（g）监管人员有下列情形之一的，不得成为监管人员：

（i）不是南非共和国的国家公民；

（ii）公务员；

（iii）议会、省立法机构或市议会的成员；

（iv）政党的官员或雇员；

（v）资不抵债且未能清偿的债务人；

（vi）被法院宣布为患有精神病或不适宜提任监管人员；或

（vii）无论是在国内还是其他地方，曾被判犯有涉及不忠诚罪行的。

（2）（a）第（1）款第（a）项中所述的主席和监管人员必须由总统根据国民大会的建议任命，该建议还指明必须以全职或兼职身份任命的普通成员。

（b）大会必须推荐以下人员——

（i）由代表大会的各成员组成的大会委员会提名；以及

（ii）由大会成员的多数赞成票达成决议并经大会批准。

（3）监管人员的委任期限不超过5年，并将在委任期限届满时有资格重新获得委任。

（4）尽管有第（1）款第（c）项或第（e）项的规定，监管机构主席或全职成员，在其任职期间，经部长事先书面同意，方可开展或承诺开展有偿工作。

（5）被任命为监管人员的，可书面通知总统辞职。

（6）（a）只有在下列情况下，方可对成员进行免职：

（i）行为不当、丧失行为能力或不称职；

（ii）国民大会委员会的裁决；和

（iii）国民大会通过决议，要求免去该人员的职务。

（b）国民大会关于罢免监管人员的决议，须经大会多数成员投票赞成通过。

（c）总统：

（i）可以在国民大会委员会罢免程序开始后，随时中止该成员的职务；

（ii）必须在大会通过要求罢免的决议时将该成员免职。

42. 职位空缺

（1）如果成员出现以下情况，视为监管机构出现空缺：

（a）根据第41条第（1）款第（g）项的规定被取消资格；

（b）按照第41条第（5）款的规定递交辞职信，且辞职生效；

（c）根据第41条第（6）款被解除职务；

（d）死亡；或

（e）永久无法从事其工作。

（2）（a）如果按照第（1）款的规定出现空缺，则适用第41条第（2）款规定的程序。

（b）根据本款委任成员的任期为前任成员的剩余任期，除非经国民大会提议，总统对该成员的委任期可延长，但最长不得超过5年。

43. 主席及其他委员的权力、职责及职务

（1）主席

（a）必须根据本法和《促进信息获取法》行使监管机构授予的权力，履行监管机构授予或分配给监管机构的职责；及

（b）为行使和履行本法及《促进信息获取法》授予或分配给监管机构的权力和职责，向监管机构负责。

（2）（a）第41条第（1）款第（d）项第（i）点中提及的以下成员必须行使权力、履行职责和职能：

（i）在本法中的成员；和

（ii）《促进信息获取法》中的成员。

（b）第41条第（1）款第（d）项第（ii）点中提及的成员必须根据本法或《促进信息获取法》的规定行使权力、履行职责和职能。

（c）上文第（a）项和第（b）项中提及的成员，为行使权力及履行职责和职能之目的应向主席负责。

44. 监管机构的考虑因素

（1）为履行职责和行使权力，根据本法，监管机构必须：

（a）充分考虑第三章所述的合法处理个人信息的条件；

（b）适当注意保护一切与隐私权相竞争的人权和社会利益，包括普遍希望信息自由流动，以及承认公共、私营机构的合法利益，以便有效地实现目标；

（c）考虑南非接受的国际义务；以及

（d）考虑制定更好地保护个人隐私的国际性普遍守则。

（2）在履行第40条第（1）款第（b）项第（ix）点、第（bb）点关于信息匹配计划的职责时，监管机构必须特别考虑：

（a）本计划的目标涉及重大公共意义；

（b）本计划的运用对实现上述目标将产生显著的成本节约或对社会具有其他显著利益；

（c）采取替代方法实现上述目标将产生第（b）款所指的结果；

（d）允许推进该计划实施的公共利益超过坚持合法处理个人信息条件、与计划实施相抵触的公共利益；

（e）计划所涉及的信息匹配的规模过度，需要考虑到：

　　（i）参与计划的责任人或处理者的数量；

　　（ii）计划项下所匹配数据主体的详细信息。

（3）由于职位、工作或职业不受第7条第（1）款所述道德守则约束的责任方，在判断其为独家新闻目的而处理个人信息是否会构成第73条规定的对数据主体的个人信息保护的妨碍时，监管机构必须特别考虑第7条第（3）款第（a）项至第（d）项中提及的因素。

45. 利益冲突

（1）监管人员或监管机构根据本法指定的人员，对相关事项具有重大利益与其在依据本法或《促进信息获取法》履行职责发生冲突的，必须在得知相关事实后尽快按规定进行利益披露。

（2）（a）如果监管人员或第（1）款中所提及的人士：

　　（i）出席第49条或第50条所述监管机构或委员会的会议，并审议该款所述事项的，有关成员或人士须在审议该事项之前，向会议披露利益的性质；或

　　（ii）未能根据本款的要求作出披露，并且出席监管机构或委员会的会议，或以其他方式参与程序的，在发现未披露的情况后，必须立即由监管机构或委员会对相关事项及有关的程序进行审查，并予以变更或取消，利益相关人士不得参与。

（b）有义务按本款作出披露的监管人员或第（1）款中提及的人员不得在审议有关事项中出席会议，也不得参与对该事项作出决定。

（c）任何与本款有关的披露必须在监管机构或委员会的相关会议记录中作出注明。

（3）已经按第（1）款的规定披露利益冲突的监管人员或第（1）款中所指的人员：

　　（a）决定认为利益是轻微无关的，则能够履行与该事项相关的全部职责；或

　　（b）必须被免除与该事项相关的全部职责，由其他监管人员或由第（1）款所述的其他不存在利益冲突的人士（视具体情况而定）履行。

46. 成员的报酬、津贴、福利和特权

（1）监管人员或第 49 条第（1）款第（b）项和第 50 条第（1）款第（b）项所指的不受《1994 年公共服务法》（1994 年第 103 号公告）规定约束的人员，以及不属于南非高等法院法官及裁判官的人员，均可领取酬金、津贴，包括在履行本法和《促进信息获取法》所得的差旅费和生活津贴，福利和特殊待遇须经部长与财政部部长磋商决定。

（2）监管人员的薪酬、津贴、福利待遇和特殊待遇根据以下情况存在差异：

　　（a）在监管机构的职务；

　　（b）履行的职能，不论是兼职或全职。

47. 人员

（1）监管机构必须建立自己的行政管理机构来协助履行职能，并且为此目的，监管机构必须根据第（6）款的规定进行委任或借调：

　　（a）一名具有适当资格和经验的人员担任监管机构的行政长官，在接受监管机构的指导和监督下，协助监管机构履行本法和《促进信息获取法》规定的财务和行政职能，履行本法和《促进信息获取法》在实施过程中产生的工作，并行使监管机构授予的职权；及

　　（b）监管机构认为的其他必需人员，协助监管机构和行政长官，承担监管机构在履行职能过程中产生的工作。

（2）（a）行政长官缺席时，可以指定一名高级职员代理行政长官履行职能。

　　（b）监管人员不得被指定代理行政长官。

（c）如果行政长官一职出现空缺，监管机构必须任命一名代理行政长官。

（3）监管机构任命工作人员时，必须：

（a）允许因不公平歧视而处于不利地位人员的晋升，使得员工整体上在南非共和国的群体中具有普遍的代表性；及

（b）根据第（a）项的规定，遵守就业机会均等的原则。

（4）监管机构向在职人员支付与公共部门相同的薪酬和津贴，发放与公共部门相一致的养老金和其他职业待遇。

（5）行使第（1）款及第（4）款所规定的权力时，监管机构必须同财政部部长进行磋商。

（6）监管机构在履行第（1）款规定的职责时，根据监管机构的请求，可由被借调至监管机构公共服务部门的工作人员按照借调相关的法律规定提供协助；但是，被借调期限最多不超过12个月，且首次借调期限最长不能超过12个月。

（7）监管机构对临时事项或者正在调查的特定事项，在向财政部部长咨询后，可聘请有专门知识的人或与其他机构进行合作，由其向监管机构提供建议或协助，以履行本法和《促进信息获取法》所规定的职能，同时需要确定这些人员或机构的报酬，包括差旅费、补贴及其他费用。

48. 行政长官的权力、职责及职权

行政长官：

（a）是监管机构第52条第（3）款所指的行政首长和会计主管。

（b）可委任一名高级职员担任第47条第（2）款所指的代理行政长官。

（c）负责：

（i）监管机构事务和业务的管理；

（ii）推进与形成高效行政；

（iii）组织、管理及行政管控第47条第（1）款第（b）项所委任人员及根据第47条第（6）款所借调人员；

（iv）维持员工纪律；

（v）执行监管机构的决定，向监管机构负责，并按照监管机构的要求向其汇报工作。

（d）对于监管机构为实现监管目的或本身监管职能所委托或授予的职权职责，必须依法履行。

49. 监管委员会

（1）监管机构因履行职能需要，可设立一个或多个委员会，委员会必须包括：

（a）监管机构指定的监管人员；或

（b）由监管机构指定的人员及监管机构根据第47条第（7）款委任的其他人员，任期由监管机构确定。

（2）监管机构可随时延长第（1）款第（b）项所确定的任期，如果存在合理理由的，还可以撤销委任。

（3）监管机构必须指定委员会主席，并且在监管机构认为必要的情况下依照第（1）款指定委员会副主席。

（4）第（a）项所述委员会必须在监管机构的指导下，执行监管机构所授予的职能。

第（b）项第（1）款所述委员会所履行的职能将视为由监管机构履行。

（5）监管机构可以随时解散监管委员会。

（6）第40条第（4）款和第51条的规定将在作出必要变更后适用于监管委员会。

50. 执行委员会的设立

（1）监管机构应设立执法委员会。执法委员会应包括：

（a）至少有一名监管人员；

（b）监管机构指定的其他人员，任期按照第47条第（7）款的规定由监管机构确定。

（2）监管机构必须：

（a）与首席法官及部长磋商后，委任一名：

（i）南非高等法院的法官，无论是否在职；或

（ii）执法官，有10年以上相关工作经验，不论是否在职；

（b）聘任具有 10 年以上相关工作经验的律师，不论是否在职，担任执法委员会主任。

（3）执法委员会主任必须管理和主持委员会的听证工作。

（4）（a）第（1）款第（a）项所述人员不得参与监管机构的程序，来决定对第 93 条所述执法委员会的提名。

（b）第（1）款第（b）项所述人员必须适合，并且符合第 41 条第（1）款第（g）项所规定的对监管人员的委任标准。

51. 监管会议

（1）监管机构会议必须在监管机构主席确定的时间和地点举行。

（2）会议的法定人数为 3 名监管人员。

（3）（a）主席可以其认为适当的方式管理会议进程，但必须保存会议进程的记录。

（b）如果主席缺席会议，与会成员应推选一名成员主持会议。

（4）（a）根据第（2）款的规定，监管机构在会议上的决定需要多数成员同意并达成决议。

（b）如果事项的表决权相等，主席除自身拥有的投票权外，还有权投出决定票。

52. 资金来源

（1）监管机构的资金来源包括：

（a）议会每年拨给监管机构的款项，供监管机构使用以行使、履行根据本法及《促进信息获取法》承担的权力、职责和职能所必需的用途；

（b）第 111 条第（1）款规定的费用。

（2）除本章自施行之日起第一个会计年度至次年 3 月 31 日止外，会计年度是指每年 4 月 1 日至次年 3 月 31 日。

（3）根据《1999 年财政管理法》（1999 年第 1 号法令），监管机构的主要负责人被任命为行政长官。会计主管和会计人员必须依照本法的规定履行职责。

（4）监管机构应当在每个会计年度结束后的 6 个月内，按照既定的会计守则、原则和程序，编制财务报告。

（a）适当、充分地说明并反映监管机构上一年度的收入和支出情况；

（b）显示其在该会计年度末的资产、负债和财务状况的资产负债表。

（5）审计长每年应对监管机构的财务记录进行审计。

53. 监管机构保护

代表监管机构或在监管机构指导下行事的人员，本着诚实信用原则行使或履行或声称履行根据本法或《促进信息获取法》规定的权力、职责或职能的，对其行为不承担民事责任或刑事责任。

54. 保密责任

代表监管机构或在监管机构指导下行事的人员在任职期间与受雇期间或结束任期和受雇之后，必须对其在履行官方职责过程中获悉的个人信息进行保密，但法律另有规定或为履行职责而要求披露该信息的情况除外。

第二部分　信息管理官

55. 信息管理官的职责

（1）信息管理官的职责包括：

（a）鼓励机构遵守合法处理个人信息的条件；

（b）处理根据本法向机构提出的请求；

（c）在调查方面与监管机构合作，并根据第六章的规定开展调查；

（d）以其他方式确保机构遵守本法的规定；及

（e）其他。

（2）在责任方向监管机构登记后，信息管理官必须履行本法规定的职责。

56. 副职信息管理官的选派

各公共机构和私营机构必须按照《促进信息获取法》第17条规定的方式，作出必要的变动后，指定：

（a）为履行本法第55条第（1）款规定的职责和责任而需要的副职信息官数名；

（b）本法授予或赋予给公共机构或私营机构的信息管理官的权力或义务。

第六章　事前许可

57. 需事先授权的处理

（1）如果责任方计划开展以下事项，在处理之前必须根据第 58 条的规定事先获得监管机构的授权：

（a）处理数据主体的唯一识别符号：

（i）不是为专门收集唯一识别符号为目的；及

（ii）旨在将信息与其他责任方处理的信息相关联。

（b）代表第三方处理有关犯罪行为、非法和违法行为的信息。

（c）为信用报告之目的处理信息。或

（d）将第 26 条所指特定个人信息或第 34 条所指儿童个人信息，传输到不能为一句第 72 条向处理个人信息提供充分保护的国外第三方。

（2）监管机构可以把第（1）款的规定适用于会给数据主体的合法利益带来特定风险的其他信息处理。

（3）如某一行业或机构已根据第七章的规定制定和实施了行为守则，则本节及第 58 条均不适用。

（4）责任方对第（1）款中提及的事先授权只需获取一次，不需要对接受和处理的信息逐次获得授权，但处理超出根据第（1）款规定获得授权范围的除外。

58. 需事前授权处理的，责任方应告知监管机构

（1）对于第 57 条第（1）款规定的信息处理，必须由责任方告知监管机构。

（2）责任方在监管机构完成调查之前，或在接到不再进行详细调查的通知之前，不得针对第（1）款告知监管机构的信息开展处理活动。

（3）对适用第 57 条第（1）款的信息处理通知，监管机构应在通知后的 4 周内书面告知责任方是否对其进行更为详细的调查。

（4）如果监管机构决定进行更为详细的调查，则应明确计划进行调查的期限，调查期限最长不应超过 13 周。

（5）对于第（4）款所指更为详细的调查结论，监管机构对此必须出具一份信息处理的合法性声明。

（6）监管机构就第（5）款所作出的认为信息处理不合法的声明，视为按本法第 95 条规定送达的执行通知。

（7）责任方按照第（2）款要求中止处理，且未在第（3）款和第（4）款规定的期限内收到监管机构的决定的，可以推定对其作出了有利决定，可以继续处理活动。

59. 未事前通知处理

责任方违反第 58 条第（1）款或第（2）款的规定属于违法行为，应按照第 107 条的规定处罚。

第七章　行为守则

60. 发布行为守则

（1）监管机构可定期或不定期发布行为守则。

（2）行为守则必须：

（a）纳入合法处理个人信息的所有条件，或规定与条件中所涉义务功能同等的义务；以及

（b）根据责任方所处行业或部门的特点，规定合法处理个人信息的条件如何适用以及如何被遵守。

（3）行为守则可适用于以下一项或多项：

（a）特定信息或信息类别；

（b）特定团体；

（c）特定活动；或

（d）特定行业、职业。

（4）行为守则还必须：

（a）制定合适的措施：

（i）在特定行业中实施信息匹配计划；或

（ii）为保护第 71 条所述自动决策所涉及的数据主体的合法权益。

（b）规定由监管机构负责审阅守则。及

（c）规定守则的有效期。

61. 行为守则的发布流程

（1）监管机构可以发布第 60 条所指的行为守则。

（a）监管机构可以主动发布，但须与受影响的利益相关方或代表利益相关方的机构协商；或

（b）可以依申请制定，监管机构认为在行业、专业或职业具有广泛代表性的各类机构，可以按规定方式提出发布守则的申请。

（2）监管机构必须在宪报上公告正在审议颁布行为守则，公告必须包含以下内容：

（a）正在审议中的行为守则的详细情况，包括审议守则的草案，可向监管机构索取；及

（b）对守则的修订意见可在公告规定的时间内以书面形式向监管机构提出。

（3）监管机构应考虑按照第（2）款第（b）项提交的意见，并在确认利益相关方的意见都会有机会被听取后，方可发布行为守则。

（4）对申请发布守则是否同意的决定应在合理期限内作出，最长不超过 13 周。

62. 告知、可获得性及行为守则的生效

（1）如果根据第 60 条发布行为守则，监管机构必须确保：

（a）在守则发布后尽快在宪报上刊登，表明：

（i）守则已发布；

（ii）守则的副本可供免费查阅和购买。

（b）只要守则有效，守则的副本可以通过以下方式获取：

（i）浏览监管机构的网站；

（ii）社会公众到监管机构的办公场所免费查阅；以及

（iii）社会公众在监管机构的办公场所可以合理的价格购买或

复印。

（2）根据第 60 条发布的行为守则于宪报公告之日后第 28 天生效，或者在守则指定之日生效，守则已经生效就对所涉团体、行业、专业或职业具有约束力。

63. 投诉处理程序

（1）行为守则可以规定违反守则的投诉和处理程序，但此类规定不得对第十章的规定构成限制或制约。

（2）如果该守则规定了提出和处理投诉的程序，监管机构必须满足：

（a）在程序上符合：

（i）规定的标准；

（ii）监管机构依据第 65 条发布的与处理投诉相关的指引。

（b）守则应规定对独立审裁官的委任，以处理投诉事件。

（c）守则应规定审裁官在行使权力及执行职务时，必须兼顾考虑第44 条所规定的事项。

（d）守则要求审裁官在监管机构的会计年度结束后 5 个月内，编制本财政年度守则实施情况的报告并向监管部门提交。

（e）守则要求以年度报告的形式对相关财政年度内向审裁官提出投诉的次数和性质进行说明。

（3）审裁官对行为守则范围内的与个人信息保护有关的投诉进行调查后作出的声明、命令或指示等，如果责任方或数据主体认为侵权其合法权利，在支付相关费用后，可按照第 74 条第（2）款的规定向监管机构提起投诉。

（4）审裁官就投诉事项所作出的决定持续有效，直到监管机构根据第十章的规定作出决定，或监管机构作出相反决定。

64. 行为守则的修改及撤销

（1）监管机构可以修订或撤销根据第 60 条发布的行为守则。

（2）对于行为守则的修订或撤销，适用于第 60 条至第 63 条的规定。

65. 行为守则指引

（1）监管机构可以提供书面指引：

（a）协助各机构制定行为守则或实施经批准的行为守则；

（b）基于批准的行为提出投诉或处理投诉；以及

（c）监管机构在决定批准、变更、撤销已批准的行为守则时，可以考虑的事项。

（2）责任方如果不受第7条第（1）款所述道德规范约束，监管机构在批准为新闻目的处理个人信息的行为守则时，必须考虑第7条第（3）款第（a）项至第（d）项所述的指南。

（3）在为第（1）款第（b）项提供指南之前，监管机构认为和指南规定事项具有真实、实质合法利益的每位人员，都必须给予其评议的机会。

（4）监管机构必须在宪报上刊登第（1）款规定的指引。

66. 行为守则核准登记

（1）监管机构应当对批准的行为守则进行登记保存。

（2）登记的形式和保存方式由监管机构决定。

（3）监管机构应当按照确定的方式向社会公布登记记录。

（4）监管机构可以对下列事项收取合理费用：

（a）向公众提供登记记录的；或

（b）提供注册记录的复印件或节录。

67. 行为守则经批准后实施的审核

（1）监管机构可以主动对已批准行为守则的执行情况进行核查。

（2）监管机构可以采取下列一项或多项措施进行复核：

（a）审议行为守则规定的投诉处理程序；

（b）查阅行为守则中审裁官的档案；

（c）审议根据守则处理的投诉结果；

（d）约谈行为守则中的审裁官；

（e）指派专家对监管机构认为需要进行专家评估的守则进行复核。

（3）监管机构根据第64条可以作出撤销行为守则的复核决定并立即生效，也可以在监管机构指定日期生效。

68. 不遵守行为守则的后果

根据第60条发布的在有效期内的守则，如果不被遵守，视为违反第三章合法处理个人信息条件并按第十章的规定处理。

第八章 电子商务、目录及自动决策方式下的直销数据主体权利

69. 借助电子未受邀邮件的直接营销

（1）禁止为直接营销之目的通过任何形式的电子通信处理数据主体的个人信息，包括自动呼叫机、传真机、短信或电子邮件，除非数据主体：

（a）已同意进行处理；或

（b）在符合第（3）款的规定，属于责任方的客户。

（2）（a）责任方可以接近数据主体：

（i）根据第（1）款第（a）项的规定取得同意；及

（ii）事前未撤回同意的。

（b）请求数据主体同意必须以规定的方式和形式进行。

（3）根据第（1）款第（b）项的规定，责任方仅可处理责任方客户作为数据主体的个人信息。

（a）责任方在销售产品后提供服务时，已经取得数据主体的联系方式等信息；

（b）直接营销责任方自己的同类产品或服务为目的；及

（c）如果数据主体对使用自己电子通信信息有机会提出异议，则应以免费且无必要手续的方式，在：

（i）收集该信息时；及

（ii）如果数据主体最初未拒绝使用，则在为营销之目的与数据主体每次通信时。

（4）为直接营销之目的的通信必须包括：

（a）发件人或通信代为发送人的身份详情；以及

（b）收件人可以发送停止通信要求的地址或其他联系方式。

（5）第（1）款中的"自动呼叫机"是指在无人介入的情况下能够自动呼叫的机器。

70. 目录

（1）公众可以获取的或通过目录查询服务可以获取的已有个人信息的纸质或电子目录的订阅者，必须在个人信息列入目录前，免费告知作为订阅者

的数据主体的个人信息：

（a）关于目录的目的；以及

（b）基于电子化目录的搜索功能，目录可能用于其他用途。

（2）必须给予数据主体合理的机会，免费且无必要的手续的方式对个人信息的使用提出异议，或者在数据主体最初未拒绝使用的，可以要求对信息进行核实、确认或撤销。

（3）第（1）款及第（2）款不适用于在本条实施之前以印刷或离线电子格式制作的目录版本。

（4）固定公众语音电话或移动公众语音电话用户中作为数据主体的个人信息，如在本条实施前已经收录在公众用户目录中，且符合合法处理个人信息条件，则在收到第（1）款所要求的信息后，该用户的个人信息可继续收录在纸质或电子版本中。

（5）本节中的"用户"是指与公共电子通信服务提供方就提供服务签署合同的人。

71. 自动化决策

（1）除第（2）款另有规定外，数据主体可以不受对其产生法律后果或实质影响的决定，该决定仅基于个人信息的自动处理就旨在提供了包括工作表现、信用、可靠性、所在地、健康状况、个人喜好或行为在内的个人画像。

（2）如有下列情况，第（1）款之规定不予适用：

（a）与合同订立和执行相关而采取；及

（i）合同所约定的数据主体的要求已经得到满足；

（ii）已采取适当措施来保护数据主体的合法权益。

（b）法律或行为守则提供保护数据主体合法权益的充分措施，并受其管辖。

（3）第（2）款第（a）项第（ii）点中提及的适当措施必须：

（a）对第（1）款所述决定向数据主体提供陈述机会；且

（b）要求责任方向数据主体充分提供、信息自动处理基本逻辑的信息，以使责任方能够作出第（a）项所述的陈述。

第九章 跨境信息流动

72. 个人信息的境外传输

（1）除非符合下列条件，南非境内的责任方不得将属于第三方的个人信息传输至境外：

（a）作为信息接收方的第三方必须遵守法律、具有约束力的公司规定或具有约束力的协议，这些法律、规定或协议可提供以下的充分保护：

（i）对自然人和法人作为数据主题的，有效坚持合理处理原则，与依法处理个人信息的条件实质相似；

（ii）对接收人进一步向国外第三方传输个人信息的条款约定，与本节的规定相同或类似。

（b）数据主体同意进行传输。

（c）为履行数据主体与责任方之间的合同或为满足数据主体的要求而采取的先合同措施所需的传输。

（d）为责任方与第三方订立或者履行有利于数据主体的合同所必要而进行的传输。或

（e）传输是为了数据主体的利益，并且：

（i）取得数据主体的同意再进行传输不合理且不可行；

（ii）如果取得数据主体的同意是合理可行的，数据主体也会同意。

（2）为本条之目的：

（a）"有约束力的公司规定"是指在企业集团成员内部执行的个人信息处理政策，并为责任方或处理者位于境外的集团成员共同所遵守；

（b）"企业集团"是指控股企业及其控制的企业。

第十章 强制执行

73. 对数据主体个人信息保护的妨碍

本章所称对数据主体个人信息保护的妨碍包括：

（a）违反第三章关于个人信息依法处理的条件；

（b）不遵守第22条、第54条、第69条、第70条、第71条或第72条的情形；

（c）违反第60条所述的行为守则。

74. 投诉

（1）任何人均可以规定方式向监管机构投诉，指控对数据主体个人信息保护的妨碍。

（2）按照第63条第（3）款的规定，责任方或数据主体因裁判人员的判定而受到损害时，可以上述规定方式和形式向监管机构进行投诉。

75. 向监管机构投诉的方式

（1）向监管机构投诉必须采用书面形式。

（2）监管机构应当视具体情况提供合理协助，以使投诉人能够用书面形式提出投诉。

76. 受理投诉

（1）在收到第74条所述投诉时，监管机构可以：

（a）开展第79条所述的预先调查；

（b）在调查过程中，必要时依据规定对数据主体个人信息保护的妨碍行为进行调解；

（c）根据第77条的规定，决定是否对投诉采取行动；

（d）对投诉进行全面调查；

（e）按第92条规定将投诉书送交执法委员会；

（f）采取本章所规定的其他行动。

（2）在合理可行的情况下，监管机构必须尽快将其在第（1）款下采取的行动告知投诉人及投诉涉及的责任方。

（3）监管机构可以针对数据主体个人信息保护的妨碍行为，主动发起调查。

77. 监管机构可以决定不对投诉采取措施

（1）监管机构对根据第73条收到的投诉进行调查后，可以决定对投诉无须采取行动或做进一步的处置：

（a）投诉事项发生之日起至投诉提出之日止的间隔过久，致使对投诉事项的调查无法进行或者开展调查已不切合实际的；

（b）投诉事项情节轻微的；

（c）投诉行为琐碎无聊、无理取闹或缺乏诚信的；

（d）投诉人不希望采取行动或作出进一步处置的；

（e）投诉人与投诉事项不具有充分的个人利害关系；

（f）如果投诉事项受行为守则的制约，并且行为守则规定了投诉程序的，但投诉人未能寻求或未能充分寻求在该投诉程序下可获得的救济途径。

（2）不论第（1）款有何规定，如果在投诉调查中，监管机构综合考虑案情后认为，没有必要对投诉采取行动或采取进一步的行动并不恰当，则监管机构有权决定不再对投诉采取行动。

（3）对决定不予受理或不采取进一步处理措施的投诉，应将不予受理的决定及理由告知投诉人。

78. 转交监管机构处理投诉

（1）如果监管机构在收到第 74 条所述的投诉后，认为投诉事项与依法设立的其他监管机构所管辖的事项具有更为适当的联系，监管机构必须在与有关机构协商后，立即决定是否依据本法对投诉事项作出处理。

（2）对认为应当由其他机构处理的投诉，必须立即交由其他机构处理，并通知投诉人。

79. 监管机构的预调查程序

在依据本章规定对投诉事项进行调查前，监管机构必须按照规定的方式通知：

（a）投诉人、与被调查有关的数据主体（如不是投诉人）以及被指称受到侵害的人（如不是投诉人）关于监管机构进行调查的意图。

（b）与调查相关的责任方：

（i）投诉详情或调查事项；

（ii）相关责任方有权在合理期限内，向监管机构就投诉事项或调查事项提交书面答复。

80. 投诉处理

如果从投诉人，或者在第 79 条第（b）项第（ii）点所述对投诉的书面回复中，有可能达成：

（a）各方当事人之间的和解；

（b）可以保证不会重复发生投诉中所称的行为，或保证有关人员不再发生类似行为。监管机构可以不对投诉进行调查，或者根据案件的具体情况以规定方式对投诉作出适当的调查后，来促成达成和解或保证。

81. 监管机构调查程序

监管机构调查投诉事项，可以采取以下方式：

（a）传唤并强制要求当事人当面对监管机构执法人员提供口头或者书面宣誓证据，并提供监管机构认为调查投诉所需要的记录和其他事项，做证的方式和程度应与高级法院相同；

（b）宣誓；

（c）接收并接受监管机构认为合适的证据及其他信息，无论是通过宣誓、誓词还是其他方式，无论信息是否在法院可以被接受；

（d）在合理的时间，受限于第 81 条的规定，进入并搜查责任方占用的场所；

（e）受限于第 82 条的规定，可以根据第 84 条的规定在任何场所与任何人进行私下会谈；

（f）在监管机构认为符合第 82 条规定的其他场所进行质询。

82. 签发调查令

（1）高等法院法官、地区法院法官或执行官，如果证实了监管机构提供的宣誓信息，就可以有合理理由怀疑：

（a）责任方妨碍数据主体个人信息保护；

（b）已经或正在犯下本法的罪行。

在信息中所指明的场所，均可找到违法或犯罪行为的证据；在该法官或裁判官所辖区域内，除第（2）款另有规定外，得准许进入及搜查上述处所。

（2）根据第（1）款签发的调查令，授权监管人员或工作人员（受限于

第 84 条的规定）在调查令签发之日起 7 天内的任何时间，进入调查令所述场所进行搜查，并有权检查、检验、操作和测试用于处理个人信息的设备，检查和扣押在场所内发现的可用作证据的记录、其他材料或设备。

83. 签发调查令的条件

（1）除非符合以下条件，法官或地区法官不得根据第 82 条签发调查令：

（a）监管机构已提前 7 天书面通知相关场所的占有人要求进入场所；

（b）或者

（i）要求在一个合理的时间进入，但被无理拒绝；或

（ii）虽然获准进入该场所，但对于监管机构的成员或工作人员为完成第 82 条第（2）款中所述事项提出的要求，占有人无正当理由拒绝执行；及

（c）监管机构已经向拒绝调查的占有人发出申请调查令的通知，并就是否申请签发调查令听取占有人的意见。

（2）如果法官或裁判法院认为案件情况紧急，或遵守该款规定会造成取证目的不能实现的，则第（1）款不适用。

（3）根据第 82 条的规定签发调查令的法官或执行官必须出具一式两份调查令。

84. 调查令的执行

（1）警察可以协助根据第 82 条取得调查令的执行人员入室搜查，并可在合理必要的情况下使用武力，排除对入室和搜查的妨碍。

（2）根据本条签发的调查令必须在合理时间内执行，除非执行人员有合理理由怀疑并认为，执行调查令将找不到所涉证据。

（3）根据第 82 条签发调查令的被执行人如果执行时到场，则应出示调查令并提供复印件；若未到场，应将调查令的复印件放置在执行现场的显著位置。

（4）根据第 82 条的规定，在搜查物品时必须向占有人出具收据，或将收据留置在室内。

（5）任何必要情况，都可以留置扣押的物品，如果被扣押人提出要求，

并且执行调查令的人员认为不会造成调查无故拖延的，应当向被扣押人提供扣押文件的副本。

（6）被授权根据第82条入室搜查的人员必须由一名警官陪同和协助。

（7）根据本条入室搜查的人员必须严格遵守秩序，尊重个人的尊严、自由、安全和隐私。

（8）根据本条入室搜查的人员在询问之前应当：

（a）告知该当事人有权获得辩护人或者律师的辩护、代理；

（b）允许该项权利的行使。

（9）根据第82条签发调查令行使搜查职责的人员，所提供的自我指控答复或作出的陈述在刑事诉讼程序中均不作为自证其罪的证据，除了在伪证罪或因第102条规定的犯罪而被审判，且答复或陈述限定于证明所指控犯罪有关范围内。

85. 免予搜查、扣押事项

如果监管机构已根据第37条作出豁免，依照该豁免所处理的信息免予被第82条发出调查令的搜查和扣押。

86. 法律顾问与当事人沟通交流的豁免

（1）以下情形，不得行使根据第82条签发的调查令授予的搜查和扣押权：

（a）专业法律顾问与委托人就其义务、责任或权利向委托人提供法律意见方面进行的沟通；或

（b）专业法律顾问与客户之间，或者顾问与客户或他人之间，关于本法或因本法发生的程序（包括在法院进行中的程序）的基础上作出的通信往来。

（2）第（1）款的规定同样适用于：

（a）其中提及的与通信相关的复印件或其他记录；及

（b）通信往来中包含的附件或提及的文件或物品，如果是为了发表意见，或者是为了诉讼程序之目的而发出。

87. 对查扣的异议

根据本法出具调查令所涉场所的占有主体，如果基于以下原因对检查或

扣押的材料提出异议：

（a）对于因特权信息而拒绝检查或调取的物品或文件，执行拘传或搜查的人员如果认为该物品或文件属于调查本案的必要信息，并且认为该信息是调查案件所必需的，则应请求有管辖权的高等法院司法常务官或其代表予以扣押或调取该物品或文件，直至法院就该信息是否为特权信息的秘密事项作出裁定为止。

（b）对于只含有部分事实的资料，监管机构未行使该权利，如果执行调查令的人员提出要求，必须提供相关资料的复印件，并不免予该权利行使。

88. 调查令的归还

根据第 82 条签发的调查令在以下情况必须返还给法院：

（a）在执行完毕后；或

（b）如果未能在其授权执行的时间内执行完毕，

由签发人在调查令上签字并写明调查令行使的权利范围。

89. 评估

（1）监管机构应当主动，或根据责任方、责任方的代理人、数据主体或他人的请求，必须以规定的方式评估个人信息的处理是否符合本法规定。

（2）监管机构认为适当的，必须作出评估，除非监管机构在应请求进行评估的情况下却没有收到可供评估的信息。

（a）请求人能够表明身份；

（b）能够明确为何项行动。

（3）监管机构在认定评估是否适当时，考虑的事项包括：

（a）请求提出了实质问题；

（b）请求没有不当的迟延；

（c）申请人是否有权就该个人信息提出第 23 条或第 24 条所述的请求。

（4）如果监管机构已经收到申请者的请求，则必须通知申请者：

（a）是否已对请求事项作出评估；

（b）在其认为适当的范围内，特别是监管机构根据第 37 条第 23 款或第 24 款作出的与个人信息相关的豁免，对请求的处理态度或采取的行动。

90. 信息通报

（1）如果监管机构：

（a）已收到第 89 条规定的处理个人信息的请求；或

（b）为确定责任方是否妨碍数据主体的个人信息保护，监管机构可向责任方发出信息通知要求其提供信息，责任方应在指定期间内按照通知指定的格式向监管机构提供信息处理的合规性报告，或说明处理过程符合本法规定或其他明确要求。

（2）信息通知必须含有第 97 条规定申诉权的内容，并且：

（a）在第（1）款第（a）项所述情形下，需要说明监管机构收到第 89 条项下有关的处理请求；或

（b）在第（1）款第（b）项中，需要说明监管机构认为特定信息对判断责任方是否达到合法处理个人信息的条件具有关联性，以及判断依据。

（3）除第（5）款另有规定外，信息通知中规定的期限在申诉期限届满前不得终止；如提出申诉，在申诉尚未作出裁定或撤回申诉之前，不需要提供资料。

（4）如监管机构认为紧急情况需要获取有关资料，则可在通知书中作出声明并陈述理由。在此种情况下，第（3）款将不适用。

（5）关于第（4）款的通知，不得要求在自该通知送达之日起 3 天内提供该资料。

（6）信息通知不得要求责任人向监管机构提供与以下人员的沟通信息：

（a）向委托人出具在本法项下的义务、责任或权利相关法律意见的专业法律顾问及其委托人；或

（b）专业法律顾问与客户之间，或者顾问与客户或其他人之间，关于本法项下或因本法产生的程序（包括在法院进行的程序）或在预期该程序的基础上作出的通信往来。

（7）在第（6）款中所指的专业法律顾问的客户包括客户的代理人。

（8）信息通知不得要求责任人向监管机构提供本法规定之外违法行为证据的信息，导致相关责任人受到刑事追究。

（9）监管机构可以书面方式通知送达方撤销信息通知。

91. 评估结果告知方

（1）在完成第89条规定的评估后，监管机构：

（a）必须向责任方报告评估结果，以及监管机构认为合适的建议；及

（b）在适当的情况下，可以要求责任方在指定时间内向监管机构汇报为实施报告中的建议而采取的措施，或者告知不采取行动的原因。

（2）监管机构认为公开责任主体的个人信息符合社会公共利益的，可以按照本条规定向社会公开相关信息。

（3）监管机构根据第（1）款规定作出的报告，相当于第95条规定的执行通知。

92. 执法委员会职责范围内的事项

（1）监管机构对投诉或者本法规定的其他事项进行调查后，可以将投诉或其他事项提交执法委员会审议，审议第93条所述监管机构可以采取的行动建议或者结果认定。

（2）监管机构可以规定执法委员会遵循的具体程序，包括：

（a）责任方和数据主体向执法委员会提交报告的方式和内容；

（b）当事各方向执法委员会提交材料、运用法律或进行其他陈述的机会；

（c）执法委员会作出调查结论，并向监管机构提出建议的期限；

（d）执法委员会对紧急事项的处理方式。

93. 执法委员会的职能

执法委员会：

（a）审议监管机构根据第92条或《信息披露促进法》提交的事项和作出的相关认定；

（b）可以向监管机构提出必要的建议或者针对以下人员采取行动：

（i）本法所指的责任方；或

（ii）《信息披露促进法》中所称的私营机构的信息官或负责人。

94. 调查过程及调查结果通报对象

投诉后如果启动调查的：

（a）监管机构认为，对数据主体个人信息的保护不会产生妨碍，因此不再送达执行通知；

（b）根据第 92 条的规定，监管机构已将投诉提交执法委员会审议；

（c）按照第 95 条的规定送达执行通知书；

（d）根据第 96 条的规定取消送达执行通知；

（e）根据第 97 条的规定提起申诉，撤销或变更执行通知；或

（f）根据第 98 条的规定，针对执行通知提出的申诉，或者通知被取代或申诉被驳回的，监管机构必须在合理可行的情况下，按照第（a）项至第（f）项的要求方式，通知申诉人和责任方调查进展或结果。

95. 强制执行通知

（1）监管机构在考虑执法委员会按照第 93 条提出的建议后，认为责任方妨碍或正在妨碍第 73 条提及的对数据主体个人信息的保护，监管机构可以向责任方发出执行通知，要求责任方采取以下措施：

（a）在通知中所列明的期限内采取特定措施，或者避免采取措施；或

（b）对通知中所列明的个人信息停止处理，或在通知所列明的期限内停止以通知中所列明目的或方式处理个人信息。

（2）执行通知书应当载明下列事项：

（a）说明对数据主体个人信息保护产生妨碍的性质和达成结论的原因；

（b）根据第 97 条享有申诉权。

（3）除第（4）款另有规定外，强制执行通知不得要求在对通知提出申诉的规定期间届满之前，履行该通知书的内容；如申诉已经提出，在作出裁

定或撤回申诉之前，可以不履行通知书的内容。

（4）如果监管机构认为情况紧急执行通知应予执行，则可在通知中进行声明，并同时说明理由，但第（3）款除外。

（5）就第（4）款所作出的通知，不得要求自收到通知后 3 天内履行通知书的内容。

96. 取消执行通知

（1）收到执行通知的责任方，可以在对通知提出申诉的规定期间届满后的任何时间，以情况发生变化为由，向监管机构书面申请取消或变更，目的是确保合法处理个人信息，而无须遵守通知的规定。

（2）如果监管机构认为，遵守执行通知中的条款已经没有必要，为确保合法处理个人信息，监管机构可以书面通知受送达的责任方取消或变更通知。

97. 申诉权

（1）责任方在接到通知或执行通知后，应当在 30 天内向有管辖权的高等法院提出撤销或变更通知的请求。

（2）根据第 77 条第（3）款或第 96 条的规定通知被调查结果的，应当于收到调查结果后 180 天内，向有管辖权的高等法院提出申诉。

98. 申诉

（1）根据第 97 条提起的申诉，法庭认为：

（a）被申诉的通知或者决定不符合法律规定的；

（b）通知或决定如果是监管机构行使自由裁量权的行为且应该被不同行使，则法院必须同意申诉，并且可以撤销通知或决定，或作出其他通知来替代监管机构本应送达或作出的通知或决定。

（2）法庭在申诉中可以审查通知所依据的事实认定。

99. 民事救济

（1）数据主体或经数据主体的要求，监管机构可以向有管辖权的法院就第 73 条提及的违反本法的责任方提起民事损害赔偿诉讼，无论责任方是故意还是过失。

（2）如果发生违约，责任方在以下情形中可以提起损害赔偿之诉：

（a）不可抗力；

（b）原告同意；

（c）原告的过错；

（d）在特定情况下遵守规定不具有合理可行性；

（e）监管机构根据第 37 条批准的豁免。

（3）按照第（1）款规定举行的审讯，法庭可公正公平地裁定出赔偿数额，包括：

（a）支付违约金以补偿数据主体因违反本法所遭受的财产损失和非财产损失；

（b）惩罚性赔偿金，具体金额由法庭酌情决定；

（c）利息；

（d）法庭确定的诉讼费。

（4）根据第（3）款的规定交付给监管机构的款项必须按照下列方式处理：

（a）全额存入监管机构在相关金融机构开立的专门信托账户；

（b）根据数据主体按照第（1）款提起诉讼的请求，以及按照第（5）款分配给数据主体的金额进行管理时发生的合理费用，可由监管机构优先从账户中支出；及

（c）如有余额（在本条中称为"可分配余额"），必须由监管机构分配给提起法律程序的数据主体。

（5）根据第（4）款的规定在首次分配之日起 3 年内未被分配的金额，利息归监管机构所有。

（6）可分配余额必须在第（1）款中所指的数据主体之间按比例分配。

（7）根据本条规定签发法庭命令，必须在宪报以及法庭认为适合的其他媒体上进行公告。

（8）根据本条规定提起的民事诉讼可以撤销、放弃或达成和解，但协议或调解必须以法院命令的形式作出。

（9）如尚未提起民事诉讼，协议或和解经正式通知对方后，需要经监管机构向法庭提出申请并作出法庭命令，且必须在宪报和法庭认为适当的其他

媒体上进行公告。

第十一章　违法行为、处罚和罚款

100. 阻挠监管人员

妨碍、阻挠或非法影响监管机构或代表监管机构或受监管机构委派的人员履行职责和职能的，构成犯罪。

101. 违反保密规定

违反第 54 条规定的，构成犯罪。

102. 妨碍调查令的执行

任何下述主体：

（a）故意阻止执行根据第 82 条签发的调查令；或

（b）无正当理由，对调查令执行人的要求拒绝提供必要协助的，构成犯罪。

103. 不遵守执行通知或信息通知

（1）责任方未能遵守根据第 95 条规定所送达的执行通知，构成犯罪。

（2）根据第 90 条规定所发出的信息通知，责任方声称遵守而存在以下行为的，构成犯罪：

（a）明知虚假事实而作出陈述的；

（b）在重要问题上作出错误陈述的。

104. 证人犯罪

（1）根据第 81 条的规定被传唤到监管机构现场做证或出示簿册、文件或物品，没有充分的理由而拒绝以下行为的，构成犯罪：

（a）按传票指定的时间、地点出席的；

（b）出席审判活动直至程序结束或者到监管机构负责人决定免予其出席为止；

（c）出席后，经监管机构负责人要求仍拒绝宣誓做证或者做证后拒绝确认的；

（d）经宣誓或确认，对依法提出的问题作出充分和满意答复的；

（e）出示由其占有、保管或受其控制的书籍、文件或物品。

（2）宣誓或确认后，明知虚假、不知道或者不相信是真实的，却在监管机构面前做虚假证明。

105. 责任方有关账号的违法违规行为

（1）除第（2）款及第（3）款另有规定外，如果责任方违反第8条关于处理数据主体账号的规定，构成犯罪。

（2）第（1）款所述的违反行为：

（a）严重或持久的；

（b）可能对数据主体造成实质性的损害或困扰。

（3）责任方必须：

（a）知道或应当知道：

（i）有可能会发生此类违法行为；或

（ii）违法行为会对数据主体造成重大损害或困扰。

（b）没有采取合理的措施来防止行为的发生。

（4）如果责任方依据第（1）款的规定被控犯罪，责任方认为其已穷尽所有的合理措施来遵守第8条的规定，属于有效抗辩。

（5）就本条和第106条而言，"账号"系指已分配的唯一识别符：

（a）仅为一个数据主体使用；或

（b）为一个以上的数据主体共同使用，由金融机构或其他机构提供，以便本条第（a）项所指的数据主体，可以登录查看本人的资金情况或信贷安排，本条第（b）项所指的数据主体可以共同登录查看资金情况或信贷安排。

106. 第三方与账号相关的违法行为

（1）未经责任方的同意，以下故意或放任的行为属于犯罪行为；

（a）获取、泄露数据主体账号的；

（b）诱使向他人提供数据主体的信息账号，第（2）款另有规定的除外。

（2）根据第（1）款被控犯罪时，以下情况可以构成对指控的有效抗辩：

（a）账号的取得、披露或获取：

（i）为预防、发现、调查或证明违法行为所必需的；

（ii）法律或法院令有授权或要求。

（b）个人有理由相信依法有权获得或披露账号，或诱使他人将账号披露给他人。

（c）有合理理由相信，如果责任方知道信息的获得、披露或诱使等情况会同意其行事。或

（d）在特定情况下，取得、披露或诱使符合公众利益。

（3）出售自己取得的账号，违反第（1）款的规定，构成犯罪。

（4）出卖数据主体账号的人：

（a）已经获得；或

（b）违反第（1）款的规定而获得的信息，构成犯罪。

（5）广告中明确说明数据主体的账号用于出售或出售要约属于第（4）款所述的出卖信息。

107. 罚则

如有违反本法的以下规定，将承担刑事责任：

（a）第 100 条，第 103 条第（1）款，第 104 条第（2）款，第 105 条第（1）款，第 106 条第（1）款、第（3）款或第（4）款判处罚金或监禁 10 年以下，或并处罚金和监禁；或

（b）第 59 条、第 101 条、第 102 条、第 103 条第（2）款或第 104 条第（1）款处以罚款或不超过 12 个月的监禁，或并处罚金和监禁。

108. 裁判庭的处罚权

不管是否与其他法律相抵触，裁判法院均有权根据第 107 条的规定行使处罚。

109. 行政罚款

（1）如果责任方被指控违法，监管机构可以向该人（以下称侵权人）当面送达侵权通知，通知必须包括第（2）款所述的内容。

（2）第（1）款所述的通知必须：

（a）写明侵权人的名称和地址。

（b）详细说明所指控罪行的细节。

（c）应缴纳罚款的具体数额。根据本款第（10）款的规定，罚款最高不超过1000万兰特。

（d）通知可以要求侵权人在不迟于侵权通知送达之日起30天内：

（i）缴纳罚款；

（ii）与监管机构商定分期缴纳罚款；

（iii）对指控所犯本法规定罪行要求进行开庭审判。

（e）写明在允许的时间内如未能遵守通知的要求，将会导致可以按照第（5）款的规定直接收取行政罚款。

（3）在确定罚款金额时，监管机构必须考虑以下因素：

（a）涉及个人信息的性质；

（b）违法行为的持续时间和范围；

（c）受违法行为影响或可能影响的数据主体数量；

（d）是否涉及社会公共利益的重大问题；

（e）实质性损害或困扰的可能性，包括数据主体遭受的情感伤害或焦虑程度；

（f）责任方或第三方是否能够阻止违法行为的发生；

（g）没有进行风险评估，或者没有实施良好的个人信息保护政策、程序和规范的；

（h）责任方是否曾犯本法规定的其他罪行。

（4）如果侵权人对指控违反本法的罪行选择开庭审判，监管机构必须将此案移交南非警察局，并通知侵权者。

（5）如果侵权人未能遵守通知的要求，则监管机构可以向有管辖权法院的书记员或注册人提交一份声明，列明侵权人应缴纳的行政罚款金额，如果法院支持监管机构在声明中的金额要求，则该声明具有民事判决的效力。

（6）责任方依据同一事实被控犯有本法规定之罪行，监管机构可以不按本条规定处以行政罚款。

（7）责任方就同一事实已按本款规定处以罚款的，不再另行追究。

（8）根据本条规定所处行政罚款不构成《1977年刑事诉讼法》（1977年第51号法令）第二十七章规定的既往定罪。

（9）按本条规定应缴纳的罚款，必须交至宪法第 213 条规定的国家收入基金账户。

（10）部长在与监管机构协商后，可以通过在宪报上发出通知来调整第（2）款第（c）项中提及的金额，即按照宪报不时公布的消费者价格指数的平均数，乘以第（2）款第（c）项所述金额固定不变的年数后得出的前 12 个月期间的金额。

第十二章　总则

110. 修订法律

附表所提及法律在第三列所述的内容范围内作出修订。

111. 费用

（1）除了第 113 条的规定，经与监管机构协商，部长可确定数据主体应缴纳的费用：

　　　　（a）第 23 条第（1）款第（b）项第（ii）点中提及的责任方；及

　　　　（b）第 63 条第（3）款中提及的监管机构。

（2）对第（1）款第（a）项和第（b）项中提及的不同责任方和数据主体可以规定不同的费用标准。

112. 施行细则

（1）除了第 113 条的规定，部长可制定下列内容：

　　　　（a）监管机构的设立；及

　　　　（b）第 111 条第（1）款所指的费用。

（2）监管机构在符合第 113 条规定的前提下，可以制定关于下列事项的规定：

　　　　（a）数据主体对处理第 11 条第（3）款中所涉个人信息提出异议的方式；

　　　　（b）第 24 条第（1）款所涉数据主体向责任方提交要求的方式；

　　　　（c）第 32 条第（6）款所涉特定责任方对健康信息的处理；

　　　　（d）第 55 条第（1）款第（e）项所涉的信息管理官员的职责；

　　　　（e）第 61 条第（1）款第（b）项关于向监管机构提交行为准则申

请书的格式；

（f）第 69 条第（2）款关于要求取得数据主体同意的方式和形式；

（g）第 74 条关于提交诉状的方式和格式；

（h）第 76 条第（1）款第（b）项关于对个人信息保护的妨碍，监管机构担任调解人；

（i）通知相关方按第 79 条的规定开展调查；

（j）第 80 条关于对投诉问题的解决；

（k）第 89 条第（1）款关于对个人信息处理进行评估的方式；

（l）第 94 条关于调查过程的进展和结果向有关各方的通知方式；及

（m）第 109 条关于作出行政处罚的附带事项。

113. 规章制定程序

（1）部长在制定或修改第 112 条第（1）款所指的条例之前，应在宪报上刊登通告：

（a）说明条例草案已经形成；

（b）指明在何处可以获取条例草案的副本；

（c）在规定期限内征求对条例草案提出书面意见。

（2）符合第（1）款规定，并就第 112 条所述条例草案与监管机构磋商后，部长可以：

（a）修改条例的草案；

（b）在符合第（5）款的规定下，在宪报上刊载条例。

（3）在制定或修订本法第 112 条第（2）款所述的条例前，监管机构必须在宪报上刊登公告：

（a）说明已经制定的条例草案；

（b）说明在何处可以获得条例草案的副本；和

（c）邀请在指定期限内就条例草案提交书面意见。

（4）符合第（3）款的规定的，监管机构可以：

（a）修改条例草案；及

（b）按照第（5）款的规定，在公告中公布条例的最终文稿。

（5）（a）部长或监管机构必须在宪报公布前的数天内将上述第（2）款第（b）项或第（4）款第（b）项中提及的条例提交议会。

（b）第（1）款或第（3）款不适用于由于上文第（a）项所属的程序而引起的条例修订。

114. 过渡安排

（1）对个人信息的处理活动，必须在本法实施后一年内达到本法的规定。

（2）第（1）款所指的一年期限，在与监管机构商议后可以由部长根据需要或者自行决定延长，并就不同类别和种类的信息与机构的延长期限在宪报上进行公告，延长期限最多不得超过3年。

（3）第58条第（2）款的规定，不适用于第57条所述的在本法开始之日进行的处理，除非监管机构在宪报刊登通知另行确定。

（4）南非人权委员会必须在与信息监管机构进行磋商，在本法修正案完成后的合理期限内最终明确其在《促进信息获取法》第83条和第84条中的职能。

115. 简称与施行

（1）本法的名称为《2013年个人信息保护法》，自总统在宪报上发布公告之日起生效。

（2）对本法不同的条款可以规定不同的实施日期，或对不同类别的信息和机构设定不同的实施日期。

澳大利亚数据保护法制概览

澳大利亚个人数据保护制度的建立最早可追溯到 20 世纪 80 年代。1988 年，澳大利亚政府为履行经济合作与发展组织（OECD）的《个人资料跨国流通与隐私权保护指导纲领》以及《公民权利和政治权利国家公约》第七条规定的对个人资料及隐私进行保护的义务，在 1988 年年底最终通过了国内的《1988 年隐私法案》（*the Privacy Act* 1988，于 1989 年开始施行）。《1988 年隐私法案》的颁布意味着澳大利亚个人隐私保护立法制度的正式确立。

该法案对个人隐私权的保护影响深远：第一，首次明确了澳大利亚政府在收集、存储、使用及披露、提供访问及纠正个人信息等方面的行为规范及限制。第二，对于个人信息也采用了扩大保护的原则，"信息或想法，无论正确与否，无论是否实录，一旦关乎个人信息识别，或者合理地指向了特定个人"均属于个人信息范畴。因此，关于个人姓名、签名、地址、电话号码、出生日期、医疗号码、银行账户信息或关于个人的评论或观点均应属于个人信息的范畴。《2012 年隐私修正法案（加强隐私保护）》[*Privacy Amendment* (*Enhancing Privacy Protection*) *Act* 2012] 对上述定义进行了补充及修订，增加了对个人身份标识的定义，并重申了个人信息的定义："个人信息是指可以识别个人的信息或评价，无论真假，也无论是否存在有形载体记录。"第三，该法案对于有关个人信息的操作管理设定了概括性标准，这也是该法案最大的特色。《1988 年隐私法案》中规定的原则不属于规范性的原则，并没有指明哪些机构应当做些什么。相反，该法只是提供操作个人信息的原则，各个组织或机构需根据各自情况遵守这些原则。第四，该法案调整的事项十分广泛，包括商业信用信息、个人税务档案号码、医疗信息等敏感信息。对于不同类别的数据信息有不同的处理方式，如针对个人信用信息的信用报告制度（《1988 年隐私法案》第ⅢA 部分），个人税务档案号码TFNs 的规则（《2015 年隐私（税收档案号码）规则》）［Privacy（Tax File Number）Rules 2015］。

2017 年，澳大利亚又通过了对于《1988 年隐私法案》关于"数据泄露通报制度"部分的修订，即《2017 年隐私法修正案（数据泄露通报制度)》［（Privacy Amendment（Notifiable Data Breaches）Act 2017］。该修正法案的颁布是澳大利亚信息安全立法的一大里程碑。澳大利亚修订后的数据泄露通报制度强制要求特定的实体（Entity）必须披露数据泄露事件（Eligible Data Breach）。强制披露的情形必须满足两大条件，即未经授权访问、披露或丢失实体持有的个人信息，且信息的获取、披露或丢失可能会导致与信息相关个人的严重损害。同时，负有通报义务的实体包括应用程序实体（APP）、信用报告机构、信贷提供者、文件接收者甚至包括执法机构等，触发强制披露事件后实体应当按规定发布声明（declaration），信息专员（Commissioner）对于通报义务的履行负有监管职责，包括信息专员声明、强制通知的指令等。同时，该修正法案也特别强调了通报与保密之间的妥善处理，如存在英联邦法律位阶层面的禁止信息使用或披露规定，则应根据实际情况决定是否仍需履行通报义务。

隐私法修正案（数据泄露通报制度）

（2017 年第 12 号文，2017 年 2 月 22 日经审议通过；该法案旨在修订《1988 年隐私法案》相关内容或其他立法目的）

澳大利亚议会颁布：

1 简称

本法案是《2017 年隐私法修正案（数据泄露通报制度）》。

2 正文

（1）依据下表第二栏的规定，在表格第一栏的每项条款应已开始或视为已开始实施。第二栏中的其他陈述依据其条款所载条件成就另行发生效力。

第一栏	第二栏	第三栏
规定	正文	日期/详情
1. 本法第一至第三部分内容和本表格未涵盖的其他内容	该法案获得皇室同意的日期	2017 年 2 月 22 日
2. 附表 1	该天由公告确定。但是，如果这些条款没有在本法案获得皇家批准之日起的 12 个月内生效，那么这些条款应于该期限结束后的第二天生效	2018 年 2 月 22 日

说明：本表仅涉及本法案最初颁布版本的条款。涉及后续修订的，不作为本表修订内容。

（2）本表第三栏中的信息不属于本法案部分。但可以通过在本栏中另设信息，也可以在本法案的公开版本中设置该信息。

3 附件

本法案附表中规定的法律按照相关附表中的适用条款进行修订或废除，本法案附表中的其他任何条款根据其规定生效。

附表 1 修正案

《1988 年隐私法案》

1. 第 6 条第 1 款新增加：

适格数据泄露风险应为第 26WE 节所指含义。

适格数据泄露应为第ⅢC 部分第 2 节所指含义。

2. 第 13 条第 4 款之后新增加：

适格数据泄露的通知。

（4A）如实体（在第ⅢC 部规定的范围内）违反第 26WH 条第 2 款、第 26WK 条第 2 款、第 26WL 条第 3 款或第 26WR 条第 10 款的，则该违规行为构成对个人隐私的干涉。

3. 第ⅢB 部分之后新增加：

第ⅢC 部分　适格数据泄露的通知

第 1 节　简介

26WA　简要概述

- ·本部分为适格数据泄露的通知方案。
- ·适格数据泄露发生在以下情况：
- （a）未经授权访问、披露或丢失实体持有的个人信息；
- （b）信息的获取、披露或丢失可能会导致与信息相关的任何个人的严重损害。
- ·在下列情况下，实体应发出通知：
- （a）有合理理由怀疑数据泄露已经发生；
- （b）来自信息专员的指令。

26WB　实体

就本部分而言，实体包括文件接受者。

26WC 视为信息持有

海外收件人

（1）如果：

（a）应用程序实体已向海外收件人披露了一人或多人的个人信息；

（b）《澳大利亚隐私准则》第 8 条第 1 款适用于个人信息的披露；

（c）海外收件人持有个人信息；

如果同时存在以下情形，则本部分具有效力：

（d）个人信息由应用程序实体曾经持有；

（e）根据第 15 条的规定，应用程序实体不得作出违反《澳大利亚隐私准则》第 11 条第 1 款中有关个人信息的行为或此类行为。

非澳大利亚籍人士或机构

（2）如果：

（a）任一下列情况：

（i）根据第 21G 条第 3 款第 b 项或第 c 项，信贷提供者向相关机构或个人披露一个人或多个人的信用资格信息，但上述机构或个人与澳洲均无关联；

（ii）信贷提供者已根据第 21M 条第 1 款向机构或个人披露有关一个人或多个人的信用资格信息，但上述机构或个人与澳洲均无关联。

（b）有关法人、团体或个人拥有的信用资格信息。

如果同时存在以下情形，则本部分具有效力：

（c）信用资格信息由信贷提供者持有。

（d）信贷提供者应遵守第 21S 条第 1 款有关信用资格信息的规定。

注意：见第 21NA 条。

26WD 例外：根据 2012 年《我的健康记录法》的通知

如果：

（a）未经授权而获取信息；

（b）未经授权而披露信息；

（c）丢失信息。

已经或应根据 2012 年《我的健康记录法》第 75 条予以通知，则本部分不适用。

第 2 节 适格数据泄露

26WE 适格数据泄露

范围

（1）本条适用于：

（a）同时满足：

（i）应用程序实体持有一个人或多个人有关的个人信息；

（ii）应用程序实体根据第 15 条的规定，不得作出违反《澳大利亚隐私准则》第 11 条第 1 款中有关个人信息的行为或此类行为。

（b）同时满足：

（i）信用报告机构持有一个人或多个人的征信信息；

（ii）信用报告机构应遵守第 20Q 条中有关征信信息规定。

（c）同时满足：

（i）信贷提供者持有一个人或多个人的信贷资格信息；

（ii）信贷提供者应遵守第 20Q 条中有关征信信息规定。

（d）同时满足：

（i）文件接受者持有与一个人或多个人有关的税务档案号码信息；

（ii）根据第 18 条的规定，文件接受者不得从事违反第 17 条与税务档案号码信息相关的行为或类似行为。

适格数据泄露

（2）就本法而言，如果：

（a）同时满足：

（i）未经授权访问或未经授权披露信息；

（ii）理性人会得出，获取或披露信息可能会对与信息有关的任何个人造成严重损害结论。

（b）同时存在下列情况会导致信息丢失：

（i）可能发生未经授权的信息访问或未经授权的信息泄露；

（ii）如发生未经授权访问或未经授权披露信息的情况，理性人会得出访问或披露可能会对信息所涉及的任何个人造成严重损害的结论。那么；

（c）第 a 项所涉及的访问或披露，或第 b 项所涉及的丢失，属于应用程序实体、信用报告机构、信贷提供者或文件接受者的适格数据泄露（视具体情况而定）。

（d）第（a）项第（ii）句或第（b）项第（ii）句所述个人遭受适格数据泄露的潜在风险。

（3）除第 26WF 条另有规定外，以本条第 2 款规定内容为准。

26WF 例外：救济措施

访问或披露信息

（1）如果：

（a）属于第 26WE 条第 2 款第（a）项所列明的获取或披露信息；

（b）应用程序实体、信用报告机构、信贷提供者或文件接受者（视情况而定）对访问或披露已采取措施；

（c）应用程序实体、信用报告机构、信贷提供者或文件接受者（视情况而定）在访问或披露对信息所涉及的个人造成严重损害之前已采取措施；

（d）因采取措施，理性人得出结论认为，获取或披露不会对这些人造成严重损害。

访问或披露不构成：

（e）应用程序实体、信用报告机构、信贷提供者或文件接受者（视情况而定）的适格数据泄露；

（f）任何其他实体适格数据泄露。

（2）如果：

（a）属于第 26WE 条第 2 款第（a）项所列明的获取或披露信息；

（b）应用程序实体、信用报告机构、信贷提供者或文件接受者（视情况而定）对访问或披露采取了措施；

（c）应用程序实体、信用报告机构、信贷提供者或文件接受者（视情况而定）在访问或披露对信息所涉及的个人造成严重损害之前已采取措施；

（d）因采取措施，理性人得出结论认为，获取或披露不会对这些人造成严重损害；

本部分不要求下列实体采取措施通知个人关于访问或披露的有关声明：

（e）应用程序实体、信用报告机构、信贷提供者或文件接受者（视情况而定）；

（f）任何其他实体。

（3）如果同时满足：

（a）属于第 26WE 条第 2 款第（b）项所列明的信息丢失；

（b）应用程序实体、信用报告机构、信贷提供者或文件接受者（视情况而定）对信息丢失采取措施；

（c）在未经授权的情况下，应用程序实体、信用报告机构、信贷提供者或文件接受者（视情况而定）擅自访问或披露信息；

（d）因采取措施导致未经授权获取或披露信息。

以下情况不应被认为存在信息丢失：

（e）应用程序实体、信用报告机构、信贷提供者或文件接受者（视情况而定）导致的适格数据泄露；

（f）任何其他实体导致的适格数据泄露。

（4）如果：

（a）属于第 26WE 条第 2 款第（b）项所列明的信息丢失。

（b）应用程序实体、信用报告机构、信贷提供者或文件接受者（视情况而定）对信息丢失采取措施。

（c）应用程序实体、信用报告机构、信贷提供者或文件接受者（视情况而定）在：

（i）在未经授权访问或未经授权披露信息之后；

（ii）对获取或披露对信息所涉及的任何个人造成严重损害之前。

（d）由于采取了措施，理性人会得出结论认为，获取或披露不会对这些人造成严重损害。

以下情况不应被认为存在信息丢失：

（e）应用程序实体、信用报告机构、信贷提供者或文件接受者（视情况而定）导致的适格数据泄露。

（f）任何其他实体导致的适格数据泄露。

（5）如果：

（a）第26WE条第2款第（b）项所涵盖的信息丢失。

（b）应用程序实体、信用报告机构、信贷提供者或文件接受者（视情况而定）对信息丢失采取措施。

（c）应用程序实体、信用报告机构、信贷提供者或文件接受者（视情况而定）采取措施是在：

（i）未经授权访问或未经授权披露信息之后；

（ii）在获取或披露对信息所涉及的任何个人造成严重损害之前行使的。

（d）因采取措施，理性人得出结论认为，获取或披露不会对这些人造成严重损害。

本部分不强制以下对象采取措施通知个人与信息丢失有关的情况：

（e）应用程序实体、信用报告机构、信贷提供者或文件接受者（视情况而定）。

（f）任何其他实体。

26WG　访问或披露是否可能导致严重损害的相关事宜

就本部分而言，在确定理性人判断访问或披露信息是否：

（a）可能会。

（b）或可能不会。

对信息所涉及的任何个人造成严重损害的，应考虑以下事项：

（c）信息的种类。

（d）信息的敏感性。

（e）该信息是否受到一项或多项安全措施的保护。

（f）如果信息受到一项或多项安全措施的保护，安全防护遭破解的可能性。

（g）已经取得或可以取得这些信息的人或人群。

（h）如果安全技术或方法：

（i）用于相关信息；

（ii）旨在使得信息对未经授权获取该信息的人无法理解或无意义。

以下人员或人群：

（iii）已获得或可以获得信息；

（iv）针对已经或可能对该信息相关的任何人造成损害；

已经获得或可能获得规避安全技术或方法所需的信息或知识。

（i）损害的性质。

（j）任何其他有关事宜。

注意：如果第（h）项中提到的安全技术或方法具有加密属性，则加密密钥应属于规避安全技术或方法的信息示例。

第3部分 适格数据泄露通知

第1节 疑似适格数据泄露

26WH 对疑似适格数据泄露进行评估

范围

（1）本条适用于：

（a）某实体有合理理由怀疑可能存在适格实体数据泄露情况；

（b）该实体不认为有合理理由可能存在适格实体数据泄露情况。

评估

（2）实体应：

（a）合理且迅速地评估是否有合理理由怀疑可能存在适格实体数据泄露情况；

（b）采取一切合理措施，确保评估在该实体了解第 1 款第（a）项
所述内容之后 30 天内完成。

注意：如果其他实体认为有合理理由怀疑存在适格上述实体数据泄露，
则适用第 26WK 条。

26WJ 例外：其他实体的适格数据泄露

如果同时满足：

（a）实体符合第 26WH 条规定中有关适格实体数据泄露部分；

（b）构成该实体的合格数据泄露的访问、披露或信息丢失是基于一
个或多个其他实体的适格数据泄露而产生的。

则该部分不适用于其他实体的适格数据泄露。

第 2 节　一般通知义务

26WK 关于适格数据泄露的声明

范围

（1）如果实体认为有合理理由怀疑存在适格数据泄露情况，则本节
适用。

声明

（2）实体应：

（a）同时满足：

（i）编制符合第 3 款的声明；

（ii）将该声明的副本送交信息专员。

（b）在该实体知悉后，在切实可行的范围内尽快进行。

（3）第 2 款第（a）项第（i）句所述的声明应载明：

（a）该实体的身份信息和联系方式；

（b）对该实体有合理理由怀疑该信息泄露事实已发生的描述；

（c）有关信息的种类；

（d）对于实体有合理理由怀疑泄露事实已发生的前提下，针对适格
实体数据泄露问题，个人可采取有效措施的建议。

（4）如果该实体有合理理由怀疑构成其适格数据泄露的访问、披露或

信息丢失是基于一个或多个其他实体的适格数据泄露而产生的，则第（2）款第（a）项第（i）句所述的声明还可以列出其他实体的身份信息和联系方式。

26WL 实体应通知适格数据泄露

范围

（1）本条适用于同时满足：

（a）实体认为有合理理由怀疑存在适格数据泄露的情况。

（b）该实体已作出声明：

（i）符合第26WK条第（3）款的规定；

（ii）该实体有合理理由怀疑所涉及的适格数据泄露事实已发生。

通知

（2）实体必须：

（a）如果该实体将声明内容通知信息相关的所有人是切实可行的——根据实际情况采取合理措施将声明内容通知信息相关的所有人。

（b）如果该实体将声明内容通知给因适格数据泄露导致的潜在风险人是切实可行的——根据实际情况采取合理措施将声明内容通知数据泄露潜在风险相关的所有人。

（c）如上述均不适用，则应：

（i）在该实体的网站（如有）上公布该声明的副本；以及

（ii）采取合理措施发布声明的内容。

注：另见第26WF条第（2）款及第（5）款规定的救济措施。

（3）在完成声明的准备工作后，实体应在切实可行的范围内尽快履行第（2）款义务。

向个人发出声明的方法：

（4）除第（2）款第（a）项或第（b）项另有规定外，如果实体通常是以特定方法及通信方式进行沟通，则可以在向个人发出声明时也根据第（2）款第（a）项或第（b）项使用该特定方法或方式。

26WM 例外：其他实体的数据泄露

如果同时满足：

（a）实体遵守第 26WK 条和第 26WL 条有关实体适格数据泄露的规定；

（b）构成该实体的适格数据泄露的访问、披露或信息丢失是基于一个或多个其他实体的适格数据泄露产生的。

上述条款不适用于其他实体的适格数据泄露。

26WN 例外：执法相关活动

如果同时满足：

（a）实体是执法机构；

（b）执法机构的首席执行官认为有合理理由怀疑存在适格数据泄露；

（c）执法机构的首席执行官认为有合理理由怀疑如遵守第 26WL 条有关适格数据泄露规定可能会妨碍执法机构或其代表进行的一项或多项与执法有关的活动。

第 26WK 条第（3）款第（d）项和第 26WL 条不适用于：

（d）适格泄露数据的实体；

（e）构成该实体的适格数据泄露的访问、披露或信息丢失是基于一个或多个其他实体的适格数据泄露产生的其他实体的适格数据泄露行为。

26WP 例外：与保密条款不一致

保密规定：

（1）就本条而言，保密条款是指：

（a）属于英联邦法律的规定（本法除外）；

（b）禁止或监督信息的使用或披露。

（2）如实体遵守第 26WK 条第（2）款第（a）项第（ii）句关于声明的规定会导致违反保密条款，则第 26WK 条第（2）款规定不适用于与声明相关具有保密义务的实体。

（3）如实体遵守第 26WL 条关于声明的规定会导致违反保密条款，则第

26WL 条规定不适用于与声明相关具有保密义务的实体。

特定保密条款：

（4）就本条而言，特定保密条款是指本规定特别规定的保密条款。

（5）就特定保密条款而言：

（a）第 26WK 条第（2）款第（a）项第（ii）句；

（b）第 26WL 条。

不得作为要求或授权使用或披露信息的条款。

（6）如果实体遵守第 26WK 条第（2）款第（a）项第（ii）句关于声明的规定导致违反保密条款，则第 26WK 条第（2）款规定不适用于与声明相关具有保密义务的实体。

（7）如果实体遵守第 26WL 条关于声明的规定会导致违反保密条款，则第 26WL 条规定不适用于与声明相关具有保密义务的实体。

26WQ 例外：信息专员声明

（1）如果信息专员：

（a）有合理理由怀疑存在适格的实体数据泄露；

（b）经实体通知后有合理理由怀疑存在适格的实体数据泄露；

信息专员可通过向该实体发出书面通知：

（c）声明第 26WK 条及第 26WL 条不适用于：

（i）适格数据泄露的实体；

（ii）构成该实体的适格数据泄露的访问、披露或信息丢失是基于一个或多个其他实体的适格数据泄露产生的其他实体的适格数据泄露行为。

（d）第 26WL 条第（3）款声明适用于：

（i）适格实体数据泄露；

（ii）如果构成适格实体数据泄露的访问、披露或信息丢失是基于一个或多个其他实体的适格数据泄露而产生的其他实体的适格数据泄露行为。

履行第 26WL 条第（2）款规定义务应在声明中规定的期限内完成。

（2）第（1）款第（d）项中的信息专员权力，只可用于延长第 26WL 条第（2）款的履行期限，并且应在合理期限内结束。

（3）信息专员不得根据第（1）款作出声明，除非信息专员认为根据实际情况具有合理性，且应考虑下述因素：

（a）公共利益。

（b）以下机构向信息专员提供有关建议：

（i）执法机构；

（ii）国防部澳大利亚信号局。

（c）信息专员认为有关的其他事宜（如有）。

（4）第（3）款第（b）项规定并不限制信息专员可能会考虑的意见。

（5）信息专员可基于下列任一情况并根据第（1）款向实体发出声明通知：

（a）信息专员主动提出；

（b）该实体向信息专员提出申请。

申请

（6）实体根据第（5）款第（b）项提出的申请可包括：

（a）第（1）款第（c）项声明的申请；

（b）第（1）款第（d）项声明的申请；

（c）其他申请：

（i）第（1）款第（c）项声明；

（ii）如信息专员没有作出该类声明，则应作出第（1）款第（d）项声明。

（7）如实体根据第（5）款第（b）项向信息专员申请：

（a）信息专员可拒绝该项申请；

（b）如拒绝，则信息专员应向该实体发出拒绝的书面通知。

（8）如：

（a）第（1）款第（d）项声明中指定声明的特定期限；

（b）信息专员也作出该声明，但在声明中指定了不同的期限。

则应视为信息专员没有拒绝该申请。

（9）如果实体根据第（5）款第（b）项向信息专员申请声明涉及其适

格数据泄露，则第 26 WK 条和第 26 WL 条不适用于：

（a）适格数据泄露；

（b）如果构成该实体的适格数据泄露的访问、披露或信息丢失是基于一个或多个其他实体的适格数据泄露产生的其他实体的适格数据泄露行为。

截至信息专员就该项声明的申请作出决定为止。

（10）在下列情况下，实体无权根据第（5）款第（b）项就实体适格数据泄露问题提出申请：

（a）构成该实体的适格数据泄露的访问、披露或信息丢失是基于一个或多个其他实体的适格数据泄露而产生的；

（b）其他实体已根据第（5）款第（b）项就另一实体的适格数据泄露问题提出申请。

延长指定期限

（11）如第（1）款第（d）项的声明已通知实体，则信息专员也可向该实体发出书面通知，延长声明中指定的期限。

第3节　信息专员可指令实体通知适格数据泄露

26WR　信息专员可指令实体通知适格数据泄露

（1）如信息专员有合理理由怀疑存在适格实体数据泄露，则信息专员可向该实体发出书面通知并作出指令：

（a）拟定符合第（4）款的陈述；

（b）应将该陈述的副本送交信息专员。

（2）指令还应要求实体：

（a）如该实体将声明内容通知给实体数据适格泄露涉及的有关人是切实可行的，则应根据实际情况采取合理措施并将声明内容通知给相关人。或者

（b）如该实体将声明内容通知给实体数据适格泄露涉及的潜在风险人是切实可行的，则应根据实际情况采取合理措施并将声明内容通知给潜在风险人。

（c）如第（a）项或第（b）项均不适用：

（i）在该实体的网站（如有）上公布该声明的副本；

（ii）采取合理措施发布声明的内容。

注：另见第 26WF 条第 2 款及第 5 款涉及的救济措施。

（3）信息专员在根据第（1）款向实体发出指令前，应邀约该实体在邀约书规定的期限内提交指令意见书。

（4）第（1）款第（a）项所述声明应载明：

（a）该实体的身份信息和联系方式；

（b）对信息专员有合理理由怀疑适格数据泄露事实已发生的描述；

（c）有关信息的种类；

（d）信息专员有合理理由怀疑适格数据泄露事实已发生并可采取的回应。

（5）根据第（1）款发出的指令也可规定第（1）款第（a）项所述的声明，但应列明与信息专员有合理理由怀疑已发生的适格数据泄露有关资料。

（6）信息专员在决定是否根据第（1）款向实体作出指令时，应考虑以下事项：

（a）由以下机构向信息专员提供意见：

（i）执法机构；

（ii）国防部澳大利亚信号局。

（b）实体提交的文件应当：

（i）回复根据第（3）款发出的邀约；

（ii）在邀约书规定的期限内作出。

（c）信息专员认为的其他事宜（如有）。

（7）第（6）款第（a）项并不限制信息专员可能会考虑的意见。

（8）如信息专员认为有合理理由怀疑构成实体数据泄露的访问、披露或信息丢失是基于一个或多个其他实体的适格数据泄露产生的，则可根据第（1）款发出指令或根据第（1）条第（a）项要求提供声明并列出其他实体的身份和联系方式。

向个人出具声明的方法

（9）除第（2）款第（a）项或第（b）项另有规定外，如果实体通常是以特定方法及通信方式进行沟通，则可以在向个人发出声明时也根据第（2）款第（a）项或第（b）款使用该特定方法或方式。

遵从指令

（10）实体应在作出指令后，在切实可行的范围内尽快履行第（1）款规定的指令。

26WS 例外：与执法有关的活动

在下列情况下，实体无须遵守第 26WR 条第（1）款的指令：

（a）该实体是执法机构；

（b）执法机构执行长认为存在合理理由导致遵守指令可能会损害执法机构或其代表机构进行的一项或多项与执法有关的活动。

26WT 例外：与保密条款不一致

保密规定

（1）就本条而言，保密条款指：

（a）英联邦法律的规定（本法除外）；

（b）禁止或规范信息的使用或披露。

（2）如果实体遵守第 26WR 条第（1）款第（b）项或第 26WR 条第（2）款关于声明的规定，会导致违反保密条款（规定的保密条款除外），则应根据实际情况决定第 26WR 条第（1）款第（b）项或第 26WR 条第（2）款是否适用该实体。

（3）就本条而言，特定的保密条款是指本法规定的保密条款。

（4）特定的保密条款：

（a）第 26WR 条第（1）款第（b）项；

（b）第 26WR 条第（2）款。

不得作为要求或授权对信息使用或披露的条款依据。

（5）如果实体遵守第 26WR 条第（1）款第（b）项或第 26WR 条第（2）款关于声明的规定，会导致违反保密条款（保密条款另有规定除外），则应根据实际情况决定第 26WR 条第（1）款第（b）项或第 26WR 条第（2）款是否适用该实体。

4. 第 96 条第（1）款第（b）项之后新增加：

（ba）根据第 26WQ 条第（7）款作出的拒绝声明申请的决定；

（bb）根据第 26WQ 条第（1）款第（d）项作出声明的决定；

（bc）根据第 26WR 条第（1）款作出的指令决定。

5. 在第 96 条第（2）款之后新增加：

（2A）根据第（1）款第（ba）项提出的申请，只可由以下特定实体提出：

（a）提出声明的实体；

（b）因受第 26 WL 条第（2）款的拒绝声明决定而遭受影响的其他实体。

（2B）根据第（1）款第（bb）项提出的申请，只可由以下特定实体提出：

（a）向其发出通知的实体；

（b）受影响的其他实体，如果该实体因受第 26 WL 条第（2）款的作出声明而遭受影响的。

（2C）根据第（1）款第（bc）项提出的申请，只可由收到指令的实体作出。

（2D）第（2A）、（2B）及（2C）项关于实体的含义与第 ⅢC 部分的含义相同。

6. 修订版本的适用——适格数据泄露

（1）《1988 年隐私法案》第 26WE 条第（2）款第（a）项（经本附表修订）适用于本条生效后发生的数据获取或披露。

（2）《1988 年隐私法案》第 26WE 条第（2）款第（b）项适用于本条生效后发生的数据获取或披露。

日本信息保护法制概览

20 世纪 90 年代美欧等西方发达国家网络技术快速发展，国际贸易中跨境信息交流愈加频繁。1995 年，欧盟《个人数据保护指令》出台。日本作为欧盟重要的贸易伙伴，为了不影响经贸交流，2000 年制定了《关于个人信息保护基本法制的大纲》。而 1998 年 TOYOTA 汽车请求商品目录名单外流事件以及 2000 年 3 月大冢制药事件等，愈加凸显了企业在个人信息保护方面存在的严重问题。对隐私的焦虑、对企业管理个人信息安全的诉求，以及对现行个人信息保护制度的不信任在日本普通大众中迅速蔓延。正是在这样内外因素叠加的背景下，2001 年至 2002 年 5 部草案提交至国会审议。2003 年 5 月 30 日，日本国会通过一系列个人信息保护法案，即《个人信息保护法》《行政机关个人信息保护法》《独立行政法人个人信息保护法》《信息公开、个人信息保护审查会设置法》《行政机关个人信息保护法等施行准备法》，统称为"个人信息保护五联法"。

作为个人信息保护领域的基本法，日本的第一部《个人信息保护法》于 2005 年 4 月 1 日起实施。随着互联网信息技术的急速发展与利用，该法于 2015 年进行了大幅修正。2017 年 5 月 30 日，《个人信息保护法》（平成十五年法律第 57 号）［以下称《个人信息保护法》（2017）］全面实施。

《个人信息保护法》（2017）较之前的版本发生了巨大的变化，对个人信息权保护规定得更为细致，如增加了对匿名加工信息的处理、第三方认证体系以及对获取个人信息从业者的管辖权由主管大臣转移到个人信息保护委员会等内容。

《个人信息保护法》（2017）涵盖总则、有关机构职责、个人信息保护的政策、个人信息处理业者的义务、个人信息保护委员会、杂则、罚则等内容，充分体现了日本现今关注产业发展的思路。第一条就开宗明义地指出其立法目的："在高度信息通信社会的深化所带来的对个人信息的使用显著扩大的背景下，通过对个人信息的正当处理的基本理念、由政府制定基本方针以及其他个人信息保护措施的基本事项作出规定，对国家以及地方公共团体的职责等予以明确，并对个人信息处理业者应遵守的义务等作出规定，从而重视个人信息的正当且有效使用在促进新兴产业的创造、实现充满活力的经济社会和富足的国民生活上的作用以及个人信息的其他作用，保护个人的权利或利益。"这与欧盟出台的《通用数据保护条例》（GDPR）所倡导的理念十分相似，提出有必要在打造高水平个人信息保护环境的同时，进一步促进个人信息跨境自由流动。

在个人信息的范围方面，《个人信息保护法》（2017）做了相应调整，对"个人信息"与"个人数据"进行了区分处理，同时引入了"个人信息数据库"的概念。

在知情同意方面，《个人信息保护法》（2017）没有强化事先的"知情同意"规则，只有对于"需注意的个人信息"（指含有政令规定的，为避免发生针对本人的人种、信条、社会身份、病历、犯罪经历、因犯罪而被害的事实及其他方面的不当歧视、偏见以及其他不当利益而需要在处理上予以特别注意的记述等之个人信息），规定了必须事先取得用户同意。而对于一般个人信息，则以限制滥用为原则。《个人信息保护法》（2017）实际上采用了类似"opt-out"的规则（默认收集、使用个人信息，但是如果本人反对，则不得继续收集、使用个人信息），一定程度上方便了个人信息处理业者收集、使用用户个人信息的行为。其意义是默认了收集、使用个人信息的正当性，适应了"高度信息通信社会"的特点——收集、使用个人信息是一项经常性的、普遍的情形。

《个人信息保护法》（2017）的法律体系采用统分结合的方式构筑而成，即在统一立法的同时鼓励行业自律，在积极吸纳个人信息保护国际规范与国际标准的基础上，逐渐形成了从国际法规范到《个人信息保护法》（2017）乃至政府的政策与方针的多层次的法律规制体系。《个人信息保护法》（2017）的社会意义是多重的，它明确了各个主体在对个人信息的使用处理中所承担的义务，为个人信息权利保护提供了法律依据，并兼顾了个人信息的有效利用及与之相关的个人合法权益的有效保护。

个人信息保护法

（平成十五年法律第 57 号；2017 年 5 月 30 日全面实施）

第一章　总则

（目的）

第 1 条　在高度信息通信社会的深化所带来的对个人信息的使用显著扩大的背景下，通过对个人信息的正当处理的基本理念、由政府制定基本方针以及其他个人信息保护措施的基本事项作出规定，对国家以及地方公共团体的职责等予以明确，并对个人信息处理业者应遵守的义务等作出规定，从而重视个人信息的正当且有效使用在促进新兴产业的创造、实现充满活力的经济社会和富足的国民生活上的作用以及个人信息的其他作用，保护个人的权利或利益。

（定义）

第 2 条　1. 本法所称的"个人信息"系指与生存着的个人有关的信息，如下所述：

（1）该信息可根据其中包含的姓名、出生年月以及其他描述等以文档、图片或电磁记录 ｛电磁方式［指电子方式或磁力方式等无法通过人类知觉产生认知的方式。与下款第（2）项相同］的记录。与第 18 条第 2 款相同｝以记载或记录或使用语音、动作等其他方法表现的一切事项（个人识别符号除外）来识别出特定的个人（包含可与其他信息相对照并可以轻易地借此识别出特定个人的信息）。

（2）包含个人识别符号。

2. 本法所称的"个人识别符号"系指以下各项所对应的文字、编号、记号和其他符号中，由政令规定的符号。

（1）为了将特定个人身体的一部分特征用于电子计算机而转换的文字、编号、记号和其他符号，从而能够识别该特定个人。

（2）在使用对个人提供的劳务时或在购买对个人销售的产品时所分配到的，或者在对个人发行的卡片及其他文件中所记载的，或是用电磁方式记载的，文字、编号、记号和其他符号。通过对不同的使用人或购买人、领卡人进行分配、记载或者记录这些文字、编号、记号和其他符号，可以识别特定的使用人或购买人、领卡人。

3. 本法所称的"需注意个人信息"系指含有政令规定的、为避免发生针对本人的人种、信条、社会身份、病历、犯罪经历、因犯罪而被害的事实及其他方面的不当歧视、偏见以及其他不利而需要在处理上予以特别注意的记述等之个人信息。

4. 本法所称的"个人信息数据库等"系指含有个人信息的信息集合物，包括以下几款（从使用方法上来看，由政令规定的、对个人权利和利益的损害可能性很小的信息除外）：

（1）为能够使用电子计算机检索特定的个人信息而有体系地构建而成的信息集合物。

（2）除前一款之外，由政令规定的、为了能够方便检索特定的个人信息而有体系地构建而成的信息集合物。

5. 本法所称的"个人信息处理业者"系指将个人信息数据库用于其业务的当事人。但下述几项除外。

（1）国家机关；

（2）地方公共团体；

（3）独立行政法人等｛指《关于保护独立行政法人等所持个人信息的法律》｛平成十五年［03］（2003 年）法律第 59 号｝第 2 条第（1）项所规定的独立行政法人等。以下相同｝；

（4）地方独立行政法人［指《地方独立行政法人法》（平成十五年法律第 118 号）第 2 条第 1 款中规定的地方独立行政法人，以下相同］。

6. 本法所称的"个人数据"系指构成个人数据库等的个人信息。

7. 本法所称的"所持个人数据"系指个人信息处理业者有权公开、修订、追加、删除、停止使用、消去以及停止向第三者提供的个人数据，但是，不包括由政令规定的、明确其是否存在会损害公共利益以及其他利益的数据或者由政令规定的、应在一年内消除的数据。

8. 本法就个人信息所称的"本人"系指使用个人信息可识别出的特定个人。

9. 本法所称的"匿名加工信息"系指根据以下各项对个人信息的区分，采取该项规定的措施，加工个人信息后所得到的不可恢复的个人信息，以达到无法识别特定的个人的效果。

（1）第 1 款第（1）项中的个人信息。删除包含该个人信息的部分描述等（包含通过不具有能够恢复该部分描述的规则性方法，调换成其他描述等）。

（2）第 1 款第（2）项中的个人信息。删除包含该个人信息的全部描述等（包含通过不具有能够恢复该个人识别符号的规则性方法，调换成其他描述等）。

10. 本法所称的"匿名加工信息处理业者"系指包含匿名加工信息的、由政令规定的、被用于商业的，可以通过电子计算机检索到特定匿名加工信息的有体系地构建而成的信息集合物以及可轻易地检索到特定匿名加工信息的有体系地构建而成的信息集合物（第 36 条第 1 款中称为"匿名加工信息数据库"）。但第 5 款各项除外。

（基本理念）

第 3 条　应当在尊重个人人格的理念之下，慎重处理个人信息，有关方面应采取正当的方法处理个人信息。

第二章　国家以及地方公共团体的职责等

（国家的职责）

第 4 条　国家有责任根据本法的规定制定确保正当处理个人信息所必需的综合性政策，并加以实施。

（地方公共团体的职责）

第 5 条　地方公共团体有责任依照本法规定，根据该地方公共团体所在区域的特殊情况，制定确保正当处理个人信息所必需的政策，并加以实施。

（法制上的措施等）

第6条 政府应当采取必要的法制上的措施以及其他措施，以便根据个人信息的性质和使用方法，对于进一步保护个人的权利利益、特别是确保对个人信息严格地进行正当处理所必需的个人信息，采取加以保护所必需的特别措施。在采取必要的法制上的措施的同时，通过与国际机构及其他国际组织的合作、为建立与各国政府共同整合个人信息的制度而设置必要的措施。

第三章　个人信息保护的政策等

第一节　个人信息保护的基本方针

第7条 1. 政府应制定有关个人信息保护的基本方针（以下称为基本方针），以便综合性地、从整体上推进保护个人信息的相关措施。

2. 基本方针应当包括下述事项：

（1）推进个人信息保护措施的基本方向；

（2）国家应就保护个人信息所采取的措施所涉及的事项；

（3）地方公共团体应就保护个人信息所采取的措施所涉及的基本性事项；

（4）独立行政法人等应就保护个人信息所采取的措施所涉及的基本性事项；

（5）地方独立行政法人等应就保护个人信息所采取的措施所涉及的基本性事项；

（6）个人信息处理业者和匿名加工信息处理业者以及根据第50条第1款的规定认证个人信息保护团体应就保护个人信息所采取的措施所涉及的基本性事项；

（7）妥善地处理涉及个人信息处理的投诉有关的事项；

（8）其他推进个人信息保护的措施所涉及的重要事项。

3. 内阁总理大臣应将个人信息保护委员会制订基本方针的方案，提请内阁会议决定。

4. 前一款所规定的内阁会议的决定一经作出，内阁总理大臣应及时、迅速地公开基本方针。

5. 前两款规定适用于基本方针的变更。

第二节 国家措施

（对地方公共团体等的支持）

第8条 为支持地方公共团体制定或者实施个人信息保护措施以及确保国民或业者等正当处理个人信息有关的活动，国家应当制定指导方针并采取其他必要的措施，以便切实有效地实施对信息的提供、信息处理业者等的措施。

（投诉处理的措施）

第9条 国家应当采取必要的措施适当且迅速地处理因处理个人信息而发生于业者和本人之间的投诉。

（确保正当处理个人信息的措施）

第10条 国家应当采取必要的措施通过同地方公共团体适当地划分职能，确保下一章所规定的个人信息处理业者能够正当地处理个人信息。

第三节 地方公共团体措施

（对所持个人信息的保护）

第11条 1. 地方公共团体应充分考虑其所持个人信息的性质、持有该个人信息的目的等，采取必要的措施确保正当处理其所持个人信息。

2. 地方公共团体对于其设立的地方独立行政法人，应根据其性质及业务内容采取必要的措施，以确保其对所持个人信息进行正当处理。

（对本区域内业者等的支持）

第12条 地方公共团体应采取必要的措施支持本区域内的业者以及居民正当处理个人信息。

（对处理投诉的协助等）

第13条 地方公共团体应协助对投诉进行处理或者采取其他必要的措施，以便适当且迅速地处理因处理个人信息而发生于业者与本人之间的投诉。

第四节　国家以及地方公共团体的合作

第14条　国家以及地方公共团体应当相互合作，采取与个人信息保护有关的措施。

第四章　个人信息处理业者的义务等

第一节　个人信息处理业者的义务

（使用目的的特定）

第15条　1. 个人信息处理业者在处理个人信息时，应尽可能在特定的使用目的（以下称为使用目的）范围内。

2. 个人信息处理业者变更其使用目的的，与变更前使用目的的关联性不得超出合理范围。

（使用目的上的限制）

第16条　1. 个人信息处理业者处理个人信息时，未经本人事先同意，不得超出前一条中规定的为达到特定的使用目的所需的合理范围，处理个人信息。

2. 个人信息处理业者因合并以及其他事由自其他个人信息处理业者处承袭业务并取得个人信息的，未经本人事先同意，不得超出承袭该业务前为达到该个人信息的使用目的所必要的范围，处理该个人信息。

3. 前两款的规定不适用于下述情形：

（1）根据法令规定可以超出使用范围的；

（2）对于保护人的生命、身体或者财产确有必要但又难以得到本人同意的；

（3）对于提高公众卫生或者推进儿童的健康成长特别必要但又难以得到本人同意的；

（4）国家机关、地方公共团体或者受其委托的当事人对于完成法令所规定的事务有必要进行协助且得到本人的同意有可能对完成该事务造成障碍的。

（正当获取）

第 17 条　1. 个人信息处理业者不得以虚假或者其他不正当的手段获取个人信息。

2. 除下述情形之外，个人信息处理业者未经本人事先同意，不得获取需注意的个人信息。

（1）根据法令规定可以超出使用范围的；

（2）对于保护人的生命、身体或者财产确有必要但又难以得到本人同意的；

（3）对于提高公众卫生或者推进儿童的健康成长特别必要但又难以得到本人同意的；

（4）国家机关、地方公共团体或者受其委托的当事人对于完成法令所规定的事务有必要进行协助且得到本人的同意有可能对完成该事务造成障碍的；

（5）该需注意的个人信息根据本人、国家机关、地方公共团体、第 76 条第 1 款中各项或其他个人信息委员会规则的规定公开的情形；

（6）由政令规定的符合其他各项的情形。

（获取个人信息时对使用目的的通知等）

第 18 条　1. 个人信息处理业者取得个人信息后，除事先公开其使用目的之外，应立即将其使用目的通知本人或者予以公开。

2. 不论前一项如何规定，个人信息处理业者同本人签订合同时，同时取得的记载于合同书以及其他书面资料（包括以电子方式、电磁方式以及其他使用不可以依靠人的知觉加以识别的方式制作的记录。以下于本项中相同）中的该本人的个人信息以及其他从本人处直接取得的记载于书面的该本人的个人信息，须事先向本人明示其使用目的。但是，在为保护人的生命、身体或者财产的紧急且必要的情况下，不受此限制。

3. 个人信息处理业者变更使用目的的，应就已变更的使用目的通知本人或者予以公开。

4. 前 3 款的规定不适用于下述情形：

（1）因将使用目的通知本人或者予以公开而有可能危害到第三人的生命、身体、财产以及其他权利利益的；

（2）因将使用目的通知本人或者公开而有可能危害到该个人信息处理业者的权利或者正当利益的；

（3）需向国家机关或者地方公共团体完成法令所规定的事务提供合作，如将使用目的通知本人或予以公开可能有碍于完成该事务的；

（4）根据个人信息取得的情况可以明确该使用目的的情形。

（对数据内容正确性的确保）

第19条 个人信息处理业者应在实现使用目的所必要的范围之内努力确保个人数据具备正确且最新的内容。

（安全管理措施）

第20条 个人信息处理业者应采取必要且适当的措施防止其所处理的个人数据的泄露、灭失或毁损并采取其他措施对个人数据进行安全管理。

（对从业者的监督）

第21条 个人信息处理业者令其从业者处理个人数据的，应对该从业者采取必要且适当的监督，以便保障对该个人数据的安全管理。

（对被委托人的监督）

第22条 个人信息处理业者委托他人实施全部或者部分个人数据的处理业务的，应当对被委托人采取必要且适当的监督，以保障对被委托处理的个人数据进行安全管理。

（向第三人提供个人数据的限制）

第23条 1. 除下述情形之外，个人信息处理业者未经本人同意不得向第三人提供个人数据。

（1）根据法令规定可以超出使用范围的；

（2）对于保护人的生命、身体或者财产确有必要但又难以得到本人同意的；

（3）对于提高公众卫生或者推进儿童的健康成长特别必要但又难以得到本人同意的；

（4）国家机关、地方公共团体或者受其委托的当事人对于完成法令所规定的事务有必要进行协助且得到本人的同意有可能对完成该事务造成障碍的。

2. 个人信息处理业者对于向第三人提供的个人数据，应本人的申请应当停止将可识别该本人的个人数据提供给第三人的，对以下事项，如事先已通知本人或者使相关内容置于本人容易获知的状态，则无论前一款规定如何，均可以将该个人数据提供给第三人。

（1）以向第三人提供为其目的的；

（2）向第三人提供的个人数据的项目；

（3）向第三人提供的手段或者方法；

（4）应本人申请停止将可识别该本人的个人数据提供给第三人的事实；

（5）本人要求的处理方法。

3. 个人信息处理业者变更前一款第（2）项或者第（3）项或者第（5）项所规定的事项的，应当事先将其变更的内容通知本人或者使相关内容置于本人容易获知的状态，并向个人信息保护委员会申报。

4. 个人信息保护委员会按第2款规定提出申请时，根据个人信息保护委员会规则的规定，应对该申请事项进行公开。对于前一款规定中需提出申请的，也应作相同处理。

5. 凡属下述情形的，接受该个人数据的当事人就前3款规定的适用，不属于第三人。

（1）个人信息处理业者在达到使用目的所必要的范围内接受委托处理全部或者部分个人数据的；

（2）因合并或者其他事由而承袭业务并接受个人数据的；

（3）特定当事人共同使用个人数据的，对于该情况以及共同使用的个人数据的项目、共同使用个人数据的当事人的范围、使用人的使用目的以及就该个人数据的管理负有责任的当事人的姓名或者名称，应事先通知本人或者使相关内容置于本人容易获知的状态。

6. 个人信息处理业者变更前3款所规定的使用人的使用目的或者对个人数据的管理负有责任的当事人姓名或者名称的，应事先将变更内容通知本人或者使相关内容置于本人容易获知的状态。

（提供给外国第三方的限制）

第24条 个人信息处理业者向外国（指本国以外的国家或者地区，以下相同）（个人信息保护委员会规则规定的，在个人权利利益的保护力度上与日本处于同等水平的个人信息保护相关制度的外国国家或地区除外，以下相同）第三方（对于本节规定的个人信息处理业者应当采取的与个人数据的处理有关的措施，实施相应措施及持续实施所必需的，具备符合个人信息保护委员会所规定的基本准则的体制的当事人除外）提供个人信息时，除前一条第 1 款各项中所述各种情形之外，应事先就向外国第三方所提供的信息取得本人同意，此情况下不适用该条规定。

（提供第三方的相关记录的制作）

第 25 条　1. 个人信息处理业者向第三方（第 2 条第 5 款各项所述情形除外。本条及下一条相同）提供个人信息时，应根据个人信息保护委员会规则规定，制作提供该个人数据时的年月日、该第三方的姓名或名称及其他个人信息保护委员会规则规定的事项的有关记录。但该个人信息的提供符合第 23 条第 1 款各项情形或者第 5 款各项情形的（根据上一条规定个人信息提供时第 23 条第 1 款各项情形），不受此条限制。

2. 个人信息处理业者应保存前一款的记录并从该记录的制作形成日开始根据个人信息保护委员会规则规定的保存期限加以保存。

（接受第三方提供时的确认等）

第 26 条　1. 个人信息处理业者从第三方处获得个人数据时，根据个人信息保护委员会规则规定，应确认以下各款事项。但该个人数据的提供符合第 23 条第 1 款各项情形或者第 5 款各项情形的，不受此条限制。

（1）该第三方的姓名或名称以及住所地、法人组织的（非法人团体中，规定有代表人或管理人的，则确认代表人或管理人）法定代表人的姓名。

（2）通过该第三方取得该个人数据的经过。

2. 前一款的第三方在个人信息处理业者根据此款规定进行确认时，不得对该个人信息处理业者就该确认事项进行虚假披露。

3. 个人信息处理业者在根据第 1 款规定进行确认时，应根据个人信息保护委员会规则规定，制作接收该个人数据的年月日、该确认事项及其他个人信息保护委员会规则规定的事项的有关记录。

4. 个人信息处理业者应保存前一款的记录并从该记录的制作形成日开始根据个人信息保护委员会规则规定的保存期限加以保存。

（所持数据所涉及事项的公开等）

第 27 条 1. 对于所持个人数据，个人信息处理业者应就下述事项，使相关内容置于本人容易获知的状态（包括应本人申请及时、迅速地予以答复）。

（1）该个人信息处理业者的姓名或者名称；

（2）所有所持个人数据的使用目的（符合第 18 条第 4 款第（1）项至第（3）项规定的除外）；

（3）针对依照下一项、下一条第 1 款、第 29 条第 1 款、第 30 条第 1 款或者第 3 款的规定所提出的申请所办的手续（根据第 33 条第 2 款的规定，规定有手续费的数额的，包含该手续费的数额）；

（4）除前 3 项所规定的内容以外，由政令规定的确保正当处理所持个人数据所必需的事项。

2. 本人申请告知可识别该本人的所持个人数据的使用目的的，个人信息处理业者应及时、迅速地予以告知。但是，属下述各项任一的除外。

（1）根据前一项的规定，可识别该本人的所持个人数据的使用目的明确的；

（2）符合第 18 条第 4 款第（1）项至第（3）项规定的。

3. 个人信息处理业者根据前一款规定，决定不将被申请告知的所持个人数据使用目的告知本人的，应当及时、迅速地通知本人。

（公开）

第 28 条 1. 本人可向个人信息处理业者申请公开所持可识别的个人数据。

2. 个人信息处理业者根据前一款规定接受申请时，应根据政令规定，及时、迅速地向本人公开该所持个人数据。但是，因公开而符合下述各项任一规定的，可以对其全部或者一部分内容不予公开。

（1）可能危害本人或者第三人的生命、身体、财产或者其他权利利益的；

（2）可能对该个人信息处理业者正当实施业务造成明显障碍的；

（3）违反其他法令的。

3. 个人信息处理业者根据前一款的规定，决定不公开全部或者一部分被申请公开的所持个人数据的，应当及时、迅速地通知本人。

4. 根据其他法令的规定，使用与第 2 款所规定的方法所相当程度的方法向本人公开全部或者一部分可识别该本人的所持个人数据的，对于该全部或者一部分的所持个人数据，第 1 款及第 2 款的规定不予适用。

（修订等）

第 29 条 1. 本人以所持有可识别该本人的个人数据的内容并非事实为由，申请对该所持个人数据的内容进行修订、追加或者删除（以下称为修订等）的，除其他法令就该内容的修订等规定有特别的程序之外，个人信息处理业者应于实现使用目的所必要的范围之内，及时、迅速地进行必要的调查，并依据其调查结果，对该所持个人数据的内容进行修订等。

2. 个人信息处理业者对本人依照第 1 款规定申请修订等所涉及的、全部或者一部分所持个人数据的内容进行了修订等或者决定不予修订等的，应及时、迅速地将其（已经修订的，包括其内容）告知本人。

3. 个人信息处理业者就本人依照第 1 款的规定所提出的申请涉及的全部或者一部分所持个人数据已采取停止使用等措施或者决定不予采取停止使用等措施的，或者就本人依照第 1 款的规定所提出的申请涉及的全部或者一部分所持个人数据已停止向第三人提供或者决定不停止向第三人提供的，应及时、迅速地将其决定通知本人。

（停止使用等）

第 30 条 1. 本人以个人信息处理业者违反第 16 条的规定处理所持可识别该本人的个人数据或者违反第 17 条的规定取得该个人数据为由，申请停止使用或者消去该所持个人数据（以下称为停止使用等）的，个人信息处理业者查明该申请有理由的，应在纠正其违法行为的必要范围内，及时、迅速地对该所持个人数据采取停止使用等的措施。但是，对该所持个人数据采取停止使用等的措施需花费高额费用以及其他采取停止使用等的措施会有困难的，且个人信息处理业者也已经采取了可替代保护个人权利和利益所需的措施的，不受此限制。

2. 个人信息处理业者根据前一款规定接受申请时，在查明其申请有理由后，应在必要限度内纠正违法行为，并及时、迅速地停止向第三人提供该所持个人数据。但停止向第三人提供该所持个人数据需花费高额费用以及停止向其他第三人提供会有困难，且个人信息处理业者也已经采取了可替代保护个人权利利益所需的措施的，不受此限制。

3. 本人以个人信息处理业者违反第 23 条第 1 款或者第 24 条的规定向第三方提供本人可识别的所持个人信息时，本人可就该个人信息处理业者所持个人信息向其提出停止向第三人提供的申请。

4. 个人信息处理业者根据前一款规定接受申请时，应在判定其申请确有理由时，及时、迅速地停止将该所持个人数据向第三方提供。但当停止将该所持个人数据向第三方提供需花费高额费用以及对第三方停止提供有其他困难的，个人信息处理业者也已经采取了可替代保护个人权利利益所需的措施的，不受此限制。

5. 个人信息处理业者根据第 1 款规定作出对于被申请的所持个人数据进行全部或者部分的停止使用或者不进行停止使用的决定的，或者根据第 3 款规定作出对于被申请的所持个人数据进行全部或者部分地停止向第三方提供或者不进行停止向第三方提供的决定的，应及时、迅速地通知本人。

（理由说明）

第 31 条 个人信息处理业者依照第 27 条第 3 款、第 28 条第 3 款、第 29 条第 3 款或者前一条第 5 款的规定，就本人要求或申请采取的措施的全部或者一部分，通知其不予采取相应措施或者采取与该措施不同的措施的，应向本人说明理由。

（针对公开等的申请所采取的措施）

第 32 条 1. 个人信息处理业者对于本人依照第 24 条第 2 款、第 25 条第 1 款、第 26 条第 1 款或者第 27 条第 1 款、第 2 款的规定所提出的申请（以下称为公开等的申请），可以依照政令的规定，制定接受该申请的方法。此时，本人应依照该方法提出公开等的申请。

2. 个人信息处理业者可以就公开等的申请，要求本人提示足以将其申请的所持个人数据加以特定的事项。个人信息处理业者应采取适当措施，提供有利于将该所持个人数据加以特定的信息以及为本人提供其他便利，以便本人能够轻易且准确地提出公开等的申请。

3. 公开等的申请可以依照政令的规定由代理人提出。

4. 个人信息处理业者依照前 3 款的规定制定针对公开等的申请的程序时，应当充分考虑不给本人增添过重的负担。

（手续费）

第 33 条 1. 本人根据第 27 条第 2 款的规定申请通知使用目的或者根据第 28 条第 1 款的规定申请公开有关信息的，个人信息处理业者可以就该措施的实施收取手续费。

2. 个人信息处理业者依照前一款的规定收取手续费的，应考察实际费用并在合理的范围之内规定该手续费的金额。

（事前的申请）

第 34 条 1. 本人根据第 28 条第 1 款、第 29 条第 1 款或者第 30 条第 1 款、第 3 款的规定欲对申请提起诉讼时，若对该诉讼的被告已事先提出该申请，则自申请送达日起算的两周以内，不可提起诉讼。但该诉讼被告已拒绝该申请的情况下，不受此限制。

2. 前一款申请中，以该申请在通常情况下可以送达的日期视为送达日。

3. 前两款的规定根据第 28 条第 1 款、第 29 条第 1 款或者第 30 条第 1 款、第 3 款可准用对该申请提出临时处理的申请。

（个人信息处理业者对投诉的处理）

第 35 条 1. 个人信息处理业者应适当且迅速地处理与个人信息处理有关的投诉。

2. 个人信息处理业者应为达到前一款的目的对体制进行必要的完善。

（匿名加工信息的制作）

第 36 条 1. 个人信息处理业者在制作匿名加工信息（仅限于通过匿名加工信息数据库等形成的信息。以下相同）时，为确保该信息无法被识别出特定的个人并无法恢复到被加工的原个人信息，应依照个人信息保护委员会规则规定的基本准则，加工该个人信息。

2. 个人信息处理业者在制作匿名加工信息时，应依照个人信息保护委员会规则规定的基本准则，为防止泄露被加工的个人信息中所删除的记述等以及个人识别符号及根据前一款规定实施的加工方法有关的信息，采取相应的信息安全管理措施。

3. 个人信息处理业者在制作匿名加工信息时，应根据个人信息保护委员会规则规定，公开该匿名加工信息中含有的个人信息的项目。

4. 个人信息处理业者制作匿名加工信息后将该信息提供给第三方时，应根据个人信息保护委员会规则规定，事先将向第三方提供的匿名加工信息中含有的与个人相关的信息的项目以及提供方法进行公开，同时对该第三方明示所提供的信息为匿名加工信息。

5. 个人信息处理业者制作匿名加工信息后用于自行处理的，禁止为识别该匿名加工信息所加工的个人信息所属的本人，而将该匿名信息与其他信息进行对照。

6. 个人信息处理业者在制作匿名加工信息时，应自行采取该匿名加工信息的安全管理所必要的措施、该匿名信息的制作及其他处理有关的投诉处理及确保其他该匿名加工信息的适当处理所必要的措施，并公开这些措施的内容。

（匿名加工信息的提供）

第 37 条　匿名加工信息处理业者，向第三方提供匿名加工信息（自行加工个人信息的情形除外，以下本节均相同）时，应根据个人信息保护委员会规则规定，事先将向第三方提供的匿名加工信息中含有的与个人相关的信息的项目以及提供方法进行公开，同时对该第三方明示所提供的信息为匿名加工信息。

（识别行为的禁止）

第 38 条　匿名加工信息处理业者在处理匿名加工信息时，禁止为识别该匿名加工信息所使用的个人信息涉及的本人，而获取个人信息中所删除的记述、个人识别符号或与第 36 条第 1 款规定的加工方法有关的信息，或将该匿名信息与其他信息进行对照。①

---

①　第 38 条中，为了通过行政机关等对所持个人信息正当且有效的使用，促进新兴产业的创造，并实现充满活力的经济社会及富足的国民生活，自实施相关配套法律以后，修改为："匿名加工信息处理业者在处理匿名加工信息时，禁止为识别该匿名加工信息所使用的个人信息涉及的本人，而获取个人信息中所删除的记述等或个人识别符号或根据第 36 条第 1 款、<u>《行政机关所持个人信息保护相关的法律》（平成十五年法律第 58 号）第 44 条第 1 款（包括该条第 2 款的准用情形）或者《独立行政法人等所持个人信息保护相关的法律》第 44 条第 1 款（包括该条第 2 款的准用情形）</u>规定实施的加工方法有关的信息，或将该匿名信息与其他信息进行对照。"（下画线部分为修改部分）

（安全管理措施等）

第39条 匿名加工信息处理业者在制作匿名加工信息时，应自行采取该匿名加工信息的安全管理所必要的措施、该匿名加工信息的制作及其他处理有关的投诉处理及确保其他该匿名加工信息的适当处理所必要的措施，并公开这些措施的内容。

第二节 监督

（报告及现场检查）

第40条 1. 个人信息保护委员会在前两节所规定的施行的必要限度内，对于个人信息处理业者或者匿名加工信息处理业者（以下称个人信息处理业者等），可就个人信息或者匿名加工信息（以下称个人信息等）的处理，要求提交必要的报告和资料，或者派其职员在该个人信息处理业者等的事务所或其他必要场所内进行现场检查，询问关于个人信息等的处理事宜，或者检查账簿文件及其他物件。

2. 根据前一款的规定，进行现场检查的职员，须携带证明其身份的证件，在被涉事人员要求的情况下，应出示该证件。

3. 根据第1款的规定进行现场检查的权限，不可解释为准许其进行犯罪搜查。

（指导及建议）

第41条 个人信息保护委员会可以在实施前两节规定的必要限度内，给予个人信息处理业者关于个人信息处理的必要的指导和建议。

（劝告及命令）

第42条 1. 个人信息保护委员会认为个人信息处理业者违反第16条至第18条、第20条至第22条或者第23条第1款、第24条或者第36条第1款、第2款、第5款的规定而有必要对个人权利利益加以保护的，可以劝告该个人信息处理业者采取必要的措施中止实施该违法行为或者纠正其他违法行为。

2. 个人信息保护委员会认为受到前一款所规定的劝告的个人信息处理业者无正当理由而未采取与该劝告相关的措施且对个人的重大权利利益所

造成的侵害较为紧迫的，可以命令该个人信息处理业者采取该劝告所提到的措施。

3. 除根据前两款的规定外，个人信息保护委员会认为个人信息处理业者违反第16条、第17条、第20条至第22条或者第23条第1款、第24条或者第36条第1款、第2款或者第5款的规定或者匿名加工信息处理业者违反第38条规定的情况下，存在侵害个人重大权利利益的事实而有必要采取紧急的措施的，可以命令该个人信息处理业者采取必要措施中止实施该违法行为或者纠正其他违法行为。

（对个人信息保护委员会行使权限的限制）

第43条 1. 个人信息保护委员会依照前3条的规定向个人信息处理业者收取报告、作出指导、劝告或者命令时，不得妨碍表达自由、学术自由、信教自由以及政治活动的自由。

2. 对照前一款所规定的宗旨，个人信息保护委员会不得就个人信息处理业者向第76条第1款各项所规定的当事人（限于以该各项所规定的目的处理个人信息的情形）提供个人信息的行为行使其权限。

（权限的委任）

第44条 1. 为确保紧急且重要个人信息等的正当处理时确有必要的情况下或者在政令规定的其他情况下，个人信息保护委员会认为对个人信息处理业者应采取比第42条规定劝告或者命令效果更重的措施时，可根据政令规定，将第40条第1款的权限委任给主管大臣。

2. 主管大臣行使前一款规定的委任权限时，应就该结果向个人信息保护委员会报告。

3. 主管大臣可以根据政令的规定，将在第1款中取得的委任权限以及前一款中所规定的权限，全部或部分地委任给《内阁府设置法》（平成十一年法律第89号）第43条的地方支分部局或其他政令规定的部局或机关的负责人。

4. 内阁总理大臣可将根据第1款的规定取得的委任权限以及第2款规定的权限（仅限金融厅规章，不包括政令的规定）委任给金融厅长。

5. 金融厅负责人可以根据政令的规定，将在前一款规定中所取得的委任权限的部分委任给证券交易等的监管委员会。

6. 金融厅负责人可以根据政令的规定，将在第 4 款中取得的委任权限（前一款规定中委任给证券交易等的监管委员会的权限除外）的部分委任给财务局长或者财务分局长。

7. 证券交易等的监管委员会可以根据政令的规定，将在第 5 款规定中取得的部分委任权限委任给财务局长或者财务分局长。

8. 前一款规定财务局长或者财务分局长所取得的委任权限范围内的事务，受证券交易等的监管委员会指导和监督。

9. 第 5 款情形下，要求证券交易等的监管委员会提交的报告或资料（包括第 7 款规定中财务局长或者财务分局长）的申请，可由证券交易等监管委员会单独进行审查。

（主管大臣的申请）

第 45 条　主管大臣认为个人信息处理业者等有违反前节规定的行为或为确保个人信息处理业者等正当处理个人情报等确有必要的情况下，可以要求个人信息保护委员会根据本法规定采取适当的措施。

（主管大臣）

第 46 条　本节有关规定中所指的主管大臣如下所述。

（1）在个人信息处理业者处理个人信息时，与雇佣管理有关的事项，由厚生劳动大臣（对于与船员的雇佣管理有关的事项，则由国土交通大臣）以及主管该个人信息处理业者所从事业务的大臣或公安委员会作为主管大臣（以下称为大臣）；

（2）除前一款规定之外的情形，在个人信息处理业者处理个人信息时主管该个人信息处理业者所从事业务的大臣等为主管大臣。

第三节　民间团体对个人信息保护的推进

（认证）

第 47 条　1. 以确保个人信息处理业者正当地处理个人信息为目的而欲实施下述业务的法人（包含规定有代表者或者管理人的非法人团体。于下一条中也相同）可以接受个人信息保护委员会的认证。

（1）对于作为业务对象的、个人信息处理业者（以下称为"对象业者"）的个人信息处理所涉及的、依照第 52 条规定的投诉进行处理；

（2）就有助于确保正当处理个人信息等的事项向对象业者提供信息；

（3）前两项所规定的事项之外，对于确保对象业者正当地处理个人信息所必要的业务。

2. 欲接受前一款的认证的当事人应根据政令之规定向个人信息保护委员会提出申请。

3. 个人信息保护委员会作出第 1 款所规定的认证，应予以公示。

（不合格事项）

第 48 条 属于下述各项规定之一的当事人不得取得前一条第 1 款所规定的认证。

（1）依照本法之规定被处以刑罚且自该刑罚之执行终止或者无须被执行该刑罚之日起未经过两年的。

（2）依照第 58 条第 1 款的规定被撤销认证，自该撤销之日起未经过两年的。

（3）实施该业务的高管（包含规定有代表人或者管理人的非法人团体中的代表人或者管理人，以下于本条中均相同）中，具有下述任一情形的：

（a）被处以监禁以上刑罚，或者依照本法之规定被处以刑罚且自该刑罚之执行终止或者无须被执行该刑罚之日起未经过两年的；

（b）依照第 58 条第 1 款的规定被撤销认证的法人中，于该撤销之日起前 30 天以内曾担任其高管的当事人，自该撤销之日起未经过两年的。

（认证的标准）

第 49 条 如个人信息保护委员会未判定有关当事人依照第 47 条第 1 款的规定提出的对认证的申请符合以下所有各款的规定的，不得对其予以认证。

（1）制定必要的业务实施方法从而能够正确而切实地实施第 47 条第 1 款各项所规定的业务；

（2）具备的知识、能力以及经营管理基础，从而能够正确而切实地实施第 47 条第 1 款各项所规定的业务；

（3）实施第 47 条第 1 款各项规定之外的业务时，未因实施该业务而使该款各项所规定的业务发生不公正的情况。

（废止的申报）

第 50 条 1. 第 47 条第 1 款所规定的接受认证的当事人（以下称为认证个人信息保护团体）欲废止与该认证有关的业务（以下称为认证业务）的，应根据政令的规定事先向个人信息保护委员会申报。

2. 个人信息保护委员会接到前一款所规定的申报的，应将其予以公示。

（对象业者）

第 51 条 1. 认证个人信息保护团体应以身为该认证个人信息保护团体的成员的个人信息处理业者或者同意成为认证业务的对象的个人信息处理业者为对象业者。

2. 认证个人信息保护团体应公开其对象业者的姓名或者名称。

（对投诉的处理）

第 52 条 1. 本人等就对象业者的个人信息处理活动提出投诉申请的，认证个人信息保护团体应根据其与申请人的沟通，向其提供必要的建议，对与其投诉有关的情况进行调查，并将投诉的内容通知该对象业者，要求其尽快予以解决。

2. 认证个人信息保护团体认为对于解决前一款规定的投诉申请确有必要的，可以要求该对象业者以书面或者口头的形式进行说明，或者提供有关资料。

3. 认证个人信息保护团体依照前一款的规定提出申请的，对象业者无正当理由不得拒绝。

（个人信息保护准则）

第 53 条 1. 为确保对象业者正当地处理个人信息，认证个人信息保护团体应就使用目的的特别规定、安全管理所需的措施、公开等的申请等所相对应的手续及其他事项、匿名加工信息的制作方法及该信息安全管理所需的措施等其他事项，听取代表消费者的意见或其他有关人士的意见，制定与本法规定的宗旨相符的准则（以下称为个人信息保护准则）。

2. 认证个人信息保护团体在根据前一款的规定制作个人信息保护准则

时，应根据个人信息保护委员会规则规定，及时、迅速地向个人信息保护委员会提出申报。进行变更时，也按相同方式处理。

3. 根据前一款规定收到个人信息保护准则的申报时，个人信息保护委员会应根据个人信息保护委员会规则规定公开个人信息保护准则。

4. 认证个人信息保护团体根据前一款规定公开个人信息保护准则时，应向对象业者采取必要的指导、劝告措施，使其遵守该个人信息保护准则。

（禁止超越目的的使用）

第 54 条 认证个人信息保护团体不得将实施认证业务的实际得知的信息用于认证业务以外的目的。

（名称的使用限制）

第 55 条 非认证个人信息保护团体的当事人不得使用认证个人信息保护团体的名称或者易混淆的名称。

（报告的收取）

第 56 条 个人信息保护委员会在实施本节规定的必要限度内，可以要求认证个人信息保护团体就认证业务提交报告。

（命令）

第 57 条 个人信息保护委员会在实施本节规定的必要限度内，可以命令认证个人信息保护团体改善认证业务的实施方法、变更个人信息保护准则或者采取其他必要的措施。

（认证的撤销）

第 58 条 1. 认证个人信息保护团体有以下各项所规定的任一情形的，个人信息保护委员会可以撤销该认证。

（1）符合第 48 条第（1）项或者第（3）项的规定的；

（2）与第 49 条各项中的任何一规定均不相符的；

（3）违反第 54 条的规定的；

（4）不遵守前一条所规定的命令的；

（5）以不正当的手段取得第 47 条第 1 款所规定的认证的。

2. 个人信息保护委员会依照前一款的规定撤销认证的，应公开其决定。

第五章　个人信息保护委员会

（设置）

第59条　1. 根据《内阁府设置法》第49条第3款规定，设立个人信息保护委员会（以下称为委员会）。

2. 委员会归内阁总理大臣管辖。

（任务）

第60条　通过对个人信息正当且有效的使用，促进新兴产业的创造，并实现充满活力的经济社会及富足的国民生活和研究其他个人信息的效用的同时，为保护个人的权利利益，委员会以确保个人信息的正当处理〔包含对使用个人符号业务等的实施方〔《行政手续中特定的为识别个人而使用符号等的法律》（平成二十五年法律第27号。以下称为《符号使用法》）第12条中规定的使用个人符号业务的实施方〕进行指导和建议及其他措施〕为己任。

第61条　为完成前一条的任务，委员会应主持以下工作。

（1）制定和推进基本方针的相关事宜。

（2）个人信息及匿名个人信息的处理有关的监督，对投诉申报进行必要的协助以及与处理业者合作相关的事宜（第4项中所涉内容除外）。①

（3）认证个人信息保护团体的相关事宜。

（4）特定个人信息（《符号使用法》第2条第8款规定的特定个人信息。与第63条第4款相同）处理相关的监视或监督、对投诉申报进行必要的协助以及与处理业者合作的相关事宜。

（5）特定个人信息保护评价（《符号使用法》第27条第1款中规定的特

---

① 第61条第2款，为了通过行政机关等对所持对个人信息正当且有效的使用，促进新兴产业的创造，并实现充满活力的经济社会及富足的国民生活，自实施相关配套法律以后，修改为："<u>个人信息处理业者处对个人信息的处理及个人信息处理业者和匿名加工处理业者处对匿名加工信息的处理</u>的监督、<u>行政机关所持个人信息的保护相关的法律第2条第1款规定的行政机关处根据同一条第9款规定的行政机关非识别加工信息（仅限于同一条第10款规定的行政机关非识别加工信息文件的构成）处理的监视、独立行政法人等处独立行政法人等所持个人信息保护相关法律第2条第9款中规定的独立行政法人等非识别加工信息（仅限于同一条第10款规定的独立行政法人等非识别加工信息文件的构成）处理的监督及个人信息和匿名加工信息处理相关</u>的投诉申请有关的必要的协助以及与处理与处理业者合作的相关事宜（第4款情形除外）。"（下画线部分为修改部分）

定个人信息保护评价）相关事宜。

（6）有关个人信息的保护和正当且有效的使用的广告以及开发事宜。

（7）为实施上述各项所涉事宜进行必要的调查研究的相关事宜。

（8）就所负责事务进行国际合作。

（9）除上述各项之外，根据法律（包含根据法律所颁布的命令）规定属于委员会负责的事务。

（职权行使的独立性）

第62条　委员会的委员长以及委员独立行使自身职权。

（组织等）

第63条　1. 委员会由委员长和 8 名委员组成。

2. 委员中的 4 人为非常务委员。

3. 委员长和委员经两议院同意，由内阁总理大臣择人品高尚、见识广博之人任命。

4. 委员长及委员由对于个人信息保护及正当且有效使用方面具有相关学识经验的人员、对消费者保护具有充分知识及经验的人员、对信息处理技术具有相关学识经验的人员、在使用特定个人信息的行政领域中具有相关学识经验的人员、具有充分的民营企业实务相关知识和经验的人员以及联合组织〔根据《地方自治法》（昭和二十二年法律第 67 号）第 263 条第 1 款的规定进行登记的联合组织〕所推荐的人员担任。

（任期等）

第64条　1. 委员长及委员的任期为 5 年。但候补委员长或者委员的任期为前任的剩余任期。

2. 委员长和委员可连任。

3. 委员长和委员任期届满后，该委员长和委员应在继任者被任命之前继续行使职务。

4. 委员长和委员任期届满后或者发生人员不足的情形下，因国会的闭会或众议院解散的原因无法得到两议院同意时，内阁总理大臣可不受前一条第 3 款的限制、从具有该款所规定资格的人员中任命委员长或者委员。

5. 前一款情形下，在任命后召开的第一届国会中，应取得两议院的事后承认。此情形下，在无法取得两议院的事后承认时，内阁总理大臣应立即罢免该委员长或者委员。

（身份保障）

第 65 条 委员长或者委员除符合以下任意一项中情形之外，在任期间不可违背其意对其进行罢免。

（1）收到破产手续开始的决定时。

（2）因违反本法或者《符号使用法》的规定受到刑罚的。

（3）被处监禁以上的刑罚时。

（4）委员会认为因身体或精神的障碍无法执行职务，或者委员长或委员违反职务所涉义务或有其他不正当行为。

（罢免）

第 66 条 内阁总理大臣应对符合上一条任意一项中情形的委员长或者委员进行罢免。

（委员长）

第 67 条 1. 委员长总理委员会会务并代表委员会。

2. 委员会应事先从常务委员中选定委员长代理，在委员长发生事故时代理其事务。

第 68 条 1. 委员会会议由委员长召集。

2. 委员会须在委员长及 4 名以上委员出席的情况下才能召开会议，产生决议。

3. 委员会的讨论事项由出席人员进行过半数决，赞成反对同票时，由委员长作出决定。

4. 根据第 65 条第 4 项规定进行认证时，不受前一款规定限制，须由除本人外的全体人员一致同意后方可通过。

5. 委员长发生事故的情形下，适用第 2 款规定时，根据前一条第 2 款规定代理委员长的委员视作委员长。

第 69 条 1. 委员会为调查专门事项可设立专门委员。

2. 专门委员由委员会提出申请，内阁总理大臣任命。

3. 专门委员在该专门事项相关的调查结束后卸任。

4. 专门委员为非常设职务。

（事务局）

第 70 条 1. 为处理委员会事务，设置委员会的事务局。

2. 事务局中设有事务局长和其他职员。

3. 事务局长受委员长领导，负责事务局事务。

（政治运动等的禁止）

第 71 条 1. 委员长和委员在任期间，禁止兼任政党和其他政治团体的干部或者积极参与政治运动。

2. 委员长和常任委员在职期间，除受到内阁总理大臣的许可，禁止从事其他获得报酬的职务，或者从事营利事业等其他以金钱利益为目的的业务。

（保密义务）

第 72 条 委员长、委员、专门委员以及事务局的职员不得泄露或盗用因职务所知晓的秘密。离职后仍应继续保密。

（薪资）

第 73 条 委员长及委员的薪酬，由其他法律规定。

（规则的制定）

第 74 条 委员会对于所负责的事务，为了法律或政令的实施或基于法律或政令的特别委任，可制定个人信息保护委员会规则。

第六章　杂则

（适用范围）

第 75 条 第 15 条、第 16 条、第 18 条（除第 2 款）、第 19 条至第 25 条、第 27 条至第 36 条、第 41 条、第 42 条第 1 款、第 43 条及次条的规定适用于处理在国内向当事人提供商品或劳务，取得其本人的个人信息的个体信息处理经营者及在国外该个人信息或使用该个人信息制作匿名加工情报的情形。

（适用例外）

第 76 条 1. 对于个人信息处理业者中以下各项所规定的当事人，如其处理该个人信息的全部或者一部分目的分别系该各项所规定的目的，则不适用第 4 章的规定。

（1）广播机关、报社、通讯社以及其他报道机关（包括从事报道业务的个人）：其目的系供其报道；

（2）从事著述活动的当事人：其目的系供其进行著述；

（3）大学以及其他以学术研究为目的的机关、团体或者所属的个人：其目的系供其进行学术研究；

（4）宗教团体：其目的系供其进行宗教活动（包括附带的活动）；

（5）政治团体：其目的系供其进行政治活动（包括附带的活动）。

2. 前一款第 1 项所规定的 "报道" 系指令不特定多数人知悉客观性事实的活动（包括基于此所陈述的意见或者见解）。

3. 第 1 款各项所规定的个人信息处理业者应自行采取必要且适当的措施对个人数据或匿名加工信息进行安全的管理，应采取必要的措施确保对个人信息处理所涉及的投诉及其他个人信息等进行正当处理，并应公布这些措施的内容。

（地方公共团体所处理的事务）

第 77 条 本法所规定的委员会权限以及第 44 条第 1 款或第 4 款规定的被主管大臣或金融厅长官所委任的权限所涉及的事务，根据政令规定，可由地方公共团体的负责人或其他执行机关行使该职权。

（向外国执行当局提供信息）

第 78 条 1. 委员会可以向本法中所称执行外国法令的外国当局（以下称为外国执行当局），提供执行职务（限于本法所规定的委员会职务，以下相同）所需要的信息。

2. 根据前一款规定提供信息时，该信息并未被使用于该外国执行当局职务之外的执行，并且，根据下一款的规定，应采取适当的措施保证该信息在未经同意的情况下，不可被外国的刑事案件的搜查（仅在对象犯有特定的犯罪事实时）或者审判（以下本款中称为搜查等）所使用。

3. 委员会在收到外国执行当局的申请后，除以下各项的情形之外，根据第 1 款规定，可同意将提供的信息用于所申请的相关外国刑事案件的搜查等。

（1）所申请的相关刑事案件的搜查等的对象所犯罪行为政治犯罪，或者该申请的目的在于与政治犯罪有关的搜查等的。

（2）所申请的相关刑事案件搜查等的对象所犯罪行，根据日本法律在日本国内不构成犯罪的。

（3）无法保证收到日本所提出的同种类申请能够得以通过的申请国。

4. 委员会在同意前一款之前，应事先向法务大臣确认申请不符合该款第（1）项及第（2）项的情形，且应向法务大臣确认申请不符合该款第 3 项的情形。

（对国会报告）

第 79 条 委员会应在每年经由内阁总理大臣向国会报告其所负责事务的处理情况，同时公布其概要。

（联络和合作）

第 80 条 内阁总理大臣及本法相关的行政机关［系指依照法规的规定设置于内阁的机关（内阁府除外）以及内阁所下属的机关、内阁府、宫内厅、《内阁府设置法》第 49 条第 1 款以及第 2 款所规定的机关以及《国家行政组织法》（昭和二十三年［06］法律第 120 号）第 3 条第 2 款所规定的机关］的负责人相互之间应密切联系、紧密合作。

（对政令的授权）

第 81 条 本法所规定的事项之外，对实施本法确有必要的事项由政令予以规定。

第七章 罚则

第 82 条 当事人违反第 72 条规定泄露或者盗用秘密的，处以 2 年以下的徒刑或者 100 万日元以下的罚金。

第 83 条 个人信息处理业者［该业者是法人（包括非法人团体中对代表人或管理人有规定的。与第 87 条第 1 款相同）的情况下，其高管、代表人或管理人］或者其从业人员也是上述人员的情况下，以为自己或第三方谋取不正当利益为目的而提供或盗用与业务相关的经处理的个人信息数据库等（包含全部或者部分复制或者加工的信息）时，处以 1 年以下的徒刑或 50 万日元以下的罚金。

第 84 条 当事人违反第 42 条第 2 款或者第 3 款所规定的命令的，处以 6

个月以下的徒刑或者 30 万日元以下的罚金。

第 85 条 符合下述各项情形的，处以 30 万以下的罚金。

（1）未根据第 40 条第 1 款规定进行报告或者提交资料、进行虚假报告、提交虚假资料、拒绝回答工作人员质问或回答不实、拒绝或妨碍检查、故意回避检查的。

（2）未根据第 56 条规定进行报告或者进行虚假报告的。

第 86 条 第 82 条及第 83 条规定同样适用于犯罪地点在日本以外的情形。

第 87 条 1. 法人代表、法人或自然人的代理人、雇员等其他从业人员实施该法人或者自然人的业务有违反第 83 条至第 85 条所规定的行为的，除处罚行为人之外，对该法人或者自然人还需处以各条所规定的罚金。

2. 非法人团体适用前一款规定的，其代表人或者管理人不仅在该诉讼中代表非法人团体，同时适用以法人为被告或者犯罪嫌疑人时刑事诉讼相关法律中的规定。

第 88 条 有下述各款情形之一的，处 10 万日元以下的罚金。

（1）违反第 26 条第 2 款或第 55 条的规定。

（2）未进行第 50 条第 1 款所规定的申报或者进行虚假申报的。

韩国信息保护法制概览

作为亚洲发达国家的韩国是全球互联网最发达、普及率最高的国家之一，其个人信息保护也居于世界前列，构筑了事前预防、事中保护、事后救济的完整体系。早在 2017 年，其个人信息保护管理体系（PIMS）就曾获得全球多家国际通信机构的认可，达到相关的国际标准。

借助网络的高速发展，为保障互联网安全使用，保护用户的合法权益，韩国制定了一套较为成熟的个人信息保护法律制度。韩国形成了《个人信息保护法》（*Personal Information Protection Act*）、《信息通信网利用促进及信息保护法》（*Information Communication Network Utilization Promotion and Information Protection Act*）及《信用信息的利用及保护法》（*Credit Information Utilization and Protection Act*）三法分立的局面，相关职能分别归属于个人信息保护委员会、广播通信委员会（未来创造科学部）与韩国网络振兴院。

经过 8 年的立法历程，韩国于 2011 年 3 月 29 日颁布了《个人信息保护法》，这部法律对个人信息保护的基本原则、基准、权利保障、自决权的救济等做了全面的规定。其统一的立法模式、分阶段全方位的权利保障、重视权利救济的立法原则，为包括中国在内的其他国家和地区在个人信息保护立法上提供了很好的示范。

《个人信息保护法》颁布至今几经修订，现行有效的是 2017 年 7 月 26 日修订版本（第 14839 号法案）。经修订后的《个人信息保护法》共 9 章 76 条，即总则（第一章）、数据保护政策的建立（第二章）、个人信息的处理（第三章）、个人信息的保护（第四章）、数据主体权利的保障（第五章）、个人信息争议调解委员会（第六章）、数据泄露集体诉讼（第七章）、附则（第八章）、处罚规定（第九章）。

韩国的《个人信息保护法》具有以下特色：首先，适用范围的扩大。韩国的《个人信息保护法》主要针对与自然人相关的个人信息，包括姓名、居民登记号码或者其他可以用于证明身份的信息，同时也包括所涉信息可能无法立刻证明身份的情形。这意味着在存在不易识别或难以识别自然人信息（如匿名）的情况下满足一定条件也能适用于韩国的个人信息保护制度，宽泛的界定无疑扩大了立法保护范围。其次，建立了个人信息争议调解制度。调解制度体现亚洲"以和为贵"的调解文化，而韩国在个人信息保护事后救济路径上更是充分凸显这一点。因信息争议产生的民间纠纷以及行政纠纷均由个人信息争议调解委员会解决，该委员会负责制作有关侵害行为终止、恢复原状、赔偿损失、预防再次发生等措施的调解书。同时，该委员会也处理集体争议调解。最后，数据泄露集体诉讼。韩国《个人信息保护法》设专章规定数据泄露集体诉讼（第七章），集体诉讼的程序基本以韩国民事诉讼法为总原则，但也有其特点，如诉讼主体只能是消费者组织或非营利性的非政府组织，且诉讼适用于专属管辖、必须先调解的前置程序等。除此之外，韩国的个人信息泄露通知及申告制度、个人信息的国家认证资格证制度都具有其自身特点。

个人信息保护法

［第 14839 号法案，经修订］

［行政安全部（个人信息保护政策）02 - 2100 - 4105；2017 年 7 月 26 日生效］

第一章　总则

第 1 条　目的

本法以保护个人权利与自由为目的规范个人信息处理活动，进一步实现个人的尊严和价值。

第 2 条　定义

本法使用的术语定义如下：

1. 个人信息：指与任何有生命的自然人有关的，能够通过姓名、居民登记号码、图像等来识别这些个人（包括那些不能单独用来确定具体个人但可与其他信息结合来识别个人）的信息。

2. 数据处理：指收集、生成、连接、整合、记录、存储、保留、再处理、编辑、检索、输出、更正、恢复、使用、提供、披露和销毁个人信息和其他类似操作。

3. 数据主体：指能通过处理后的信息识别并因此能成为信息主体的个人。

4. 个人信息档案：为了便于查阅，按照一定的规则进行系统的整理后而形成的个人信息文件或成套文件。

5. 个人信息控制者：指为公务或者业务所需直接或者间接处理个人信息并操作个人信息档案的公共机构、法人、组织、个人等。

6. "公共机构"是指下列机构：

（1）国民议会、法院、宪法法院和全国选举委员会的行政机构；中央行政机关（包括总统府、总理办公厅所属机关）及其所属单位；地方政府。

（2）总统令规定的其他国家机构和公共实体。

7. 可视数据处理设备：指总统令规定的，安装在固定位置，对人、物进行拍照或者通过有线、无线网络传输图像的设备。

第3条　个人信息保护原则

1. 个人信息控制者应当明确处理个人信息的目的；并应在达到上述目的所需的最低限度内合法、公平地收集个人信息。

2. 个人信息控制者应以与处理个人信息的目的相一致的方式处理个人信息，不得将个人信息用于该目的之外。

3. 个人信息控制者应确保个人信息的准确性和完整性，并且对于处理目的而言信息是最新的。

4. 个人信息控制者在管理个人信息时，应考虑到个人信息权利被侵犯的可能性以及有关风险的严重程度，并根据信息种类、处理方法等内容的不同进行管理。

5. 个人信息控制者应当公开其隐私政策以及其他个人信息处理事项；并保障数据主体的权利，包括信息访问权。

6. 个人信息控制者处理个人信息时，应尽量减少侵犯数据主体的隐私。

7. 个人信息控制者应尽可能匿名化处理个人信息。

8. 个人信息控制者应当遵守并履行本法和其他有关法律的规定，并努力取得数据主体的信任。

第4条　数据主体的权利

就处理个人信息而言，数据主体享有下列权利：

（1）有权获知该个人信息的处理情况；

（2）有权同意或不同意处理该个人信息，有权选择同意的范围；

（3）有权确认个人数据的处理过程，并要求查阅相关个人信息（包括提供副本）；

（4）有权中止信息处理，有权更正、删除及销毁该个人信息；

（5）对数据处理导致的损害，数据主体有权要求通过迅速公平的程序获得适当补偿。

第5条　国家义务

1. 国家和地方政府应当制定政策，防止控制者在处理目的之外收集、滥用、误用个人信息，不间断地监视和追踪个人信息，以维护人格尊严和个人隐私保护程度。

2. 国家和地方政府应制定必要的政策措施、完善相关法律以保护第4条规定的数据主体权利。

3. 国家和地方政府应当尊重、促进和支持个人信息控制者的数据保护自律活动，控制者通过自律活动改进不合理的数据处理行为。

4. 国家和地方政府应制定或修订符合本法宗旨的法规或市政条例。

第6条　与其他法案的关系

除其他法案另有规定外，个人信息保护问题适用于本法。

第二章　数据保护政策的建立

第7条　个人信息保护委员会

1. 总统办公室下设个人信息保护委员会（以下称为保护委员会），研究并解决与个人信息保护有关的问题。保护委员会在权限范围内独立行使职权。

2. 保护委员会由不超过15名委员组成，包括1名主席和1名常务委员，常务委员应是公务人员。

3. 主席由总统从非公职人员中委任。

4. 总统从下列人员中选任委员。此种情况下，5名委员应由国民议会从候选人中任命，另外5名专员由最高法院首席法官从指定的候选人中任命：

（1）公民社会组织或者消费者团体推荐的与保护个人信息有关的人员；

（2）由个人信息控制者组成的行业协会所推荐的人员；

（3）具有丰富的专业知识和信息保护经验的其他人员。

5. 主席和委员的任期为3年，最多连任一届。

6. 主席认为有必要召开或者有1/4以上委员要求时，可以召集委员会会议。

7. 出席会议的委员不得少于1/2，委员会决议以出席委员的过半数通过。

8. 保护委员会内设秘书处，负责日常行政工作。

9. 委员会的组织运作除第1款至第8款规定以外的其他事项，应由总统令规定。

第8-1条　保护委员会的职责

1. 保护委员会应审议并解决以下事项：

（1）根据第8-2条评估数据泄露因素：关于制定第9条所称总体规划和第10条所称实施计划的技术咨询意见。

（2）完善与数据保护有关的政策、制度和立法事项。

（3）与个人信息处理有关的公共机构之间的协调事项。

（4）与数据保护有关的法律解释和实施事项。

（5）根据第18条第2款第5项，有关个人信息使用和提供事项。

（6）根据第33条第3款，数据影响评估结果的事项。

（7）根据第61条第1款提出意见的事项。

（8）根据第64条第4款规定的措施提出建议的事项。

（9）按照第66条规定公布处理结果的事项。

（10）根据第67条第1款规定编制和提交年度报告的事项。

（11）保护委员会主席或至少两名委员就保障个人信息权利所在委员会上提出的事项。

（12）保护委员会依本法或其他法案审议或决定之其他事项。

2. 如有必要，保护委员会审议和解决第1款规定的事项，可采取以下措施：

（1）征询有关政府官员、数据保护专家、民间组织和有关经营者的意见；

（2）调查事实或要求相关部门提供有关材料。

3. 除特殊情况外，有关机构在收到第2款第2项的要求时，应遵守有关规定配合保护委员会。

4. 保护委员会对第1款、第2款规定的事项审议决定后，可以将决议情况通知有关机关。

5. 保护委员会可根据第 4 款监督提出的意见是否得到执行。

第 8 - 2 条　评估数据泄露的因素

1. 当法律的制定或变更改变了个人信息处理的政策或制度时，中央行政机关负责人应在其管辖范围内要求保护委员会评估数据泄露因素。

2. 保护委员会在收到根据第 1 款提出的评估请求后，可通过分析和审查有关数据泄露因素，就改进有关条款，向相关机构的负责人提出意见。

3. 评估数据泄露的程序和方法，由总统令规定。

第 9 条　总体规划

1. 保护委员会应当建立总体规划，每 3 年和中央行政机构的负责人进行协商，确保个人信息和数据主体权利得到保护。

2. 总体规划应包括以下内容：

（1）个人信息保护的基本目标和预期方向；

（2）与个人信息保护有关制度和法规的完善；

（3）防止个人信息泄露的措施；

（4）如何促进数据控制者自我规制；

（5）如何促进教育和公共机构保护个人信息；

（6）培训信息保护专家；

（7）其他信息保护之必需事项。

3. 国民议会、法院、宪法法院、全国选举委员会可以自主制定和实施总体规划，保护相关机构内的个人信息。

第 10 条　实施方案

1. 中央行政机关的负责人应当每年根据总体规划向保护委员会提交个人信息保护实施细则，并执行实施细则和保护委员会作出的决议。

2. 制定和执行实施细则的具体事项，由总统令规定。

第 11 条　申请材料

1. 为有效地建立总体规划，保护委员会可以要求个人信息控制者、中央行政机构负责人、地方政府负责人、相关组织或协会提供数据处理合规、个人信息管理等方面的资料或意见。

2. 内政和安全部部长为推广、评估个人信息保护政策，可以在必要时调查个人信息控制者、中央行政机关负责人、地方政府首脑、有关组织或协会负责人的个人信息保护水平和现状。

3. 中央行政机关负责人为有效制定和推动实施细则，可以向个人信息控制者索取第 1 款所述的在其管辖范围内的资料。

4. 除另有规定外，任何人在被要求提供第 1 款至第 3 款规定的材料时，均应遵守该项要求。

5. 第 1 款至第 2 款规定的材料和其他必要事项的具体范围与提供方法，由总统令规定。

第 12 条　个人信息保护指南

1. 内政和安全部部长可以制定个人信息保护标准指南（以下简称标准指南）并鼓励数据控制者遵守该指南，包括信息处理的标准、数据泄露的类型和预防措施等内容。

2. 中央行政机关负责人可以根据标准指南，制定其管辖领域内的信息保护指南并鼓励数据控制者据此遵守。

3. 国民议会、法院、宪法法院、全国选举委员会可以自主制定和执行本机构或者其附属机构的信息保护指南。

第 13 条　促进和支持自律活动

为促进和支持数据控制者的数据保护自律活动，内政和安全部部长应为以下事项制定政策：

1. 个人信息保护的教育和公共关系；

2. 促进和支持个人信息保护机构与组织；

3. 引进和推行隐私标识制度；

4. 协助数据控制者建立和执行自律规则；

5. 支持数据控制者进行数据保护自律活动所必需的其他事项。

第 14 条　国际合作

1. 政府应制定必要的政策措施，提高国际环境中个人信息保护标准。

2. 政府应制定相关政策措施，确保数据主体权利不会因个人信息跨境转移而受到侵犯。

第三章　个人信息的处理

第一节　个人信息的收集、使用、提供

第 15 条　个人信息的收集和使用

1. 数据控制者在下列情况下可以收集个人信息，并在收集目的的范围内使用：

（1）取得数据主体同意的；

（2）法律有特别规定或者必须履行法律义务的；

（3）公共机构履行法律法规等规定的职责不可避免的；

（4）与数据主体订立及履行合约必然需要时；

（5）当数据主体或其法定代表无法表达意愿或因地址不明无法取得事先同意，但委员会为保障数据主体或第三人的生命财产权利免受紧急危险确有必要时；

（6）数据控制者的正当利益明显优于数据主体利益，并且数据处理与数据控制者的正当利益存在实质性关系且不超出合理范围时。

2. 数据控制者在取得第 1 款第（1）项同意后，须就下列事宜通知数据主体：（变更下列事项之一的，也应通知数据主体）

（1）收集和使用个人信息的目的；

（2）拟收集的个人信息的详情；

（3）保存和使用个人信息的期限；

（4）数据主体有权拒绝同意的事实，以及拒绝同意所造成的不利影响。

第 16 条　收集个人信息的限制

1. 数据控制者根据第 15 条第 1 款收集个人信息时，应按照达到目的所需的最低限度收集个人信息，并且数据控制者应承担收集的个人信息是最低限度的证明责任。

2. 数据控制者在收集个人信息时，须具体告知数据主体有权在数据收集时拒绝提供最低限度以外的个人信息。

3. 数据控制者不得因数据主体拒绝提供最低限度以外的个人信息而拒绝

向数据主体提供商品或服务。

第 17 条 个人信息的提供

1. 数据控制者在下列情况下，可以与第三方分享或提供数据主体个人信息：

（1）取得数据主体同意的；

（2）在依照第 15 条第 1 款第（2）项、第（3）项、第（5）项规定收集处理目的的范围内的个人信息的。

2. 数据控制者在取得第 1 款第（1）项的同意后，须就下列事项通知数据主体：（下列事项有变更的也应通知数据主体）

（1）个人信息的接收者；

（2）接收者使用个人数据的目的；

（3）须提供的个人数据的详情；

（4）接收人保留和使用个人数据的期限；

（5）数据主体有权拒绝同意的事实，以及拒绝同意所造成的不利影响。

3. 数据控制者须将第 2 款所述事项告知数据主体，并须取得该数据主体的同意，以便向境外第三者提供个人信息；数据控制者不得违反本法规定，订立个人信息跨境转移合同。

第 18 条 限制在处理目的外使用和提供个人信息

1. 数据控制者不得在第 15 条第 1 款规定的范围外使用个人信息，或超出第 17 条第 1 款和第 3 款规定的范围给第三方提供个人信息。

2. 尽管有第 1 款的规定，但如有下列情况，数据控制者仍可以在原始目的之外使用个人数据或将个人数据提供给第三方，但可能不公平地侵犯数据主体或第三者利益的除外。第（5）项至第（9）项只适用于公共机构：

（1）取得数据主体额外同意的；

（2）其他法律另有规定的；

（3）使用数据是为了保障数据主体或第三人的生命、身体或经济利益不受紧急危险所影响，而该数据主体或其法定代表人不能表达其意图，或因地址不明而未能事先取得同意；

（4）为统计数据或学术研究等目的而提供的经匿名化处理的个人数据；

（5）除非数据控制者将个人信息用于原始意图之外的其他目的，或者经委员会审议并作出决议将其提供给第三方，否则无法按照任何法案的规定履行其管辖范围内的职责的；

（6）为履行条约或者其他国际公约，需要向外国政府或者国际组织提供个人信息的；

（7）对犯罪的侦查、起诉是必要的；

（8）有助于法院审理案件的；

（9）对罪犯的处罚、缓刑、拘留是必要的。

3. 数据控制者在取得第 1 款第（1）项的同意后，须就下列事项通知数据主体：（下列事项有变更的也应通知数据主体）

（1）个人信息的接收者；

（2）接受者使用个人信息的目的；

（3）拟使用或提供的个人数据的详情；

（4）数据接收者保存和使用个人信息的期限；

（5）数据主体有权拒绝同意的事实，以及拒绝同意所造成的不利影响。

4. 公共机构使用个人数据，或依第 2 款第（2）项至第（6）项、第（8）项及第（9）项将个人数据超出使用目的提供给第三方时，应将使用或提供该等个人数据的法律依据、目的、范围以及其他必要事项，依内政部及安全事务监督条例，刊登于政府公报或其官方网站上。

5. 根据本条第 2 款规定，数据控制者超出数据使用目的向第三方提供个人信息的，个人信息控制者应要求第三方限制个人数据使用目的、方法以及其他必要事项，或计划必要的数据保障措施以确保个人信息的安全。在这种情况下，接收个人数据的第三方应采取必要措施确保个人信息的安全。

第 19 条　受送达人使用和提供个人信息的限制

从数据控制者处接收个人数据的第三方，除下列情形外，不得将个人数据用于原始意图以外，或者将该个人数据提供给其他第三方：

（1）取得数据主体额外同意的；

（2）其他法律有特别规定的。

第 20 条　来源于数据主体以外的个人信息的通知

1. 控制者处理从第三方收集的个人数据时，应数据主体的要求，立即将下列事项通知数据主体：

（1）收集的个人信息来源；

（2）处理个人数据的目的；

（3）数据主体有权要求暂停处理个人数据的事实。

2. 尽管有第 1 款的规定，当控制者取得数据主体的同意，并且从第三方收集及处理个人数据符合总统令规定，并考虑到已处理的个人信息的种类及数量、雇员人数、销售额等的情况时，控制者须将第 1 款所述事项通知数据主体；如控制者所收集的资料不包含任何个人数据（如联系信息）则不适用此规定。

3. 根据第 2 款规定通知数据主体的时间、方法和程序等必要事项，应由总统令规定。

4. 有下列情形之一的不适用第 1 款、第 2 款的规定：

（1）属于第 32 条第 2 款所述的个人信息档案中的个人信息；

（2）可能对他人的生命或身体造成损害，或不公平地损害他人的财产和其他利益的。

第 21 条　个人数据的销毁

1. 控制者因保存期限届满、达到处理个人信息的目的等原因不再需要个人信息时，应当及时销毁个人数据，但其他法律强制要求保存个人信息的除外。

2. 控制者依照第 1 款销毁个人信息的，应当采取必要的措施阻止个人数据被恢复。

3. 控制者根据第 1 款的但书规定有义务保留而非销毁个人信息的，应当分开存储和管理相关个人信息。

4. 销毁个人信息的方法、销毁过程等其他必要事项，由总统令规定。

第 22 条　取得同意的方法

1. 为取得数据主体（包括本条第 6 款所述的法定代表人）的同意，根据本法处理个人数据，控制者应明确向数据主体提出数据处理请求，并将需要同意的事项与其他事项区分开来，并分别取得其同意。

2. 为取得第 1 款所述的书面同意（包括《电子文件和交易框架法》第 2 条第 1 款所界定的电子文件），控制者应根据《内政及安全部条例》的明文规定，以容易理解的方式说明总统令所订明的重要事项，如收集和使用个人信息的目的，以及拟收集和使用的个人信息的详情。

3. 根据第 15 条第 1 款、第 17 条第 1 款第（1）项、第 23 条第 1 款第（1）项和第 24 条第 1 款第（1）项的规定，取得数据主体同意的，控制者应将需要同意才能处理的个人数据与不需要同意就能处理的个人数据区分开来。在这种情况下，控制者须承担处理数据无须征得同意的证明责任。

4. 控制者为推销货物或服务或招揽客源处理个人数据，应以明显易认的方式通知数据主体，并取得同意。

5. 控制者不得因数据主体不同意本条第 4 款所列选择性事项或本条第 3 款及第 18 条第 2 款所列事项，而拒绝向数据主体提供货物或服务。

6. 根据本法处理 14 岁以下儿童的个人信息，需要取得同意的，控制者应当取得其监护人的同意。未经监护人同意的，可直接向该儿童收集取得监护人同意所必需的最低限度的个人信息。

7. 除第 1 款至第 6 款外另有明文规定的，有关取得数据主体同意的详细方法和第 6 款所提述的最低限度信息的其他必要事项，应由总统令考虑到收集个人数据的媒介而加以规定。

第二节 处理个人信息的限制

第 23 条 处理敏感信息的限制

1. 控制者不得处理总统令规定的意识形态、信仰、加入或退出工会或政党、政治意见、健康、性生活以及其他可能明显威胁到任何数据主体隐私的个人信息（以下称为敏感信息），但有下列情形之一的除外：

（1）控制者将第 15 条第 2 款或第 17 条第 2 款所规定的事项通知数据主体，并取得数据主体处理敏感信息的同意；

（2）其他法规要求或允许处理敏感信息的。

2. 控制者依照第 1 款处理敏感信息的，应当按照第 29 条的规定采取必要的安全措施，防止敏感信息丢失、被盗、泄露、伪造、变造或者损坏。

第24-1条　处理个人身份信息的限制

1. 个人信息控制者不得处理总统令规定的可用于识别个人的任何信息（以下称为"个人识别信息"），但有下列情形之一的除外：

（1）控制者将第15条第2款或第17条第2款所述事项通知数据主体，并在同意处理其他个人信息的情况下，取得数据主体处理身份识别信息的同意；

（2）其他法规要求或允许以具体方式处理个人身份信息的。

2. （已被删除）

3. 数据控制者依照第1款处理可识别个人信息的，应当按照总统令的规定，采取必要的安全措施以避免个人信息丢失、被盗、泄露、伪造、变造或者损坏。

4. 内政和安全部长应根据控制者处理的个人信息的种类与数量、控制者的员工人数、销售额等指标，定期检查控制者是否按照第3款规定采取必要措施确保数据安全。

5. 内政和安全部长可以委托总统令规定的专门机构检验第4款规定的执行情况。

第24-2条　处理居民登记号码的限制

1. 除第24条第1款外，个人信息控制者不得处理任何居民登记号，但有下列情形之一的除外：

（1）法律、总统令、国民议会规章、最高法院规章、宪法法院规章、全国选举委员会规章、审计和检查委员会规章要求或者允许具体处理居民登记号码的；

（2）为保护数据主体或第三人的生命、身体和财产免受紧急危险而被认为有必要的；

（3）根据内政部和安全部的规定，必须按照第1款、第2款的规定处理居民登记号码的。

2. 虽有第24条第3款的规定，控制者应当采用加密的方法妥善保管居民登记号码，防止居民登记号码丢失、被盗、泄露、伪造、更改或损坏。在这种情况下，总统令应根据处理的个人信息数量、数据泄露影响等情况，规定加密对象范围、加密对象时间等必要事项。

3. 个人信息控制者在根据第 1 款处理居民登记号码时，不使用居民登记号码且处于通过网站被接纳为会员的阶段的，须向数据主体提供另一种登记工具。

4. 内政和安全部部长可提供支持措施，如立法安排、决策、必要的设施和系统建设，以协助个人信息控制者提供第 3 款所述的方法。

第 25 条　视觉数据处理装置的安装和操作限制

1. 任何人不得在露天地方安装和操作可视数据处理装置，但有下列情形之一的除外：

（1）法律以具体方式允许的；

（2）需要预防和侦查犯罪的；

（3）为保障设施安全和防火需要的；

（4）为进行必要的交通管制；

（5）为收集、分析和提供交通信息的。

2. 任何人不得在可能威胁个人隐私的场所安装和操作任何可视化数据处理设备，如公共浴室、卫生间、桑拿浴室和更衣室。但不适用总统令规定的设施，如惩教设施和精神卫生保健中心，这些设施根据法律对人员进行拘留或保护。

3. 公共机构依照第 1 款规定安装、操作视觉数据处理装置，或依照第 2 款但书规定安装、操作视觉数据处理装置的，应当按照总统令规定的听证会、新闻发布会等手续，听取有关专家和利害关系人的意见。

4. 拟根据第 1 款安装和操作视觉数据处理装置的人员（以下称为 VDPD 运营商）应采取必要措施以使数据主体能够容易识别这些装置，包括在招牌上张贴以下事项：（声明：本规定不适用于《保护军事基地和设施法》第 2 条第 2 款、《联合国防法》第 2 条第 13 款规定的重要国家设施以及总统令规定的其他设施）

（1）安装的目的和地点；

（2）拍摄范围和时间；

（3）管理人员的姓名、联系方式；

（4）总统令规定的其他事项。

5. VDPD 运营商不得为其他目的任意处理可视化数据处理设备；不得将所述装置指向不同的场所；不得使用录音功能。

6. VDPD 运营商应按照第 29 条的规定采取必要措施，以确保个人信息不会丢失、被盗、泄露、伪造、变造或损坏。

7. VDPD 运营商应根据总统令规定制定相应的政策，对视觉数据处理设备进行操作和管理。在这种情况下，他可以根据第 30 条作出隐私政策。

8. VDPD 运营商可以将视觉数据处理设备的安装和运营外包给第三方，但公共机构将视觉数据处理设备的安装和运营外包给第三方时，应遵守总统令规定的程序和要求。

第 26 条　工作外包后对个人信息处理的限制

1. 数据控制者将个人信息处理外包给第三方时，应当办理下列书面手续：

（1）防止将个人信息用作非外包用途；

（2）个人数据的技术和管理保障；

（3）总统令规定的其他安全管理个人信息的事项。

2. 依照第 1 款规定将个人信息处理工作外包出去的个人信息控制者（以下称为发包方），应当按照总统令规定的方式披露外包工作的具体情况和外包合同下处理个人信息的单位（以下称为承包方），以便数据主体能够随时方便地识别。

3. 发包方将商品或服务的推广或销售外包时，应以总统令规定的方式将外包工作和外包的情况通知数据主体。外包工作或者承包方发生变更的，适用本法。

4. 发包方应当对承包方进行教育，防止数据主体的个人信息因工作外包而丢失、被盗、泄露、伪造、更改或损坏，并按照总统令规定，通过检查处理情况等监督承包方处理个人信息。

5. 承包方不得在外包的工作范围之外使用任何个人信息，也不得向第三方提供个人信息。

6. 违反本法规定，将个人信息处理外包给承包方给数据主体造成损害的，承包方应视为个人信息控制者的雇员。

7. 第 15 条至第 25 条、第 27 条至第 31 条、第 33 条至第 38 条和第 59 条应比照适用于承包方。

第 27 条　业务转移后个人信息的转移限制

1. 数据控制者如因其部分或全部业务转让、合并等原因而将个人信息转交予第三者，须按照总统令所规定的方式，预先通知数据主体下列事项：

（1）个人信息被转移的事实；

（2）接收人（以下称为业务受让人）的姓名（法人为公司名称）、地址、电话等联系方式；

（3）如数据主体不希望转移其个人信息，应告知撤回同意的方法及程序。

2. 在接收个人数据时，业务受让人应立即以总统令规定的方式通知数据主体数据转移的事实，但控制者已根据第 1 款将转让事实通知数据主体的除外。

3. 业务受让人接收因业务转让、合并等原因而产生的个人信息，仅可在个人信息最初目的的范围内使用或提供给第三方。在这种情况下，业务受让人应被视为个人信息控制者。

第 28 条　个人信息处理程序的监督

1. 个人信息控制者在处理个人信息时，应当对在其指挥和监督下处理个人信息的人员，如军官、工作人员、临时机构工作人员、兼职工作人员（以下称为个人信息处理人员）进行适当的控制和监督，确保个人信息的安全管理。

2. 个人信息控制者应定期向个人信息处理人员进行必要的培训，以确保个人信息的妥善处理。

第四章　个人信息的保护

第 29 条　保障义务

个人信息控制者应根据总统令规定采取必要的技术、管理和物理措施，以免个人信息丢失、被盗、泄露、伪造、更改或损坏，如制订内部管理计划和保存登录记录等。

第30条　隐私政策的制定与披露

1. 个人信息控制者应制定包括以下事项的个人信息处理政策（以下称为隐私政策）。公共机构按照第32条规定制定个人信息档案时也应制定个人信息处理政策：

（1）处理个人信息的目的；

（2）处理和保存个人信息的期限；

（3）向第三者提供个人信息（如适用）；

（4）将个人信息处理工作外包（如适用）；

（5）数据主体和法定代表人的权利与义务，以及如何行使这些权利；

（6）联系信息，如根据第31条指定的隐私专员的姓名或执行保护个人信息及处理有关投诉的部门的名称、电话号码等；

（7）安装及操作自动收集个人信息的工具，包括互联网访问数据文件，以及拒绝提供（如适用）；

（8）总统令规定的处理个人信息的其他事项。

2. 在制定或修改隐私政策后，数据控制者均须以总统令规定的方式披露隐私政策，以便数据主体容易识别。

3. 如隐私政策与数据控制者和数据主体签署的协议有差异，则以对数据主体有利的条款为准。

4. 内政和安全部部长可制定隐私政策指引，并鼓励数据控制者遵守该指引。

第31条　隐私专员的指定

1. 数据控制者应当指定全面负责个人信息处理的隐私专员。

2. 隐私专员须履行下列职能：

（1）制订并实施个人信息保护计划；

（2）定期调查个人信息处理的现状和做法，并改进不足之处；

（3）处理与数据处理有关的投诉及补偿金；

（4）建立内部控制制度，防止个人信息的泄露、滥用和误用；

（5）编制并实施个人信息保护教育计划；

（6）保护、控制和管理个人信息档案；

（7）总统令规定的其他适当处理个人信息的职能。

3. 隐私专员在履行第2款所规定的职能时，如有需要，可经常检查个人数据处理及系统的状况，并可要求有关方面就此出具报告。

4. 隐私专员发现违反本法或者其他有关保护个人信息的法规的，应当立即采取纠正措施，必要时应当向所在单位或者组织的负责人报告。

5. 在隐私专员执行第2款所规定的职能时，控制者不得无正当理由地作出对隐私专员不利的决定。

6. 任命隐私专员的条件、职能、资格和其他必要事项，由总统令规定。

第32-1条　个人信息档案的登记与披露

1. 公共机构负责人经营个人信息档案，应当向内政部、安全部办理下列事项的登记。变更登记事项的，也应当适用此规定。

（1）个人信息档案的名称；

（2）经营个人信息档案的理由和目的；

（3）个人信息档案内所记载的个人信息的详情；

（4）处理个人信息的方法；

（5）保留个人信息的期限；

（6）个人信息的接收人（如按惯例或重复提供）；

（7）总统令规定的其他事项。

2. 第1款不适用于下列个人信息档案：

（1）记录国家安全、外交秘密和其他涉及重大国家利益事项的个人信息档案；

（2）记录犯罪侦查、起诉、处罚、缓刑、羁押、纠正令、保护令、安全观察令、入境情况的个人信息档案；

（3）记录违反《税务处罚法》《海关法》调查情况的个人信息档案；

（4）专门用于事业单位内部工作表现的个人信息档案；

（5）根据其他法规保密个人信息档案。

3. 如有必要，内政和安全部部长可审查第1款所述个人信息档案的登记和内容，并建议有关公共机构负责人作出改进。

4. 内政和安全部部长应公开根据第 1 款登记的个人信息档案的状况，以使任何人都可以方便地查阅。

5. 第 1 款所称登记的必要事项，第 4 款所称公开披露的方法、范围、程序，由总统令规定。

6. 国民大会、法院、宪法法院、全国选举委员会（包括其附属单位）保留的个人信息档案的登记和公开披露，由国民大会条例、最高法院条例、宪法法院条例、全国选举委员会条例规定。

第 32 - 2 条　个人信息保护认证

1. 内政和安全部部长可认证控制者的数据处理及其他与数据保护相关的活动是否遵守本法。

2. 第 1 款规定的认证有效期为 3 年。

3. 有下列情形之一的，内政和安全部部长可以根据总统令的规定撤销第 1 款所授予的认证；但在符合第（1）项的情形下，则必须撤销该认证：

（1）以欺诈或其他不正当手段获得个人信息保护认证的；

（2）拒绝或者阻碍第 4 款规定的后续管理的；

（3）不符合第 8 款规定的认证标准的；

（4）严重违反个人信息保护法律的。

4. 内政和安全部部长应每年至少进行一次后续管理，以保持个人信息保护认证的有效性。

5. 内政和安全部部长可授权总统令规定的专门机构履行第 1 款规定的与认证有关的职责，第 3 款规定的证书撤销，第 4 款规定的后续管理，第 7 款规定的认证审查员管理。

6. 依照第 1 款取得证书的人，可以依照总统令规定表明或者公布证书。

7. 依照第 1 款规定进行认证考试的认证审查员取消资格理由及其他有关事项的说明，由总统令根据专业、职业及其他必要事项规定。

8. 第 1 款规定的认证标准、方法、程序等的必要事项，包括个人信息管理系统、数据主体权利保障、保障措施是否与本法一致，由总统令规定。

第 33 条　隐私影响评估

1. 运行符合总统令规定标准的个人信息档案导致数据主体的个人信息泄露的，由公共机构负责人进行评估，分析和改进风险因素（以下称为隐私影响评估），并将评估结果提交内政部和安全部部长。在这种情况下，公共机构负责人应要求内政和安全部指定的任何机构（以下称为 PIA 机构）进行隐私影响评估。

2. 隐私影响评估应包括以下事项：

（1）正在处理的个人信息数量；

（2）个人信息是否提供给第三方；

（3）侵犯数据主体权利的可能性和风险程度；

（4）总统令规定的其他事项。

3. 内政和安全部部长在收到根据第 1 款进行的隐私影响评估结果后，可提出意见，但须经保护委员会审议并作出决议。

4. 公共机构负责人应当按照第 32 条第 1 款的规定对个人信息档案进行登记，对个人信息档案按照第 1 款的规定进行隐私影响评价，并附有隐私影响评价的结果。

5. 内政和安全部部长应采取必要措施，如培养相关专家、制定和传播隐私影响评估的标准，以促进隐私影响评估。

6. 与隐私影响评估有关的必要事项，如 PIA 机构的指定标准、撤销指定的标准、评估标准、方法和程序等，由总统令规定。

7. 国民大会、法院、宪法法院、全国选举委员会（包括其附属单位）进行的隐私影响评估的事项，由国民大会条例、最高法院条例、宪法法院条例、全国选举委员会条例规定。

8. 公共机构以外的控制者在操作个人信息档案时，极有可能违反数据主体的个人信息的，应当积极进行隐私影响评估。

第 34 - 1 条　数据泄露通知

1. 控制者知悉数据泄露事实后，应立即通知受损害的数据主体下列事项：

（1）泄露的个人信息的详情；

（2）个人信息被泄露的时间和方式；

（3）有关数据主体如何减低因披露而引致损害的风险的信息；

（4）个人信息控制的对策及补救措施；

（5）数据主体报告损害的服务台及联络点。

2. 个人信息控制者应制定对策，尽量减少泄露个人信息造成的损害风险。

3. 数据泄露达到总统令规定的规模时，个人信息控制者应当及时将第1款通知的结果和第2款所采取措施的结果报告给内政和安全部部长与总统令指定的专门机构。在这种情况下，内政和安全部部长以及总统令指定的专门机构可以提供技术援助，防止损害的进一步扩大。

4. 第1款规定中的数据泄露通知时间、方法和程序的必要事项，由总统令规定。

第34-2条　罚款附加费的征收等

1. 数据控制者未能防止居民登记号码的丢失、被盗、泄露、伪造、更改或损坏，内政和安全部部长可征收不超过5亿韩元的罚款。但如控制者已根据第24条第3款充分采取必要措施确保安全，以防止居民登记号码的丢失、被盗、泄露、伪造、更改或损坏，则不适用。

2. 内政和安全部部长根据第1款征收罚款附加费时，应考虑以下事项：

（1）控制者为执行第24条第3款所规定的确保安全的必要措施而作出的努力；

（2）居民登记号码丢失、被盗、泄露、伪造、更改或损坏的情况；

（3）完成后续措施以防止进一步的损坏。

3. 根据第1款需缴纳罚款附加费的人在缴纳截止日期前未缴纳的，内政和安全部部长应收取总统令规定的滞纳金，数额不超过每年未缴付的罚款附加费的6%，自罚款附加费截止日的次日起至缴付罚款附加费的前一天止。在此情况下，滞纳金最多收取60个月。

4. 根据第1款需缴纳罚款附加费但在缴纳截止日期前未缴纳的，内政和安全部部长应发出通知，并注明付款期限。如罚款附加费与滞纳金未在规定期限内缴纳，由内政和安全部部长收取罚款附加费与滞纳金。征收方式与征收拖欠国家税款相同。

5. 其他需要征收罚款附加费的事项，由总统令规定。

第五章　数据主体权利的保障

第 35 条　个人信息的取得

1. 数据主体可以要求控制者提供处理的其个人信息，该信息从个人信息控制者处获取并经其处理。

2. 尽管有第 1 款的规定，数据主体要求从某一公共机构查阅其个人信息的，可直接从该公共机构查阅，或根据总统令规定，经由内政和安全部部长间接查阅。

3. 在收到根据第 1 款和第 2 款提出的查阅要求后，个人信息控制者应准许数据主体在总统令规定的期限内查阅其个人信息。在这种情况下，如果个人信息控制者发现存在正当理由不允许查阅，个人信息控制者可以通知相关数据主体原因并推迟查阅。不允许查阅的理由消失后，推迟查阅的决定应当及时解除。

4. 在下列任何情况下，个人信息控制者在通知数据主体原因后，可限制或拒绝查阅：

（1）法律禁止或者限制访问的。

（2）可能对第三人的生命、身体造成损害，或者不当侵害第三人财产和其他利益的。

（3）公共机构履行下列职责有重大困难的：

（a）征税、征收或退税；

（b）评估根据《中小学教育法》和《高等教育法》设立的各级学校、根据《终身教育法》设立的终身教育设施和根据其他法令设立的其他高等教育机构的学业成绩或入学情况；

（c）学术能力、技术能力以及就业方面的测试和资格考试；

（d）正在进行的关于补偿或赠予评估的评价或决策；

（e）根据其他法案进行审计和审查。

5. 根据第 1 款至第 4 款作出限制访问通知以及与查阅方法和程序有关的

重要事项应由总统令规定。

第 36 条 个人信息更正和删除权

1. 根据第 35 条查阅个人信息的数据主体，可向有关的个人信息控制者要求更正或删除该个人信息。但若该个人信息是由其他法例收集的，则不得删除。

2. 在收到数据主体的更正或删除要求后，个人信息控制者应立即调查有关的个人信息；除非其他法例就改正或删除数据有特别规定，否则应采取必要措施，按数据主体的要求更正或删除数据，并须将结果通知数据主体。

3. 个人信息管制员应采取措施，防止根据第 2 款被删除的个人信息恢复。

4. 如数据主体的要求符合第 1 款但书的规定，数据控制者应立即将详情通知数据主体。

5. 数据控制者根据第 2 款调查相关个人信息，如有需要有权要求数据主体提供相关证据，以证实更正或删除的信息的真实性。

6. 依照第 1 款、第 2 款、第 4 款的规定要求更正、删除、通知方法和程序等必要事项，由总统令规定。

第 37 条 暂停处理个人信息

1. 数据主体可要求有关控制者暂停处理其个人数据。在这种情况下，如果控制者是公共机构，数据主体可要求暂停处理根据第 32 条登记的个人信息档案中所载的个人信息。

2. 在收到第 1 款所述的要求后，数据控制者须立即停止处理数据主体所要求的部分或全部个人信息。但存在以下情况的，控制者可拒绝该数据主体暂停处理的要求：

（1）法律有特别规定或者必须履行法律义务的；

（2）暂停处理可能对第三人的生命、身体造成损害，或者不当侵害第三人财产和其他利益的；

（3）公共机构不处理有关个人信息，不能履行法律规定的工作的；

（4）数据主体未明确终止合约，但暂停处理个人数据会影响合约的履行的。

3. 数据控制者根据第 2 款的但书拒绝暂停处理个人数据的，应立即将拒绝理由通知数据主体。

4. 数据控制者根据数据主体的要求暂停处理个人信息时，须立即采取必要措施，包括销毁有关的个人信息。

5. 依照第 1 款至第 3 款要求暂停处理、拒绝处理和通知等的方法与程序的必要事项，应由总统令规定。

第 38 条 行使权利的方法和程序

1. 数据主体可授权其代表按照第 35 条提出查阅要求，依照第 36 条提出更正或删除要求，依照第 37 条提出暂停处理要求，或按照总统令规定的方法和程序提出查阅请求。

2. 14 岁以下儿童的监护人可以向数据控制者提出查阅该儿童个人信息的要求。

3. 数据控制者可根据总统令规定，向提出查阅要求的人等索取费用和邮资（仅在要求邮寄副本的情况下）。

4. 数据控制者须拟备详细的方法及程序，方便数据主体提出查阅等要求，并公开宣布方法及程序，以便数据主体知悉。

5. 数据控制者须拟备及指引数据主体就拒绝查阅等要求提出反对的必要程序。

第 39 - 1 条 赔偿责任

1. 数据主体因控制者违反本法规定而遭受损害的，有权向控制者要求赔偿。在此情况下，如果控制者不能证明不存在故意或过失，则不得免除赔偿责任。

2. （已被删除）

3. 如数据主体因控制者的错误意图或疏忽而引致其个人信息丢失、被盗、泄露、伪造、更改或损坏而遭受损害，法院可裁定控制者赔偿不超过造成损害的 3 倍的赔偿。但不适用于已证明不存在错误或疏忽的控制者。

4. 法院根据第 3 款确定损害赔偿时，应考虑以下因素：

（1）控制者的主观状态或期望损害的程度；

（2）违法造成的损失数额；

（3）控制者的违法所得；

（4）因违反被征收的罚款；

（5）违规时间、次数等；

（6）控制者的财产；

（7）控制者在个人信息的丢失、被盗或泄露后，所采取的补救措施；

（8）控制者为弥补数据主体所受损害而作出的努力。

第39-2条　申请法定补偿

1. 除了第39条第1款外，数据主体因控制者的错误意图或疏忽而引致个人信息丢失、被盗、泄露、伪造、更改或损坏，可索偿不超过300万韩元。在此情况下，控制者不能证明其不存在故意或过失的，不得免除赔偿责任。

2. 对于根据第1款提出的索赔，法院可考虑到诉讼过程中的所有论点和审查证据的结果，在第1款规定的赔偿范围内确定合理的损害赔偿数额。

3. 根据第39条要求赔偿的数据主体，可在调查程序结束前将赔偿依据改为第1款的规定。

第六章　个人信息争议调解委员会

第40条　机构设置与组成

1. 成立个人信息争议调解委员会（以下称为争议调解委员会），负责调解个人信息纠纷。

2. 争议调解委员会由不超过20人组成，其中包括1名主任，委员由法定委员和委任委员组成。

3. 法定委员是由总统令规定的国家机关公职人员，委任委员由保护委员会主席从下列人员中委任：

（1）曾在中央负责数据保护的行政机关官员担任高级行政职务的人员，或者在公共部门和有关组织中担任或者曾经担任同等职务，具有数据保护工作经验的人员；

（2）在大学或者社会公认的研究机构担任副教授或者副教授以上职务的人员；

（3）现任或曾任法官、检察官或法律顾问的人员；

（4）与数据保护有关的公民组织或消费者团体推荐的人员；

（5）现在或曾在数据控制者行业协会担任高级职务的人员。

4. 主席由保护委员会主席从委员会成员中委任，公职人员除外。

5. 主席、委任委员的任期为两年，可以连任一届。

6. 为有效解决争议，如有必要争议调解委员会，可根据总统令的规定，在调解案件部门设立由不超过 5 名委员会成员组成的调解小组。在这种情况下，争议调解委员会委派的调解小组的决议视为争议调解委员会的决议。

7. 争议调解委员会或者调解小组应当由出席的成员过半数组成，并以出席的成员过半数通过决议。

8. 保护委员会可以办理调解所必需的行政事务，如受理调解案件和事实调查等。

9. 除本法另有明确规定外，争议调解委员会的运作所需事项由总统令规定。

第 41 条　委员身份的保障

争议调解委员会委员不得被开除、退职，除非被处以停止任职资格或者从重处罚，或者因精神、身体原因不能履行职务。

第 42 条　成员的回避

1. 在下列情况下，争议调解委员会成员不得参与调解的案件的审议和解决：

（1）该成员或其现任或前任配偶是该案件的当事人，或就该案件是共同权利人或共同债务人；

（2）该成员是或曾经是本案当事人的亲属；

（3）该成员已就有关个案提供任何证词、专家意见或法律意见；

（4）该成员是或曾作为案件当事人的代理人或代表参与该案件。

2. 争议任何一方认为争议调解委员会成员不能作出公正决议的，可以向主席提出回避申请。在这种情况下，主席应对回避申请作出决定同时争议调解委员会不得作出任何决议。

3. 争议调解委员会成员有第 1 款、第 2 款情形的，可以不参加审议。

第 43 条　调解申请

1. 个人信息纠纷需要调解的，可以向争议调解委员会申请调解。

2. 争议调解委员会收到当事人的调解申请后，应当将调解申请通知对方当事人。

3. 依照前款规定通知公共机构调解纠纷的，除有正当理由外，公共机构应当予以答复。

第 44 条　调解程序的时间限制

1. 争议调解委员会应当自收到依照第 43 条第 1 款提出的申请之日起 60 天内审查案件，拟备调解书。但是，争议调解委员会可以根据正当理由，决定延长调解期限。

2. 依照第 1 款但书延长期限的，争议调解委员会应当将延长期限的理由和其他有关延长期限的事项通知申请人。

第 45 条　调取材料

1. 争议调解委员会收到依照第 43 条第 1 款提出的申请后，可以要求争议当事人提供调解所需的材料。在这种情况下，除非有正当理由，双方都应遵守要求。

2. 争议调解委员会认为必要时，可以要求争议当事人或者有关证人到庭，听取他们的意见。

第 46 条　调解前的处理意见

争议调解委员会收到依照第 43 条第 1 款提出的调解申请后，可以向争议各方提出调解草案，并建议调解前进行协商。

第 47 条　调解

1. 争议调解委员会拟订调解草案，应包括下列事项：

（1）中止被调查的违法行为；

（2）赔偿、补偿和其他必要的救济；

（3）防止相同或类似违法行为再次发生的必要措施。

2. 根据第 1 款的规定编制调解草案后，争议调解委员会应当及时将调解草案提交当事人。

3. 当事人应自收到该调解草案之日起 15 天内将接受或拒绝接受该调解

草案的情况通知争议调解委员会，否则视为拒绝接受该调解草案。

4. 当事人接受调解草案的，争议调解委员会应当制作调解书，并由争议调解委员会主任和当事人签名盖章。

5. 依照第4款约定的调解，与法院达成的和解具有同等效力。

第48条　拒绝和中止调解

1. 争议调解委员会根据争议的性质，认为不宜调解或者申请调解有不正当目的的，可以拒绝调解。在这种情况下，应当将拒绝调解的理由通知申请人。

2. 调解程序正在进行中，当事人一方提起诉讼的，调解委员会应当中止调解，并通知当事人。

第49条　集体争议调解

1. 大量数据主体遭受相同或类似信息侵权时，国家、地方政府、数据保护组织或机构、数据主体和数据控制者可以向争议调解委员会申请集体争议调解（以下称为集体调解），集体调解的具体事项由总统令规定。

2. 争议调解委员会在收到根据第1款提出的集体调解申请后，可根据第3款至第7款的规定，通过决议启动集体调解程序。在这种情况下，争议调解委员会应在总统令规定的期限内公开宣布开始集体调解程序。

3. 争议调解委员会可以接受集体调解当事人以外的任何数据主体或者数据控制者作为当事人另行参加集体调解的申请。

4. 争议调解委员会根据其决议，可以选择至少一名最能代表集体调解当事人共同利益的人作为代表。

5. 当数据主体接受争议调解委员会作出的集体调解裁决时，争议调解委员会可建议控制者拟备一份补偿计划，以补偿因同一事件而受影响的非案件当事人的数据主体的利益。

6. 虽有第48条第2款的规定，集体调解中的某些当事人向法院提起诉讼的，争议调解委员会不得中止调解程序但须将提起诉讼的当事人排除在程序之外。

7. 集体调解的期限，自第2款所称公开宣布之日起，不得超过60天；但是，争议调解委员会可以根据具体情况决定延长。

8. 集体调解程序等其他必要事项，由总统令规定。

第50条 调解程序

1. 除第43条至第49条另有规定外，调解争议的方法和程序以及处理此种争议的必要事项应由总统令规定。

2. 除本法另有明确规定外，争议调解委员会的运作和争议调解程序应比照适用民事纠纷调解法的司法调解。

第七章 数据泄露集体诉讼

第51条 集体诉讼当事人

数据控制者拒绝接受第49条规定的集体调解，为防止或者中止数据泄露，下列组织可以向法院提起诉讼（以下称为集体诉讼）：

（1）根据《消费者基本法》第29条向公平贸易委员会登记的符合下列所有标准的消费者组织：

（a）其章程应说明保护数据主体权益的目的；

（b）正式成员人数应超过1000人；

（c）根据《消费者基本法》第29条规定，组织的注册时间已满3年。

（2）符合下列各项标准的非营利性非政府组织：

（a）至少有100名数据主体因法律或事实上遭受相同的损害并已提起集体诉讼请求；

（b）其章程目的之一是保护数据主体，且其最近3年一直从事该活动；

（c）正式会员人数至少5000人；

（d）向中央行政机关登记。

第52条 专属管辖

1. 集体诉讼，由被告的营业场所、主要办公场所或者营业经理住所（在没有营业场所的情况下）的主管地区法院（审判团）专属管辖。

2. 第1款适用于外国企业的，由韩国的营业场所或者主要办事机构或者营业经理的住所决定。

第 53 条 聘请诉讼律师

集体诉讼原告应当聘请律师担任诉讼代理人。

第 54 条 诉讼证明申请书

1. 提起集体诉讼的组织，应当向法院提交诉讼证明申请书，并载明下列事项：

（1）原告及其诉讼代理人；

（2）被告；

（3）侵犯数据主体权利的事实。

2. 依照第 1 款提出的诉讼证明申请，应当附送下列材料：

（1）证明提起诉讼的组织符合第 51 条规定的相关材料；

（2）证明数据控制者已拒绝调解或不接受调解裁决的文件证据。

第 55 条 诉讼证明的条件

1. 法院作出集体诉讼证明，应当具备下列条件：

（1）个人信息控制者拒绝调解或不接受调解裁决；

（2）根据第 54 条提出的诉讼证明申请完整。

2. 对集体诉讼作出证明或者拒绝证明的，可以立即上诉。

第 56 条 判决的效力

原告起诉被法院驳回的，第 51 条规定的其他组织不得就同一案件提起集体诉讼。但有下列情形的除外：

（1）判决生效后，国家、地方政府或者国家、地方政府投资的机构发现有关案件有新的证据的；

（2）证明驳回诉讼的判决是原告故意作出的。

第 57 条 民事诉讼法的适用

1. 除本法另有明确规定外，集体诉讼适用民事诉讼法。

2. 法院依照本法第 55 条的规定作出集体诉讼证明决定的，可以发布《民事执行法》第四部分规定的保全令。

3. 集体诉讼的必要事项由最高法院规定。

第八章　附则

第58条　部分不适用

1. 下列个人信息不适用第三章至第七章：

（1）根据《统计法》收集的供公共机构处理的个人信息；

（2）为分析与国家安全有关的信息而收集或要求提供的个人信息；

（3）为公共安全、卫生等迫切需要临时处理的个人信息；

（4）为新闻报道、宗教组织传教活动和政党提名候选人而收集或者使用的个人信息。

2. 本法第15条、第22条、第27条第1款及第2款、第34条及第37条均不适用于根据第25条第1款规定在露天安装及操作的视觉数据处理装置处理的任何个人信息。

3. 本法第15条、第30条、第31条不适用于数据控制者为经营校友会、爱好俱乐部等团体或友协而处理的个人信息。

4. 根据第1款处理个人信息的数据控制者须在最短期限内，以达到预期目的所需的最低限度处理个人信息，并应作出必要安排，如技术管理和物质保障、处理个人申诉和其他必要措施，以便安全管理和适当处理个人信息。

第59条　禁止的行为

任何处理或曾经处理个人信息的人员，不得从事下列活动：

（1）以欺诈、不适当或不公平的手段获取个人信息或同意处理个人信息；

（2）泄露在经营过程中知悉的个人信息，或者未经授权提供给他人使用；

（3）未经法定授权或者超越法定权限，损坏、更改、伪造或者泄露他人的个人信息。

第60条　保密

履行或者已经履行下列事项的，不得将履行职责过程中知悉的保密信息泄露给第三方，不得将保密信息用于履行职责以外的其他目的：

（1）第8条规定的保护委员会的职权范围；

（2）第33条规定的数据影响评估；

（3）第40条规定的争议调解委员会的调解工作。

第61条 改善建议

1. 内政和安全部部长可以对可能影响信息保护的法律或市政条例向有关机构提出意见，但须经保护委员会审议并作出决议。

2. 内政和安全部部长可建议个人信息控制者改进处理个人信息的状况以保护个人信息。个人信息控制者在收到通知后，应当认真履行，并将其结果通知内政和安全部部长。

3. 有关中央行政机关负责人认为有必要保护个人信息的，可在其管辖范围内建议个人信息控制者改善个人信息处理状况。在这种情况下，个人信息控制者在收到通知后，应认真履行，并将处理结果通知有关中央行政机关负责人。

4. 中央行政机关、地方政府、国民大会、法院、宪法法院、全国选举委员会可以就保护个人信息向其管辖的关联单位和公共机构提出意见、指导与检查。

第62条 侵权举报

1. 个人信息控制者在处理个人信息过程中涉及个人信息的权益受到侵害的，可以向内政和安全部部长报告。

2. 内政和安全部部长可按照总统令和第1款的规定指定专门机构，接收和处理侵权举报。在这种情况下，此类专业机构应设立并运营侵犯个人信息呼叫中心（以下称为隐私呼叫中心）。

3. 隐私呼叫中心应履行以下职责：

（1）接收侵权举报，并就个人信息处理提供咨询；

（2）调查核实事件，听取有关方面的意见；

（3）第1项及第2项所附带的责任。

4. 如有必要，内政和安全部部长可派遣公务人员前往根据《国家公务员法》第32-4条第2款指定的专门机构，根据第3款第2项有效调查和确认侵权举报。

第63条　材料和检查的要求

1. 有下列情况之一，内政和安全部部长可向个人信息控制者要求有关材料，如商品和文件：

（1）发现或者怀疑控制者有违反本法行为的；

（2）控制者被检举违法或者收到民事诉讼的；

（3）根据总统令规定，有必要保护数据主体的个人信息。

2. 数据控制者拒绝提供第1款所要求的资料或者被视为违反本法的，内政和安全部部长可以要求公务人员进入数据控制者及其人员的办公室或营业场所，检查营业状况、账簿文件等。在这种情况下，进行视察的公务人员应携带表明其职权的证书，并将其出示给有关人员。

3. 有关中央行政机关负责人可以依照第1款的规定向控制者索取资料；或依其管辖范围内对第2款规定有关控制者及其他人员进行检查。

4. 保护委员会发现或怀疑数据控制者违反本法的，可以要求内政和安全部部长或有关中央行政机关首长采取第1款或第3款规定的措施。除有其他正当理由外，内政和安全部部长或有关中央行政机关首长在收到此种要求后，应即依其规定办理。

5. 除本法另有规定外，内政和安全部部长与有关中央行政机关负责人依照第（1）项、第（2）项规定提供或者收集的文件、资料等不得向任何第三方提供或对外公布。

6. 通过通信网络提交的信息，应由内政和安全部部长与有关中央行政机关负责人负责接收或数字化，并采取系统的技术措施，防止泄露个人信息、商业秘密等。

7. 内政和安全部部长可会同有关中央行政机关负责人对个人信息保护情况进行检查，以防止发生个人信息泄露事件并在发生泄露后及时作出反应。

第64条　纠正措施

1. 内政和安全部部长有理由认为发生个人信息泄露，并且可能造成难以弥补的损害的，可命令违反本法的人采取下列措施（不包括中央行政机关、地方政府、国民大会、法院、宪法法院和全国选举委员会）：

（1）停止泄露个人信息；

（2）暂时停止处理个人信息；

（3）保护个人信息和防止个人信息被泄露的其他必要措施。

2. 有关中央行政机关首长有理由认为任何发生个人信息泄露，并且可能会造成难以弥补的损害的，有权要求数据控制者采取第 1 款规定的任何措施。

3. 地方政府、国民大会、法院、宪法法院、全国选举委员会发现关联单位或公共机构违反本法的，可以责令其采取第 1 款规定的措施。

4. 中央行政机关、地方政府、国民大会、法院、宪法法院、全国选举委员会违反本法规定的，保护委员会可以通知有关中央行政机关负责人采取第 1 款规定的措施。除有正当理由外，上述机关在收到通知后，应当予以执行。

第 65 条　纪律处分的适用和建议

1. 内政和安全部部长有正当理由怀疑数据控制者违反本法或者其他数据保护法规的，可以向主管调查机构控告。

2. 内政和安全部部长有理由怀疑数据控制者人员（包括代表和主管执行官员）违反了本法或其他与数据保护相关法规的，可建议数据控制者处分员工。控制者在收到通知后应积极履行，并将结果通知内政和安全部部长。

3. 有关中央行政机关负责人可以依照第 1 款控告数据控制者，也有权依照第 2 款建议有关机关组织对员工作出纪律处分。有关机关、组织的负责人在收到通知后，应当予以配合，并将结果通知有关中央行政机关负责人。

第 66 条　结果的披露

1. 内政和安全部部长根据第 61 条提出的改进意见，根据第 64 条提出的纠正措施，依照第 65 条的规定提出纪律处分的建议，依照本法第 75 条规定征收行政罚款，由保护委员会审议决定。

2. 有关中央行政机关负责人可以在职权范围内披露第 1 款规定的事项。

3. 依照第 1 款、第 2 款和其他有关事项进行披露的方法、标准和程序，由总统令规定。

第 67 条　年度报告

1. 保护委员会每年应根据有关机构等提供的必要资料，就个人信息保护措施的制定和实施情况编写年度报告，并在全体会议召开前向国民大会提交（包括通过信息和通信网络传输）。

2. 第 1 款所指的年度报告应包括以下事项：

（1）侵犯数据主体权利及其补救措施的实施情况；

（2）有关数据处理情况的调查结果；

（3）个人信息保护政策措施实施情况及成果；

（4）与个人数据有关的海外立法及政策发展；

（5）关于处理居民登记号码的法令、总统令、国民大会条例、最高法院条例、宪法法院条例、全国选举委员会条例以及审计和检查委员会条例的颁布和修订情况；

（6）与个人信息保护政策措施有关的其他需要披露或者报告的事项。

第 68 条　授权与委托

1. 内政和安全部部长或有关中央行政机关负责人有权根据总统令的规定，将本法规定的权力部分或全部委托给特大都市市长、大都市市长、省长、特别自治省省长或总统令规定的专门机构。

2. 内政和安全部部长或有关中央行政机构负责人授权的机构，应将执行结果通知内政和安全部部长或有关中央行政机构负责人。

3. 内政和安全部部长根据第 1 款的规定委托专门机构的，可以向专门机构拨款以支付其履行委托所产生的费用。

第 69 条　适用刑法规定的官员的法律拟制

依照刑法第 129 条至第 132 条的规定，受内政和安全部部长或者有关中央行政机关负责人委托的有关机关的执行人员、工作人员，应视为公职人员。

第九章　处罚规定

第 70 条　处罚规定

有下列情形之一的，处 10 年以下有期徒刑或者 1 亿韩元以下罚金：

（1）改变、删除公共机构处理的个人信息，以干扰公共机构处理个人信息，致使公共机构工作中断、瘫痪或者导致其他严重后果的；

（2）以欺诈或其他不正当手段获取第三方处理的个人信息，并为牟利或不正当目的提供给其他第三方的，以及教唆或安排此种行为的。

第71条　处罚规定

有下列情形之一的，处5年以下有期徒刑、劳役或者5000万韩元以下罚金：

（1）违反第17条第1款第（1）项规定，未经数据主体同意而向第三者提供个人信息的，即使没有违反第17条第1款第（2）项规定；或者明知但仍接收个人数据的；

（2）违反第18条第1款至第2款、第19条、第26条第5款、第27条第3款规定使用个人信息或者向他人提供个人信息的，或者明知是为牟利或者不正当目的而仍接收个人信息的；

（3）违反第23条第1款规定处理敏感信息的；

（4）违反第24条第1款规定，处理足以识别个人身份的信息的；

（5）违反第59条第2项规定，在经营过程中，擅自泄露或者向第三人提供个人信息的，或者明知为牟利或者不正当目的而仍接收个人信息的；

（6）违反第59条第3项规定，损坏、毁损、更改、伪造或者泄露他人个人信息的。

第72条　处罚规定

有下列情形之一的，处3年以下有期徒刑、拘役或者3000万韩元以下罚金：

（1）违反第25条第5款规定，将视觉数据处理设备用于初始数据处理设备以外的其他目的，将视觉数据处理设备指向不同地点，或者使用录音功能的；

（2）违反第59条第1款规定，以欺诈或者其他不正当手段获取或者获得同意处理个人信息的，或者明知为牟利或者不正当目的而仍接收个人信息的；

（3）违反第60条规定，泄露执行职务时知悉的保密信息或者将该保密信息用于其他目的的。

第73条　处罚规定

有下列情形之一的，处2年以下有期徒刑、劳役或者处2000万韩元以下罚款：

1. 违反本法第 23 条第 2 款、第 24 条第 3 款、第 25 条第 6 款、第 29 条规定，未采取必要的安全防范措施，致使个人信息丢失、被盗、泄露、伪造、更改或损坏的；

2. 违反第 36 条第 2 款规定，未采取必要措施更正或者删除个人信息，并继续使用或者向第三人提供个人信息的；

3. 违反第 27 条第 2 款规定，未停止处理个人信息，继续使用或者向第三人提供个人信息的。

第 74 -1 条　联合罚则

1. 作为公司代表、代理人、雇员或者其他受雇人的公司或个人，存在本法第 70 条规定的违法行为的，除依法追究刑事责任外，应处以 7000 万韩元以下罚款。但是，在公司或者个人处理有关业务时，没有玩忽职守的不构成犯罪，不适用本条。

2. 作为公司代表、代理人、雇员或者其他受雇人的公司或个人，存在本法第 71 条至第 73 条规定的违法行为的，除依照本法第 71 条至第 73 条的规定处罚外，对其还应当依照相关规定处以罚金。但是，公司或者个人在处理有关业务时，没有玩忽职守的不构成犯罪，不适用本条。

第 74 -2 条　没收、附加征收

违反第 70 条至第 73 条规定取得的金钱、财物或者其他利益，可以没收；不能没收的，可以收缴其价款。在这种情况下，除其他处罚外，还可以征收罚款或者附加税。

第 75 条　行政罚款

1. 有下列情形之一的，处 5000 万韩元以下的行政罚款：

（1）违反第 15 条第 1 款规定，收集个人信息的；

（2）违反第 22 条第 6 款规定，未取得法定代表人同意的；

（3）违反第 25 条第 2 款规定，安装、操作视觉数据处理装置的。

2. 对下列人员处以不超过 3000 万韩元的行政罚款：

（1）违反第 15 条第 2 款、第 17 条第 2 款、第 18 条第 3 款或第 26 条第 3 款规定，未通知数据主体必要信息的；

（2）违反第 16 条第 3 款或第 22 条第 5 款拒绝向数据主体提供货物或服务的；

（3）违反第 20 条第 1 款、第 2 款，没有将第 20 条第 1 款、第 2 款所规定的事项通知数据主体的；

（4－1）违反第 21 条第 1 款规定，不销毁个人信息的；

（4－2）违反第 24 条第 2 款第 1 项规定，处理居民登记号码的；

（4－3）违反第 24 条第 2 款第 2 项规定，不采用加密技术的；

（5）违反第 24 条第 2 款第（3）项规定，未使用居民登记号码而不向数据主体提供其他登记方法的；

（6）违反第 23 条第 2 款、第 24 条第 3 款、第 25 条第 6 款、第 29 条规定，未采取必要的安全措施的；

（7－1）违反第 25 条第 1 款规定，安装、操作可视化数据处理设备的；

（7－2）违反第 32 条第 2 款第（6）项规定，未取得认证但以欺诈手段表明并推广认证的；

（8）违反第 34 条第 1 款规定，不将事实通知数据主体的；

（9）违反第 34 条第 3 款规定，不报告措施结果的；

（10）违反第 35 条第 3 款规定，限制或者拒绝访问个人信息的；

（11）违反第 36 条第 2 款规定，未采取必要措施更正或者删除个人信息的；

（12）违反第 37 条第 4 款规定，未采取销毁个人信息等必要措施的；

（13）违反第 64 条第 2 款规定，拒绝采取纠正措施的。

3. 对下列人员处以不超过 1000 万韩元的行政罚款：

（1）违反第 21 条第 3 款规定，不单独存储、管理个人信息的；

（2）违反第 22 条第 1 款至第 4 款规定，取得同意的；

（3）违反第 25 条第 4 款规定，未采取必要措施，包括张贴公告牌的；

（4）违反第 26 条第 1 款规定，外包工作未办理书面手续的；

（5）违反第 26 条第 2 款规定，不对外包工作和承包方进行披露的；

（6）违反第 27 条第 1 款、第 2 款规定，未通知数据主体其个人信息被转移的；

（7）违反第 30 条第 1 款、第 2 款规定，未建立或者披露隐私政策的；

（8）违反第 31 条第 1 款规定，未指定隐私专员的；

（9）违反第 35 条第 3 款、第 4 款，第 36 条第 2 款、第 4 款或第 37 条第 3 款规定，未将规定事项通知数据主体的；

（10）违反第 63 条第 1 款规定，拒绝提供货物、文件等材料或者提交虚假材料的；

（11）违反第 63 条第 2 款规定，拒绝、妨碍或逃避进入或检查。

4. 第 1 款至第 3 款规定的行政罚款，由内政和安全部部长及有关中央行政机关负责人依照总统令规定征收。有关中央行政机关负责人有权向其管辖范围内的数据控制者征收行政罚款。

第 76 条　行政罚款的特别豁免

依照第 34 -2 条规定应当缴纳罚款的行为，不得再按照第 75 条追加行政罚款。

附录（第 11690 号法案，2013 年 5 月 23 日）

第 1 条　生效日期

（1）本法自颁布之日起生效。

（2）省略。

第 2 条至第 7 条略去。

附录（第 11990 号法案，2013 年 8 月 6 日）

第 1 条　生效日期

本法自颁布之日起生效。

第 2 条　限制办理居民登记号的过渡性措施

（1）在本法生效时办理居民登记号码的人，应当在本法生效后两年内销毁所拥有的居民登记号；但任何属于修订后的第 24 条第 2 款第（1）项的情况则不应被销毁。

（2）第 1 款所述期限内未销毁居民登记号的，应当视为违反了第 24 条第 2 款第（1）项的修订规定。

附录（第 12504 号法案，2014 年 5 月 24 日）

本法自颁布之日起生效；但《个人信息保护法》（第 11990 号法案）第 24

条第2款和第75条第2款第（5）项的修正规定应自2016年1月1日起生效。

附录（第13423号法案，2015年7月24日）

第1条　生效日期

本法自颁布之日起生效；但经修订的第8条第1款，第8-2条，第9条，第11条第1款，第32-2条，第39条第3款、第4款，第39-2条，第40条和第75条第2款第（7-2）项的规定应发布之日起一年内生效，同时《个人信息保护法》（第12504号法案）第24-2条第2款和第75条第2款第（4-3）项的修订规定将于2016年1月1日起生效。

第2条　赔偿的适用性

第39条第3款、第4款和第39-2条的修订规定应适用于从第一次要求赔偿遭受丢失、被盗、泄露、更改或本法生效后的损坏。

第3条　关于个人信息保护证书的过渡措施

在本法生效前，从内政部部长处获得个人信息保护证书的任何人，应认定为符合经修订的第32-2条规定的已获得个人信息保护证书。

第4条　关于个人信息保护认证审查员资格的过渡性措施

在本法生效前，作为个人信息保护的认证审查人的任何人员，均应视为已符合本法规定的资格。

第5条　关于个人信息争议调解委员会成员任期的过渡措施

在本法生效前由内政部部长任命或委托的争议调解委员会成员应视为第40条修订规定的保护委员会争议调解委员会成员。

第6条　关于刑罚规定的过渡措施等

前一项规定适用于本法生效前所犯罪行的处罚规定或行政罚款。

附录（第14107号法案，2016年5月29日）

第1条　生效日期

本法自颁布之日起6个月后生效；但经修订的第24-2条第1款第（1）项和第67条第2款第（5）项的规定应在颁布之日1年后生效。

第2条　适用于个人信息主体以外的其他来源的通知

修订后的第20条第2款和第3款修正规定的适用应从该法生效后第一次从数据主体以外的人收集任何个人信息事实发生起。

第3条　关于隐私政策的过渡措施

（1）本法生效时根据原规定制定的隐私政策应视为根据第 30 条第 1 款的修订规定制定的隐私政策。

（2）任何个人数据控制者应在本法生效后 6 个月内修订第 1 款所述的隐私政策，以满足第 30 条第 1 款的修订目的。

附录（第 14765 号法案，2017 年 4 月 18 日）

本法自颁布之日起 6 个月后生效。

附录（第 14839 号法案，2017 年 7 月 26 日）

第1条　生效日期

本法自公布之日起生效。但在本法生效前颁布的对根据本附录第 5 条所作的任何修订，如尚未生效，则应自该法生效之日起生效。

第 2 条至第 6 条略去。

塞尔维亚

塞尔维亚数据保护法制概览

2008 年 10 月，塞尔维亚通过了《个人数据保护法》，虽然在内容上与欧盟 1995 年《个人数据保护指令》并不一致，对敏感数据的保护以及跨境数据传输方面的规定屡受诟病，但该法在长达 10 年的时间里仅做了两次细微修改，也未出台相应的实施细则。为了施行 2008 年《个人数据保护法》，塞尔维亚专门设立了执法机构——公共利益和个人数据保护信息专员（Commissioner，以下称为专员）。2018 年 5 月，欧盟《通用数据保护条例》（GDPR）的正式生效促使塞尔维亚立法者重新考虑修改本国的个人数据保护法。加之，大数据、云计算等新兴技术的应用，也要求法律必须进行相应的回应和修正。

2018 年 11 月 9 日，塞尔维亚国民议会通过了新的《个人数据保护法》，力求实现其本国的个人数据保护框架与欧盟《通用数据保护条例》相协调。事实上，新法的出台就是为了确保塞尔维亚的个人数据保护水平与其他欧盟成员国相同，这也是塞尔维亚加入欧盟的一项法定义务。

2018 年《个人数据保护法》共 10 章 102 条，涉及个人数据保护的一般规定、基本原则、数据主体的权利、控制者和处理者的义务、跨境数据传输、监管机构、救济及罚则、特殊情形的数据处理、法律责任和过渡性条款等。该法于 2018 年 11 月 21 日正式生效，并在 9 个月后正式施行，其他法律中涉及个人数据处理的条款应在 2020 年年底前根据该法做相应的修正和调整。从整体结构和内容上看，新法实质上就是 GDPR 的直接转换，两者呈现出高度一致性的特点。

第一，对个人数据的处理进行了明确规定，通常只有取得数据主体的"同意"才可以合法处理个人数据。这里，"同意"的界定也比2008年《个人数据保护法》更为宽泛。该法规定的"同意"，不仅包括书面形式，还涵盖了数据主体的肯定性行为。除了获得数据主体的"同意"之外，该法还规定了一些例外情形，如履行合同之必要、履行法定义务之必要或者为了保护公共利益、其他自然人或数据主体的重要利益等。需要注意的是，数据控制者或第三方的"合法利益"是首次引入该法。

第二，赋予数据主体广泛的数据权利。该法规定了数据主体的知情权、访问权、更正修改权、删除权、限制处理权、可携带权、反对权以及不受自动化处理决定权等权利，强化了数据主体对个人数据的控制，与GDPR的规定完全一致。

第三，引入数据影响评估机制。为了尽可能减少数据处理对数据主体可能造成的负面影响，新法借鉴GDPR引入了数据处理开始前的影响评估机制。对于以自动化方式处理个人数据（包括数据画像）以及处理特殊类型数据等情形，法律规定必须强制性进行数据影响评估。

第四，赋予专员一系列执法权限，确保法律条款得以真正落地。作为执法机构，专员被赋予了调查检查、调取相关信息、采取矫正措施、起草标准合同条款、批准涉及主管机构之间的数据传输合同、复核认证证书、发表咨询意见以及参与国际交流合同等职权。同时，该法明确了专员的法律地位，并提供相应的资金、场所及人员保障，以确保其能够独立地行使职权而不受其他机构或人员的不当干涉。

与GDPR不同，新法专门规定了主管当局为了特定目的采集和处理个人数据的相关条款及其例外情形，上述条款加起来数量超过40条。虽然在一定程度上确保了公权力机构数据处理活动的合法性，但也使得该法的适用更加复杂。主管当局基于特定目的处理数据的诸多例外条款的存在，也导致专员在执法阶段面临较大的不确定性。

此外，该法的一个重要进步是废除了数据收集的中央登记处。也就是说，未来的数据收集可以由数据控制者依照法律自行开展，而无须告知专员，也无须履行数据收集的登记义务。

但该法也遭到专员和部分行业代表的严厉批评，认为其条款的设计并未考虑到塞尔维亚本国法律制度的特点，也未对视频监控进行相应的法律规制，新法能否在塞尔维亚得到有效施行值得怀疑。总体而言，虽然该法并未达到理想状态，但确实为塞尔维亚提升国内个人数据保护的整体水平奠定了坚实的法律基础。

个人数据保护法

第一章 基本规定

第1条 主旨

本法制定了与个人数据处理和自由流通有关的自然人权利保护规则，数据处理的原则，数据主体的权利，个人数据控制者和处理者的义务，行为守则，个人数据传输给他国和国际组织，对本法实施情况的监督以及处理个人数据侵犯个人数据权利情况下采取的补救、责任和罚款等。

本法还规定了主管当局为实现调查、侦查和阻止刑事犯罪，起诉罪犯或实施刑事制裁（包括预防社会公共和国家安全威胁）目的而处理个人数据的保护规则，以及此类数据的自由流通规则。

第2条 目标

本法保护自然人的基本权利和自由，尤其是自然人保护其个人数据的权利。

其他有关处理个人数据的特别法之规定应当与本法一致。

第3条 适用范围

本法适用于完全或部分以自动化方式对个人数据的处理，以及作为数据收集的一部分或用于数据收集的个人数据的非自动处理。

本法不适用于为满足个人需要而进行的个人数据处理。

本法所涉及的个人数据处理地域范围应适用于其总部、住所或办事机构位于塞尔维亚共和国境内的运营商或处理者的数据处理活动，无论该处理是否在塞尔维亚共和国境内进行。

本法适用于对塞尔维亚共和国境内有住所的数据主体的个人数据处理，

即使控制者和处理者没有在塞尔维亚境内注册，其处理行为满足以下条件，也适用本法：

1）发生向塞尔维亚境内的数据主体提供商品或服务，无论此项商品或服务是否需要数据主体支付费用；或

2）对发生在塞尔维亚境内的数据主体的行为进行监测。

第4条 定义

本法中某些术语具有以下含义：

1）"个人数据"是指任何一个能够被直接或间接地识别或可识别的自然人的信息，尤其是诸如姓名、身份证号码、定位数据、在线身份标识符等，或者是该自然人的一个或多个关于物理、生理、基因、心理、经济、文化或社会身份的特征。

2）"数据主体"是指其个人数据被处理的自然人。

3）"处理个人数据"是指对个人数据或数据集合自动或非自动执行的任何一个或一系列操作，如收集、记录、分类、分组、组织、存储、渲染或修改、发表、评论、使用，通过传播披露、复制、散布或以其他方式提供、比较、限制、删除或销毁（以下称为处理）。

4）"处理限制"是指对已存储的个人数据进行标识，以限制未来这些数据被处理的行为。

5）"画像"是指为评估特定的个人情况，对个人数据进行任何自动化处理的方式，尤其是为了分析或预测个人的身体情况、经济状况、健康状况、个人偏好、兴趣、信用、习性、位置或行踪。

6）"匿名化"是一种使个人数据在不使用额外数据的情况下不指向特定数据主体的处理方式，该处理方式将其他额外数据单独存储，并采取技术、组织和人员措施以确保该个人数据无法指向一个特定或可识别的人。

7）"数据收集"是指依据特定标准，如集中式、分散式或按功能、地域分类的个人数据的结构化集合。

8）"控制者"是指能单独或联合决定个人数据的处理目的和方式的自然人或法人。定义处理目的和方式的法律还可以明确控制者或决定的具体标准。

9）"处理者"是指代表控制者处理个人数据的自然人、法人或其他

组织。

10)"接收者"是指接收到被传递的个人数据的主体，无论其是否为第三方。但是，根据法律接收个人数据的政府机构，以调查特定案件并依照该目的处理个人数据的，不视为"接收者"。

11)"第三方"是指数据主体、控制者、处理者以及控制者或处理者直接授权处理个人数据的人以外的自然人、法人或其他组织。

12)数据主体的"同意"是指数据主体依照其意愿作出的任何自愿的、具体的、知情的及明确的指示行为。通过声明或明确的肯定行为作出这种指示，意味着同意与其有关的个人数据被处理。

13)"个人数据泄露"是指违反个人数据的安全性要求，导致个人数据被意外或非法地破坏、损失、变更、未经授权披露、访问或以转移、存储等其他方式被处理。

14)"基因数据"是指与自然人的遗传或可获得的基因特征有关的个人数据，这些数据提供有关该个体的生理机能或健康状况的独特信息，并且上述数据往往来自生物样本的来源分析。

15)"生物识别数据"是指通过对个人的物理、生物或行为特征进行特定的技术处理而获得的个人数据，其能够证明该人的独特身份，如人脸图像或指纹识别数据。

16)"健康数据"是指与个人身体或精神健康信息相关的数据，包括能揭示其健康状况的健康服务所涉及的信息。

17)"代表"是指由控制者和处理者依照第44条指定的，代表控制者和处理者履行本法规定之义务，在塞尔维亚境内有处所或办事机构的自然人、法人。

18)"企业实体"是指从事经济活动的自然人或法人，无论其为何种组织形式，包括合伙企业或经常性参与经济活动的协会。

19)"跨国公司"是指一个商业实体的控股创始人、控股成员，分支机构的创始人，该分支机构是非在其总部所在地的国家或地区进行商业活动的经济实体，以及该商业实体的重要参与者；也指根据公司法，非在跨国公司所在地的国家或地区开展业务活动的分支机构的创始人。

20）"经济实体组织"是指根据法律规定产生特定联系的一组相关经济实体。

21）"约束性企业规则"是指住所或注册地在塞尔维亚境内的控制者和处理者建立的关于保护个人数据的内部规则，目的是为了规范在一个或多个国家的跨国公司或经济实体组织之间传输个人数据的行为。

22）"公共利益和个人数据保护信息专员"是依法设立的独立监督机构，负责监督本法的执行和履行本法规定的其他职责。

23）"信息社会服务"是指应接收者的要求通过电子方式提供信息的有偿服务。

24）"国际组织"是指受国际公法管辖的组织或机构，以及通过协议或国家间协议建立的其他机构。

25）"当局"是指国家机构、自治团体、地方自治单位、公共企业和其他公共服务机构、组织以及其他行使公权力的法人或自然人。

26）"主管当局"是指：

　　a）负责预防、调查和侦查刑事犯罪，以及起诉或实施刑事犯罪的机构，包括保护和预防社会公共与国家安全威胁的机构；

　　b）被法律授权执行上述 a）项所规定职责的法人。

第二章　　原则

第5条　数据处理原则

处理个人数据应：

1）对个人数据进行合法、公正和透明的处理（合法性、公平性和透明性）。合法处理是指依照本法或其他有关数据处理规则进行处理。

2）为特定、明确、合法的目的进行收集，并且不能以与上述目的相抵触的方式进行处理（目的限制）。

3）适当、相关以及以该个人数据处理目的必要性为限度进行处理（数据处理最小化）。

4）准确，并在必要时进行更新；考虑处理个人数据的目的，采取一切合理措施，毫不迟延地删除或纠正不准确的个人资料（准确性）。

5）个人数据须以容许数据主体被识别的形式，仅在不超过处理个人数据所需的必要时间内存储（存储限制）。

6）以充分保护个人数据的方式进行数据处理，包括防止以未经授权或非法的方式处理，以及通过采取适当的技术、组织和人员等措施防止个人数据意外丢失、破坏或损坏（完整性和机密性）。

控制者应对本条第 1 款的规定负责，并且能够落实到位（行动责任）。

第 6 条　为特定目的处理数据

如为公共利益、科学、历史研究或统计目的而进一步处理数据的，按照第 5 条第 1 款规定不应被视为不符合初始目的。

如果出于收集数据目的以外的目的进行处理，不是基于民主国家采用必要且符合比例原则的法律来保护本法第 40 条第 1 款所指向的目标，或是未经数据主体的同意处理数据，控制者有责任评估其处理目的是否与收集数据的处理目的一致，特别要考虑以下因素：

1）收集数据的目的与预期处理的其他目的之间是否存在关联；

2）收集数据的情况，包括控制者和数据主体之间的关系；

3）数据的性质，即是否属于本法第 17 条所指的特殊类型的个人数据或本法第 19 条所指的与刑事定罪和刑事犯罪有关的个人数据；

4）对数据主体进行进一步处理的可能后果；

5）采取适当的安全措施，如加密和匿名化。

本条之第 1 款、第 2 款不适用于主管当局为实现调查、侦查和防止刑事犯罪，起诉罪犯或实施刑事制裁（包括保护和预防社会公共与国家安全威胁）目的而处理个人数据的情形（以下称为用于特殊目的）。

第 7 条　主管当局为特定目的进行的数据处理

主管当局出于特定目的收集的个人数据不得用于收集数据目的以外的目的，除非法律要求而做进一步处理。

如果同时满足以下条件，则允许主管机关出于收集个人数据目的以外的特定目的进行处理：

1）根据法律，控制者被授权为其他目的处理此类个人数据；

2）根据法律，数据处理是必要的并与其目的相适应。

主管当局为特定目的而进行的处理可以包括出于公共利益的目的对个人数据进行归档，或者将其用于科学、统计或历史领域，但前提是要采取适当的技术、组织和人员措施来保护个人数据相关的权利和自由。

第8条　特殊情况下的存储，存储期以及对存储需求的审查

根据本条和第5条第1款第5）项，可允许存储处理的部分数据的情形仅限于为维护公共利益目的，科学、历史研究、统计目的；如果要长期保存这些数据，需要依据法律规定采取适当的技术、组织和人员措施以保护数据主体的权利和自由。

对于主管当局出于特定目的处理的个人数据，必须设置删除数据的时间限制，即定期评估存储需求的期限。

本条第1款和第2款所涉及的最后期限如果没有法律规定，则由相关部门确定。

根据本法规定的职权，专员监督本条第1款至第3款存储期限的执行情况。

第9条　区分不同类型的数据主体

如果主管当局出于特定目的处理个人数据，则主管当局应明确区分与特定类型数据主体有关的数据，如：

1）涉嫌或准备实施刑事犯罪的人；

2）有合理理由怀疑其犯有刑事罪行的人；

3）被裁定刑事犯罪的人；

4）刑事犯罪的被害人或者涉嫌刑事犯罪的被害人；

5）其他与刑事犯罪有关的人，如证人、可以提供有关刑事犯罪信息的人、相关人员或本条第1）款至第3）款所涉及主体之共犯。

第10条　区分不同类型的个人数据

如果主管当局出于特定目的处理个人数据，其有义务明确区分基于事实的个人数据与基于个人情况的个人数据。

第11条　主管当局基于特定目的评估个人数据质量和特定处理条件

主管当局和基于特定目的处理个人数据的机构都有义务采取合理措施，以确保不传输或不提供不准确、不完整以及过期的个人数据。

主管当局应在传输开始之前或提供此类数据之前，最大限度上验证个人数据的准确性、完整性和时效性。

当一个主管当局将个人数据传输至另一个主管当局时，应在最大限度上向其提供评估个人数据的准确性、完整性、时效性和/或可靠性程度所需的信息，并对有关数据更新的情况进行告知。

如果不正确的个人数据已经被传输，或者个人数据被非法传输，根据本法应毫不迟疑地通知接收数据的主管当局，更正或删除已传输的个人数据，或者限制其继续处理行为。

根据本法规定处理数据需要特殊条件的，则传输个人数据的主管当局有义务将这些特殊条件以及履行这些特殊条件的义务要求告知数据接收者。

第 12 条　处理的合法性

仅当满足以下条件之一时，个人数据处理视为合法：

1）数据主体同意基于一个或多个特定目的处理其个人数据；

2）处理是为了履行与数据主体订立合同之必要，或因数据主体在订立合同之前的请求而采取的措施；

3）处理是为履行控制者遵守法律义务之必要；

4）为了保护数据主体或其他自然人的切身利益，必须进行的处理；

5）处理是为了开展公共利益活动或履行控制者的法律义务之必需；

6）处理是实现控制者或第三方的合法利益之必要，除非该利益超过了需要保护个人数据的相关个人的利益或基本权利和自由，尤其当数据主体是未成年人的情形。

本条第 1 款第 6）项的规定不适用于主管当局履行其职责进行的处理。

本条第 1 款、第 2 款之规定不适用于主管当局基于特定目的进行的数据处理。

第 13 条　主管当局基于特定目的处理数据的合法性

主管当局基于特定目的处理数据，仅在执行其任务之必需且有法律规定时才合法。此类法律应明确规定处理目标、被处理的个人数据以及处理目的。

第 14 条　特殊情形下数据处理的合法性

本法第 12 条第 1 款第 3）项和第 5）项所涉及的数据处理应由法律明确

规定。

在本法第 12 条第 1 款第 3）项所述情况下，法律应明确规定数据处理目的。在本法第 12 条第 1 款第 5）项所述情况下，法律应明确规定为开展公共利益活动或履行控制者的法律义务所进行的数据处理的必要性。

本条第 1 款所涉及的法律应当规定所要实现的公共利益，以及遵守与预期目的相适应的数据处理之比例规则，规定控制者数据处理合法性的一般条件、所要处理的数据类型、数据主体、被披露的数据主体及其公开目的、与处理目的有关的限制、数据的存储期限以及其他特殊活动和处理程序，包括确保合法、公正和安全的措施。

第 15 条　同意

如果基于同意进行处理，则控制者必须能够证明该数据主体已同意处理其个人信息。

如果数据主体通过书面声明的方式对涉及的其他问题作出同意，则同意应当以易于理解和易于接受的方式，使用简洁明了的文字表达，并与其他事项做显著区分。书面声明中与本法相违背的部分不具有法律效力。

数据主体有权随时撤回同意，撤回同意不得影响撤回之前基于同意进行的合法的处理。必须在作出同意前告知数据主体撤回权以及撤回的效力。发出撤回同意应与作出同意同样便利。

当评估同意是否是自由作出时，应特别考虑合同的履行包括提供服务是否以授予同意为条件，而该同意并非执行合同所必需。

第 16 条　与信息社会服务使用有关的未成年人同意

年满 15 周岁的未成年人在使用信息服务时，可以独立作出处理其个人数据的同意。

对于未满 15 周岁的未成年人，必须获得父母的同意或未成年人的其他法定代理人的同意才能处理本条第 1 款所述之数据。

考虑到现有技术，数据控制者必须采取合理的措施以确定是否经过未成年人的父母或其法定代理人的同意或授权。

第 17 条　特殊类型的个人数据处理

禁止处理涉及种族或民族出身、政治见解、宗教、哲学信仰、工会会员的个人数据，以及仅识别自然人特征的基因数据、生物识别数据、健康信息、性生活或性取向信息。

但在以下情形下，允许处理本条第1款所述的个人数据：

1）数据主体基于一种或多种特定处理目的而对其个人数据处理给予明确同意，除非法律规定不得基于同意进行处理；

2）数据处理是控制者或数据主体在工作、社会保障以及社会保障法的范畴内履行义务、行使权利之必需，并且应当在法律认可下或者订立的集体协议的范围内实施，上述法律或协议规定了保护数据主体基本权利和自由及利益的实施措施；

3）数据处理是为了保护数据主体或其他自然人的切身利益之必要，当数据主体在物理上或法律上无法作出同意时；

4）数据处理是由基金会、工会性质的协会、组织或其他非营利组织出于政治、哲学、宗教或工会目的在采取适当保护措施的合法活动中实施的，并且处理仅与成员、前成员或与组织有定期联系的组织或个人相关，未经数据主体同意，个人数据不得在组织外部披露；

5）处理的个人数据，已经被数据主体公开提供；

6）数据处理是为提出行使或捍卫法律诉求或者法院司法权行使之必要；

7）数据处理是为实现法律规定的重大公共利益之必要，且该目标的实现与数据处理相适应，应尊重个人数据保护的基本权利，并提供适当、特定的措施来保护数据主体的基本权利和利益；

8）数据处理是依法律或与医疗专业人员的合同，为了预防医学和职业医学、评估雇员的工作能力、医学诊断、提供健康或社会护理服务、提供健康或社会管理等目的之必需；并且该数据处理应由法律或专业规则规定的负有保密义务的医疗专业人员、其他人员操作或在其监督下进行；

9）数据处理为公共卫生领域追求公共利益之必要，如抵制严重的跨境卫生威胁，确保卫生保健、药品或医疗器械高标准的质量和安全，应依据法律规定采取适当的、特定的措施来保障数据主体的权利与自由，尤其当涉及职业秘密的规定时；

10）根据本法第92条第1款规定，数据处理是基于公共利益、科学或历史研究以及统计目的所必需，且该目标的实现与数据处理相适应，同时应尊重数据保护的基本权利，并提供适当、特殊的措施来保护数据主体的基本权利和利益。

本条第 1 款和第 2 款不适用于主管当局为特定目的而进行的数据处理。

第 18 条　主管当局基于特定目的处理特定类型的个人数据

数据处理是主管当局基于特定目的而进行，该特定目的涉及种族或民族出身、政治见解、宗教或哲学信仰、工会会员信息，仅为识别自然人特征的基因数据、生物数据、健康状况、性生活或性取向数据等，仅在必要并采取适当措施保护数据主体的权利时，才允许对个人数据采取下列情况之一的处理：

1）主管当局依法被授权处理特定类型的个人数据；

2）进行特殊类型的个人数据处理是为了保护数据主体或其他自然人的切身利益；

3）数据处理所涉及的特殊类型的个人数据，已经被数据主体公开提供。

第 19 条　与刑事定罪和刑事犯罪有关的处理

与刑事定罪、刑事犯罪和安全措施有关的个人数据的处理应当在主管当局的监督下根据本法第 12 条第 1）款进行，或者该处理在法律授权的情况下，并采用适当的特定措施以保护数据主体的权利和自由。

刑事定罪记录应在主管当局监督下专门保存。

第 20 条　无须识别个人数据的处理

如果控制者处理数据不需要或者不再需要识别数据主体，该控制者就没有义务仅为了遵守本法目的而保存、获取或者处理额外的个人数据用以识别个人数据。

如有本条第 1 款所涉及的情形，控制者能够证明其不再识别数据主体，其有义务告知数据主体。

在前述情况下，本条第 1 款至第 2 款、第 26 条第 1 款至第 4 款、第 29 条、第 30 条第 1 款至第 5 款、第 31 条第 1 款至第 3 款、第 33 条第 1 款和第 2 款以及第 36 条第 1 款至第 4 款将不再适用，除非数据主体提供额外身份信息以使其能够行使在前述条款下的权利。

本条第 2 款和第 3 款不适用于主管当局为特定目的而进行数据处理的情形。

第三章　数据主体权利

第一节　透明度和行使权利方式

第 21 条　信息透明和数据主体行使权利的方式

控制者有义务采取适当措施,以一种简洁明了、易理解且易获取的方式并通过清楚明确的语言表达,向数据主体提供本法第 23 条和第 24 条所提及的全部信息,以及第 26 条、第 29 条至第 31 条、第 33 条和第 36 条至第 38 条所涉及的关于行使权利的相关信息,尤其是关于未成年人的信息。该信息应以书面或其他形式(若有必要,可以采用电子方式)提供。如果数据主体的身份能够得到确认,那么在其要求下也可以口头方式提供信息。

控制者应当根据本法第 26 条、第 29 条至第 31 条、第 33 条和第 36 条至第 38 条的规定帮助数据主体行使权利。在本法第 20 条第 2 款和第 3 款的情形下,控制者不能拒绝数据主体根据本法第 26 条、第 29 条至第 31 条、第 33 条和第 36 条至第 38 条行使其权利的要求,除非控制者指明其无法确认数据主体资格。

控制者应当自收到请求起不得超过 30 天提供根据本法第 26 条、第 29 条至第 31 条、第 33 条和第 36 条至第 38 条所涉及有关程序方面的信息。考虑到请求的复杂性和数量,必要时,这一期限可以再延长 60 天。控制者应当在接到请求之日起 30 天内告知数据主体延期的情形以及延期的原因。如果数据主体以电子方式提交请求,控制者也应以电子方式提供上述信息,除非数据主体对提供方式有特殊要求。

如果控制者没有根据数据主体的请求采取行动,应当自接到请求之日起 30 天内告知数据主体未采取行动的原因以及向专员提起申诉和向法院提起诉讼的权利。

控制者应当免费提供本法第 23 条和第 24 条所涉及的信息,以及第 26 条、第 29 条至第 31 条、第 33 条和第 36 条至第 38 条所涉及的行使权利的信息。如果数据主体提出的请求无法查明或超出了范围,尤其是重复提出同一请求的情形下，控制者也可以：

1）收取提供信息或根据请求采取行动的必要行政费用；

2）拒绝数据主体的请求。

控制者应当对无法查明或超出范围的主张承担证明责任。

在不排除适用本法第20条的前提下，控制者对数据主体依据本法第26条、第29条至第31条、第33条和第36条至第38条所提出的请求持有合理怀疑时，可以要求数据主体提供额外的必要信息来确认其身份。

根据本法第23条和第24条规定，控制者应当采用标准化的图标，以简洁、可视、易读的方式向数据主体提供信息。控制者必须确保以电子形式显示的标准化图标在电子设备上清晰可见。

专员应明确通过电子方式显示的标准化图标所代表的信息，并应确定识别它们的程序。

本条第1款至第9款不适用于主管当局为特定目的处理数据的情形。

第22条　主管当局出于特定目的处理数据时，信息和数据主体行使权利的方式

如果数据处理是主管当局出于特定目的进行的，其有义务采取合理措施，以一种简洁明了、易理解且易获取的方式并通过清楚明确的语言表达，向数据主体提供本法第25条所提及的全部信息以及第27条、第28条、第32条、第34条、第35条、第39条和第53条所涉及的关于行使权利的相关信息。上述信息应通过任何适当方式包括电子方式提供。通常情形下，控制者应当以数据主体请求的形式提供信息。

主管当局应当根据本法第27条、第28条、第32条、第34条、第35条、第39条的规定帮助数据主体行使权利。

主管当局有义务及时向数据主体提供根据其请求采取相应行动的信息。

主管当局应当免费提供本法第25条所涉及的信息以及第27条、第28条、第32条、第34条、第35条、第39条和第53条所涉及的采取相关行动的信息。如果数据主体提出的请求无法查明或超出范围，尤其是重复提出同一请求的情形下，主管当局也可以：

1）收取提供信息或根据请求采取行动的必要行政费用；

2）拒绝数据主体的请求。

主管当局应当对无法查明或超出范围的主张承担证明责任。

主管当局对数据主体依据本法第 27 条和第 32 条所提出的请求持有合理怀疑时，可以要求数据主体提供额外的必要信息来确认其身份。

第二节　信息和个人数据访问

第 23 条　向有关人员收集个人数据时应提供的信息

从有关人员处收集其个人数据时，控制者有义务向其提供以下信息：

1）控制者及其代表人（若指定）的身份和详细联系方式；

2）个人数据保护人员的详细联系方式（若指定）；

3）个人数据处理目的以及处理的法律依据；

4）当数据处理是依据本法第 12 条第 1 款第 6）项的规定进行的，应当说明控制者或者第三方所追求的法律利益；

5）如果可以，应当提供个人数据接收方或者一组接收方；

6）应当提供控制者可能将个人数据向他国或者国际组织进行传输的事实，以及该国或国际组织是否属于本法第 64 条第 7 款所列名录；一旦数据根据本法第 65 条、第 67 条或第 69 条第 2 款进行传输，应当提供所采取的保护个人数据的合理措施以及数据主体了解上述措施的方式。

除了本条第 1 款所述信息外，控制者还必须在收集个人数据时向数据主体提供以下必要的附加信息，以确保与该数据主体相关的处理过程公正和透明。

1）存储个人数据的期限，或者在无法提供存储期限的情形下存储期限的确定标准；

2）数据主体可向控制者主张对其个人数据访问、更正、删除、限制处理、反对以及可携带权；

3）根据本法第 12 条第 1 款第 1）项或第 17 条第 2 款第 1）项，主张随时撤回同意的权利，撤回同意不影响在撤回之前基于同意处理数据的有效性；

4）向专员提起申诉的权利；

5）提供个人数据是否为一项法律义务或合同义务，或是作为缔结合同的必要条件，以及数据主体是否有义务提供个人数据以及如果无法提供数据可能产生的后果；

6）自动化决策机制的情形下，本法第 38 条第 1 款和第 4 款所涉及的处理过程运用到的逻辑程序以及有关数据主体处理过程的重要意义和预期结果。

如果控制者基于收集个人数据时的其他目的希望进一步处理个人数据，应当在开始处理之前向数据主体提供与本条第 2 款有关的基本信息。

如果数据主体已经获得本条第 1 款、第 2 款、第 3 款所涉及的相关信息，控制者没有义务再提供上述信息。

本条第 1 款至第 4 款并不适用于主管当局出于特定目的处理数据。

第 24 条　非从数据主体处获取个人数据的情况下应提供的信息

如果未从数据主体处收集个人数据，控制者应当向数据主体提供以下信息：

1）控制者及其代表人（若指定）的身份和详细联系方式；

2）个人数据保护人员的详细联系方式（若指定）；

3）个人数据处理目的以及处理的法律依据；

4）所处理的个人数据类型；

5）个人数据的接收者或一组接收者（如果有）；

6）应当提供控制者可能将个人数据向他国或者国际组织进行传输的事实，以及该国或国际组织是否属于本法第 64 条第 7 款所列名录；一旦数据根据本法第 65 条、第 67 条或第 69 条第 2 款进行传输，还应提供所采取的保护个人数据的合理措施以及数据主体了解上述措施的方式。

除了本条第 1 款所述信息外，控制者还必须向数据主体提供以下必要的附加信息，以确保与该数据主体相关的处理过程公正和透明。

1）存储个人数据的期限，或者在无法提供存储期限的情形下存储期限的确定标准；

2）如果数据处理是依据本法第 12 条第 1 款第 6）项，控制者或第三方的合法利益；

3）数据主体可向控制者主张对其个人数据访问、更正、删除、限制处理、反对以及可携带权；

4）根据本法第 12 条第 1 款第 1）项或第 17 条第 2 款第 1）项，主张随时撤回同意的权利，撤回同意不影响在撤回之前基于同意处理数据的有效性；

5）向专员提起申诉的权利；

6）个人数据获取的来源以及在适当情况下数据是否通过公共方式获取；

7）自动化决策机制的情形下，本法第 38 条第 1 款和第 4 款所涉及的处理过程运用到的逻辑程序以及有关数据主体处理过程的重要意义和预期结果。

控制者应当根据本条第 1 款和第 2 款的规定提供以下信息：

1）收集个人数据之后在最迟不超过 30 天的合理期限内，提供涉及所有个人数据处理的特殊情形信息；

2）如果个人数据将要用于数据主体间的沟通，那么信息提供时间最迟不晚于第一次沟通时；

3）如果个人数据可能会披露给其他接收者，那么信息提供时间不晚于第一次披露时。

如果控制者基于收集个人数据时的其他目的希望进一步处理个人数据，应当在开始处理之前向数据主体提供与本条第 2 款有关的基本信息。

在以下情形下，控制者无须根据本条第 1 款至第 4 款向数据主体提供相关信息：

1）数据主体已经获得该信息。

2）提供此类信息是不可能的，或者将付出不成比例的时间和资源，特别是出于公共利益、科学或历史研究以及出于统计目的，如果根据本法第 92 条第 1 款的条件和保障措施，或者本条第 1 款所涉及的义务履行有可能阻碍或实质上阻碍处理目标的实现。在这种情况下，控制者有义务采取适当措施（包括公开披露信息）以保护数据主体的权利、自由和与之相关的合法利益。

3）根据法律规定收集或者披露个人数据，并采取适当措施以保护数据主体的合法利益。

4）必须按照法律规定的职业保密制度对个人数据保密。

本条第 1 款至第 5 款并不适用于主管当局为特定目的进行的数据处理。

第 25 条　主管当局出于特定目的处理数据时，向数据主体提供的信息

如果数据处理是基于主管当局的特殊目的，控制者应当向数据主体提供以下信息：

1）控制者的身份和联系方式；

2）个人数据保护人员的联系方式（如果有）；

3）预期处理的目的；

4）向专员提出申诉的权利和专员的联系信息；

5）向控制者请求访问、更正或删除其个人数据的权利，或者限制处理其个人数据的权利。

除了本条第1款所涉及的信息外，在某些情况下，控制者还有义务向数据主体提供以下附加信息，以帮助其行使权利：

1）数据处理的法律依据；

2）存储个人数据的期限，或者在无法提供存储期限的情形下存储期限的确定标准；

3）个人数据的接收者组（如果有），包括其他国家或国际组织中的接收者；

4）必要时的其他信息，尤其是在数据主体不知情的情况下收集了个人数据。

本条第2款所指信息在涉及某些类型的医学治疗时可以不提供，或者仅提供在程度和持续时间上与民主社会必要且相称的有限信息，以尊重个人的基本权利和合法利益，目的在于：

1）避免干扰政府或合法收集信息、调查或程序；

2）能够预防、调查和侦查刑事犯罪，起诉刑事犯罪嫌疑人或实施刑事制裁；

3）保护公共安全；

4）保护国家安全和国防；

5）保护他人的权利和自由。

法律可以明确本条第3款所涉及的全部或部分情形下数据处理类型。

第 26 条　数据主体的数据访问权

数据主体有权向控制者请求确认其个人数据是否正在被处理，访问此类数据和以下信息：

1）数据处理目的；

2）正在处理的个人数据的类型；

3）个人数据已经被披露或者将会被披露给的接收者或接收者的类别，尤其是接收者在其他国家或国际组织；

4）预计的个人数据存储期限；若无法提供时，确定存储截止日期的标准；

5）请求控制者更正、删除、限制处理或拒绝处理的权利；

6）向专员提起申诉的权利；

7）如果个人数据并非从数据主体处收集，关于数据来源的相关信息；

8）自动化决策机制的情形下，本法第38条第1款和第4款所涉及的处理过程运用到的逻辑程序以及有关数据主体处理过程的重要意义和预期结果。

如果个人数据被转移到其他国家或国际组织，则根据本法第65条数据主体有权被告知与数据转移有关的适当保护措施。

控制者有义务向数据主体提供其正在处理的个人数据副本。对于数据主体额外的副本请求，控制者可以要求收取必要费用。如果数据主体通过电子方式提出请求，除非数据主体另有要求，应当以常用的电子形式提供。

获取本条第3款所指副本的权利不会损害他人的权利和自由。

本条第1款至第4款并不适用于主管当局为特定目的进行的数据处理。

第 27 条　主管当局为特定目的处理数据的访问权

如果主管当局基于特定目的处理数据可能影响到数据主体的权利，数据主体有权向控制者确认其个人数据是否正在被处理，访问此类数据和以下信息：

1）处理目的和处理的法律依据；

2）正在处理的个人数据的类型；

3）个人数据已经被披露或者将会被披露给的接收者或接收者的类别，尤其是接收者在其他国家或国际组织；

4）预计的个人数据存储期限；若无法提供时，确定存储截止日期的标准；

5）请求控制者更正、删除、限制处理其个人数据的权利；

6）向专员提起申诉的权利以及专员的联系方式；

7）正在被处理的个人数据的信息以及有关其数据来源的相关信息。

第 28 条　对数据主体访问权的限制

本法第 27 条所涉及的访问权可以全部或部分地受到限制，在一个民主社会这种限制是必要的和适当的措施，以保障数据主体的基本权利和合法利益。上述限制访问的目的在于：

1）避免干扰官方的或合法的信息收集、调查或程序；

2）能够预防、调查和侦查刑事犯罪，起诉刑事犯罪嫌疑人或实施刑事制裁；

3）保护公共安全；

4）维护国家安全和国防；

5）保护他人的权利和自由。

法律可以明确本条第 1 款所涉及的全部或部分情形下数据处理类型。

控制者应以书面形式，在 15 天内告知数据主体拒绝或限制对其个人数据的访问及其原因。

如果拒绝或限制数据访问将危害其实现目的，则控制者有义务不适用本条第 3 款规定。

在本条第 4 款所述及的情形下，以及在申请者个人数据并未被处理的请求数据访问的程序中，控制者应在 15 天内以书面形式通知申请人，告知其并不存在法律规定的涉及其数据权利的个人数据，申请人可向专员申诉或诉至法院。

控制者应记录本条第 1 款所涉及的限制数据主体访问权的事实和法律依据，以便根据专员的要求向其提供上述信息。

第三节　更正、修改、删除、限制和转移权

第 29 条　更正和修改权

数据主体有权要求控制者及时更正其不准确的个人数据。考虑到处理目的，数据主体有权补充或完善其个人数据，包括提供补充声明。

第 30 条　删除权

数据主体有权要求控制者删除其个人数据。

有下列情形之一的，控制者有义务根据本条第 1 款及时删除个人数据：

1）对于收集或以其他方式处理个人数据的目的而言，该个人数据已不再必要。

2）数据主体根据本法第 12 条第 1 款第 1）项或第 17 条第 2 款第 1）项，撤回了处理同意，且没有其他有关数据处理的法律依据。

3）数据主体已根据以下条款提出数据处理投诉：a）根据本法第 37 条第 1 款，且没有其他可超越数据主体的合法利益、权利或自由的法律依据情况下；b）根据本法第 37 条第 2 款。

4）个人数据已被非法处理。

5）为了履行控制者的法律义务，必须删除个人数据。

6）收集本法第 16 条第 1 款所述关于信息社会服务的个人数据。

如果控制者已将个人数据公开，则其有义务根据本条第 1 款删除这些个人数据，控制者根据现有技术及其承担实施成本的能力，应当采取包括技术措施在内的合理步骤，以通知正在处理个人数据的其他处理者。数据控制者应当根据数据主体要求删除该个人数据的任何链接、副本或相关资料。

数据主体向控制者提交行使本条第 1 款所指删除权的请求。

当处理数据对于以下情形而言是必要时，本条第 1 款至第 3 款不应适用：

1）行使言论和信息自由；

2）遵守控制者的法律义务，或为了公共利益执行任务，或在行使被授予的官方权力时；

3）根据本法第 17 条第 2 款第 8）项和第 9）项，为了公共卫生领域的公共利益；

4）根据本法第 92 条第 1 款，为了公共利益、科学或历史研究或统计目的处理数据，而本条第 1 款和第 2 款可能会阻止或严重损害实现该目标的；

5）为了提出、行使或捍卫法律诉求。

本条第 1 款至第 5 款不适用于主管当局为特定目的进行的数据处理。

第 31 条　限制处理权

有下列情形之一的，数据主体有权限制控制者处理其个人数据：

1）数据主体对个人数据的准确性提出异议，允许控制者在一定期间内验证其个人数据的准确性；

2）该处理是非法的，并且数据主体反对删除该个人数据而要求限制使用；

3）控制者基于处理目的不再需要该个人数据，但数据主体为了提出、行使或捍卫法律诉求而需要该个人数据；

4）数据主体已根据本法第37条第1款对处理提出异议，并且正在评估控制者进行数据处理的法律依据是否优先于该数据主体的利益。

根据本条第1款对数据处理行为进行了限制，则只有在数据主体同意的情况下才能进一步处理此类数据，但出于存储此类数据，或者提出、行使或捍卫合法要求，保护其他自然人或法人的权利，以及为了重大公共利益的目的而进行的数据处理除外。

如果根据本条第1款数据主体对数据处理进行了限制，则控制者有义务在处理限制结束之前告知该数据主体。

本条第1款至第3款不适用于主管当局为特定目的进行的数据处理。

第32条　主管当局为特定目的处理数据时，数据主体的删除权或限制处理权

如果处理是基于主管当局的特定目的，数据主体有权要求控制者删除其数据，当数据处理违反本法第5条、第13条和第18条或者控制者因履行法定义务而必须删除个人数据的情况下，控制者应当及时删除数据。

有下列情形之一的，控制者应当限制处理，而不是删除个人数据：

1）数据主体对个人数据的准确性提出异议，无法确定其个人数据是否准确；

2）基于收集和提供证据的目的，必须保留个人数据。

如果根据本条第2款第1）项对数据处理进行了限制，则控制者有义务在处理限制解除之前告知数据主体有关终止限制的信息。

第33条　数据更正、删除以及限制处理的告知义务

除非被证明不可能完成或者包含过度的工作量，控制者应当将根据本法第29条、第30条和第31条第1款对个人数据进行的任何更正、删除或者处理限制，传达给已向其披露个人数据的接收者。

控制者有义务根据数据主体的要求告知其本条第 1 款所涉及的所有接收者信息。

本条第 1 款和第 2 款不适用于主管当局为特定目的进行的数据处理。

第 34 条　主管当局为特定目的，进行数据更正、删除以及限制处理的告知义务

如果处理是主管当局为特殊目的进行的，控制者有义务以书面形式将对个人数据进行的任何更正、删除或者处理限制行为以及理由告知数据主体。

基于以下目的，控制者可部分或全部免除本条第 1 款所述及的告知义务，采取在民主社会中必要和适当的限制措施，以保障数据主体的基本权利和合法利益。

1）避免干扰政府的或合法的信息收集、调查或程序；

2）能够预防、调查和侦查刑事犯罪，起诉刑事犯罪嫌疑人或实施刑事制裁；

3）保护公共安全；

4）维护国家安全和国防；

5）保护他人的权利和自由。

在本条第 1 款、第 2 款情况下，控制者有义务告知数据主体其可向专员提出申诉或向法院提起诉讼。

控制者应告知主管当局，其从主管当局获取的个人数据经过了更正。

如果个人数据根据本法第 29 条、第 32 条第 1 款和第 2 款进行了更正、删除或限制处理，则控制人应当告知此数据的接收者其更正、删除或限制处理的情形。

根据本条第 5 款，收到通知的数据接收者有义务更正、删除或限制处理该数据。

第 35 条　主管当局出于特定目的进行数据处理并由专员检查时，数据主体的权利

在本法第 25 条第 3 款、第 28 条第 3 款和第 4 款以及第 34 条第 2 款所指情况下，专员可以根据法律授权行使数据主体的权利。

控制者应当告知数据主体：在本条第 1 款所涉及的情形下，其可通过专员行使权利。

根据本条第 1 款，数据主体通过专员行使权利，则专员有义务告知该数据主体对其个人数据处理过程的确认和监督，及其可以向法院提起诉讼的权利。

第 36 条　数据可携带权

数据主体有权以结构化、普遍使用和电子可读的形式收到其先前提供给控制者的与其有关的个人数据，并且有权不受该控制者限制地将该数据提供给其他控制者，当满足以下全部条件时：

1）处理是根据本法第 12 条第 1 款第 1）项或第 17 条第 2 款第 1）项的同意，或基于本法第 12 条第 1 款第 2）项的合同；

2）处理采用自动化方式。

在技术可行的前提下，根据第 1 款行使其数据可携带权时，数据主体有权将个人数据直接从一个控制者传输给另一个控制者。

本条第 1 款所指权利的行使不影响本法第 30 条的适用。该权利的行使不适用于控制者为了公共利益或行使公权力时而必须进行的数据处理活动。

本条第 1 款所涉及的权利行使不应对他人的权利和自由产生不利影响。

本条第 1 款至第 4 款不适用于主管当局为特定目的进行的数据处理。

第四节　反对权和自动化决定权

第 37 条　反对权

数据主体有权就其所处的特定情况，在任何时候依据第 12 条第 1 款第 5）项和第 6）项向控制者提出关于其个人数据被处理的投诉，其中包括根据这些条款进行的分析。控制者有义务不得再处理该数据，除非控制者证明其有关数据处理的法律依据优先于数据主体的利益、权利和自由，或者是为了提出、行使或捍卫其合法要求。

数据主体有权在任何时候拒绝为了直接营销的目的而处理其个人数据，其中包括与直接营销有关的资料分析。

如果数据主体拒绝出于直接营销目的的数据处理，则个人数据不得为此目的而被进一步处理。

本条第 1 款和第 2 款所提及的权利应当最迟在与数据主体第一次沟通时以清楚明了的方式提请数据主体注意，并与其他信息做相应的区分。

在使用信息社会服务时，数据主体有权根据服务使用的技术规范以自动化方式行使反对权。

出于科学、历史研究或统计目的处理个人数据，则依照本法第 92 条规定，数据主体有权反对其个人数据的处理，除非该处理对于公共利益而言是必要的。

第 38 条　自动化决定和分析

当这种决定会对数据主体产生法律效果或类似重大影响的情况下，数据主体有权不受包括数据分析在内的完全基于自动化处理决定的限制。

下列情形之一的，本条第 1 款不适用：

1) 对于数据主体与控制者之间合同的订立和履行是必要的；

2) 根据法律作出的，且该法律规定了适当的措施来保护数据主体的权利、自由和合法利益；

3) 基于数据主体的明示同意。

在本条第 2 款第 1) 项和第 3) 项情况下，控制人应当采取适当措施保护数据主体的权利、自由和合法利益，至少确保数据主体享有在控制者控制下的人工干预的权利，以及表达其观点并对决定提出异议的权利。

本条第 2 款涉及的决定不应当依据本法第 17 条第 1 款所涉及的个人数据特殊类型，除非适用本法第 17 条第 2 款第 1) 项和第 5) 项规定以及提供适当的措施以维护数据主体的权利、自由和合法利益。

本条第 1 款至第 4 款不适用于主管当局出于特定目的进行的数据处理。

第 39 条　主管当局基于特定目的处理数据的自动化决定和分析

如果主管当局基于特定目的作出自动化决定和分析会对数据主体产生不利后果或显著影响数据主体的法律地位，则禁止主管当局基于特定目的进行自动化决定处理；除非决定是根据法律作出的，并且该法律规定了适当措施来保护数据主体的权利、自由和合法利益，以及至少确保数据主体享有在控制者控制下的人工干预的权利。

本条第 1 款所涉及的自动化决定不得针对本法第 18 条第 1 款规定的个人

数据特殊类型，除非已采取适当措施来保护数据主体的权利、自由和合法利益。

禁止利用数据分析歧视基于本法第 18 条第 1 款所涉及的个人数据特殊类型。

第五节　限　制

第 40 条　限制

可以通过立法措施限制本法第 21 条、第 23 条、第 24 条、第 26 条，第 29 条至第 31 条，第 33 条，第 36 条至第 39 条和第 53 条下的权利和义务范围，只要该限制符合本法第 5 条中与第 21 条、第 23 条、第 24 条、第 26 条，第 29 条至第 31 条，第 33 条，第 36 条至第 39 条权利义务相对应的规定，并且这种限制不影响基本权利和自由的本质，采取民主社会中必要且相应的措施，以维护：

1）国家安全；

2）防卫；

3）公共安全；

4）预防、调查、侦查刑事犯罪，起诉刑事犯罪嫌疑人或者实施刑事制裁，包括对公共安全威胁的防范和预防；

5）其他重要的一般公共利益，特别是塞尔维亚共和国的重要国家或财政利益，包括货币政策、预算、税收体系、公共卫生和社会保障等事项；

6）司法体制及司法程序的独立；

7）预防、调查、侦查和起诉违反职业道德的行为；

8）监督、检查或行使相关的监管职能，包括永久性或偶尔性行使本款第 1）项至第 5）项和第 7）项所涉及的公权力；

9）数据主体或他人的权利和自由；

10）民事请求权的行使。

在对本条第 1 款所涉及的权利和义务进行限制时，至少应酌情考虑以下情形：

1）处理目的或处理类型；

2）个人数据的类型；

3）限制的范围；

4）旨在防止滥用、未经授权使用或传输个人数据的保护措施；

5）控制者的特殊性，即控制者的类型；

6）考虑到处理的性质、程度、目的或类型，可适用的存储期限和个人数据保护措施；

7）数据主体权利和自由的风险；

8）数据主体的知情权，除非上述信息将不利于实现限制的目的。

本条第1款和第2款也适用于主管当局为特定目的进行的数据处理。

第四章　控制者和处理者

第一节　一般义务

第 41 条　控制者的义务

考虑到处理的性质、范围、内容和目的以及给个人的权利和自由所带来的发生风险的可能性和风险程度，控制者有义务采取适当的技术、组织和人员措施，以确保并能够证明处理活动是依照本法进行的。

必要时，应审查和更新本条第1款所指的措施。

在数据处理活动相称方面，本条第1款所指的措施应包括由控制者实施的适当的内部数据保护行为。

控制者可以根据本法第59条所述的行为准则或本法第61条所述的认证机制，表明其已遵守了本条第1款所述的控制者义务。

本条第4款规定不适用于主管当局为特定目的进行的数据处理。

第 42 条　保护措施

考虑到技术现状，应用成本，处理的性质、范围、内容和目的，由于处理而产生风险的可能性以及处理对个人权利和自由带来的不同程度的影响，控制者在确定处理手段并进行处理时，应：

1）实施适当的技术性、组织性和人员措施，如匿名化，旨在确保有效实施个人数据保护原则（如数据最小化原则）；

2）确保在处理过程中采取必要的保护措施，以符合本法规定的处理条件，并保护数据主体的权利和自由。

控制者有责任通过应用适当的技术、组织和人员措施，仅处理实现每个特定处理目的所需的个人数据。该义务适用于收集到的数据数量、处理范围、存储期限和可访问性。

本条第 2 款所指的措施，应确保在没有人工干预下，无限数量的自然人不可访问数据。

控制者可以根据本法第 61 条所述的认证机制，来表明本条第 1 款至第 3 款规定的义务。

本条第 4 款规定不适用于主管部门为特定目的进行数据处理。

第 43 条　联合控制者

如果两个或多个控制者共同确定处理的目的和手段，则将他们视为联合控制者。

本条第 1 款所指的联合控制者应以明确的方式确定其各自遵守本法规定的义务和责任，尤其是涉及行使数据主体的权利和本法第 23 条至第 25 条提及的履行他们提供信息的义务。

本条第 2 款所指的责任应由联合控制者之间的协议作出安排，除非该责任由适用于控制人的法律做了规定。

本条第 3 款所述的协议中必须指定与数据主体联系的人员，并规范每个联合控制者与数据主体之间的关系。

本条第 3 款所指的协议的实质内容，数据主体必须可以访问。

本条第 4 款和第 5 款不适用于主管当局为特定目的进行的数据处理。

无论是否涉及本条第 3 款所述的协议条款，数据主体都可以针对每个控制者行使本法规定的权利。

第 44 条　未在塞尔维亚共和国设立控制者或处理者代表

在本法第 3 条第 4 款所述情形下，控制者或处理者应当以书面形式指定其在塞尔维亚共和国的代表，除非：

1）偶然发生的数据处理，且在很大程度上不涉及本法第 17 条第 1 款所指的特殊数据或本法第 19 条所指的与刑事定罪和刑事犯罪有关的个人数据处理，同时考虑到处理的性质、内容、范围和目的，这种处理不太可能对自然人的权利和自由产生风险。

2）主管当局。

控制者或处理者应授权的本条第 1 款所指的代表包括除控制者或处理者之外，数据主体、专员或其他与个人数据处理有关的主体，以确保遵守本法的规定。

无论是否根据本条第 1 款指定了代表，均可向控制者或处理者提起根据本法提出的投诉、诉讼和其他法律主张。

第 45 条　处理者

如果处理者是代表控制者进行的，则控制者应仅能委托对适当的技术、组织和人员措施提供充分保证的处理者，以确保处理符合本法规定，并保护数据主体的权利。

本条第 1 款所指的处理者只有在得到控制者一般或特殊书面授权的情况下，才可以委托另一处理者。如果基于一般授权执行处理，则处理者有义务通知控制者任何有关增加或替换其他控制者的变化情况，以使控制者能够有机会反对这样的变化。

处理者的处理活动必须受到合同或其他具有法律约束力的行为约束，该合同可以书面形式或通过电子形式签署，通过控制者约束处理者，来管理处理的主旨和期限、性质和目的、个人数据的类别、数据主体的分类和控制者的权利义务。

本条第 3 款所指的合同或其他具有法律约束力的行为规定，处理者有义务：

1）处理个人数据只能基于控制者的书面指示，包括将有关个人数据向其他国家或国际组织转移，除非处理者负有处理个人数据的法定义务。在这种情况下，处理者在处理之前应告知控制者有关法律义务，除非法律基于保护重大公共利益而禁止提供这样的信息。

2）确保经授权处理个人数据的自然人已承诺对数据保密，或者该主体负有数据保密的法律义务。

3）根据本法第 50 条规定采取所有措施。

4）遵守本条第 2 款和第 7 款所述转委托其他处理者的条件。

5）考虑到处理的性质，采用适当的技术、组织和人员措施协助控制者，使得控制者能够根据本法第三章规定的数据主体行使权利的请求而履行义务。

6）考虑到处理的性质和处理者可获得的信息，协助控制者履行本法第50条和第52条至第55条规定的义务。

7）完成合同规定的处理操作后，并基于控制者的决定，删除或退回所有个人数据并删除该数据的所有副本，除非法律规定有义务保留这些数据。

8）向控制者提供证明处理者履行本条规定的义务所需的所有必要信息，以及处理者或其授权的其他人执行的有助于处理者工作的信息。

在本条第4款第8）项所述的情况下，如果处理者认为控制者收到的书面指示不符合本法或其他有关个人数据保护的法律，则处理者有义务立即向控制者发出警报。

如果处理是主管当局出于特殊目的实施的，根据本条第3款所指的合同或其他具有法律约束力的行为，处理者必须：

1）仅在控制者的指导下处理个人数据；

2）确保被授权处理数据的人有义务维护数据的保密性，或者该人负有数据保密的法律义务；

3）适当地协助控制者为能够根据本法第三章规定的数据主体行使权利的请求而履行义务；

4）完成合同规定的处理操作后，并基于控制者的决定，删除或退回所有个人数据并删除该数据的所有副本，除非法律规定有义务保留这些数据；

5）向控制者提供证明处理者履行本条规定的义务所需的所有必要信息；

6）如果将处理委托给另一个处理者，则必须确保符合本条第2款、第3款和第6款的条件。

如果处理者指定委托其他处理者代表控制者执行特定处理活动，则本条第3款和第4款所述的控制者和处理者之间的合同或其他具有法律约束力的行为规定的数据保护义务，应通过特殊合同或其他具有法律约束力的行为，以文字或电子形式，特别是通过实施适当的技术、组织和人员措施提供充分保证，以确保遵循本法进行处理。如果其他处理者未能履行其有关个人数据保护的义务，原处理者应就其他处理者义务的履行对控制者承担责任。

如果处理者处理个人数据的目的和方式违反了本法规定，则该处理者被视为与该处理有关的控制者。

处理者对于本法第 59 条所述的行为准则，或本法第 61 条所述经批准的认证机制的适用，可以被用作处理者履行本条第 1 款和第 7 款所述的充分保证义务的证明。

本条第 3 款和第 7 款所述及的控制者与处理者之间的法律关系，可以全部或部分基于本条第 11 款所指的标准合同，包括那些依据本法第 61 条和第 62 条授权给控制者和处理者的认证。

专员可以起草本条第 3 款和第 7 款规定的涉及标准合同条款的义务，在起草标准合同条款时尤其应考虑欧盟的做法。

本条第 4 款、第 5 款、第 7 款和第 9 款至第 11 款不适用于主管当局为特定目的进行的数据处理。

第 46 条　受指示的数据处理

处理者或其他得到控制者或处理者的授权访问个人数据的人，不能未经控制者指示处理该数据，除非处理是有法律明确规定的。

第 47 条　处理活动记录

控制者以及控制者的代表（如果指定的话），应当根据其职责保存数据处理活动的记录，包括以下信息：

1）控制者与联合控制者、控制者代表和数据保护人员（如果有，或者被指定）的姓名和联系方式；

2）处理目的；

3）数据主体的类型和个人数据的类型；

4）已经或将要被披露的个人数据接收人的类型，包括在其他国家或国际组织中的接收人；

5）将个人数据传输到其他国家或国际组织，包括该国家或国际组织的名称，以及根据本法第 69 条第 2 款传输此类数据时采取有关保护措施的文件；

6）删除某些类型的个人数据的期限（如果该期限是固定的）；

7）尽可能描述本法第 50 条第 1 款所指的保护措施。

如果主管当局为特定目的进行处理，则不适用本条第 1 款的规定。

如果处理是由主管当局出于特定目的进行的，则控制者应当依照其职责保留所有类型的处理操作记录，包括以下信息：

1）控制者与联合控制者、数据保护人员（如果有，或者被指定）的姓名和联系方式；

2）处理目的；

3）数据主体的类型和个人数据的类型；

4）已经或将要被披露的个人数据接收人的类型，包括在其他国家或国际组织中的接收人；

5）如果使用数字画像的话，则数字画像的使用信息；

6）如果向其他国家或国际组织传输个人数据，则所传输的个人数据的类型；

7）处理程序的法律依据，包括个人数据的传输；

8）如果设置了删除某些类型的个人数据的截止日期，则截止日期的信息；

9）尽可能描述本法第 50 条第 1 款所指的保护措施。

处理者以及其代表（如果指定的话）应当保存代表控制者进行的所有类型的处理活动记录，包括以下信息：

1）每个处理者和处理行为所代表的控制者，该控制者或处理者的代表以及个人数据保护人员（如果有，或被指定）的姓名和联系方式；

2）代表每个控制者执行数据处理活动的类型；

3）将个人数据传输到其他国家或国际组织，包括该国家或国际组织的名称，以及根据本法第 69 条第 2 款传输此类数据时采取有关保护措施的文件；

4）尽可能描述本法第 50 条第 1 款所指的保护措施。

如果主管当局为特定目的进行的数据处理，则本条第 4 款的规定将不适用。

如果处理是主管当局出于特定目的进行的，则每个处理者均应保留代表控制者进行的所有类型的处理活动记录，包括以下信息：

1）每个处理者和处理行为所代表的控制者，以及个人数据保护人员（如果被指定的话）的姓名和联系方式；

2）代表控制者执行数据处理活动的类型；

3）基于控制者的明确要求，将个人数据传输到其他国家或国际组织，包括该国家或国际组织的名称；

4）尽可能描述本法第 50 条第 1 款所指的保护措施。

本条第 1 款、第 3 款、第 4 款、第 6 款应以书面形式（包括电子形式）保存，并应永久保存。

控制者或处理者及其代表（如果被指定的话）应当保存本条第 1 款、第 3 款、第 4 款、第 6 款的记录，并应专员要求向其提供。

本条第 1 款和第 4 款不适用于员工规模少于 250 人的经济实体和组织，除非：

1）数据处理可能会给数据主体的权利和自由带来高风险；

2）处理不是偶然发生的；

3）处理涉及本法第 17 条第 1 款所指的特殊类型的个人数据，或本法第 19 条所指的与刑事定罪、刑事犯罪和安全措施有关的个人数据。

第 48 条　主管当局为特定目的进行处理活动的记录

主管当局为特定目的进行数据处理的，应确保使用自动处理系统时，至少记录以下处理活动：输入、修改、分析、检测，包括传输、比较和删除。

对个人数据进行分析和披露的记录必须能够确定处理活动的原因，所采取的处理操作的日期和时间，以及在可能的情况下进行检查或披露个人数据的人员的身份以及该数据接收者的身份。

本条第 1 款所指的记录只能用于评估处理的合法性、内部控制、确保数据的完整性和安全性以及提起和执行刑事诉讼。

根据本条第 1 款所述创建的记录，应在专员提出要求时为其提供。

第 49 条　与专员的合作

控制者、处理者及其代表（如果指定的话），在执行其事务过程中应与专员进行合作。

第二节　个人数据安全

第 50 条　处理活动的安全

根据技术进步水平及其实施成本，处理的性质、范围、情况、目的、发生风险的可能性以及对个人权利和自由的风险，控制者和处理者应当采取适当的技术、组织和人员措施，以保证合理应对风险的安全水平。

在适当的情况下，本条第 1 款所指的措施应特别包括：

1）个人数据的匿名化和加密；

2）确保处理系统和服务的持续保密性、完整性、可用性以及可恢复性；

3）在发生物理或技术故障时，确保尽快重新获得和访问个人数据；

4）对技术、组织和人员安全措施的有效性进行定期测试、访问和评估，以确保处理过程的安全性。

在评估本条第 1 款所指的适当安全级别时，应特别考虑处理的风险，尤其是意外或非法破坏、丢失、更改、未经授权的披露或以其他方式传输、存储或处理个人数据的风险。

本法第 59 条所指的行为守则或本法第 61 条所指的认证机制，可以被用来证明本条第 1 款要求的合规性。

控制者以及处理者应当采取措施，确保由控制者及处理者授权访问个人数据的任何自然人，仅在控制者指示或在法律的要求下处理此数据。

本条第 1 款至第 5 款不适用于主管当局为特定目的进行的数据处理。

第 51 条　主管当局为特定目的进行数据处理的安全性

如果处理是主管当局出于特定目的进行的，根据技术进步水平及其实施成本，处理的性质、范围、情况、目的、发生风险的可能性以及对个人权利和自由的风险，控制者和处理者应采取适当的技术、组织和人员措施，以保证合理应对风险的安全水平，特别是处理本法第 18 条所指的特定类型的个人数据的情况下。

根据风险评估，控制者或处理者应当在自动处理过程中采取本条第 1 款所指的适当措施，以确保：

1）拒绝未经授权的人员访问用于数据处理的设备（设备的访问控制）；

2）防止未经授权读取、复制、更改或删除数据介质（介质控制）；

3）防止未经授权输入个人数据，以及防止未经授权修改、删除和控制所存储的个人数据（存储控制）；

4）防止未经授权的人通过数据传输设备使用自动处理系统（使用控

制);

5）确保被授权使用自动处理系统的人只能访问其授权访问的个人数据（数据访问控制）;

6）可以使用数据传输设备（传输控制）检查或确定个人数据已被传输给谁;

7）可以检查，即确定哪些个人数据已被哪个主体以及何时输入到自动处理系统中（进入控制）;

8）防止在个人数据的传输或数据载体的传输过程中未经授权地读取、复制、更改或删除个人数据（传输控制）;

9）在操作中断的情况下重新安装已安装的系统（系统更新）;

10）确保系统正常运行，以及准确报告（可靠性）系统故障，并且由于系统故障而不会损害存储的个人数据（完整性）。

第 52 条　向专员告知个人数据泄露

控制者在发现违法行为的 72 小时内，应当毫不迟延地通知专员违法行为可能对自然人的权利和自由造成的风险。

如果控制者在发现损害后 72 小时内未采取行动，则应当解释在此期间内未采取行动的原因。

在发现个人数据的违法行为后，处理者应当立即告知控制者。

本条第 1 款所指的告知，必须至少包含以下信息：

1）对于所泄露个人数据的性质的描述，包括所涉及的数据主体以及个人数据的类型和大致数量;

2）数据保护人员的姓名和联系方式，或者以其他方式获得损害信息的信息;

3）描述个人数据损害的可能情况;

4）描述控制者针对损害所采取的或者计划采取的措施，包括所采取的减轻负面影响的措施。

如果不能同时提交本条第 4 款提及的所有信息，则控制者应当毫不迟延地逐步提交相关信息。

控制者应当记录任何个人数据泄露情况，包括与个人数据泄露有关的事实、影响和采取的补救性措施。

本条第6款所指的记录必须使专员能够确定控制者是否遵守了本条之规定。

如果主管当局出于特殊目的处理个人数据出现了泄露情形，并将其传输至另一个国家或国际组织的控制者，则控制者应当毫不迟延地根据国际协定向该另一个国家或国际组织的控制者提供本条第4款所指的信息。

专员应规定本条第1款所指的告知形式，并详细规定告知方式。

第53条　向数据主体通知个人数据泄露

如果个人数据泄露对自然人的权利和自由造成高风险，则控制者应当毫不迟延地将数据泄露情形通知数据主体。

在本条第1款所指的通知中，控制者应当以清晰易懂的方式描述数据泄露的性质，并至少提供本法第52条第4款第2）项至第4）项所指的信息。

在下列情况下，控制者无须进行本条第1款所指的通知：

1）采取适当的技术、组织和人员保护措施，而且此类措施已经被应用于受到数据泄露影响的个人数据之中，尤其是采取了加密或其他措施防止那些未经授权的人访问这些数据；

2）之后采取措施确保数据主体的权利和自由受到高风险侵犯的情形不会再对数据主体产生负面影响；

3）如果通知数据主体会耗费大量时间和资源，则控制者应当向数据主体提供公共告知或其他类似有效方式。

如果控制者未通知数据主体个人数据泄露情形，考虑到数据泄露造成高风险的可能性，专员可以命令控制者通知数据主体或确定满足本条第3款所述的条件。

主管当局出于特殊目的处理个人数据的情况下，控制者可以根据本法第25条第3款规定的条件和理由，延迟或限制对数据主体的通知。

第三节　个人数据保护影响评估和专员的事先意见

第54条　个人数据保护的影响评估

如果某种类型的处理方式（尤其是使用新技术并考虑到处理的性质、范围、内容和目的）可能对个人的权利和自由造成高风险，则控制者应当在开始处理之前对所设想的处理操作的影响进行评估从而保护个人数据。

如果多个类似的处理活动可能对个人数据的保护造成类似的高风险，则可以进行联合评估。

在评估影响时，如果指定了数据保护官，则要求控制者征询数据保护官的意见。

在下列情况下，必须执行本条第 1 款所指的影响评估：

1）通过自动化处理个人数据（包括以数据画像方式）对自然人的状况和特征进行系统和全面的评估，在此基础上作出对个人法律地位产生相关或类似重大影响的决策；

2）大规模处理本法第 17 条第 1 款和第 18 条第 1 款所指的特殊类型的个人数据，或与本法第 19 条所指的刑事定罪和刑事犯罪有关的个人数据；

3）对公共区域进行大规模的系统监测。

专员应当在其网站上制作和发布必须进行本条第 1 款所指的影响评估的各类处理操作清单，同时可以制定和发布不需要进行评估的处理操作清单。

影响评估至少应包括：

1）对预期的处理操作和处理目的进行全面描述，包括对控制者合法利益的描述；

2）评估执行与处理目的相关的处理操作的必要性和适当性；

3）评估本条第 1 款所涉及的数据主体的权利和自由风险；

4）对有关风险应采取防范措施的描述，包括考虑到有关数据主体的权利和合法利益，为保护个人数据并提供证明符合本法规定的保护机制以及技术、组织和人员措施等。

本条第 6 款不适用于主管当局为特定目的进行处理的影响评估。

主管当局为特定目的进行处理的影响评估，必须至少包括对预期处理操作的全面描述、对数据主体权利和自由的评估、对与风险相关的须采取的措施的描述（包括保障措施）以及考虑到数据主体和其他人的权利和合法利益、以保护个人数据并提供符合本法规定证明的技术、组织和人员措施。

在评估处理操作对个人数据保护的影响时，必须考虑控制者或处理者对本法第 59 条所指的行为守则的适用情况。

本条第 9 款不适用于主管当局为特定目的进行的处理。

如果合适的话，在不影响对商业、公共利益的保护或处理操作安全性的情形下，控制者可以要求数据主体或其代表对其准备执行的处理操作发表意见。

如果某一单独的法律规定了具体的处理活动或系列处理操作，并且处理是按照本法第 12 条第 1 款第 3）项或第 5）项进行的，并且，在采用该法律依据的情况下，数据保护影响评估已经作为总体影响评估的一部分得以执行，除非确定有必要进行新的评估，否则本条第 1 款至第 9 款不适用。

必要时，控制者应至少在处理操作导致的风险发生改变时进行审核，以确定处理是否根据数据保护影响评估结果进行。

第 55 条 专员的事先意见

本法第 54 条对个人数据保护的影响评估表明，如果不采取措施降低风险，则预期的处理操作将产生高风险，那么控制者应当在开始处理操作之前征求专员的意见。

本条第 1 款不适用于主管当局为特定目的进行的处理。

如果处理是主管当局出于特定目的进行的，则控制者或处理者应当在开始处理操作之前征求专员的意见，这将导致在以下情况下进行新的数据采集活动：

1）本法第 54 条对个人数据保护的影响评估表明，如果不采取降低风险措施，则预期的处理操作将产生高风险；

2）处理的类型，尤其是使用新技术、保护措施或程序，会对数据主体的权利和自由构成高风险。

如果专员认为根据本条第 1 款和第 3 款进行的预期处理操作可能违反本法规定，尤其是如果控制者没有充分评估或降低风险，专员应当在收到请求之日起 60 天内向控制者或处理者提交书面意见或者在必要时行使本法第 79 条规定之权力。

考虑到预期处理操作的复杂性，本条第 4 款所指的期限可延长 45 天；如果提交了请求，则专员应当在收到请求后 30 天内将延期情况和理由通知控制者或处理者。

截止日期自根据本法第 4 条和第 5 条专员获得其提供意见所需的所有信

息开始计算。

除了向专员提出征询意见的请求外，控制者还必须向专员提供以下信息：

1）控制者、联合控制者和处理者的职责，尤其是处理过程涉及经济实体组织；

2）预期处理的目的和方法；

3）根据本法规定保护数据主体权利和自由的技术、组织和人员措施以及保障机制；

4）数据保护官的联系方式（如果被指定的话）；

5）本法第54条所述对个人数据保护的影响评估；

6）专员要求提供的任何其他信息。

本条第7款不适用于主管当局为特定目的进行的处理。

如果处理是主管当局出于特殊目的进行的，则本条第3款所指的控制者应当向专员提供本法第54条所述的对个人数据保护的影响进行评估的数据，并应专员的要求，向其提供数据主体关于处理的意见，尤其是涉及数据主体的个人数据保护风险及其权利保护的机制。

专员可以汇编并在其网站上公开必须征求其意见的处理活动类型清单。

主管部门在通过涉及个人数据处理的立法提案或其他管理规范时，应在起草阶段就征求专员的意见。

第四节 数据保护官

第56条 任命

控制者和处理者可以指定数据保护官以保护个人数据。

在下列情况下，控制者和处理者应当指定一名数据保护官：

1）除了法院行使司法权力而进行的处理以外，公权力部门实施的处理；

2）基于控制者或者处理者数据处理机制核心活动的性质、范围和目的，需要对大规模数据主体进行定期和系统化监控；

3）控制者或者处理者的核心活动包括处理本法第17条第1款所述的特殊类型的个人数据，或本法第19条所述的与刑事定罪和刑事犯罪有关的个人数据。

本条第 1 款和第 2 款不适用于主管当局为特定目的进行的数据处理。

如果处理是由主管当局出于特殊目的进行的，则控制者应当指定一人负责个人数据保护，除非该处理是法院为行使其司法权力而进行的处理。

企业集团可以指定一个联合数据保护官来保护个人数据，且每个企业成员都可以联系到该人员。

如果控制者或者处理者是公权力部门或主管当局，则可以根据这些部门的组织结构和规模来指定联合数据保护官。

单行法规可规定控制者、处理者或代表他们的协会必须指定一人作为数据保护官。

个人数据保护的依据是他/她的专业资格，尤其是他/她在个人数据保护领域的专业知识和经验，以及他/她履行本法第 58 条所述义务的能力。

个人数据保护官可以由控制者或处理者委任，或者可以执行基于合同的工作。

控制者或者处理者应当公布数据保护官的联系方式，并且将上述信息提交给专员。

专员保留数据保护官的记录，包括数据保护人员的姓名和联系方式，以及控制者或处理者的姓名和联系方式等信息。

专员应规定本条第 11 款所指的记录表格，并规范保存方式。

第 57 条　数据保护官的地位

在所有与个人数据处理有关的活动中，控制者和处理者应当保证数据保护人员能够以及时、适当的方式参与。

控制者和处理者应当通过提供执行职务所需的必要资源、访问个人数据和处理操作的必要方式以及个人专业知识培训，对数据保护官履行本法第 58 条所规定的义务予以支持。

控制者和处理者应当确保数据保护官在履行职责时的独立性，以保护个人数据。

控制者或处理者不得因数据保护官履行本法第 58 条规定的义务而对其实施惩罚，或者终止其雇佣关系或与其订立的合同。

为了履行本法第 58 条规定的义务，数据保护官直接向控制者或处理者的最高管理者负责。

数据主体可以就与处理其个人数据有关的所有事宜以及在行使本法规定的权利等方面与数据保护官联系。

数据保护官应当履行保密义务，即对于履行本法第58条规定的义务时所获取信息的保密。

数据保护官可能执行其他任务并履行其他职责，控制者或处理者应当确保其他任务和义务的执行不会与保护数据职责产生利益冲突。

如果控制者是为特定目的进行处理的主管当局，则不适用本条第1款至第5款和第8款。

第58条　数据保护官的义务

数据保护官至少应：

1）向控制者、处理者以及基于法定义务进行数据处理的人员，提出通知和建议；

2）监督本法、其他法律以及控制者或处理者实施的与个人数据保护有关的内部规章等的执行情况，包括责任分担、意识提升和对参与处理活动的员工进行培训以及相关内控活动；

3）根据要求对个人数据保护影响进行评估，并根据本法第54条对评估进行监督；

4）与专员合作，并作为专员与处理活动的连接点，包括本法第55条提到的事先咨询或者其他咨询活动。

在履行职责时，数据保护官应特别考虑到处理操作所涉及的风险，并考虑到处理的性质、范围、情况和目的。

如果控制者是为特定目的进行处理的主管当局，则不适用本条第1款和第2款的规定。

第五节　行为守则和认证

第59条　行为守则

控制者或处理者协会和其他组织可以制定行为守则，以期更有效地适用本法，尤其是在以下方面：

1）公平透明的处理；

2）考虑到具体情况，控制者的合法利益；

3）收集个人数据；

4）个人数据的匿名化；

5）向公众和数据主体提供信息；

6）行使数据主体的权利；

7）提供给未成年人的信息，对未成年人的保护以及获得行使父母权利的父母同意方式；

8）本法第 41 条和第 42 条所指的措施和程序，以及本法第 50 条所述的旨在确保处理安全的措施；

9）告知专员及数据主体有关个人数据泄露情况；

10）将个人数据传输至其他国家或国际组织；

11）在不影响本法第 82 条和第 84 条所述的行使数据主体权利的情况下，解决控制者与数据主体之间纠纷的方式。

不适用本法第 65 条第 2 款第 3）项的控制者或处理者，将数据主体的个人数据传输至其他国家或国际组织时，应当接受或遵守本条第 5 款经批准的行为守则，并应当通过合同或其他具有法律约束力的行为使其有义务适用上述保障措施，特别是涉及数据主体的权利时。

本条第 1 款所指的行为守则，应当包括这样的条款，即能够使本法第 60 条第 1 款所指之法人对承诺实施守则的控制者和处理者进行监督和控制，同时不受专员源自本法第 77 条至第 79 条的检查和其他权力的影响。

本条第 1 款所指的协会和其他组织，在起草行为守则或修改现有守则时，应当将守则草案或其修正案提交给专员以征询意见。

专员应就行为守则或其修正案的建议是否符合本法规定发表意见，并且如果专员确定守则草案包含了对个人数据的充分保障，则应注册该行为守则并在其网站上发布。

本条第 1 款至第 5 款不适用于主管当局为特定目的进行的数据处理。

第 60 条 行为守则的适用监督

根据本法第 59 条第 3 款对行为守则的执行情况进行监督，可以由获得认可的法人根据有关认可的法律来实施监控。

行使本条第 1 款所指的监控权，不应影响到本法第 77 条至第 79 条所涉及的专员的检查和其他权力。

本条第 1 款所指的法律实体，只有在满足以下条件时才能获得认可：

1）向专员证明其在守则内容方面的独立性和专业性；

2）建立相关程序，用以评估控制者和处理者执行守则的能力和监督控制者和处理者执行守则的情况，并对上述机制的有效性进行定期复审；

3）建立相关程序和主体机构，用于处理对违反行为守则或者控制者和处理者执行守则情况的投诉，并确保上述程序和机构对公众和数据主体的透明度；

4）向专员证明其行使权力不会造成利益冲突。

如果控制者或处理者违反了行为守则，则本条第 1 款所指的法人实体应按照规定的程序采取适当的措施，包括暂时或永久地将控制者或处理者排除在守则的适用之外。

本条第 1 款所指的法人实体应将根据本条第 4 款所采取的措施及其决定理由告知专员。

采取本条第 4 款所指的措施，不得影响专员的权力以及第七章相关条款的适用。

如果确定本条第 1 款所指的法人实体不再满足认可条件或采取的措施违反本法规定的，应予以撤销。

本条第 1 款至第 7 款不适用于权力机关和主管当局为特定目的进行的数据处理。

第 61 条　认证

为了证明控制者和处理者遵守本法规定，特别是考虑到中小企业的需要，可以建立相关认证程序，以发放带有适当商标和数据保护标记的个人数据保护证书。

对于不适用本法的控制者或处理者，为了证明其根据本法第 65 条第 2 款第 5）项所述的将个人数据传输到其他国家或国际组织的框架内采取了保护措施，也可根据本条第 5 款的规定，颁发带有适当商标和数据保护标记的认证证书，前提是该控制者或处理者通过合同或其他具有法律约束力的法律文件，采取了保护数据主体权利的措施。

认证过程是自愿和透明的。

所颁发的认证证书不会影响到控制者和处理者执行其法定义务，也不会影响到专员根据本法第 77 条至第 79 条所指的检查和其他权力。

认证证书应当由本法第 62 条所指的认证机构签发，或由专员根据本法第 79 条第 3 款所指的权力，按照专员规定的标准签发。

申请认证的控制者和处理者，应当使本法第 62 条所指的认证机构或专员在提出请求时能够访问处理操作并提供执行认证程序所需的所有处理信息。

控制者和处理者的认证时间最长不超过 3 年，如果他们继续满足规定的签发证书的相同条件和标准，则可以续签。

如果认证机构或专员根据要求认定控制者或处理者不再符合签发证书的规定标准，则应撤销本条第 7 款所指的证书。

专员应保存并在其网站上公布带有相关印章和标记的认证机构和认证证书。

本条第 1 款至第 9 款不适用于主管当局为特定目的进行的数据处理。

第 62 条　认证机构

认证机构在保护个人数据方面应具有适当的专业知识水平，并在告知专员其作出的决定后，依法认证、签发、续签和撤销证书及相关印章和标志，因而不影响专员根据本法第 77 条至第 79 条规定行使检查和其他权力。

只有在以下情况下，才可以批准本条第 1 款所指的认证机构：

1）向专员证明其在认证领域的独立性和专业性；

2）遵守本法第 61 条第 5 款规定的标准；

3）规定认证证书、商标和标志的签发，定期审核和撤销程序；

4）建立相关程序和主体机构，用于处理有关控制者和处理者以违反所发证书的方式处理数据的相关投诉，并确保上述程序和机构对公众和数据主体的透明度；

5）向专员证明其履行职责不会造成利益冲突。

专员应当根据本条第 2 款规定的条件，制定认证机构的认证标准。

对认证机构的认证有效期最长为 5 年，如果认证机构仍符合规定的认证条件和标准，则可以续签。

如果认定认证机构不再满足认证条件和标准，或者认定认证机构违反本法的规定，则应终止其认证资质。

认证机构负责对颁发、更新和撤销证书的标准是否达到要求进行适当的评估，并有义务将颁发、更新或撤销证书的原因告知专员。

专员应发布本条第3款所指的认证标准。

如果是根据塞尔维亚共和国签署的国际协议签发的证书，则他国或国际组织的认证机构所签发的证书在塞尔维亚共和国有效。

如果已经实施认证的认证机构获得了其他国家的国家机构的认可，且该国家机构已与塞尔维亚的国家认证机构签署了协议，在签署的协议中承认指定的认可体系的等效性，则塞尔维亚共和国承认该认证机构的证书，而无须重新启动认证程序。

本条第1款至第9款不适用于主管当局为特定目的进行的数据处理。

第五章　个人数据向他国或国际组织传输

第63条　传输的一般原则

正在处理的个人数据或转往他国或国际组织后拟处理的个人数据的传输，只有符合本法规定方可进行，而本法本章所规定之条件，包括将个人数据由他国或国际组织转往第三国或另一国际组织的条件，控制者和处理者均需遵守，以确保等同于本法对个人的充分保护水平。

如果处理是由主管当局出于特定目的进行的，则只有在同时满足以下条件的情况下，才可以将正在处理或准备进一步处理的数据传输到另一个国家或国际组织：

1）传输必须出于特殊目的。

2）个人数据被传输到另一个国家或国际组织的控制者，该控制者是执行特定目的的主管当局。

3）政府根据本法第64条建立了能够提供充分个人数据保护的国家、这些国家的部分区域、这些国家的一个或多个特定行业以及国际组织的名单，可向上述主体依法进行数据传输。如果不适用此种情况，则根据本法第66

条，数据传输须提供适当的保障措施。如果仍无法适用，则根据本法第 70 条所述的特殊情况下数据传输的要求处理。

4）如果将个人数据从另一个国家或国际组织进一步传输到第三国或其他国际组织，则进行了首次转移的塞尔维亚共和国的主管当局或其他主管当局需证明进一步的传输已考虑到所有情况，包括犯罪的严重性、首次传输的目的以及数据进一步传输到的第三国或其他国际组织中个人数据的保护级别。

第 64 条　基于充分保护水平的传输

如果确定某个国家、该国家的部分区域、该国家的一个或多个特定行业以及一个国际组织提供了充分的个人数据保护水平，则可在未经事先授权的情况下，向上述主体传输数据。

本条第 1 款所指的充分保护水平应视为由《欧洲委员会关于自动处理个人数据的个人保护公约》缔约国的国家和国际组织提供，即一些国家、这些国家的部分区域、这些国家的一个或多个特定行业以及一些国际组织，能够提供欧盟认可的充分保护水平。

政府可以确定某国、该国家的部分区域、该国家的部分行业或法律规定以及国际组织并未根据本条第 1 款提供充分的保护，除非该国是《欧洲委员会关于自动处理个人数据的个人保护公约》的缔约国，并考虑到以下因素：

1）法治原则，尊重人权和基本自由，适用的法律，包括涉及公共安全、国防、国家安全和刑法的法规，公权力机构查阅个人数据的相关法规，以及这些法律、数据保护规则、行业法规的执行，即采取有关个人数据保护措施，包括个人数据向第三国或国际组织进一步传输的规则，他国或国际组织主管当局在法院或其他方面对这些规则的适用情形，以及数据主体行使权利的有效性，特别是保护数据主体权利的行政及司法程序的有效性。

2）他国或国际组织所属的一个负责个人数据保护的监督机构的存续和运作的有效性，该机构负责确保个人数据保护规则的实施，并在不遵守时启动个人数据保护程序，向行使数据权利的数据主体提供帮助和建议，并与其他国家的监管机构合作。

3）另一国或国际组织承担的国际义务，或由具有法律约束力的国际条约或其他法律文书以及多边或区域组织成员规定的其他法定义务，尤其是涉及个人数据保护方面的义务。

如果与他国或国际组织缔结了有关个人数据传输的国际协议，则可以认为确保了充分的保护水平。

在缔结有关个人数据传输的国际协定过程中，尤其应确定是否满足本条第3款所述的条件。

政府根据收集到的信息和国际组织收集到的信息评判某些国家、这些国家的部分区域、这些国家的一个或多个特定行业及某些国际组织的个人数据保护状况，从而审查其是否具有充分的保护水平。

塞尔维亚共和国官方公报上应公布那些被认为提供了充分保护水平或政府认为不能提供充分保护水平的国家、这些国家的部分区域、这些国家的一个或多个特定行业以及国际组织的清单。

第65条 传输的适当保障措施

控制者或处理者只有提供了充分的个人数据保护措施，并确保数据主体享有其权利的可行性和提供有效法律保护的情况下，才可以将个人数据传输至根据本法第64条第7款规定的不能提供充分保护水平的清单所涉及的某国、该国家的部分区域、该国家的一个或多个特定行业及某个国际组织。

本条第1款所述的适当保障措施，可在不需要专员特别授权的情况下，通过以下方式提供：

1）当局之间制定的具有法律约束力的文件；

2）专员根据本法第45条规定制定的标准合同条款，该条款从整体上规范了控制者与处理者之间的法律关系；

3）根据本法第67条规定制定的具有约束力的商业规则；

4）根据本法第59条获得批准的行为守则，以及由其他国家或国际组织的控制者或处理者的有约束力和强制实施的适当安全措施，包括数据主体权利的保护；

5）根据本法第61条签发的认证证书，以及其他国家或国际组织的控制者或处理者履行适当安全措施（包括保护数据主体的权利）所承担的义务。

基于专员的特别批准，本条第1款所述的适当保障措施也可通过以下方式提供：

1）控制者或处理者与另一国家或国际组织的控制者和处理者或接收者之间的合同条款；

2）当局之间签订协议的条款，该条款规定了对数据主体权利的有效且可执行的保护。

专员应当自提出批准申请之日起60天内作出本条第3款所述的批准。

本条第1款至第4款不适用于主管当局为特定目的进行的数据传输。

第66条　主管当局为特定目的而处理的有适当保障措施的数据传输

如果处理是主管当局出于特定目的进行的，只有在以下情形才可以将个人数据传输至根据本法第64条第7款规定的不能提供充分保护水平的清单所涉及的某国、该国家的部分区域、该国家的一个或多个特定行业及某个国际组织。

1）在具有法律约束力的行为中规定了适当的个人数据保护措施；

2）控制者已经评估了有关个人数据传输的所有情况，并确定存在充分的个人数据保护措施。

控制者应当告知专员根据本条第1款第2）项进行的传输。

控制者应当记录根据本条第1款第2）项进行的转移，并在专员提出要求时向其提供传输的相关文件。

本条第3款所指的传输文件应当包含有关传输的日期和时间、接收的主管当局、传输的理由以及所传输的数据等信息。

第67条　约束性商业规则

若商业规则同时满足以下条件，则专员将批准这些约束性商业规则：

1）具有法律约束力，适用于跨国公司或经济实体集团的每个成员（包括其雇员）并由其执行；

2）在处理个人数据时，确保数据主体权利的行使；

3）符合本条第2款规定的条件。

本条第1款所指的约束性商业规则至少应当在以下方面作出详细规定：

1）跨国公司或经济实体集团及其成员之间的结构和联系方式。

2）数据传输或传输集，包括个人数据类别、处理类型及其目的、数据主体的类型以及数据被传输到的国家名称。

3）在跨国公司或经济实体集团内部和外部适用约束性商业规则的义务。

4）个人数据保护的一般原则的应用，特别是处理目的受限、数据最小化、存储限制、数据完整性、永久性数据保护措施、处理的法律依据、处理特定类型的个人数据、安全措施以及向不受约束性商业规则约束的机构或个人进一步传输数据的条件。

5）与这些权利的处理和行使方式有关的数据主体的权利，包括本法第38条所涉及的自动化决策和数据画像有关的权利，向专员提起申诉的权利，根据本法第82条和第84条向法院提起诉讼的权利以及违反约束性商业规则而获得赔偿的权利。

6）在塞尔维亚共和国境内有住所的控制者和处理者，应当承担未注册或建立在塞尔维亚共和国境内的本集团其他成员违反约束性商业规则的责任，除非控制者或处理者能证明该集团成员对造成的损害不用负责任。

7）数据主体提供有关约束性商业规则的信息，特别是本款第4）项至第6）项以及本法第23条和第24条所涉及的其他信息。

8）设立了根据本法第58条所指定的数据保护官或其他任何个人，专门负责监督跨国公司或经济实体集团是否适用约束性商业规则，以及监督其内部的培训和投诉处理。

9）投诉处理程序。

10）在跨国公司或经济实体集团内部，设立对约束性商业规则的遵守情况进行核查的机制。这种机制应包括个人数据保护复审以及数据主体权利保护的矫正措施。核查结果应当告知本款第8）项中所指的个人和跨国公司或经济实体集团的管理机构，并可应专员要求向其提供。

11）报告和记录约束性商业规则的更改，以及将此类更改告知专员的方式。

12）与专员合作的方式，以确保跨国公司或经济实体集团的每个成员都能分别执行约束性商业规则，特别是向专员提供本款第10）项所述的核查结果。

13）向专员报告另一国家的跨国公司或经济实体集团成员所履行的法定义务，可能会对约束性商业规则的实施产生重大不利影响。

14）对永久或定期访问个人数据的工作人员进行适当的培训，以保护个人数据。

专员可以根据本条第 2 款，更详细地规定处理者之间以及处理者与专员之间交换信息的方式。

若满足本条第 1 款所指的条件，专员当自提出申请之日起 60 天内批准该约束性商业规则。

本条第 1 款至第 4 款不适用于主管当局为特定目的进行的数据传输。

第 68 条　根据他国当局的决定传输或披露个人数据

根据他国法院或行政机关的决定要求控制者或处理者传输或披露个人数据的，只有在其依据的是国际协定（如与塞尔维亚共和国缔结的关于国际法律援助的协定）的基础上，才可以在塞尔维亚共和国得到承认或执行，同时不影响依照本法本章规定的数据传输所适用的其他依据和理由。

本条第 1 款不适用于主管当局为特定目的进行的数据传输。

第 69 条　特殊情况下的数据传输

如果个人数据的传输不符合本法第 64 条、第 65 条、第 67 条的规定，则只有在下列情况下，才能将这些数据传输到另一个国家或国际组织：

1）由于缺乏充分的保护和适当的保障措施，数据主体已经明确同意传输，他/她已被告知与该传输相关的潜在风险；

2）传输对于执行数据主体与控制者之间的合同或执行应数据主体请求采取的前合同措施是必要的；

3）为了控制者与另一自然人或法人之间的数据主体的利益而订立合同或执行合同，有必要进行数据传输；

4）传输对于实现塞尔维亚共和国法律规定的重要公共利益是必要的，前提是某些类型的个人数据的传输不受本法律的限制；

5）传输对于提出、行使或捍卫法律权利是必要的；

6）如果数据主体在实际上或法律上无法同意，为了保护数据主体或他人的重大利益，有必要进行传输；

7）传输公共登记册中包含的特定个人数据，公众或其他任何可以证明其具有正当利益的主体都可以访问该数据，但须满足特定情况下的检查条件才能进行传输。

如果无法按照本条第 1 款和本法第 64 条、第 65 条、第 67 条的规定进行传输，则只有同时满足以下条件，才能将个人数据传输到另一个国家或国际组织：

1）数据的传输并不重复；

2）传输有限数量的自然人的数据；

3）传输是必要的，以实现控制者的合法利益，且该利益超过了数据主体的利益，即数据主体的权利或自由；

4）控制者基于对有关数据传输的所有情况的初步评估，确保适当的个人数据保护措施的实施。

控制者或处理者应当在本法第 47 条所指的处理操作记录中提供本条第 2 款第 4）项所指的适当保护措施的评估和实施证据。

控制者应当将根据本条第 2 款进行的数据传输告知专员。

控制者必须向数据主体提供本法第 23 条和第 24 条的信息和本条第 2 款所指的数据传输的信息，包括通过这种传输实现控制者合法利益的信息。

本条第 1 款第 7）项所指的数据传输，并不涉及所有个人数据，也不涉及公共登记册中所有类型的个人数据。

根据本条第 1 款第 7）项，只有具有合法利益的主体才能访问公共登记册中的数据，则仅在基于该合法利益主体的请求或该主体是数据的接收者情形下才能进行数据传输。

本条第 1 款第 1）项至第 3）项和第 2 款不适用于主管当局行使其职责的活动。

本条第 1 款至第 8 款不适用于主管当局为特定目的进行的数据传输。

第 70 条　主管当局为特定目的处理数据传输的特殊情况

如果主管当局为特定目的处理个人数据的传输未按照本法第 64 条和第 66 条规定进行，则只有在下列情形时这种传输是必要的，才可以将数据传输到另一个国家或国际组织：

1）为了保护数据主体或他人的重大利益；

2）为了保护数据主体的合法利益（如果法律有规定）；

3）为了防止对塞尔维亚共和国或其他国家的公共安全造成迫在眉睫的严重危险；

4）在个别情况下，为特殊目的而处理；

5）在个别情况下，出于提出、行使或捍卫法律诉求的目的，如果该目的与特定目的直接相关。

如果执行传输的主管当局认定保护数据主体基本权利和自由的利益超过第1款第4）项和第5）项提到的公共利益，则不能传输个人数据。

主管当局应当记录根据本条第1款进行的传输，并应专员要求为其提供该记录。

本条第3款所指的传输文件应包含有关传输的日期和时间、接收主管当局、传输的理由以及所传输的数据等相关信息。

第71条 主管当局为特定目的将数据传输至他国接收者

尽管适用本条第2款所指的国际协定，但减损了本法第63条第2款第2）项规定时，为特定目的的处理数据的主管当局只有在遵守本法和同时满足以下条件时，才可以直接将数据传输至他国接收者：

1）传输对于为特定目的进行数据处理的主管当局而言是必要的；

2）进行传输的主管当局已确保数据主体基本权利或自由的利益不超过为进行数据传输所必须保护的公共利益；

3）实施传输的主管当局认为，出于特定目的向他国主管当局的传输是无效的或无法实现上述目标，特别是在无法按时进行传输的情况下；

4）已将传输及时通知了他国主管当局，除非该通知无效或与实现目的不符；

5）实施传输的主管当局已将处理的目的和处理的事实通知他国接收者，且只能通知接收者并仅在必要时。

本条第1款所指的国际协定，应是塞尔维亚共和国与一个或多个国家之间订立的有关刑事或警方合作的协议。

进行传输的主管当局应根据本条第1款告知专员传输的有关情形。

主管当局应当记录根据本条第1款进行的传输，并应专员要求为其提供该记录。

本条第4款所指的记录应包含有关传输的日期和时间、接收者、传输的理由以及所传输的数据等相关信息。

第72条　个人数据保护的国际合作

专员应采取适当措施，与其他国家和国际组织中负责保护个人数据的监管机构交流，以：

1）建立国际合作机制，以促进个人数据保护法的有效施行；

2）在实施有关个人数据保护的法律方面提供国际互助，包括通知、在监督行为中的相关法律援助程序、信息交换等，采取适当的个人数据保护措施保护基本权利和自由；

3）参与利益相关者的讨论和活动，旨在开展国际合作以实施与个人数据保护有关的法律；

4）鼓励和促进有关个人数据保护及其实施的立法信息交流，包括在该领域与其他国家的管辖权冲突问题。

第六章　专员

第一节　独立地位

第73条　监管机构

为了保护与处理有关的自然人的基本权利和自由，专员作为一个独立的国家机构，依照规定赋予的权力履行监督本法实施的任务。

专员是个人数据保护的监管机构。

如果本法未做特殊规定，则关于自由获取具有公共重要信息的法律规定也适用于专员，包括专员的选择、任命、任期终止、职位、专业服务以及财务报告的提交等。

第74条　独立性

根据本法，专员在行使权力和履行职务时是完全独立的，不受任何直接或间接的外部干涉，也不寻求或接受任何个人的指示。

专员不得有偿或无偿地从事任何其他活动或其他商业行为，也不得执行其他公共职能或行使任何其他公权力或从事政治性活动。

为了确保有效行使法律规定的权力，应根据有关预算管理和公共行政管理的法律规定，为专员提供工作所需的必要的资金、工作场所以及必要的技术、组织和人员条件。

专员能够独立地在符合法定工作要求的国家机构候选人中选择相应的工作人员，并对其进行完全独立的管理。

国家审计机构依法对专员用于工作的资金支出进行监控，但不影响专员的独立性。

第 75 条　专员的任用条件

除了有关自由获取具有公共重要信息的法律所规定的任用专员的条件外，专员还必须在个人数据保护领域具备必要的专业知识和经验。

第 76 条　保密义务

专员、专员代理和其他工作人员对在履行职务过程中获得的所有信息，包括执行公务、违反本法的相关信息及由非监管人员提供的信息等，负有职业保密义务。

本条第 1 款所指的义务应在专员、专员代表、其他监管人员工作期满后继续履行。

第二节　专员的权力

第 77 条　一般管辖权

专员应当依照本法在塞尔维亚共和国境内行使其权力。

除非本法另有规定，否则专员应按照一般行政程序以及其他有关监督检查的法律行使其职权。

专员无权监督法院行使其司法权力。

第 78 条　专员的任务

专员：

1）依其权力，监督并确保本法的施行；

2）提升公众对与数据处理有关的风险、规则、保障和权利意识，尤其是涉及未成年人的数据处理；

3）按照规定，就与处理有关自然人权利保护和自由方面的法律与其他措施，向国民议会、政府、其他当局和组织提供咨询意见；

4）提升控制者和处理者对本法规定义务的认知；

5）应数据主体的要求，提供本法规定的相关权利的信息；

6）对数据主体的投诉采取行动，认定是否存在违反本法的行为，并将按照本法第82条规定的程序及结果通知投诉人；

7）在个人数据保护领域，特别是在信息交换和司法协助方面，与其他国家的监管机构开展合作；

8）根据本法及相应的检查监督法对本法的施行情况进行监督检查，并根据相应的法律法规，对违反本法的行为提起诉讼；

9）监督信息和通信技术的发展以及与个人数据保护有关的商业行为和其他活动；

10）起草本法第45条第11款涉及的标准合同条款；

11）拟定并公开本法第54条第5款所指的清单；

12）根据本法第55条第4款提出书面意见；

13）保存本法第56条第11款所指的个人数据保护人员的记录；

14）鼓励根据本法第59条第1款制定行为守则，并对根据本法第59条第5款所指的行为守则提出意见并批准同意；

15）依照本法第60条开展活动；

16）鼓励根据本法第61条第1款颁发数据保护认证证书、印章和标记，并制定根据本法第61条第5款所指的认证标准；

17）根据本法第61条第8款对认证证书进行定期审核；

18）规定并发布认证机构的认证标准，并按照本法第62条的规定履行职责；

19）批准本法第65条第3款所指的合同或协议的相关条款；

20）根据本法第67条批准约束性商业规则；

21）保留违反本法的内部记录以及根据本法第79条第2款在检查监督过程中采取的措施；

22）执行本法规定的其他任务。

本条第1款第1）项和第8）项所指的监督活动应由专员通过已授权的专业工作人员来执行。

本条第1款第21）项所指的记录包括违反本法的控制者或处理者的信息

（其姓名、居住地、住所或职务），有关违反本法的信息（对违法行为以及所涉及的相关条款的描述），所采取措施的相关数据以及控制者或处理者采取措施的行为所涉及的相关数据。

本条第 3 款所指的记录形式及其保存方式应由专员规定。

为了简化投诉程序，专员应规定投诉的表格，允许以电子方式提交，并不排除其他方式。

专员履行保护数据主体和个人数据的职责，不应收取费用。

如果向专员提出的申诉明显没有根据、负担过重或过多重复，则专员可以要求必要的费用作为补偿或拒绝对该申诉采取行动，并证明该申诉是毫无根据、过多或过度重复的请求。

第 79 条　调查权及其他权力

专员被授予以下权力：

1）要求控制者和处理者，以及控制者或处理者的代表（如果有），提供执行任务所需的所有信息；

2）核实和评估法律条款的执行情况，否则将行使检查权监督个人数据的保护情况；

3）根据本法第 61 条第 8 款核查是否符合认证要求；

4）通知控制者或处理者有关其可能违反法律的情况；

5）从控制者或处理者处获取有关个人数据和执行任务所需的所有必要信息；

6）访问控制者和处理者的所有设施，包括访问所有设备和设施。

专员有权采取以下纠正措施：

1）根据本法第 55 条第 4 款提出书面意见，警告控制者和处理者拟进行的处理操作可能违反本法规定；

2）向已违反本法规定的控制者或处理者发出警告；

3）命令控制者或处理者回应数据主体根据本规定行使其权利的要求；

4）在特定的时间以特定的方式命令控制者或处理者，使其处理操作符合本法规定；

5）指示控制者将违反个人数据保护的情况告知数据主体；

6）对处理操作施加临时性或永久性限制，包括禁止令；

7）要求根据本法第 29 条至第 32 条规定更正、删除或限制处理个人数据，并根据第 30 条第 3 款及第 33 条和第 34 条的规定，命令控制者通知另一控制者、数据主体和接收者，其相关个人数据已公开或传输的情况；

8）撤销认证或命令认证机构撤销根据本法第 61 条和第 62 条颁发的认证证书，同时命令认证机构在不满足或不再满足认证要求的情况下不得颁发证书；

9）在监督检查的过程中，法律对某些违法行为明确规定了罚款，可以取代本款规定的其他措施或与这些措施一起，根据每个案件的具体情况，施以行政罚款；

10）暂停将个人数据传输到另一个国家或国际组织的接收者。

专员有权：

1）起草本法第 45 条第 11 款所指的标准合同条款；

2）按照本法第 55 条规定的实现征询程序，对控制者提出咨询意见；

3）主动或应其要求，就所有与个人数据保护有关的事宜向国民议会、政府、其他当局和组织以及公众提出意见；

4）依照本法第 59 条第 5 款规定，登记并公布事先征得其同意的行为守则；

5）依照本法第 61 条第 5 款的规定颁发证书，并规定颁发证书的标准；

6）依照本法第 62 条规定认证标准；

7）根据本法第 65 条第 3 款规定批准合同条款，即拟订立的合同条款；

8）根据本法第 67 条，批准约束性商业规则。

专员根据本条作出的作为，应受法院依法监督。

专员行使权力时，可以依法向法院或其他当局提起诉讼。

第 80 条　举报违法行为

负责特定目的处理的主管当局应当设立向专员秘密报告违反本法规定的有效的举报机制。

第81条 报告

专员应当就其活动起草年度报告，其中包括关于违反本法的行为以及针对这些违法行为采取的相应措施的信息，并将其提交给国民议会。

本条第1款所指的报告也应提交政府，并应以适当方式向公众公开。

第七章 救济、责任和罚款

第82条 向专员申诉的权利

如果数据主体认为个人数据处理违反了本法规定，有权向专员申诉。在申诉程序中，有关处理申诉的监督检查的法律规定应相应地适用。向专员提出申诉并不会影响该主体提起其他行政或司法保护程序的权利。

专员应当告知申诉人其所进行的申诉程序、申诉结果以及根据本法第83条提起诉讼的权利。

第83条 不受专员决定影响而享有司法保护的权利

专员根据本法作出的决定，任何数据主体、控制者、处理者或者其他自然人和法人可以自收到决定之日起30天内对该决定提起行政诉讼。提起行政诉讼，并不影响启动其他行政或司法保护程序的权利。

专员自收到申诉之日起60天内未根据本法第82条第2款对申诉作出回应或采取行动，数据主体有权提起行政诉讼。

第84条 数据主体的司法保护

如果数据主体认为控制者或处理者处理其个人数据违反了本法规定的权利，则有权享有司法保护。向法院提起诉讼，不会影响该数据主体提起其他行政或司法保护程序的权利。

本条第1款所指的有关数据主体权利的诉讼，法院可以要求被告：

1）提供涉及本法第22条至第27条、第33条至第35条和第37条的信息；

2）更正或删除本法第29条、第30条、第32条所述的有关公诉人的信息；

3）限制本法第31条和第32条所指的处理；

4）以结构化、通常使用和电子可读的形式提供数据；

5）将数据传输至本法第36条所述的另一控制者；

6）中断本法第37条所指的数据处理。

法院可以决定采取本条第1款所指的权利保护诉讼，以判定原告的决定是否违反了本法第38条和第39条的规定。

本条第2款和第3款所指的诉状应提交至控制者和处理者或其代表的住所、总部所在地或数据主体居住或住所所在地的高等法院，除非控制者或处理者本身是当局。

允许修改对本条第2款和第3款所述行为的最终决定。

除非本法另有规定，有关民事诉讼的法律规定应适用于司法保护程序。

第85条　数据主体的代表

与个人数据保护有关的数据主体有权根据本法第82条至第84条和第86条所指的程序，授权负责保护数据主体权利和自由的协会代表其行使权利。

第86条　赔偿权

任何因违反本法而遭受物质或非物质损害的人员，均有权向造成损害的控制者或处理者就其损害主张赔偿。

主管当局出于特定目的进行的非法处理或违反了处理此类数据的法律规定，造成了物质或非物质损害，则遭受损害的人有权向控制者或其他主管机构依法提起诉讼主张赔偿。

控制者应当对本条第1款所指的损害负责。控制者只有在没有履行本法特别针对控制者的义务，或行事超出了指示范围，或与依照本法对控制者的指示相反的情况下，才须对处理所造成的损害负有法律责任。

如果控制者或处理者能够证明自己对损害不承担任何责任，则免除其赔偿责任。

数据处理是由一个以上的控制者或处理者执行的，或者由控制者和处理者共同执行的，如果他们对处理过程所造成的损害负责的情况下，每个控制者或处理者都应当承担全部的损害赔偿。

控制者或处理者依照本条第5款承担了因损害所造成的全部赔偿，则该控制者或处理者有权按照本条第3款规定向参与同一处理的其他控制者或处理者追偿与其责任相对应的那一部分赔偿数额。

第 87 条 罚款条件

应对违反本法的行为处以罚款，罚款在每一个案中均应有效、相称和具有预防作用。

本条第 1 款所指的罚款，视个案情况而定，可采用本法第 79 条第 2 款第 1）项至第 8）项和第 10）项规定的措施或其替代措施。

在决定是否处以罚款及其数额时，必须考虑以下每种情况：

1）违法行为的性质、严重程度和持续时间，同时考虑相关处理的性质、范围或目的，以及受影响的数据主体的数量及其遭受的损害程度；

2）违法者的故意或过失；

3）控制者和处理者为消除或减轻数据主体遭受的损害而采取的任何行动；

4）在确定控制者或处理者责任程度时，要考虑按照本法第 42 条和第 50 条所采取的技术与组织安全措施；

5）控制者和处理者先前违反本法规定的情况；

6）控制者和处理者与专员的合作程度，以消除或减轻违法行为产生的不利影响；

7）遭受损害的个人数据类型；

8）专员获知损害的方式，特别是控制者或处理者能否以及在多大程度上向专员通报相关损害；

9）根据本法第 79 条第 2 款，按照专员先前针对同一违法案件对控制者或处理者采取的纠正措施进行相应处罚；

10）根据本法第 59 条经批准的行为守则或根据本法第 61 条认证的实施情况；

11）在特定情况下的所有其他加重或减轻处罚的因素，如直接或间接地因违法而获得的经济利益或避免的损失。

第八章 特殊数据处理情况

第 88 条 有关言论和信息自由的处理

第二章的规定不适用于基于新闻目的和学术、艺术或文学表达目的的数据处理。如果在第六章和本法第 89 条至第 94 条所述情况下，有必要采取限制措施以保护言论和信息自由。

第 89 条　处理和免费访问具有公共重要性的信息

包含个人数据的具有公共重要性的信息可以由当局提供给申请者，以保障根据免费访问公共信息的法律和本法规定，公众的知情权和个人数据保护权利。

第 90 条　处理公民的唯一身份证号码

公民唯一身份证号码的处理应受有关身份证号码法律条款的约束，并应适用本法中有关保护数据主体权利和自由的相关规定。

第 91 条　工作和就业培训

有关劳动和就业的法律以及集体协议的规定应适用劳动和就业领域的法律，同时也适用本法相关规定。

有关雇佣法律或集体协议中包含个人数据保护的相关规定，则还必须制定专门措施，以保障数据主体的人格尊严、合法利益和基本权利，特别是关于处理的透明度、在跨国公司或经济实体集团内部进行数据传输和工作场所的监测系统。

第 92 条　出于公共利益、科学研究、历史研究或统计目的处理数据时，适用法律的保障和限制

出于公共利益、科学研究、历史研究或统计目的处理数据时，应按照本法规定，采取适当措施以保护数据主体的权利和自由。这些措施应确保技术、组织和人员措施的实施，特别是为了确保遵守数据最小化原则。如果上述目的可以通过这些措施得以实现，这些措施可以包括匿名化。

如果无须识别或无须进一步识别数据主体就可以实现本条第 1 款所提及的目的，则必须以阻止进一步识别的方式来实现这些目的。

处理是出于科学研究或历史研究或统计目的而进行的，且实现这些目的是必须的，或者相关条款的实施可能会阻止或显著影响上述目的的实现，则本法有关数据主体权利的第 26 条、第 29 条、第 31 条、第 37 条可不再适用，但须适用本条第 1 款、第 2 款所述的条件和保障措施。

出于公共利益进行的个人数据处理，且实现这些目的是必须的，或者相

关条款的实施可能会阻止或显著影响上述目的的实现，则本法有关数据主体权利的第 26 条和第 29 条、第 31 条至第 37 条的规定不再适用，但须适用本条第 1 款、第 2 款所述的条件和保障措施。

本条第 3 款和第 4 款所述的处理同时须服务于其他目的时，本法有关其他目的的处理条款应当适用且不受限制。

第 93 条　教会和宗教团体的处理

教会或宗教团体处理个人数据适用综合性规则，只要这些现有规则遵守本法规定就可以继续适用。

依照本条第 1 款规定适用综合性规则的教会和宗教团体，应受本法第 77 条至第 79 条所指的专员的监督，除非教会或宗教团体专门设立独立的监督机构来行使这些权力，但前提是该监督机构符合本法第六章规定的条件。

第 94 条　主管机构出于人道主义目的进行处理

主管机构处理个人数据也可以基于人道主义目的而筹集资金，但要根据本法采取适当措施保护数据主体的权利和自由。

为了筹集资金用于人道主义目的，主管机构不得与他人共享其处理的个人数据。

第九章　罚则

第 95 条

在下列情况下，应对具有法人资格的控制者或处理者处以50000～2000000塞尔维亚第纳尔的罚款：

1）违反本法第 5 条第 1 款所述的处理原则而处理个人数据；

2）处理个人数据用于其他目的，与本法第 6 条和第 7 条规定的目的相反；

3）未清晰地区分事实数据和个人评估数据（第 10 条）；

4）采取了一定的合理措施但不能保证不准确、不完整和过时的个人数据不被传输或提供（第 11 条第 1 款）；

5）未经数据主体同意处理个人数据，且无法显示数据主体已经同意处理其数据（第 15 条第 1 款）；

6）违反本法第 17 条和第 18 条规定处理特殊类型的个人数据；

7）违反本法第 19 条第 1 款规定，处理与刑事定罪、刑事犯罪和安全措施有关的个人数据；

8）没有向数据主体提供本法第 23 条第 1 款至第 3 款和第 24 条第 1 款、第 2 款所述的信息；

9）没有向数据主体提供第 25 条第 1 款、第 2 款所述的信息；

10）无法提供所请求的信息，不提供对数据的访问或者未能提交其处理的数据副本（第 26 条第 1 款和第 2 款以及第 27 条）；

11）违反本法第 28 条第 1 款，部分或全部限制数据主体访问数据的权利；

12）违反本法第 29 条规定，未能更正不正确的数据或者补充不完整的数据；

13）根据本法第 30 条第 2 款，没有立即删除数据主体的数据；

14）在本法第 31 条所述情形下，没有限制个人数据的处理；

15）没有删除个人数据（第 32 条）；

16）没有将更正、删除和限制处理的情况通知接收者（第 33 条第 1 款）；

17）没有将拒绝更正、删除或限制处理的决定以及拒绝的原因告知数据主体（第 34 条第 1 款）；

18）在数据主体提出申诉后，没有中断数据处理（第 37 条第 1 款）；

19）违反本法第 38 条和第 39 条规定，仅根据自动化处理作出对数据主体产生法律后果的决定；

20）违反本法第 42 条规定，在决定处理方法以及在处理过程中未采取适当的技术、组织和人员措施；

21）联合控制者之间的关系未按照本法第 43 条第 2 款至第 4 款规定的方式进行规制；

22）违反本法第 45 条规定，将个人数据的处理委托给处理者；

23）处理数据时没有指示或与控制者的指示相反（第 46 条）；

24）违反本法第 52 条规定，未将数据泄露情况告知专员；

25）违反本法第 53 条规定，未通知数据主体；

26）未按照本法第 54 条规定的方式对数据进行影响评估；

27）没有通知专员，即在开始处理操作之前未征询专员的意见（第 55 条第 1 款和第 3 款）；

28）根据本法第 56 条第 2 款规定，未指定保护个人数据的人员；

29）未履行第 57 条第 1 款至第 3 款规定的数据保护义务；

30）违反本法第 63 条至第 71 条规定，将个人数据传输至其他国家和国际组织；

31）未建立实施有效机制以秘密举报违反法律的行为（第 80 条）；

32）违反本法第 92 条规定，出于公共利益、科学研究或历史研究目的或统计目的处理个人数据。

具有法人资格的控制者或处理者，有以下情形之一的，将处以 100000 塞尔维亚第纳尔的罚款：

1）没有按照法律规定告知接收者处理个人数据的特殊条件及其履行这些条件的义务（第 11 条第 5 款）；

2）没有向数据主体提供合理的决定，即没有在第 28 条第 2 款、第 3 款和第 5 款所述的期限内通知数据主体；

3）以直销广告为目的继续处理数据，且数据主体已对该处理提出异议（第 37 条第 3 款）；

4）违反本法第 44 条，未委任在塞尔维亚共和国境内的代表；

5）不保留规定的处理记录（第 47 条），或不记录相关的处理操作（第 48 条）；

6）未能发布数据保护人员的联系信息，并且未将其提交给专员（第 56 条第 11 款）。

未对其在经营过程中所获的个人数据进行保密的自然人，可处以 5000～150000 塞尔维亚第纳尔的罚款（第 57 条第 7 款和第 76 条）。

对于本条第 1 款所述的违法行为，企业应被处以 20000～500000 塞尔维亚第纳尔的罚款。

对于本条第 1 款所述的轻度违法行为，自然人、法人、国家机关、自治组织和地方自治机构的负责人以及外国法人的代表或业务单位的责任人，可被处以 5000～150000 塞尔维亚第纳尔的罚款。

对于本条第 2 款所述的违法行为，企业应被处以 50000 塞尔维亚第纳尔的罚款。

对于本条第 2 款所述的轻度违法行为，应当对自然人、法人、国家机关、自治组织和地方自治机构的负责人以及外国法人的代表或业务单位的责任人处以罚款。

第十章　过渡条款和最终条款

第 96 条　专员代表

根据《个人数据保护法》（塞尔维亚官方公报第 97/08 号、第 104/09 - 其他法律、第68/12 - US 和第 107/12 号文件）当选的个人数据保护专员代表，应继续任职直至任期届满。

第 97 条　生效程序

如果涉及有关数据处理的行使权利的申诉程序、申请从塞尔维亚传输数据的许可申请程序以及监督程序，在本法适用时尚未完成，则根据《个人数据保护法》（塞尔维亚官方公报第 97/08 号、第 104/09 - 其他法律、第68/12 - US 和第107/12 号文件）的规定终止。

第 98 条　中央登记数据处

根据《个人数据保护法》（塞尔维亚官方公报第 97/08 号、第 104/09 - 其他法律、第 68/12 - US 和第 107/12 号文件）设立的中央数据库登记处将在本法生效之后不再存续。

本条第 1 款所指的中央数据库登记处以及该登记处的数据，应按照有关档案材料的规定加以管理。

第 99 条　细则

解释本法的细则应在本法生效之日起 9 个月内通过。

只要不与本法规定相冲突，根据《个人数据保护法》（塞尔维亚官方公报第 97/08 号、第 104/09 - 其他法律、第 68/12 - US 和第 107/12 号文件）制定的细则可以继续适用，直至根据本条第 1 款规定的细则通过之日。

第 100 条　与其他法律的协调

到 2020 年年底前，其他有关个人数据处理的法律规定应与本法规定保持一致。

第 101 条　终止先前的法律

自本法生效之日起，《个人数据保护法》（塞尔维亚官方公报第 97/08 号、第 104/09 – 其他法律、第 68/12 – US 和第 107/12 号文件）将停止适用。

第 102 条　法律生效

本法于在塞尔维亚官方公报上公布之日后第 8 日生效，自生效之日起第 9 个月期满后开始适用，但本法第 98 条规定应从生效之日起适用。

德国数据保护法制概览

　　个人数据保护不仅已经成为世界广泛共识，更是不可逆转的世界合规监管趋势。而在个人数据保护立法进程中，德国可以说是走在最前列，已经形成了一整套非常成熟且独具特色的个人数据保护制度。

　　1970年，德国黑森州（Hessen State）率先颁布了《数据保护法》（*Date Protection Act*），这部法律是世界上第一部真正意义上的数据保护成文法。继黑森州之后，德国联邦也开始筹划全国统一适用的个人数据保护法，后1977年经德国联邦立法机关正式通过了《联邦数据保护法》（*Federal Data Protection Act*，BDSG），再次成为个人数据保护法领域的里程碑事件。之后在联邦层面，德国《刑事诉讼法》（*Criminal Protection Act*，BCPA）、《电信法》（*Telecommunication Act*，BTA）等也将个人数据保护相关规定列入其中，而德国各州也颁布了有关个人数据保护的州立法文件。此后，BDSG又在1990年、1994年、1997年、2003年、2006年、2009年等经多次修订。因此可以说，德国早在20世纪70年代已经开启了个人数据保护从中央到地方、从一般到专门的立法进程，综观全世界也鲜有其他国家能与德国的个人数据保护法律体系相媲美。之所以说德国的个人数据保护体系堪称最先进，主要体现在两方面：一方面，德国对个人数据保护立法的重视程度和立法进度。在欧盟GDPR还未出台前，德国已迅速反应并颁布了新的联邦数据保护法。另一方面，德国个人数据保护立法内容的全面性、实用性及长远性。BDSG不仅涵盖公共机构（public bodies），还包括私营机构（private bodies），开创性地将公共机构和私营机构统一纳入个人数据保护法加以规范。除此之外，对于数据保护官（date protection officers）及联邦数据保护专员（federal commissioner for data protection and freedom of information）也建立了一套系统、完整的人员运作体系。

2018 年 5 月 25 日欧盟《通用数据保护条例》（GDPR）正式生效，标志着数据合规监管元年的到来，而在欧盟成员国中德国是对 GDPR 第一个迅速采取行动的国家。早在 2016 年 GDPR 出台之际，德国就于 2017 年 7 月正式通过了《新联邦数据保护法》(*New Federal Data Protection Act*，new BDSG)，该部法律充分结合了德国自身个人数据保护特点，以取代原来的《数据保护法》。与 GDPR 的立法主旨一样，new BDSG 的最大特点也在于限制企业对于个人用户数据的使用，特别是互联网企业对于个人数据的使用问题。除了加强实施欧盟 GDPR 外，new BDSG 也结合本国国情制定了若干更加细化的规定，包括扩大欧盟新条例下数据保护委托的适用范围，对企业员工的信息保护、视频监控、档案设置以及数据保护影响评估等都作了特别规定。

联邦数据保护法

(2017 年 6 月 30 日；联邦法律公报第 2097 页)

第一部分　通用条款

第一章　范围和定义

第 1 条　适用范围

1. 本法适用于通过下列途径产生的个人数据处理：

（1）联邦公共机构。

（2）各州的公共机构，其数据保护不受州法律管辖，并且：

　　a）执行联邦法律；

　　b）以司法机构的身份处理除行政事项以外的事务。

对于私营机构，本法适用于全部或部分通过自动化方式处理个人数据，并适用于除自动化处理以外的其他类型处理，除非这种处理是由自然人在纯粹的个人或家庭活动过程中进行的，这些个人数据将构成备案系统的一部分或有意构成备案系统的一部分。

2. 其他联邦数据保护立法规定应优先于本法规定。如果这类立法对本法所涵盖的事项没有明确规定或根本不适用，则应适用本法。不根据法律规定而需遵守保密、专业或特别公务保密法律义务的，该义务不受影响。

3. 本法的规定优先于行政程序法中对个人数据进行处理得以确立事实的规定。

4. 本法适用于公共机构。在下列情况下，同时也应适用于私营机构：

（1）控制者或处理者处理德国境内的个人数据；

（2）个人数据是在德国设立的控制者或处理者的活动范围内处理的；

（3）虽然控制者或处理者并没有在欧盟成员国或欧洲经济体的其他缔约国设立，但他确实属于欧洲议会和理事会于 2016 年 4 月 27 日颁布的关于处理个人数据方面保护自然人和数据自由流动的欧盟第 2016/679 号条例范围（《通用数据保护条例》），同时废止第 95/46/EC 号指令（OJ L119，2016 年 5 月 4 日，第 1 页；L314，2016 年 11 月 22 日，第 72 页）。

如果不适用本法第 2 句之规定，则控制者或处理者只能适用第 8 条至第 21 条及第 39 条至第 44 条之规定。

5. 如果直接适用欧盟法律，特别是适用版本是欧盟第 2016/679 号条例，则本法的规定将不适用。

6. 根据欧盟第 2016/679 号条例第 2 条规定，欧洲经济区缔约国和瑞士在以数据处理为目的的事宜上与欧盟成员国享有同等地位。非本条提及的其他国家应被视为第三国。

7. 关于以欧洲议会和理事会于 2016 年 4 月 27 日颁布的欧盟第 2016/680 号指令第 1 条第 1 款为目的处理个人数据的，应由主管机关处理个人数据，以防止、调查、侦查或起诉刑事犯罪或执行刑事处罚，以及此类数据的自由流动，并同时废除欧洲理事会第 2008/977/JHA 号框架决定（OJ L119，2016 年 5 月 4 日，第 89 页）。与申根法的实施、适用及修订有关的国家应与欧盟成员国享有同等地位。非本条提及的其他国家应被视为第三国。

8. 除非本法或其他法律法规另有规定，公共机构对个人数据的处理行为如超出欧盟第 2016/679 号条例及第 2016/680 号指令的适用范围，则仍应当适用欧盟第 2016/679 号条例及本法第 1 部分及第 2 部分的强制规定。

第 2 条　定义

1. 联邦公共机构包括主管机关、司法机构和其他公共法律机构。包括联邦机构、联邦直属公司、公法设立的法定机构和基金会及这些主体组成的联合会，并且不论这些主体的法律形式如何都包括在内。

2. 各州的公共机构是指州、市政当局、市政协会或根据公法规定的其他法人。受土地监督的当局、司法机构和其他公共法律机构及其协会，不论其法律形式如何。

3. 据私法设立并执行公共行政事务的联邦及各州公共机构联合协会应被视为属于联邦公共机构，包括以如下法律形式存在：

（1）它们的权力可延伸至州境以外；

（2）联邦持有绝对多数股权或控制绝对多数投票权。

否则，它们应被视为各州的公共机构。

4. 除第1款至第3款特别约定的，私营机构应包括根据私法确立的自然人和法人、社团和其他组织机构。如果私营机构履行公共行政权力相关的任务，则应是本法所界定的公共机构。

5. 如果联邦的公共机构作为受公法管辖的企业参与竞争，则应视为本法所界定的私营机构。如果是以企业身份参与市场竞争，并受公法管辖及执行联邦法律，同时数据保护并不受州法律约束，则该企业同样应被视为本法所界定的私营机构。

第二章　使用个人数据的法律依据

第3条　公共机构对个人数据的使用

公共机构如确有必要基于任务所需使用个人数据，应被允许。在此情况下，该任务基于执行控制者负责的任务或行使已赋予控制者官方权力的任务。

第4条　公共场所的视频监控

1. 只有在下列必要的情况下，才允许对公众可进入的区域使用光电设备（视频监视）进行监测：

（1）公共机构执行任务；

（2）行使允许或拒绝访问的权利；

（3）为维护特定目的的合法利益。

如果没有任何证据表明数据主体具有合法优先利益，则可用视频监控下列区域：

（1）大型公共设施，如体育设施场所、聚会和娱乐场所、购物中心或停车场；

（2）交通工具和大型公共设施，如公共铁路、船舶或公共汽车运输。

在场人员的生命、健康和自由应被视为至关重要的保护利益内容。

2. 在此情况下，应当采取适当的措施并尽早确定监视者和控制者的姓名与联系方式。

3. 如果有必要存储或使用依据第 1 款所收集的数据以达到预期目的，并且在此情况下，没有任何证据能表明数据主体具有优先合法利益，则须予以准许。第 1 款第 2 项应同时适用。但只有在必要时才能对上述数据进行处理，该必要情形包括对国家和公共安全产生威胁以及对已发生的犯罪进行起诉。

4. 从视频监控中收集的数据属于某特定人的，则该人享有根据欧盟第 2016/679 号条例第 13 条和第 14 条规定的数据使用的知情权。第 32 条应据此适用。

5. 如果数据不再需要用于特定目的或者数据主体的合法利益妨碍任何进一步存储，则应立即删除数据。

第三章 公共机构之数据保护官

第 5 条 职权

1. 公共机构应指定 1 名数据保护官。这也适用于第 2 节第 5 条定义的参与竞争类公共机构。

2. 考虑到其组织结构和规模，可以由若干公共机构联合指定 1 名数据保护官。

3. 数据保护官应具备基本的专业素质，尤其应当具有数据保护相关的专业知识和实践经验，并且能胜任并完成本法第 7 条所述任务。

4. 数据保护官可以是公共机构的编制内工作人员，也可以根据服务合同履行任务的合同工。

5. 公共机构应对外公布该数据保护官的联系方式，并将信息上呈给联邦数据保护和信息自由专员。

第 6 条 职权

1. 公共机构应当确保数据保护官能够适当且有效参与和个人数据保护相关的工作。

2. 公共机构应当对数据保护官执行在本法第 7 条中所述事务时提供必要的资源，以确保其能够执行该事项、获取并处理个人数据，同时应确保数据保护专员维持其专业知识（更新化）。

3. 公共机构应当确保数据保护官不受任何与执行该事项相关的指示性干预。数据保护官应当直接向公共机构的最高级别负责人报告工作。数据保护官不得因其执行工作任务而遭到解雇或受处罚。

4. 对数据保护官的解雇情形仅适用《民法典》第626节规定。除非有事实使公共机构能以正当理由终止其职权并可不另行通知，否则数据保护官的工作不得终止。在作为数据保护的活动结束后，数据保护干事在任命结束后1年内不得被解雇，除非公共机构有正当理由可以不经通知而终止其职权。

5. 数据主体可以就与处理其个人数据有关的所有问题以及根据欧盟第2016/679号条例、本法和其他数据保护法规关于其权利行使问题与数据保护官进行联系。数据保护官应对数据主体的身份以及能够识别数据主体的情况履行保密义务，除非数据主体同意免除其保密。

6. 数据保护官如在其工作过程中意识到公共机构负责人或该机构雇员有权因雇佣原因而拒绝提供数据的，该拒绝权利也同样适用于该数据保护官及其助理。对于因雇佣关系而有权拒绝提供数据的，无论是否最终行使该权利都应当作出明确决定，除非将来可能丧失该拒绝权。如果属于数据保护官行使其拒绝提供数据权利的，其已经掌握的档案和其他文件也不应被扣押。

第7条 工作任务

1. 除欧盟第2016/679号条例所列的工作任务外，数据保护官还应履行以下任务：

（1）向公共机构和根据本法及其他数据保护立法规定负有相关义务的雇员提供信息和咨询意见，包括为执行欧盟第2016/680号指令而颁布的法规；

（2）监督本法和其他数据保护法规的遵守情况，包括为有效实施欧盟第2016/680号指令而颁布的法规以及公共机构有关个人数据保护的政策，包括责任分配、增强认识并培训工作人员的相关业务处理能力及审计能力；

（3）根据本法第69条规定，提供有关数据保护影响评估的建议并监督其执行情况；

（4）与监管机构合作；

（5）就与处理有关的问题，包括本法第69条所述的事先协商，担任监督机构的联络人，并酌情就任何其他事项进行协商。

对于法院指认的数据保护官，这些任务不应涉及以其司法身份行事的法院司法活动。

2. 数据保护专员可以执行其他任务和职责。控制者或处理者应确保任何此类任务和职责不会产生利益冲突。

3. 数据保护专员在履行其任务时应充分考虑与处理事务相关的风险，并考虑其性质、范围、背景和目的。

第四章　数据保护和信息自由联邦专员

第8条　设立

1. 联邦数据保护和信息自由专员（联邦专员）属于联邦最高机关，位于波恩。

2. 联邦专员文职人员应为联邦公务员。

3. 在不影响联邦专员独立性的前提下，联邦专员可以将人力资源管理和管理任务委托给其他联邦机构。公职人员的个人数据可根据需要传送给这些机构，以执行其委派任务。

第9条　权限

1. 联邦专员有权监督联邦的公共机构，如果这些公共机构是以受公法管辖的企业并参加竞争的形式出现的。本章的规定也适用于处理者，如果他们是联邦持有绝对多数股权或控制绝对多数投票权的私营机构，并代表联邦公共机构处理数据。

2. 联邦专员无权监督。

3. 以司法身份行事的联邦法院处理的业务不应受到联邦专员的监督。

第10条　独立性

1. 联邦专员在执行或行使其权力时应完全独立。联邦专员应免受外部的干扰（无论是直接抑或间接的），同时其自身也不得主动寻求或接受任何人的指示。

2. 在不影响其独立性的前提下，联邦专员应接受联邦委员会的审计工作。

第 11 条　任命和任期

1. 根据联邦政府的提议，德国联邦议院应以超过法定人数一半的成员并在不存在异议的情况下选举联邦专员。顺利当选者应由联邦总统任命。

2. 联邦专员在选举时应至少年满 35 岁。他应具备履行其职责和行使其权力所需的资格、经验与技能，特别是在保护个人数据方面。更为关键的是，联邦专员应当基于其相关专业经验对数据保护法有一定了解，并具备担任司法机关或高级行政职务的任职资格。

3. 联邦专员应当在联邦总统面前宣誓："我发誓尽我所能促进德国人民的利益维护，使其免受伤害，捍卫基本法及联邦各法律。我将认真履行我的职责，在我行使所有职权中秉承正义之风，请上帝保佑我。"

4. 联邦委员的任期为 5 年，可连任 1 届。

第 12 条　官方关系

1. 根据本法规定，联邦专员应被赋予公法下的正式联邦成员地位。

2. 任期自交付委任书后开始，并在任期届满或辞职时即告结束。如果联邦专员存在严重不当行为或不再符合履行其任务的要求，则联邦总统应根据联邦议院议长的要求将联邦专员免职。如果正式关系终止或联邦专员被免职，应向联邦专员提供一份由联邦总统签署的文件。免职须在本文件交付时生效。如果正式关系在任期届满时结束，应联邦议院议长的要求，联邦专员有义务继续其工作直至任命继任者为止，但不应超过 6 个月。

3. 如果高级公务员无法履行其职责或其任期已届满且其不再有继续工作的义务，则该高级公务员应行使联邦专员的权利。第 10 条第 1 款据此适用。

4. 从正式关系开始的日历月开始直到其结束的日历月结束，或如属本条第 2 款第 6 项之情形至其停止工作的当月月底，根据《联邦公务员薪酬法》附件 5 的规定，联邦专员应按 B 级联邦公务员的水平领取工资外加家庭津贴。《联邦旅行费用法》和《联邦搬迁费用法》将据此相应适用。在其他方面，均应适用《联邦部长法》第 12 条第 6 款、第 13 条至第 20 条和第 21 条第 1 款第 5 项之规定，但《联邦部长法》第 15 条第 1 款规定的 4 年任期应改为 5 年任期。作为《联邦部长法》第 15 条至第 17 条和第 21 条第 1 款第（5）项第 3 句的例外情形，联邦专员的退休金应根据《联邦公务员退休金和津贴管理法》规定依据其作为联邦专员的任期计算，并作为应计养恤金的服务期，但前提是这更为有利并在其当选为联邦专员之前至少在薪酬等级达到B11 水平前的最后一个职位是公务员或法官。

第 13 条 权利与义务

1. 联邦专员不得实施任何与其职责不相符的行为，并且在其任职期间，不得兼职从事任何与本职业不相符合的其他职业，无论是否获取报酬。特别是，除基于公务事务外，联邦专员不得担任任何其他有偿职务或从事任何商业活动或职业，或以盈利为目的的企业的管理或监督委员会工作，也不得属于联邦或州的政府或立法机构。联邦专员不得发表额外的司法意见以换取报酬。

2. 联邦专员应将其办公期间收到的任何礼品情况通知联邦议院议长。联邦议院议长应决定如何使用这些礼物。议长可颁布与此相关的程序规则和规定。

3. 联邦专员有权拒绝就以联邦专员身份向其提供信息的人员以及就所提供的信息作出证词。这也同样适用于联邦专员的配备员工，前提条件是联邦专员决定行使这项权利。在联邦专员拒绝提供证词的权利范围内，不得要求其提交或交出档案或其他文件。

4. 即使在正式关系结束后，联邦专员也有义务对其因公务而知晓的事项进行保密。该义务不适用于官方通信或公知常识或其性质不需要保密的事项。联邦专员应酌情决定是否以及在何种程度上在法庭内外做证或就此类事项作出陈述；如果他已不在任，则须得到现任联邦专员的许可。这不应影响如实报告罪行和维护自由与民主秩序的法律义务，无论其在何处受到威胁。第 93条、第 97 条、第 105 条第 1 款、第 111 条第 5 款连同《德国财政法典》第105 条第 1 款和第 116 条第 1 款不适用于联邦专员或其工作人员。金融当局因税务犯罪和相关税务程序而要求提供法律诉讼的情况，在有足够公共利益的起诉中，或该人或其授权代表故意提供虚假信息，不适用第（5）项。如果联邦专员确定违反了数据保护规定，则他有权报告该违反行为并相应通知数据主体。

5. 除提供证词会导致以下情形外，联邦专员可以作为证人做证：

（1）损害联邦或州的福利，特别是德意志联邦共和国的安全或与他国关系；

（2）侵犯基本权利。

6. 如果证词涉及正在或已完成的程序，这些程序被视为或可能被视为行政责任核心内容，则联邦专员只能在得到联邦政府批准的情况下做证。《联邦宪法法院法》第 28 条适用不受影响。

7. 本条第 3 款、第 4 款的第（5）项至第（7）项，应相应适用于负责监督各州遵守数据保护规定的公共机构。

第 14 条　任务

1. 除了欧盟第 2016/679 号条例中列明的任务外，联邦专员还应承担以下任务：

（1）监督和执行本法及其他数据保护法规，包括为实施欧盟第 2016/680 号指令而颁布的立法；

（2）促进提高公众对个人数据处理方面的风险、规则、保障和权利的认知与理解，特别制定专门针对儿童的措施；

（3）就与保护自然人在处理个人数据方面的权利和个人数据自由有关的立法和行政措施向德国联邦议院、联邦参议院、联邦政府和其他机构与机关提供咨询意见；

（4）促进提高控制者和处理者对本法和其他数据保护法规所规定义务的认知，包括为实施欧盟第 2016/680 号指令而通过的立法；

（5）应要求向任何数据主体提供信息，说明其根据本法和其他数据保护立法行使权利的情况，包括为执行欧盟第 2016/680 号指令而通过的立法，并酌情为此目的与其他成员国的监督机构合作；

（6）处理数据主体或由机构、组织或协会根据欧盟第 2016/680 号指令第 55 条提出的投诉，并在适当的范围内调查投诉的主题并在合理期限内将投诉调查的进展和结果通知至投诉人，特别是如果有必要进一步调查或与另一个监督机构协调；

（7）与其他监管机构合作，包括通过共享信息和互助，确保本法和其他数据保护立法的适用与执行的一致性，包括为实施欧盟第 2016/680 号指令而通过的立法；

（8）根据从其他监督机构或其他公共机构获悉的信息，对本法和其他数据保护立法的适用情况展开调查，包括为实施欧盟第 2016/680 号指令而通过的立法；

（9）监测有关事态进展，这些事件发展会对个人数据保护产生影响，特别是对信息和通信技术及商业实践的发展产生影响；

（10）就第 69 条所述的处理操作提供咨询意见；

（11）为欧洲数据保护委员会的活动有所作为。

在欧盟第 2016/680 号指令的范围内，联邦专员还应根据第 60 条执行任务。

2. 执行本条第 1 款第 1 句第（3）项所列的任务，联邦专员可应要求或主动向德国联邦议院或其委员会、联邦参议院、联邦政府、其他机构及社会公众就保护个人数据有关的所有事项提出建议。应德国联邦议院、委员会或联邦政府的要求，联邦专员还应调查联邦公共机构的数据保护事项和事件。

3. 联邦专员应协助提交本条第 1 款第（6）项所述的投诉，比如通过电子方式完成投诉所需提交表格等，同时不排除其他便民通信手段。

4. 数据主体属于联邦专员免费服务对象。但如果其请求明显没有根据或过于不合理，特别是重复请求，联邦专员可以根据行政费用收取合理费用或直接拒绝按要求行事。联邦专员应承担请求明显没有根据或过于不合理性质的证明责任。

第 15 条　活动报告

联邦专员应编制年度活动报告，其中可能包含所报告的侵权行为类型和所采取措施的类型清单，包括根据欧盟第 2016/679 号条例第 58 条第 2 款采取的处罚和措施。联邦专员还应将此报告提交给德国联邦议院、联邦参议院和联邦政府，并同时将其提供给社会公众、欧盟委员会和欧洲数据保护委员会。

第 16 条　权力

1. 联邦专员在欧盟第 2016/679 号条例的范围内拥有欧盟第 2016/679 号条例第 58 条所述的权力。

联邦专员如果认定数据保护立法受到侵犯或处理个人数据存在其他问题，

应将该法律或技术事项通知给主管当局，并在行使第 2016/679 号条例第 58 条第 2 款第 B 项至第 G 项、第 I 项和第 J 项所述权力之前，给予该主管当局在合理期限内向控制者提出意见的机会。

如果由于迫在眉睫的危险或出于公共利益需要立即作出决定，或该主管当局与强制性的公共利益相冲突，则可以免除给予提供意见的机会。

该意见还应说明根据联邦专员提供的信息而采取的措施。

2. 联邦专员如果发现，联邦公共机构在为超出欧盟第 2016/679 号条例范围的目的处理数据时违反了本法或其他数据保护法规，或其处理或使用个人数据上存在其他瑕疵，则应向联邦最高主管当局提出申诉，并可要求该当局在联邦专员确定的期限内作出答复。

联邦专员可以免除申诉或回复，特别是在所涉问题过于轻微或在此期间已获得补救的情况下，答复还应说明因联邦专员的申诉而采取的措施。联邦专员还可警告控制者，其打算进行的数据处理操作可能会违反本法的规定和适用数据处理的其他数据保护规定。

3. 联邦专员的权力也应扩大至以下范围：

（1）联邦公共机构获得个人数据有关邮政通信和电信的内容与具体情况；

（2）个人数据受专业或特殊官方保密，特别是《德国会计准则》第 30 条规定的税务保密。

《基本法》第 10 条规定的涉及通信、邮政和电信的基本隐私权，应当相应加以限制。

4. 联邦的公共机构有义务向联邦专员及其助理提供以下支持：

（1）随时可以进入所有办公场所，包括获取任何数据处理设备和手段，以及执行任务所需的所有个人数据和所有信息；

（2）执行任务所需的所有信息。

5. 联邦专员应与负责监督各州遵守数据保护规定情况的公共机构和第 40 节规定的监督机构进行合作。其中第 40 条第 3 款中第（1）项和第（2）项的后半句也应当同样适用。

第五章　欧洲数据保护委员会代表作为单一联络人，负责联邦监管当局与各州在欧盟事务上展开合作

第 17 条　欧洲数据保护委员会代表作为单一联络人

1. 联邦专员应担任欧洲数据保护委员会和单一联络人（联合代表）的联合代表。联邦参议院应选举州监督机构负责人担任联合代表的副手（副代表）。任期为 5 年。州监督机构负责人离职后，其代理职能应同时结束。议员可连任。

2. 依副代表的要求，联合代表应将谈判的领导权和欧洲数据保护委员会在处理各州有权完成的任务的事项上的表决权进行下放，包括单独的州立法或者影响州部门的设立及程序事项。

第 18 条　联邦和各州监管当局之间的合作程序

1. 联邦专员和各州的监督机构（联邦和各州的监督机构）应在欧盟事务中共同努力，以统一适用欧盟第 2016/679 号条例及欧盟第 2016/680 号指令。在向其他成员国的监督当局、欧盟委员会或欧洲数据保护委员会提交共同立场之前，联邦和各州的监督当局应给予对方在早期阶段发表意见的机会。基于此，他们应分享所有相关信息。如果联邦和各州的监督机构受到该事项的影响，应与根据欧盟第 2016/679 号条例第 85 条和第 91 条设立的具体监督机构协商。

2. 如果联邦和各州的监督机构未能就共同立场达成一致意见，在主管监督机构或在没有主管机构的情况下由联合代表及其副手，应就共同立场提出建议。

如果联合代表和副代表仍未能就共同立场的建议达成一致意见，副代表应确定在处理各州有权立法或影响州当局的设立或程序的事项时采取共同立场的建议。

除本条第 2 款所述事项外，联合代表和副代表未达成协议的事项，应由联合代表决定共同立场。谈判应以根据本条第 1 款至第 3 款建议的立场为基础，除非联邦和各州的监督机构以简单多数采取不同的立场。联邦和各州各有 1 票。弃权不应计算在内。

3. 联合代表及副代表应依照本条第 1 款和第 2 款的规定受共同立场的约束，且双方均一致同意根据该共同立场进行谈判。

如果他们未能达成一致意见，则副代表应就本条第 2 款所述事项决定进一步谈判。其他事项由联合代表决定。

第 19 条　责任

1. 根据欧盟第 2016/679 号条例第 7 章，一站式机制中的州主要监督机构应为控制者或处理者的主要设施所在地的州的监督机构，如欧盟第 2016/679 号条例第 4 条第 16 款所述，或在欧盟单一设立，如欧盟第 2016/679 号条例第 56 条第 1 款所述。本法第 56 条第 1 款与欧盟第 2016/679 号条例第 4 条第 16 款一并适用于联邦专员的责任范围。如果没有就确定主管监督机构达成一致，则应适用本法第 18 条第 2 款所述之程序。

2. 监督机构在数据主体向其提出申诉后，应将投诉转发给本条第 1 款所述的主管监督机构；在没有这种主管监督机构的情况下，应将申诉转交给控制者或处理者所在地的州监督机构。

3. 如果申请是向无权监督机构提出的，并且无法以本款第 1 项要求完成转交，则该监督机构应将申诉转交给申请人所在地的相关监督机构。根据欧盟第 2016/679 号条例第 7 章规定，受理机构应被认定为可向其提出申诉的监督机构，并应履行欧盟第 2016/679 号条例第 60 条第 7 款至第 9 款和第 65 条第 6 款所述义务。

第六章　法律救济

第 20 条　司法救济

1. 根据欧盟第 2016/679 号条例第 78 条第 1 款、第 2 款及第 61 款规定，自然人或法人与联邦或州监督机构之间关于权利的争议，应诉诸行政法院。本条不适用于行政罚款程序。

2.《行政法院程序法》的适用应符合本条第 3 款至第 7 款的规定。

3. 对于依照本条第 1 款第（1）项提起的诉讼，监督机构所在地的行政法院应具有当地管辖权。

4. 在根据第 1 款第 1 句进行的诉讼程序中，监督机构有权参加。

5. 依照第 1 款第 1 句参与的诉讼当事人应为下列主体：

（1）作为原告或申请人的自然人或法人；

（2）作为被告或答辩人的监督机构。

《行政法院程序法》第 63 条第 3 款和第 4 款不受影响。

6. 无预审程序。

7. 对于机关或其法律实体，监督机构不得根据《行政法院程序法》第 80 条第 2 款中第 1 句第（4）项下令立即执行。

第 21 条　如果监督机构认为欧盟委员会的决定虽具有充分性但违反法律，则应申请对此进行法院裁决

1. 如果监督机构认为欧盟委员会的一项充分性决定或关于承认标准保护条款或关于核准的行为守则的一般有效性决定（监督机构作出决定所依据的有效性条款）违反了法律，则监督机构应当暂停其程序，并提请法院作出判决。

2. 根据第 1 款规定提起的诉讼应诉诸行政法院，《行政法院程序法》应按照第 3 款至第 6 款的规定进行适用。

3. 联邦行政法院应在初审及终审程序中就监督机构根据第 1 款提出的申请作出裁决。

4. 在根据第 1 款进行的诉讼程序中，监督机构有权参与其中。监督机构应是根据第 1 款作为申请人提起诉讼的一方。《行政法院程序法》中第 63 条第 3 款和第 4 款不受影响。联邦行政法院可给予欧盟委员会在一段合理时间内发表意见的机会。

5. 如根据本条第 1 款审查欧盟委员会决定有效性的程序在欧洲法院处于待决状态，则联邦行政法院可下令中止程序，直至欧洲法程序结束为止。在根据本条第 1 款进行的诉讼中，《行政法院程序法》中第 47 条第 5 款第（1）项和第 47 条第 6 款应相应适用。如果联邦行政法院认定欧盟委员会根据本条第 1 款作出的决定是有效的，则应在其决定中说明此点；否则，应将根据《欧洲联盟运作条约》第 267 条作出的决议有效性问题提交欧洲法院。

第二部分　基于欧盟第 2016/679 号条例第 2 条数据处理的实施规定

第一章　处理个人数据的法律依据

第一副章　处理特殊类别的个人数据和其他目的处理

第 22 条　处理特殊类别的个人数据

1. 作为欧盟第 2016/679 号条例第 9 条第 1 款的例外情形，应允许处理下列欧盟第 2016/679 号条例第 9 条第 1 款所述的特殊类别个人数据：

（1）如果是公共机构和私营机构，则

　　a）必须进行处理，以行使社会保障和社会保护权所产生的权利并履行相关义务；

　　b）出于预防医学、雇员工作能力的评估、医疗诊断、健康或社会护理或治疗、健康或社会护理系统和服务，运营管理之必要目的，且符合数据主体与卫技人员之间合同要求，同时，这些数据是由卫技人员或其他履行职业保密义务或在其监督下的人员处理的；

　　c）基于公共卫生领域的公共利益而必须进行处理，例如，防止严重的跨界健康威胁或确保健康护理、医药产品或医疗器械的高质量和高安全标准；除本条第 2 款所述措施外，还应遵守职业规章和刑法规定的职业保密义务。

（2）如果是公共机构，则

　　a）出于重大公共利益的原因需要紧急处理的；

　　b）必须进行处理以防止对公共安全构成重大威胁；

　　c）必须进行紧急处理以防止对公共利益造成实质性损害或为维护实质性共同利益；

　　d）出于紧急防卫原因或为履行联邦公共机构在危机管理、预防冲突或出于人道主义措施方面的政府间或跨政府间义务而进行的处理是必要的；并且在本款第（2）项中，控制者在数据处理方面的利益大于数据主体的利益。

2. 在本条第 1 款的情况下，应采取适当且具体的措施来维护数据主体的利益。考虑到现有技术水平，实施成本，处理的性质、范围、背景和目的，以及处理过程中对自然人权利和自由存在不同风险，涉及可能性和严重程度，这些措施特指以下内容：

（1）确保处理符合欧盟第 2016/679 号条例的技术组织措施；

（2）确保后续核实及确定个人数据是否进行、由谁输入及更改或删除措施；

（3）提高参与处理业务的工作人员的认知能力的措施；

（4）指定 1 名数据保护官；

（5）控制者和处理者访问个人数据的限制措施；

（6）个人数据的化名；

（7）个人数据的加密；

（8）确保与处理个人数据有关的处理系统及服务相关的能力、机密性、完整性、可用性和复原性措施，包括在发生物理或技术事件时迅速恢复及访问的能力；

（9）定期测试、评估及评价技术和组织措施的有效性，以确保处理的安全性；

（10）在基于其他目的的转让或处理时，应确保遵守本法和欧盟第 2016/679 号条例的特定议事规则。

第 23 条　公共机构基于其他目的而进行的处理

1. 应允许公共机构非以收集数据为目的处理个人数据，但这些处理为履行职责所必需，并且符合以下条件：

（1）明显符合数据主体的利益，并且没有理由推定数据主体知道该其他目的后会拒绝同意。

（2）有必要对数据主体提供的信息进行核对，因为有理由相信这些信息是不正确的。

（3）处理具有必要性，以防止对公共利益造成重大损害或对公共安全、国防或国家安全构成威胁；以维护重大共同利益；或确保关税收入。

（4）追究刑事或行政违法行为的惩罚或措施具有必要性，以执行本法第 11 条第 1 款第（8）项所述的惩罚或措施或《少年法庭法》所述的教育或训诚措施或执行罚款。

（5）为防止严重损害他人的权利进行的必要性处理。

（6）为行使监督权力进行的必要性处理，通过对控制者进行审计或组织分析；同时适用于控制者为培训、审查目的进行的处理，但不得与数据主体的合法利益相冲突。

2. 如果符合本条第 1 款的条件且属于欧盟第 2016/679 号条例的例外情形或适用本法第 22 条规定，则应为收集数据以外的目的处理欧盟第 2016/679 号条例中第 9 条第 1 款所述的特殊类别的个人数据。

第 24 条　私营机构基于其他目的而进行的处理

1. 如果存在下列情况，应允许私营机构为收集个人数据以外的其他目的进行个人数据处理：

（1）处理具有必要性，以防止对国家或公共安全构成威胁或起诉刑事犯罪；

（2）处理是法律主张建立、行使或辩护的必要条件，但应排除数据主体要求不允许对数据进行处理的情形。

2. 如果符合本条第 1 款的条件且属于欧盟第 2016/679 号条例例外情形或适用本法第 22 条规定，则应允许为收集数据以外目的而处理欧盟第 2016/679 号条例中第 9 条第 1 款所述的特殊类别的个人数据。

第 25 条　公共机构转移数据

1. 如果转移机构或转移数据的第三方出于履行职责之必要所需，且符合根据本法第 23 条规定的允许处理之条件，则应允许公共机构将个人数据转移给其他公共机构。数据转移给第三方仅以传输数据为目的处理所传输的数据。只有在符合本法第 23 条条件的前提下，才允许进行其他目的的处理。

2. 如果存在以下情形，应允许公共机构向私营机构转移个人数据。

（1）移交机构履行职责是必要的，并满足第 23 条进行处理的条件。

（2）数据被转让的第三人对所转让的数据的知悉具有正当权益的，数据主体对不转移数据不具有合法的利益。

（3）法律主张的确立、行使或辩护必须进行处理；并且第三方承诺公共机构将只为转移数据的目的处理这些数据。如果允许按照本条第 1 款进行转移，且转移方已同意该转移，则应允许为其他目的进行处理。

如果满足第 1 款或第 2 款的条件并且符合欧盟第 2016/679 号条例第 9 条第 1 款的例外情形或符合第 22 节适用情形，则应允许转让欧盟第 2016/679 号条例第 9 条第 1 款所述的特殊类别的个人数据。

第二副章　特殊处理情况

第 26 条　与就业有关的数据处理

1. 雇员的个人数据可基于雇佣有关的目的而进行处理，包括为作出雇佣决定或受雇后为执行或终止雇佣合同或为行使或履行法律或集体协议或雇主与工会之间的其他协议所规定的雇员代表权的权利及义务。只有在基于现有文件显示有合理理由推定数据主体在受雇期间存在犯罪行为才可以处理员工的个人数据，并且处理此类数据对于调查犯罪是必要的，并且不受数据主体基于不处理数据合法利益所影响，尤其当类型和程度与其理由不符的。

2. 如果员工个人数据在经由其同意进行处理，那么在评估该同意是否基于意思自治原则时，则应考虑员工对雇佣关系的依赖程度和给予同意的条件。如果该同意与员工的法律或经济利益相关，或者雇主和雇员追求相同的利益，则可认定为意思自治性同意。除因特殊情况而适用其他形式，则同意意思表示应以书面形式实现。雇主应以文字形式告知员工数据处理的目的以及根据欧盟第 2016/679 号条例第 7 条第 3 款享有的撤销同意的权利。

3. 根据欧盟第 2016/679 号条例第 9 条第 1 款的规定，如果有必要行使权利或为遵守《劳动法》《社会保障和社会保护法》相关法律义务，则应允许处理第 2016/679 号条例第 9 条第 1 款所述特殊类别的个人数据；并且没有理由证明数据主体在不处理数据方面具有排他性合法利益的优先阻却事由。第 2 款也适用于同意对特殊类别个人数据的处理；同意意思表示必须明确提及这些数据。本法第 22 条第 2 款相应适用。

4. 个人数据的处理，包括与基于雇佣目的相关的特殊个人数据处理，应是基于集体协议而作出的允许。协商双方应遵守欧盟第 2016/679 号条例第 88 条第 2 款规定。

5. 控制者必须采取适当措施，确保与欧盟第 2016/679 号条例第 5 条所述的个人数据处理原则一致。

6. 工会的参与权不受影响。

7. 如员工的个人数据（包括特殊类个人数据）在未形成或拟纳入而暂未纳入档案系统的情况下进行处理，则第 1 款至第 6 款也适用。

8. 为本法之目的，雇员意指：

（1）独立雇工，包括受雇于借款雇主的临时工；

（2）受雇于职业培训的人员；

（3）参与工作生活、职业能力评估或工作试验（正在接受康复治疗）的福利参与者；

（4）受雇于经认可的残疾人士讲习班的人员；

（5）根据《青年志愿者服务法》或《联邦志愿者服务法》开展工作的志愿者；

（6）因经济依赖而应视为相当于受抚养就业的人员，包括在家工作的人或其同等性质的人；

（7）联邦公务员、联邦法官、军事人员和替代性文职人员。

就业申请人和终止雇佣关系的人也应视为雇员。

第 27 条　用于科学或历史研究以及统计目的的数据处理

1. 根据欧盟第 2016/679 号条例第 9 条第 1 款规定，应允许处理欧盟第 2016/679 号条例第 9 条第 1 款所述的特殊类别个人数据，并且无须经同意即可用于科学、历史研究目的或统计目的，如果这些处理对于这些目的是必要的，并且处理中的控制者的利益远超过未处理数据的数据主体的利益。控制者应按照第 22 条第 2 款第（2）项采取适当及具体措施，以保护数据主体的利益。

2. 欧盟第 2016/679 号条例第 15 条、第 16 条、第 18 条和第 21 条规定的数据主体的权利应限于这些权利可能使研究或统计目的无法实现或严重损害的范围，并且这种限制是实现研究或统计目的所必需的。此外，如果数据对于科学研究而言是必要的，并且提供信息涉及不相称的努力，则欧盟第 2016/679 号条例第 15 条规定的准入权不适用。

3. 除第 22 条第 2 款所列措施外，欧盟第 2016/679 号条例第 9 条第 1 款所述的特殊类别的个人数据应可以匿名形式从事其经允许的研究或统计目的工作，除非这与数据主体的合法利益产生冲突。在此之前，能够将有关个人或物质情况的信息归于已识别或可识别的个人的特征应单独存储。他们只能在研究或统计目的所要求的范围内与信息相结合。

4. 控制者只可在获得数据主体同意的情况下公布个人数据或证明在提供关于当前事件的研究结果时是不可或缺的，则可根据第 22 条第 2 款第（2）项公布个人数据。

第 28 条　为公共利益进行归档的数据处理

1. 作为欧盟第 2016/679 号条例第 9 条第 1 款之例外情形，如确必要，则应允许依据欧盟第 2016/679 号条例第 9 条第 1 款所述的特殊类别的个人数据并用于为公共利益目的存储。控制者应根据本法第 22 条第 2 款第（2）项采取适当的具体措施，保障数据主体的利益。

2. 欧盟第 2016/679 号条例第 15 条规定的查阅权不适用于档案材料未标明此人姓名或无信息显示能通过合理行政手段获取该档案材料。

3. 根据欧盟第 2016/679 号条例第 16 条规定的更正权，如属为公共利益而做存档用途而处理，则不适用。如果数据主体对个人数据的准确性有异议，他/她应有机会出示其版本，负责存档的相关人员有义务将此版本添加到文件中。

4. 欧盟第 2016/679 号条例第 18 条第 1 款第（a）项、第（b）项和第（d）项，以及第 20 条、第 21 条规定的权利不适用于这些权利可能无法实现的情况，同样不适用于会严重损害公共利益而实现的归档目的，为实现这些目的需考虑例外情况。

第 29 条　保密义务情况下数据主体的权利和监督机构的权力

1. 除欧盟第 2016/679 号条例第 14 条第 5 款中的例外情况外，根据欧盟第 2016/679 号条例第 14 条第 1 款至第 4 款向数据主体提供信息的义务不适用于履行此义务将披露本质上必须保密的信息，尤其第三方存在绝对优先的合法权益。根据欧盟第 2016/679 号条例第 15 条的规定，查阅权不适用于根据法律或其性质必须保密的信息，尤其第三方存在绝对优先的合法权益时。除了欧盟第 2016/679 号条例第 34 条第 3 款的例外情况，根据欧盟第 2016/

679 号条例第 34 条规定向数据主体通知个人数据泄露的义务不适用于履行这一义务而应披露法律或其性质必须保密的信息，尤其第三方存在绝对优先的合法权益时。如果数据主体的利益超过保密利益，则不受第 3 款规定的例外情况约束，应根据欧盟第 2016/679 号条例第 34 条规定向数据主体进行披露。

2. 如果在当事人与律师的关系中，第三人的数据被转移给负有专业保密法律义务的人，则除非数据主体具有高于被告知者的绝对优先合法权益，否则转让者没有义务根据欧盟第 2016/679 号条例第 13 条第 3 款通知数据主体。

3. 监督机构不得具有欧盟第 2016/679 号条例第 58 条第 1 款第（e）项和第（f）项规定的调查权，因为《刑法》第 203 条第 1 款、第 2 款和第 3 款所列人员或其处理者在行使这些权利时将违反其应负的保密义务。在调查过程中，如果监督机构意识到第 1 款所述需数据主体应遵守保密义务，则保密义务也应同样适用于监督机构。

第 30 条　消费者贷款

1. 任何为商业转让目的而收集、存储或修改可用于评估消费者信誉的个人数据的机构，应将欧洲联盟其他成员国的放款人要求提供信息的请求与对待国内放款人的信息要求同等对待。

2. 任何人如因第 1 款所述的主体所提供的信息而拒绝订立消费者贷款协议或关于向消费者提供经济援助以支付协议款项，须立即将该项拒绝及所收到的信息通知该消费者。如果这样做会危及公共安全或秩序，则不得发出通知。本法第 37 条不受影响。

第 31 条　评分和信用报告情况下保护商业交易

1. 为决定与自然人之间合同关系的设立、执行或终止的，只有在下列情况下，才允许该人在采取进一步行动时使用概率值（评分）：

（1）遵守了数据保护法的规定；

（2）用于计算概率值的数据对于基于科学识别的数学统计程序来计算行动概率是必不可少的；

（3）除地址数据外的其他数据用于计算概率值；

（4）如果确需使用地址数据，则在计划使用这些数据之前应通知数据主体，并且应将该通知记录留存。

2. 只有符合第 1 款条件且仅涉及未按时履行债务而提出索赔的情况下，才允许使用信用报告机构计算的概率值来确定自然人的支付能力和支付意愿，其中对未按时债务而提出索赔应考虑以下因素：

（1）通过一项最终决定或一项宣布暂时可强制执行的决定，或根据《民事诉讼法》第 794 条发布的执行权。

（2）根据《破产法》第 178 条设立并且债务人未在核查会议上提出异议的。

（3）债务人明确承认的。

（4）为此：

    a）债务人在债权到期日后至少收到两份书面催复通知；

    b）自第 1 次催复通知以来至少已经过 4 周；

    c）债务人事先至少在第 1 次催复时被告知可能由信用报告机构审议；

    d）债务人没有对索赔提出异议。

（5）债权所依据的合同关系可在未事先通知欠款的情况下终止同时被告知可能由信用报告机构审议其资信情况。

根据一般数据保护法处理包括概率值的计算、与信用报告相关的其他数据合法性问题均不受影响。

第二章　数据主体的权利

第 32 条　从数据主体收集个人数据时提供的信息

1. 除了欧盟第 2016/679 号条例第 13 条第 4 款的例外情况，根据欧盟第 2016/679 号条例第 13 条第 3 款向数据主体提供信息的义务不适用于提供有关计划进一步使用的信息。

（1）进一步处理以模拟形式存储的数据，控制者通过进一步处理直接与数据主体联系；其目的与根据欧盟第 2016/679 号条例关于收集数据的原始目的相符；与数据主体的沟通不以数字形式进行；鉴于个案情况的存在，尤其在收集数据的背景下，数据主体对接收信息的利益可被视为最低限度；

（2）如果是公共机构，将危及欧盟第 2016/679 号条例第 23 条第 1 款第（a）项至第（e）项所述的任务的正常履行，而控制者不提供信息的利益大于数据主体的利益；

（3）会危害公共安全或秩序，或会损害联邦或州的公共福利，而控制者不提供信息的利益大于数据主体的利益；

（4）会干扰合法索赔的设立、行使或辩护，而控制者不提供信息的利益大于数据主体的利益；

（5）会危及机密数据向公共机构的传输。

2. 如果未按照第 1 款向数据主体提供信息的，则控制者应采取适当措施保护数据主体的合法利益，包括以透明、明确、易懂或易于获取的形式提供欧盟第 2016/679 号条例第 13 条第 1 款和第 2 款所述的信息。控制者应书面说明不提供信息的理由。第 1 句和第 2 句不适用于第 1 条第 4 款及第 5 款的情况。

3. 如因临时障碍而未在第 1 款的情况下提供通知，则控制者应在障碍消除后的适当时间内，在考虑到处理的情况下，履行提供信息的义务，但不得迟于两周。

第 33 条　在未从数据主体获取个人数据的情况下提供的信息

1. 除欧盟第 2016/679 号条例第 14 条第 5 款和第 29 条第 1 款第（1）项中的例外情况外，如提供数据会导致以下情形，根据欧盟第 2016/679 号条例第 14 条第 1 款、第 2 款、第 4 款向数据主体提供信息的义务则不适用：

（1）就公共机构而言：

　　a）由控制者履行欧盟的责任义务会危及第 2016/679 号条例第 23 条第 1 款第（1）项至第（5）项所述任务的正常执行；

　　b）威胁公共安全或秩序，或以其他方式损害联邦或州利益。

因此，数据主体无权优先接收信息。

（2）就私营机构而言：

　　a）会干扰法律主张的确定、行使或为之辩护，或处理包括私法订立的合同中的数据，旨在防止刑事犯罪造成的损害，除非数据主体在接收信息方面具有排他性的合法利益；

　　b）主管公共机构已对控制者作出裁定并确定披露数据会危害公共安全或秩序，或以其他方式损害联邦或州的利益；在为执法目的进行数据处理的情况下，不需要根据上半句作出裁定。

2. 如果未按照第 1 款向数据主体提供信息的，则控制者应采取适当措施保护数据主体的合法利益，包括以透明、明确、易懂和易于获取的形式并以明确易懂的语言文字向公众提供欧盟第 2016/679 号条例第 14 条第 1 款和第（2）款所述的信息。控制者应书面说明不提供信息的理由。

3. 如果提供的信息涉及公共机构将个人数据转移给保护宪法的当局、联邦情报局、军事反情报局、联邦国防部其他当局，只要是联邦安全受到影响的，则只有经这些机构批准才允许此类规定。

第 34 条 数据主体访问权

1. 除了第 27 条第 2 款、第 28 条第 2 款和第 29 条第 1 款第（2）项中的例外情况外，根据欧盟第 2016/679 号条例第 15 条规定，数据主体的访问权不适用于以下情形：

（1）不应根据第 33 条第 1 款第（1）项、第 2 款第（2）项或第 33 条第 3 款规定通知数据主体；

（2）数据：

    a）仅因为有关保留的法律或法定规定可能不会被删除而被记录；

    b）仅用于监控数据保护或保护数据。

提供信息需作出不合理的努力并且适当的技术和组织措施使得为其他进行处理变得不可能。

2. 拒绝提供信息的原因应记录在案。应告知数据主体拒绝提供信息的原因，除非依据法律提供的理由及决定做依据的事实会导致拒绝提供数据的预期结果。只有是为数据主体提供数据或数据保护监控之目的才可以对数据进行存储并制定此类规定进行数据处理；其他目的的处理应根据欧盟第 2016/679 号条例第 18 条加以限制。

3. 如果联邦公共机构不向数据主体提供信息，则应根据数据主体的要求向联邦专员提供此类信息，除非主管的最高联邦当局在个案中作出裁决认定这样做会危及联邦或州的安全。联邦专员通知数据主体有关数据保护评估结果时不允许就控制者掌握的信息得出任何结论，除非后者同意提供更广泛的信息。

4. 数据主体有权获得由公共机构处理个人数据的情况，无论是自动还是非自动形式，并且只有在数据主体提供能够定位数据的信息且付出的努力与数据主体对信息的需求相符合时才能将该等数据存储在档案系统中。

第 35 条 删除权

1. 如果在非自动数据处理的情况下导致删除不具有可能性，或者由于特定的存储方式而需要不合理付出，并且数据主体对于删除仅享有最低限度的利益，除欧盟第 2016/679 号条例第 17 条第 3 款规定的例外情况外，数据主体无权删除个人数据，且无义务根据欧盟第 2016/679 号条例第 17 条第 1 款删除个人数据。在这种情况下，根据欧盟第 2016/679 号条例第 18 条应对处理进行限制，而非直接删除。如果个人数据是非法处理的，则第 1 句和第 2 句不适用。

2. 除欧盟第 2016/679 号条例第 18 条第 1 款第（b）项和第（c）项之外，第 1 条第 1 句和第 2 句应对应适用于第 17 条第 1 款第（a）项和第（d）项，只要控制者有理由相信删除行为会对数据主体的合法利益产生不利影响。如果可能或不造成不合理负担，控制者应通知数据主体对处理加以限制。

3. 如果删除行为会与法规或合同规定的保留期发生冲突，除欧盟第 2016/679 号条例第 17 条第 3 款第（b）项之外，第 1 款也应相应适用于欧盟第 2016/679 号条例第 17 条第 1 款第（a）项规定。

第 36 条 反对权

根据欧盟第 2016/679 号条例第 21 条第 1 款，对公共机构提出异议的权利不适用于在处理过程中存在超过数据主体利益的紧急公共利益或法律要求进行处理的情况。

第 37 条 个人自动化决策，包括分析行为

1. 如果决定是根据保险合同提供服务的情况作出的，则除欧盟第 2016/679 号条例第 22 条第 2 款第（a）项和第（c）项规定的例外情况外，根据欧盟第 2016/679 号条例第 22 条第 1 款规定的权利不受仅以自动处理为依据作出决定并不适用。

（1）满足数据主体的要求。

（2）该决定是基于治疗性报酬的约束性规则的应用，并且请求未得到充分批准的情况下控制者将采取适当的措施以保护数据主体的合法利益，数据

主体至少能获得人为干预的权利，表达自己的观点并提出异议；控制者应于获悉未完全批准数据主体请求的通知前，将这些权利通知给数据主体。

2. 根据第 1 款作出的决定可以基于第 4 条第 4 款所述的健康数据的处理。控制者应根据第 22 条第 2 款采取适当和具体措施，保障数据主体的利益。

第三章 控制者和处理者的义务

第 38 条 私营机构的数据保护专员

1. 除了欧盟第 2016/679 号条例中第 37 条第 1 款第（b）项和第（c）项之外，控制者及处理者应指定 1 名数据保护专员，如果他们经常雇佣至少 10 人来进行个人数据的自动处理。如果控制者或处理者根据欧盟第 2016/679 号条例第 35 条进行数据保护影响评估，或者他们为了转移或出于市场、研究意见而商业化处理个人数据，无论处理者的数量，他们都应指定 1 名数据保护专员。

2. 第 6 条第 4 款、第 5 款第 2 句和第 6 款应同样适用，但第 6 条第 4 款仅适用于强制性指定数据保护专员情况。

第 39 条 认证

根据欧盟第 2016/679 号条例第 43 条第 1 款第 1 句规定，认证机构的权力应由联邦监督机构或在德国认证机构认证的情况下负责对该认证机构数据保护监督的各州来给予授予。德国认证机构认可的基础为第 2 条第 3 款第 2 句、第 4 条第 3 款和第 10 条第 1 款第 1 句。《认证机构法》第 3 条适用于数据保护属于第 1 条第 2 款第 2 句范围的情况。当数据保护属于《认证机构法》第 1 条第 2 款第 2 句的范围时，则该法第 2 条第 3 款第 2 句、第 4 条第 3 款和第 10 条第 1 款第 1 句第（3）项应同样适用。

第四章 私营机构数据处理监督机构

第 40 条 各州的监督机构

1. 根据州法律，监督机构应监察各私营机构在欧盟第 2016/679 号条例范围内实施数据保护立法的情况。

2. 如果控制者或处理者在德国设有多个机构，则应根据欧盟第 2016/679

号条例第4条第16款规定来确定具有管辖权的监督机构。如果多个监督机构认为自己均有管辖权或均没有管辖权，或因为其他原因无法确定管辖权归属，则监督机构应根据第18条第2款共同作出认定。《行政程序法》第3条第3款和第4条对此相应适用。

3. 监督机构仅可因监督之目的而处理其存储的数据；为此，其可将数据传输给其他监督机构。如符合欧盟第2016/679号条例第6条第4款规定并满足下述条件，则应允许为其他目的进行数据处理：

（1）与明显数据主体的利益相符合，同时也没有理由推定如数据主体知道该其他目的会拒绝同意；

（2）为了防止对公共利益造成重大损害或对公共安全的威胁，或为了维护公众重大关切的共同利益，必须进行处理；

（3）为处理犯罪或行政违法行为、实施或执行第11条第1款第8项所述的处罚或措施、《少年法庭法》所述的教育或纪律措施或执行罚款，必须进行处理。

如果监督机构认定数据保护立法受到侵犯，则有权通知有关数据主体并将违规行为报告给负责起诉或处罚的其他机构，如涉及严重违规行为，则应通知贸易监督机构根据《贸易和工业法》采取相应措施。第13条第4款第4句至第7句相应适用。

4. 受监督的机构及其管理负责人应按要求向监督机构提供履行其任务所需的信息。被要求提供信息的人可以拒绝回答暴露其本人或亲属身份的问题。如涉及根据《民事诉讼法》第383条第1款第（1）至第（3）项而提起刑事起诉或根据《行政处罚法》而提起诉讼的风险，则应通知需要提供信息者本人。

5. 经监督机构授权负责监测数据保护立法遵守情况的工作人员为执行其任务，有权进入该机构的场地并调查其财产，并有权使用所有数据处理设备和装置。被调查机构应容忍上述调查活动。第16条第4款相应地适用。

6. 监督机构应向数据保护专员提供咨询及相关支持以满足其特定需求。如果数据保护专员不具备执行其任务所需的专业知识，或者如欧盟第2016/679号条例第38条第6款所述存在严重的利益冲突，则监督机构可要求解雇该数据保护专员。

7. 《贸易管理规则》的适用不受影响。

第五章　处罚

第41条　刑事诉讼及行政罚款程序的法律适用

1. 除非本法另有规定,《行政处罚法》的规定应适用于欧盟第2016/679号条例第83条第4款至第6款规定的违法行为。《行政处罚法》第17条、第35条和第36条则不适用。《行政处罚法》第68条的适用条件是地方法院对行政罚款是否超过10万欧元进行裁决。

2. 除非本法另有规定,《行政处罚法》和刑事诉讼程序的一般性法律,即《刑事诉讼法》和《法院组织法》的规定应适用于欧盟第2016/679号条例第83条第4款至第6款规定的违法行为的诉讼程序。《行政处罚法》第56条至第58条、第87条、第88条、第99条和第100条不适用。《行政处罚法》第69条第4款第2句的适用条件是检察官办公室只有在获得作出行政处罚决定的监督机构批准后才可停止诉讼。

第42条　刑罚条款

1. 对于无法公开访问到的大量人员的个人数据,故意并擅自作出下列行为,应处以最高3年的监禁或罚款:

（1）将数据传输给第三方;

（2）通过其他方式用于商业目的。

2. 对于不能公开访问的个人数据实施下列行动的,应处以最高两年的监禁或罚款:

（1）未经授权处理;

（2）欺诈获取金钱回报或为了使本人或他人获利或损害他人利益。

3. 只有在有人提出申诉时,该等罪行才会被检控。数据主体、控制者、联邦专员和监督机构均有权申诉。

4. 根据欧盟第2016/679号条例第33条发出的通知或根据欧盟第2016/679号条例第34条第1款发出的通信可用于刑事诉讼程序中,但只有经提供通知或通信所需的人的同意下可适用于《刑事诉讼法》第52条第1款所述须提供通知或通信的人或其亲属。

第 43 条　行政罚款规定

1. 故意或过失从事下列行为，即属行政违法行为：

（1）违反本法第 30 条第 1 款规定，未能妥善处理信息请求；

（2）违反本法第 30 条第 2 款第 1 句规定，未通知或未正确、未充分、未及时通知消费者。

2. 行政违法行为可处以最高 5 万欧元的罚款。

3. 本法第 2 条第 1 款所述的监督机构及其他公共机构不受任何行政罚款。

4. 根据欧盟第 2016/679 号条例第 33 条发出的通知或根据欧盟第 2016/679 号条例第 34 条第 1 款发出的函件，只有在被要求提供通知或函件的人同意的情况下，才能在根据《行政处罚法》对《刑事诉讼法》第 52 条第 1 款所述被要求提供通知或函件的人或亲属提起的诉讼中使用。

第六章　法律补救措施

第 44 条　针对控制者或处理者的诉讼

1. 在欧盟第 2016/679 号条例范围内对违反数据保护法的控制者或处理者提起诉讼，数据主体可在控制者或处理者设立地的法院就违法事项提起诉讼，也可以根据第 1 句之规定在数据主体的经常居住地的地方法院提起诉讼。

2. 第 1 款不适用于公共机构行使其特别管辖权的诉讼程序。

3. 如果控制者或处理者根据欧盟第 2016/679 号条例第 27 条第 1 款规定指定了代表，则该代表也可依据第 1 款的规定授权代理人进行民事诉讼程序。《民事诉讼法》第 184 条的适用不受影响。

第三部分　根据欧盟第 2016/680 号指令第 1 条第 1 款处理目的的实施规定

第一章　处理个人数据的范围、定义和一般原则

第 45 条　范围

本部分的规定应适用于负责预防、调查、侦查或起诉刑事犯罪或行政违

法行为或执行刑事或行政处罚的负责执行这些任务的公共机构处理个人数据。在这种情况下，公共机构应被视为控制者。第 1 句中提到的预防刑事犯罪应包括防范和防止对公共安全的威胁。第 1 句和第 2 句也适用于负责执行处罚的、《刑法》第 11 条第 1 款第（8）项中所述措施、《少年法庭法》中所述教育或纪律措施或罚款。就本部分包含处理者的规定，也同样适用。

第 46 条　定义

本法所述名词定义：

（1）个人数据：指与已识别或可识别的自然人（数据主体）有关的任何信息；可识别的自然人是可以直接或间接识别的自然人，尤其是通过参考如姓名、识别号、位置数据、在线标识符或与该人的身体、生理、遗传、心理、经济、文化或社会身份有关的一个或多个因素等识别特征。

（2）处理：指对个人数据或个人数据集执行的任何操作或一组操作，无论是否通过自动化手段，如收集、记录、组织、结构、存储、改编、更改、检索，通过传送、传播或以其他方式披露、调整、组合、限制、删除或销毁。

（3）处理限制：指对存储的个人数据进行标记，以限制其今后的处理。

（4）特征分析：指任何形式的个人数据自动处理，以评估自然人相关的某些个人特征，特别是分析或预测有关自然人在工作中的表现、经济状况、健康、个人偏好、兴趣、可靠性、行为、地点或流动性。

（5）化名：指处理个人数据的一种方式，即在不使用其他信息的情况下不再将数据归因于特定数据主体，但这些附加信息必须是单独保存的，并需采取技术和组织措施，以确保个人数据不能归咎于已识别或可识别的自然人。

（6）归档系统：指根据特定标准可访问的任何结构化个人数据集，无论在功能、地理基础上是集中式的、分布式的还是分散式的。

（7）控制者：指单独或与他人共同确定处理个人数据的目的和方法的自然人或法人、公共机关、机构或任何其他机构。

（8）处理者：指代表控制者处理个人数据的自然人或法人、公共权力机构、代理机构或其他机构。

（9）接收者：指个人数据所披露的自然人或法人、公共机构、其他机构或实体，无论是否为第三方。但是，根据联盟或其他法律进行的特定调查框架内接收个人数据的公共机构不应被视为接收者；这些公共机构对这些数据的处理应根据处理目的遵守适用的数据保护规则。

（10）个人数据违法：指违反安全规定，导致对处理的个人数据进行意外或非法破坏、丢失、篡改、未经授权的披露或访问。

（11）遗传数据：指与自然人的遗传或获得的遗传特征有关的个人数据，其提供关于该自然人的生理学或健康的独特信息，特别是生物样本分析。

（12）生物识别数据：指由与自然人的身体、生理或行为特征有关的特定技术处理产生的个人数据，其允许或确认该自然人的独特识别，特别是面部图像或指纹数据。

（13）健康数据：指与自然人的身心健康有关的个人数据，包括医疗保健服务显示有关其健康状况的信息。

（14）特殊类别的个人数据：

　　a）表明种族或族裔出身、政治观点、宗教或哲学信仰或工会会员资格的数据；

　　b）遗传数据；

　　c）用于唯一识别自然人的生物识别数据；

　　d）健康相关数据；

　　e）有关自然人性生活或性取向的数据。

（15）监督机构：指由成员国根据欧盟第 2016/680 号指令第 41 条设立的独立公共机构。

（16）国际组织：指由国际公法管辖的组织及其下属机构，或由两个或多个国家之间设立或协议设立的任何其他机构。

（17）同意：指在特定情况下数据主体的意愿的任何自由、具体、知情和明确的指示，通过声明或明确的肯定性行为，表示同意处理个人数据。

第 47 条　处理个人数据的一般原则

处理个人数据应遵循下列原则：

（1）合法公平地处理。

（2）收集用于指定的、明确的和合法之目的，而非以不符合这些目的的方式处理。

（3）处理与其处理目的相关，且是适当的而非过度的。

（4）准确并在必要时持续更新；必须采取一切合理步骤，确保在考虑到处理目的的情况下，迅速删除或纠正不准确的个人数据。

（5）以一种特定方式进行处理，以确保数据主体的识别时间不超过其处理目的所必需的时间。

（6）以一种特定方式进行处理，以确保个人数据的适当安全性，包括使用适当的技术或组织措施防止未经授权或非法处理行为以及意外丢失、破坏或损坏。

第二章 处理个人数据的法律依据

第48条 处理特殊类别的个人数据

1. 只有在执行控制者所必须的任务的情况下，才允许处理特殊类别的个人数据。

2. 如果处理特殊类别的个人数据，则应对数据主体受法律保护的利益采取适当的保护措施，特别是以下措施：

（1）数据安全或数据保护监控的特定要求；

（2）数据的相关性审查及删除必须有特殊时间限制；

（3）提高参与处理的工作人员认知能力的措施；

（4）控制者访问个人数据的限制；

（5）此类数据的分离处理；

（6）个人数据的化名；

（7）个人数据的加密；

（8）特殊行为准则，以确保在转移或处理其他目的的情况下是合法处理。

第49条 用于其他目的的处理

如果该目的是第45条中列出的目的之一，则应允许处理用于收集个人数据之外的其他目的的个人数据，控制者有权为此目的处理数据，处理是必要的并且与此目的相符。如果法律允许，则应允许处理未在第45条中列出的其他目的的个人数据。

第 50 条　处理归档、科学和统计目的

如果此做法符合公共利益并且对受法律保护的数据主体利益实施了适当保护措施，则可以在第 45 条中列出的目的的情况下以归档、科学或统计形式处理个人数据。此类保护措施可包括个人数据快速匿名化，采取措施防止未经授权向第三方披露信息，或在组织和空间上将其与其他任务分开处理。

第 51 条　同意

1. 如果法律要求处理个人数据需先经同意，则控制者必须在处理数据前提供数据主体同意的证据。

2. 如果数据主体的同意也是在与其他事项有关的书面声明范围中作出的，则该同意应以清晰明了的语言表达并以易于理解、易于获取的形式呈现。

3. 数据主体有权随时撤回其同意，撤回同意不得影响撤回前同意处理的合法性。在给予同意之前，应通知数据主体。

4. 同意仅在数据主体自由作出决定时有效。在评估是否属于自由决定时，必须考虑给予同意的情况。同时应告知数据主体处理的预期目的。如有必要，在个别情况下或在数据主体提出要求时，还应将拒绝同意的后果告知数据主体。

5. 如果要处理特殊类别的个人数据，则同意应明确提及这些数据。

第 52 条　处理控制者的指示

除控制者指示外，任何在控制者或处理者授权下行事的人均不得处理这些数据，除非法律强制规定。

第 53 条　保密

受雇于数据处理的人员未经授权（保密）不得处理个人数据。在履行保密规定时，他们有义务履行该保密职责。工作结束后，保密义务仍将继续有效。

第 54 条　自动化个人决定

1. 仅以自动处理为基础作出的决定，如果对数据主体产生不利的法律影响或对其产生重大影响，则只有在法律授权的情况下才能允许。

2. 第 1 款中提及的决定不应基于特殊类别的个人数据，除非采取适当措施使数据主体受法律保护和维护其合法利益。

3. 禁止因特殊类别个人数据而导致的对自然人的歧视性剖析。

第三章　数据主体的权利

第 55 条　数据处理的一般信息

控制者应提供以下内容的一般可公开获取信息：

（1）用于处理目的；

（2）数据主体享有处理其个人数据的获取、纠正、删除和限制的权利；

（3）控制者和数据保护官的姓名和联系方式；

（4）享有向联邦专员投诉的权利；

（5）联邦专员的联系方式。

第 56 条　数据主体的通知

1. 如果特殊立法规定或要求通知数据主体对其个人数据进行处理，特别是在秘密行动下，此类通知应至少包括以下信息：

（1）第 55 条中列出的信息；

（2）处理的法律依据；

（3）存储个人数据的期限，或者无法确定期限时用于确定该期限的标准；

（4）个人数据的接收者类别（若有）；

（5）必要时可以提供进一步的信息，尤其是在收集个人数据时不知道数据主体的情况下。

2. 在第 1 款的情况下，只有在满足下列条件时控制者才可推迟、限制或不发出通知：

（1）执行第 45 条列出的任务；

（2）公共安全；

（3）受法律保护的第三方利益会受到威胁并且避免这些威胁所产生的利益超过数据主体的利益。

3. 如果通知涉及向保护宪法权力机构转移个人数据，如联邦情报局、军事反情报局及联邦国防部的其他机关，只要联邦的安全受到影响，只有在获得这些机构批准的情况下才允许发出通知。

4. 第 57 条第 7 款应据此适用于第 2 款作出限制。

第 57 条 访问权

1. 控制者应根据要求通知数据主体是否正在处理与其有关的数据。数据主体也有权获得以下相关信息：

（1）正在处理的个人数据及其所属的类别；

（2）有关数据来源的可用信息；

（3）处理目的和法律依据；

（4）数据披露的接收者或接收者类别，尤其在第三国或国际组织的接收者；

（5）数据存储的时间段，或者无法确定时用于确定该时间段的标准；

（6）控制者是否存在纠正或者删除数据的权利或者数据处理的限制；

（7）根据第 60 条向联邦专员提出申诉的权利；

（8）联邦专员的联系方式。

2. 如果提供信息需要不合理付出并且适当的技术和组织措施使得处理其他目的变得不可能，第 1 款不适用于仅因为保留的法律或法定条款而无法删除的个人数据，或仅用于监控数据保护或保护数据的目的。

3. 如果数据主体未提供能定位的数据信息，并且所需的努力与数据主体对信息的利益不成比例，则不应提供信息。

4. 在符合第 56 条第 2 款条件的规定下，控制者可依照第 1 款第 1 句免除提供信息的义务，或根据第 1 款第 2 句全部或部分限制提供信息。

5. 如果提供的信息涉及向保护宪法的机关、联邦情报局、军事反情报局以及联邦国防部其他机关转移个人数据的，只要联邦安全可能受到影响，只有经这些机构批准才允许这样的规定。

6. 控制者应立即以书面形式通知数据主体任何拒绝或限制访问。但如果提供此信息会产生第 56 条第 2 款所述的威胁，则不适用此规定。根据第 1 句发出的通知应包括拒绝或限制的理由，除非提供理由会破坏拒绝或限制访问的预期目的。

7. 如果根据第 6 款数据主体被通知拒绝或限制访问，则其也可以通过联邦专员行使其访问权。控制者应将此可能性告知数据主体，并且根据第 60 条数据主体可向联邦专员提出申诉或寻求司法补救。如果数据主体根据第1句行使其权利，则应根据数据主体的要求向联邦专员提供信息，除非主管的最高联邦机构在个案中认定这样做会威胁到联邦或州的安全。联邦专员应至少告知数据主体已经进行了所有必要的检查或联邦专员已经进行了检查。该通知包括是否存在违反数据保护法行为的信息。联邦专员向数据主体发出的通知禁止就控制者掌握的信息得出任何结论，除非后者同意提供更广泛的信息。只有在其可根据第4款免除或限制信息的情况下，控制者才可以拒绝此类规定。联邦专员还应告知数据主体其寻求司法补救的权利。

8. 控制者应记录决定所依据的事实或法律理由。

第58条　纠正和删除以及限制处理的权利

1. 数据主体有权向控制者要求立即更正不准确的数据。特别是在陈述或评估的情况下，准确性问题与陈述或评估的内容无关。如果无法确定数据准确与否，控制者应限制处理而不是直接删除数据。在这种情况下，控制者应在解除处理限制之前通知数据主体。如果在考虑处理目的的情况下这样做是合适的，数据主体也可要求完成不完整的个人数据。

2. 如果处理此类数据是非法的，则数据主体有权要求控制者删除有关他的个人数据，不再需要的对数据的执行或数据的知识必须删除以履行法律义务。

3. 在存在下列情形下，控制者可以限制处理，而不是直接删除：

（1）有理由认为删除会对数据主体的合法利益产生不利影响；

（2）为了用于第45条之诉讼证据目的，必须保留数据；

（3）由于特定的存储方式，删除是不可能的或成本过高。

根据第1句限制处理的数据可能仅为防止其删除目的而被处理。

4. 在自动归档系统中，技术措施应确保对处理的限制是清楚识别的，并且不经进一步检查不得为进行其他目的处理。

5. 如果控制者纠正了不准确的数据，其应将整改通知告知其接收个人数据的来源者。在根据第1款至第3款进行纠正、删除或限制处理的情况下，控制者应将这些措施通知给被传送者。收件人应纠正或删除数据或限制其处理。

6. 控制者须以书面通知数据主体任何拒绝纠正或删除个人数据或限制其处理的事宜。如果提供此信息会产生第 56 条第 2 款所述的威胁，则不适用。根据第 1 句提供的信息应包括拒绝理由，除非提供理由会破坏拒绝所预期达到的目的。

7. 第 57 条第 7 款、第 8 款应相应适用。

第 59 条　数据主体权利的行使方式

1. 控制者应使用清晰明了的语言，以简洁、易懂和易于获取的形式与数据主体进行沟通。无论是否有特殊的形式要求，在回应请求时控制者应以与请求相同的形式提供信息。

2. 在回应请求时，在不违反第 57 条第 7 款和第 58 条第 6 款的情况下，控制者应立即书面通知数据主体有关其请求的跟进情况。

3. 根据第 55 条提供的信息，根据第 56 条、第 66 条进行的任何信函，以及根据第 57 条、第 58 条作出的处理请求均应是免费的。如果根据第 57 条、第 58 条提出的请求明显没有根据或不合理，控制者可以根据其行政费用收取合理费用，或者可以拒绝对该请求采取行动。在这种情况下，控制者必须能够证明请求明显没有根据或不合理。

4. 如果控制者对根据第 57 条、第 58 条提出请求的数据主体的身份有合理怀疑，则控制者可要求数据主体提供确认身份所必需的额外信息。

第 60 条　向联邦专员提出申诉的权利

1. 在不影响任何其他行政或司法救济的情况下，如果数据主体认为公共机构基于第 45 条所列目的处理与他有关的个人数据时侵犯了他的权利，则数据主体有权向联邦专员提出申诉。如果是属于司法活动中处理数据，则上述规定不适用于法院处理个人数据。联邦专员应根据第 61 条向数据主体通报申诉的进展和结果以及司法救济的可能性。

2. 如果是向联邦专员而非欧盟另一成员国的主管监督机构提出有关处理的申诉，则联邦专员应立即将申诉转交主管监督机构。在这种情况下，联邦专员应告知数据主体有关其申诉的转交情况，并应根据数据主体的要求提供进一步的辅助。

第 61 条　针对联邦委员会决定或未采取行动的法律补救措施

1. 在不影响任何其他法律救济的情况下，任何自然人或法人均有权对联邦专员作出的具有法律约束力的决定采取法律行动。

2. 如果联邦专员未按照第 60 条处理申诉或在申诉进展或结束后 3 个月内未通知数据主体，则第 1 款应相应适用于数据主体。

第四章　控制者和处理者的义务

第 62 条　代表控制者进行处理

1. 如果个人数据是由代表控制者的其他人或机构处理的，则控制者应确保遵守本法的规定和其他数据保护规定。数据主体应声明其享有访问、纠正、删除、处理限制和向控制者索赔的权利。

2. 控制者只可使用能提供足够保证以执行适当的技术和组织措施的处理者，使得处理将符合法律的要求并确保数据主体的权利受保护。

3. 未经控制者事先书面授权，处理者不得与其他处理者合作。如果控制者已以一般授权授予处理者与其他处理者合作，则处理者应通知控制者有关该处理者的任何预期变更并添加或更换其他处理者。在这种情况下，控制者可以反对这种改变。

4. 如果处理者与另一处理者接触，因其他立法第 5 款所述的控制者与处理者之间的合同所规定的相同数据保护义务对后者不具有约束力，则前者对后者负有这些义务。如果其他处理者未能履行这些义务，则初始处理者应对控制者承担全部责任，以履行该其他处理者的义务。

5. 处理者的处理应受合同或其他法律文书的管辖，该合同或其他法律文书对处理者有关控制者有约束力，并规定处理的主题和持续时间、处理的性质和目的、个人数据类型和数据主体类别以及控制者的义务和权利。该合同或其他法律文书应特别规定处理者：

（1）仅根据控制者的指示执行；如果处理者认为指令是非法的，处理者应立即通知控制者。

（2）确保被授权处理个人数据的人承诺保密或承担适当的法定保密义务。

（3）通过任何适当的方式协助控制者，以确保遵守有关数据主体权利的规定。

（4）在选择控制者时，提供数据处理服务结束后删除或返回所有个人数据给控制者，并删除现有副本，除非法律要求存储个人数据。

（5）使控制者可以获得所有必要的信息，尤其是按照第76条保存的日志，以证明已遵守这些义务。

（6）允许并协助由控制者或控制者授权的其他审计员进行的审计。

（7）符合第3款和第4款中提到的与另一个处理者相关的条件。

（8）根据第64条采取一切必要措施。

（9）协助控制者确保遵守第64条至第67条和第69条规定的义务，同时考虑到处理的性质和处理者可用的信息。

6. 第5款所述的合同应以书面或电子形式提出。

7. 处理者如对违反本条规定的处理目的及方法作出决定，则应视为该处理的控制者。

第63条　共同控制者

如果由两个或两个以上的控制者共同确定处理的目的和方式，则应视为共同控制者。除非其任务和责任已由法律确定，否则共同控制者应在协议中以透明的方式确定其在数据保护法下的各自任务和责任。尤其是该协议必须指明哪些人必须履行哪些信息义务，以及哪些数据主体可以如何行使其权利。此类协议不得阻却数据主体对每个共同控制者主张其权利。

第64条　数据处理安全性要求

1. 考虑到现有技术及其实施成本，处理的性质、范围、背景和目的，以及受法律保护的自然人利益的可能性和严重程度不同的风险，控制者和处理者应采取必要的技术和组织措施，确保在处理个人数据时具有适当的安全风险水平，尤其是在处理特殊类别的个人数据方面。通过这种方式，控制者应考虑相关的技术指南和联邦信息安全办公室的建议。

2. 第1款所提及的措施可包括对个人数据的化名和加密。考虑到处理的目的，这些措施是可行的。根据第1款采取的措施应确保：

（1）与处理有关的处理系统及服务的持续机密性、完整性、可用性和复原能力；

（2）在发生物理或技术事故时及时恢复个人数据的可用性和可访问的能力。

3. 在评估风险后，控制者和处理者的自动化处理，应旨在实施下列措施：

（1）防止未经授权的人员访问用于处理的处理设备（设备访问控制）；

（2）防止未经授权的读取、复制、修改或删除数据媒体（数据媒体控制）；

（3）防止未经授权输入个人数据和未经授权检查、修改或删除存储的个人数据（存储控制）；

（4）防止未经授权的人通过数据通信设备使用自动处理系统（用户控制）；

（5）确保授权使用自动处理系统的人员只能访问其访问授权所涵盖的个人数据（数据访问控制）；

（6）确保可以使用数据通信设备验证和建立已经或可能传输或提供个人数据的机构（通信控制）；

（7）确保后续可以验证和确定哪些个人数据已输入自动处理系统以及何时由谁输入个人数据（输入控制）；

（8）确保在传输个人数据或数据媒体传输过程中保护个人数据的机密性和完整性（传输控制）；

（9）确保在中断的情况下，已安装的系统可以恢复（恢复）；

（10）确保所有系统功能正常运作，并能报告出现的功能故障（可靠性）；

（11）确保存储的个人数据不会因系统故障而被破坏（完整性）；

（12）确保控制者代表进行处理的个人数据只能按照控制者的指令处理（处理控制）；

（13）确保个人数据免受损失和破坏（可用性控制）；

（14）确保为不同目的收集的个人数据可以单独处理（可分离性）。

根据第 1 句之目的，通过使用现有技术的加密可以实现第（2）项至第

（5）项的处理。

第 65 条　通知联邦专员个人数据泄露

1. 如果发生个人数据泄露，控制者应立即通知联邦专员，如果可能在发现个人数据泄露后 72 小时内通知，除非其泄露不具有对受法律保护的自然人利益造成风险的可能性。如果在 72 小时内未通知联邦专员，则通知应附有延迟原因。

2. 处理者应立即通知控制者个人数据泄露事件。

3. 第 1 款提及的通知至少应包括以下信息：

（1）说明个人数据泄露的性质，包括可能的有关数据主体的类别和大致数量，以及相关个人数据记录的类别和大致数量；

（2）可以获得数据保护官或其他联系点的名称和联系方式等更多相关信息；

（3）说明个人数据泄露的可能后果；

（4）说明控制者为解决个人数据泄露而采取或提出的措施，包括减轻其潜在不利影响的措施。

4. 如果暂时无法根据第 3 款提供有关通知的信息，控制者应在获得该信息后尽快提供。

5. 控制者应记录任何个人数据泄露事件。记录文件应包括与个人数据泄露行为相关、影响相关和可采取的补救措施有关的所有事实。

6. 如果泄露的个人数据涉及由欧盟其他成员国的控制者发送或向其发送的个人数据，则第 3 款中提及的信息应立即通知该成员国的控制者。

7. 第 42 条第 4 款须据此适用。

8. 控制者对个人数据泄露通知的附加义务不受影响。

第 66 条　通知受个人数据泄露影响的数据主体

1. 如果个人数据泄露可能对受法律保护的自然人利益造成重大风险，控制者应立即通知数据主体个人数据泄露事件。

2. 根据第 1 款通知数据主体时应以清楚明了的语言描述个人数据泄露的性质，并至少包含第 65 条第 3 款第（2）项至第（4）项所述的信息和措施。

3. 如果符合以下任何条件，则不需要通知：

（1）控制者已实施适当的技术和组织保护措施，这些措施适用于受个人数据泄露影响的个人数据，尤其是使个人数据无法被非授权访问的个人数据，如加密使用。

（2）控制者已采取后续措施，确保第 1 款所述的重大风险不再有存在的可能性。

（3）通知将导致成本过高；在这种情况下，应进行公开交流或采取类似措施，以同样有效的方式向数据主体通报情况。

4. 如果控制者未向数据主体通知个人数据泄露事件，联邦专员可以正式裁定，认定第 3 款中提到的条件未实现。在这样做时，联邦专员应考虑个人数据泄露导致第 1 款中提到的高风险可能性。

5. 在第 56 条第 2 款所述的条件下可以延迟、限制或略去第 1 款规定的对数据主体的通知义务，除非第 1 款所述的个人数据泄露导致数据主体的利益超过控制者的利益。

6. 第 42 条第 4 款须据此适用。

第 67 条　进行数据保护影响评估

1. 考虑到处理（特别是涉及使用新技术的处理）的性质、范围、背景和目的以及是否可能对受法律保护的数据主体利益造成重大风险，控制者应在处理之前对所设想的处理操作会对数据主体产生的影响进行评估。

2. 联合评估可以解决一系列可能产生类似重大风险的处理操作。

3. 控制者应配合联邦专员进行影响评估。

4. 影响评估应考虑受处理影响的数据主体的权利，并至少包含以下内容：

（1）对设想的处理操作和处理目的的系统描述；

（2）评估与其目的相关的处理操作的必要性和合理性；

（3）评估数据主体受法律保护利益产生的风险；

（4）旨在解决风险的措施，包括保障、安全措施和机制，以确保个人数据的保护和证明措施的合规性。

5. 必要时，控制者应进行审查，以评估是否已按照数据保护影响评估进行了处理。

第 68 条　与联邦专员合作

管理员应与联邦专员合作执行后者的任务。

第 69 条　事先咨询联邦专员

1. 如果出现下列情形，控制者应在处理之前咨询监督机构，该监督机构将成为新的备案系统的一部分：

（1）根据第 67 条进行的数据保护影响评估表明，如果控制者没有采取措施减轻风险，则处理将对数据主体受法律保护的利益造成重大风险；

（2）在涉及使用新技术、机制或程序的情况下，处理类型对数据主体受法律保护的利益构成重大风险。

联邦专员可以根据第（1）项起草一份处理操作清单，但这些清单必须经事先协商。

2. 就第 1 款而言，应向联邦专员提出：

（1）根据第 67 条进行的数据保护影响评估；

（2）如果适用，有关处理中涉及的控制者、共同控制者和处理者各自职责的信息；

（3）关于设想的处理的目的和手段的信息；

（4）关于旨在保护受法律保护的数据主体利益的措施和保障措施的信息；

（5）数据保护官的姓名和联系方式。

根据要求，联邦专员应获得其所需的任何其他信息，以评估处理的合法性，特别是涉及保护数据主体个人数据现有风险及相关保护措施的信息。

3. 如果联邦专员认为计划的处理会违反法律，尤其是因为控制者没有充分识别风险或没有采取足够的措施来减轻风险的情况下，联邦专员在收到咨询请求后最多 6 周时间内向控制者作出书面建议，并在适用情况下向控制者建议应采取哪些额外措施。如果计划的处理特别复杂，联邦专员可将此期限延长 1 个月。在这种情况下，联邦专员应在收到咨询请求后 1 个月内通知控制者和适用的延期处理者。

4. 如果设想的处理对控制者的任务执行具有重要意义并因此而特别紧

急，控制者可在协商开始后但在第 3 款第 1 句所述的期限到期之前启动处理。在这种情况下，应在事后考虑联邦专员的建议，并调整可适用的处理方式。

第 70 条　处理活动的记录

1. 控制者应记录其负责的所有类别的处理活动。该记录应包含以下所有信息：

（1）控制者或共同控制者以及数据保护官的姓名和联系方式；

（2）处理目的；

（3）已经或将要披露个人数据的接收者类别；

（4）数据主体类别和个人数据类别的描述；

（5）在适用情况下，使用的特征分析；

（6）在适用情况下，个人数据向第三国或国际组织转移的类别；

（7）关于处理有关法律依据的信息；

（8）设想的删除时限或审查存储各类个人数据的必要性；

（9）对第 64 条中提到的技术和组织安全措施的一般描述。

2. 处理者应保存控制者代表进行所有类别处理活动的记录，其中包含内容如下：

（1）控制者代表的处理者及适用的数据保护官的姓名和联系方式；

（2）在适用情况下，个人数据转移至第三国或国际组织，包括对该第三国或国际组织的认定；

（3）根据第 64 条对技术和组织安全措施的一般描述。

3. 第 1 款和第 2 款中提到的记录应采用书面或电子形式。

4. 控制者和处理者应根据要求向联邦专员提供这些记录。

第 71 条　设计和默认的数据保护

1. 控制者，无论是在确定处理方式时还是在进行处理本身时，都应采取适当措施，以有效的方式实施数据保护原则，如数据最小化，以确保遵守法律规定并保护数据主体的权利。基于此，控制者应考虑到现有技术及其实施成本，处理的性质、范围、背景和目的，以及受法律保护的数据利益的不同可能性和风险。尤其是处理个人数据应根据尽可能少的个人数据处理目的的选择和设计处理系统。个人数据应尽可能早地按照处理目的进行匿名或假名处理。

2. 控制者应实施适当的技术和组织措施，以确保默认情况下只处理每个特定处理目的所需的个人数据。这适用于收集的数据量、处理范围、存储时间和可访问性。尤其是这些措施必须确保在默认情况下无法通过自动化手段向无限量的人员提供数据。

第72条 不同类别数据主体之间的区别

在处理个人数据时，控制者应尽可能明确区分不同类别的数据主体。尤其适用于以下类别：

（1）有充分理由相信他们是有刑事犯罪行为的人；

（2）有充分理由相信他们将实施刑事犯罪行为的人；

（3）被判有刑事犯罪的人；

（4）刑事犯罪的被害人或某些事实表明他们可能成为刑事犯罪受害者的人；

（5）其他人，例如，证人、提供信息的人或第（1）项至第（4）项所述者的联系人或同伙。

第73条 事实和个人评估之间的区别

在处理过程中，控制者应尽可能将基于事实的个人数据与基于个人评估的个人数据区分开来。为此，控制者应在有关处理的范围内尽可能合理地以个人评估为基础进行评估。同时还须确定基于个人评估的评估记录由哪个机构保存。

第74条 数据传输程序

1. 控制者须采取适当措施，确保禁止对不准确或不再更新的个人数据进行传送或以其他方式提供。为此，控制者应尽可能合理地在传输或提供数据之前验证数据的质量。控制者还应尽可能合理地在所有个人数据传输中包括必要的信息，以使接收者能够评估数据的准确性、完整性、可靠性以及它们的更新程度。

2. 如果个人数据的处理受特殊条件限制，在传输数据时，传输机构应将这些条件和要求告知接收方并通过相应地标记数据满足提供信息的义务。

3. 传输机构不得对欧盟其他成员国的接收人或根据《欧洲联盟运作条

约》第3部分第5编第4章和第5章设立的代表处、办事处和机构适用条件，除非存在可适用的类似国内传输机构。

第75条 纠正和删除个人数据和限制处理

1. 控制者应纠正不准确的个人数据。

2. 如果处理是不合法的，控制者应立即删除个人数据以履行法律义务或者控制者不再需要知道数据来执行其任务。

3. 第58条第3款适用。如果发送了不准确的个人数据或者个人数据是非法传输的，也应通知接收人。

4. 在不损害法律规定的存储或删除数据的时限的情况下，控制者应规定删除个人数据的适当时限或定期审查个人数据存储的需要，并应采取程序确保遵守这些时限的措施。

第76条 记录

1. 控制者和处理者应规定在自动处理系统中至少保存以下处理操作的日志：

（1）收集；

（2）改动；

（3）咨询；

（4）披露包括转移；

（5）组合；

（6）删除。

2. 咨询和披露的日志必须给出确定此类操作的理由、日期和时间，并尽可能确定咨询或披露个人数据的人的身份以及数据接收者的身份。

3. 日志只能由数据保护官、联邦专员或数据主体使用以验证处理的合法性；并用于自我监控，确保个人数据的完整性和安全性或用于刑事诉讼。

4. 日志数据应在其生成年份之后的年末被删除。

5. 控制者和处理者应根据要求将日志提供给联邦专员。

第77条 机密报告违规行为

控制者应确保能够接收在其责任区内发生的违反数据保护法的机密报告。

第五章 将数据传输至第三国及国际组织

第 78 条 一般要求

1. 如果适用于下列数据传输的所有其他条件，则允许将个人数据传输到第三国或国际组织。

（1）机构或国际组织对第 45 条所述目的负责；

（2）欧盟委员会根据欧盟第 2016/680 号指令第 36 条第 3 款采纳了充分性决定。

2. 即使作出了第 1 款第（2）项所述的充分决定，但不得转让个人数据。如果在个别情况下不能确保该数据将按照资料保护法及接收人的责任范围内的基本人权妥善处理，则应考虑到数据传输的公共利益，或者转移是否会与数据主体的其他重要合法利益发生冲突。控制者应根据个案中的收件人是否保证对转让数据的适当保护作出评估。

3. 如果根据第 1 款转让或从其他欧盟成员国提供个人数据，则另一成员国的主管机构必须事先获得转让的授权。未经事先批准的转让，只有在必须进行转移以防止对一国的公共安全或成员国的基本利益造成直接和严重威胁并且无法及时获得事先授权的情况下，才允许转让。就第 2 句而言，则应立即通知负责提前授权的另一成员国机构。

4. 根据第 1 款对转移数据的控制者应采取适当措施确保接收方仅在事先得到控制者授权的情况下将数据转发给第三国或国际组织。在决定是否授权转让时，控制者应考虑所有相关因素，包括刑事犯罪的严重性、个人数据最初转移的目的以及数据将被转移到的第三国或国际组织的个人数据保护水平。只有在直接转让给第三国或国际组织是合法的情况下才能授权转让，也可以另行规定签发授权的责任。

第 79 条 具有适当保护措施的数据传输

1. 如果没有根据欧盟第 2016/680 号指令第 36 条第 3 款作出决定，但符合第 7 条、第 8 条的其余要求并满足下列条件，也应允许进行转让。

（1）具有法律约束力的文书规定了有关保护个人数据的适当保障措施；

（2）控制者已经评估了转移的所有情况并得出结论认为存在保护个人数据的适当保护措施。

2. 控制者须按照第 1 款第（2）项的规定记录转让。文件应包括转移的日期和时间、接收者的身份、转移的原因和转移的个人数据。文件应根据要求提供给联邦专员。

3. 控制者应至少每年向联邦专员提交一份报告，其中包括根据第 1 款第（1）项进行的评估所进行的移交。在本报告中，控制者可以适当地对接收者和转移目的进行分类。

第 80 条　没有适当保护措施的数据传输

1. 在第 78 条第 1 款第（2）项规定的例外情形下，则不存在根据欧盟第 2016/680 号指令第 36 条第 3 款作出的决定或第 79 条第 1 款所述的适当保障措施。在上述情况下若确有必要，也应允许符合第 78 条其余要求的转让：

（1）保护自然人的切身利益；

（2）维护数据主体的合法利益；

（3）防止对一个国家的公共安全造成直接和严重的威胁；

（4）出于第 45 条所述目的的个别案件；

（5）用于建立、行使或辩护与第 45 条所述目的有关的法律索赔的个别案件。

2. 如果数据主体的基本权利超过转让的公共利益，则控制者不得依照第 1 款转移数据。

3. 第 79 条第 2 款须据此适用于根据第 1 款进行的转移。

第 81 条　向第三国接收人的其他数据转移

1. 在特殊情况下，如果满足下列所有关于向第三国传输数据的其他要求，控制者可以将个人数据直接传输给第 78 条第 1 款第（1）项中未提及的第三国的接收者，如果转移对于他们的任务和执行是完全必要的：

（1）在具体情况下，数据主体的基本权利不得超越转让的公共利益；

（2）转移给第 78 条第 1 款第（1）项所述的机构是无效的或不合理的，尤其在延迟转移的情况下。

（3）控制者应将处理目的通知给接收方，并应指示接收方传输的数据仅用于必须目的范围内之处理。

2. 在第 1 款的情况下，控制者应及时通知第 78 条第 1 款第（1）项所提及的机构，除非这是无效或不适当的。

3. 第 79 条第 2 款、第 3 款应根据第 1 款进行数据转移。

4. 根据第 1 款进行数据转移的情况下，转移控制者应当强制接收方处理转移的个人数据，并且无须经控制者的同意但仅能用于转移之目的。

5. 刑事司法合作和警务合作领域的协议不受影响。

第六章　监管当局之间的合作

第 82 条　互助

1. 联邦专员应在必要时向其他欧盟成员国的监督机构提供信息和互助，以一致实施和应用欧盟第 2016/680 号指令。互助应特别包括信息请求和监督措施，例如，进行协商、检查和调查的请求。

2. 联邦专员应采取一切必要措施，在收到请求后 1 个月内及时回复互助请求。

3. 如出现以下情形，联邦专员可以拒绝遵守该请求。

（1）联邦专员没有能力处理数据主体的请求或被要求执行的措施；

（2）遵守请求将违反法律规定。

4. 为反馈该请求，联邦专员应将结果或视具体情况将措施进展通知另一国请求监督机构。在第 3 款的情况下，联邦专员应提供拒绝遵守该请求的理由。

5. 联邦专员通常应通过电子方式并使用标准格式提供给其他国家监督机构所要求的信息。

6. 联邦专员不得就根据互助请求采取的行动收取费用，除非其在个别情况下与其他国家监督机构就偿还所发生的费用已协商一致。

7. 联邦专员的互助请求应包含所有必要的信息，尤其应包括请求的目的和理由。交换的信息仅用于请求之目的。

第七章　责任和处罚

第83条　赔偿

1. 如果控制者因数据处理而违反本法或其他处理相关的法律规定并导致数据主体遭受损害，则控制者或其法人实体有义务向数据主体进行赔偿。如果属于非自动化处理并且损害不是由控制者造成的，则不予赔偿。

2. 数据主体可以要求对非物质损害给予适当的经济补偿。

3. 如果属于自动处理个人数据且无法确认多个控制者中哪一个造成的损害，则全体控制者或其法人实体均应承担责任。

4. 《民法典》第254条适用于数据主体的共同过失。

5. 《民法典》中对侵权行为的限制规定适用于法定时效。

第84条　刑罚规定

第42条应适用于公共机构根据第45条第1句、第3句或第4句所述活动范围内的个人数据处理行为。

第四部分　关于在欧盟第2016/679号条例及欧盟第2016/680号指令范围之外的活动中进行数据处理的特别规定

第85条　在欧盟第2016/679号条例和欧盟第2016/680号指令范围之外的活动中处理个人数据

1. 在欧盟第2016/679号条例和欧盟第2016/680号指令范围之外的活动中，除了欧盟第2016/679号条例允许的情况外，还应允许将个人数据传输到第三国、跨国间或政府间机构或国际组织，也同样适用于为了紧急防御而需执行任务、履行联邦公共机构在危机管理中的超政府义务、防止冲突或采取人道主义措施之情形。同时，应指示接收方所传输的数据仅可用于其转移目的。

2. 如果联邦国防部在个别案件中裁决认为履行该条款中提到的义务将危及联邦的安全，则第16条第4款不适用于在联邦国防部职权范围内的工作场所对欧盟第2016/679号条例及欧盟第2016/680号指令范围之外的活动中的处理。

3. 联邦公共机构对欧盟第 2016/679 号条例和欧盟第 2016/680 号指令范围之外活动进行处理，没有义务按照欧盟第 2016/679 号条例第 13 条第 1 款、第 2 款提供信息。

（1）在第 32 条第 1 款第（1）项至第（3）项所述的情形中；

（2）如果为履行此义务需披露法律或其性质必须保密的信息，尤其是第三方的合法利益超过了数据主体获取信息的利益。

如果在第 1 句的情况下不通知数据主体，则不适用访问权规定。第 32 条第 2 款和第 33 条第 2 款据此不适用。

致　谢

感谢上海政法学院、北京德和衡（上海）律师事务所以及上海高校智库上海对外经贸大学国际经贸治理与中国改革开放联合研究中心对本书出版经费的资助！

感谢本书所有翻译和审校人员的倾心付出和鼎力支持！

感谢各位朋友对我们的支持和信任，这是我们前进路上的最大动力！